STUDI SUPERIORI / 607
ANTROPOLOGIA

I lettori che desiderano
informazioni sui volumi
pubblicati dalla casa editrice
possono rivolgersi direttamente a:

Carocci editore

Corso Vittorio Emanuele II, 229
00186 Roma
telefono 06 42 81 84 17
fax 06 42 74 79 31

Visitateci sul nostro sito Internet:
http://www.carocci.it

La ricerca sul campo in antropologia

Oggetti e metodi

A cura di Cecilia Pennacini

Carocci editore

1ª ristampa, settembre 2012
1ª edizione, dicembre 2010
© copyright 2010 by Carocci editore S.p.A., Roma

Realizzazione editoriale: Fregi e Majuscole, Torino

Finito di stampare nel settembre 2012
dalle Arti Grafiche Editoriali Srl, Urbino

ISBN 978-88-430-5725-2

Indice

Introduzione

di *Cecilia Pennacini*

I
"Magia" del terreno

Il lavoro sul campo nell'antropologia socioculturale è spesso circondato da un'aura di mistero, un sapore mitico costituitosi probabilmente già nelle prime avventurose esperienze dei maestri della disciplina, che hanno contribuito a descriverlo quasi come una sorta di "rito di iniziazione tribale" (Stocking, 1983, pp. 70 ss.). L'"aura" [1] è almeno in parte il risultato della distanza geografica e dell'esotismo di molte ricerche. Allo stesso tempo ha a che fare con la dimensione per lo più solitaria, artigianale e creativa che contraddistingue il lavoro antropologico. L'"osservazione partecipante" – condotta generalmente da soli attraverso una prolungata *full immersion* in un contesto culturalmente altro – costituisce il più delle volte un'esperienza straordinaria, pressoché unica nell'ambito dei metodi utilizzati dalle scienze umane per costruire i propri saperi. Si tratta di una sfida cognitiva ed emozionale intensa sotto ogni profilo, un investimento personale totalizzante che si sviluppa in genere nell'arco di diversi anni e molto spesso finisce con il plasmare la personalità stessa del ricercatore. Anche per questo può forse suscitare in chi la vive una sorta di pudore, che ne ostacola la pubblica rivelazione. Raramente il rapporto che un ricercatore istituisce con il suo terreno di ricerca risulta dunque evidente e trasparente: «Si potrebbe quasi dire che esso [il terreno] ha uno statuto simile a quello dell'inconscio nelle teorie psicologiche e psicoanalitiche: non parla direttamente di sé e tuttavia lavora» (Copans, 1999, p. 7).

Il ruolo esercitato in antropologia dal lavoro sul campo e le modalità con cui svolgerlo hanno subìto numerose trasformazioni nel corso del tempo. Alla sua nascita e per molti decenni, l'antropologia di ispi-

---

1. Alcuni cenni al concetto di aura e alla sua moderna dissoluzione si trovano nel CAP. 5 (pp. 200 ss.).

razione positivista si propose di adottare un metodo scientifico ispirato alle scienze naturali, basato su un percorso di osservazione, documentazione, catalogazione dei dati, comparazione e generalizzazione [2]. In esso si privilegiavano ovviamente la ricerca dell'oggettività e una descrizione neutrale di fatti e comportamenti in grado di produrre quel tipo di documentazione che si riteneva potesse conferire scientificità al lavoro etnografico: «La scienza etnologica ha per fine l'osservazione delle società […]. L'intuizione non ha alcun posto nella scienza etnologica […]. L'oggettività sarà ricercata sia nell'esposizione sia nell'osservazione» (Mauss, 1947, pp. 7 ss.). Le regole da seguire durante il lavoro di terreno furono allora esplicitate in alcuni manuali contenenti le "istruzioni per l'uso" dell'etnografo (come i citati Griaule, 1957, e Mauss, 1967): in generale si insisteva sul fatto che l'esperienza del ricercatore avrebbe dovuto essere sistematicamente epurata da ogni elemento soggettivo, "raffreddata" attraverso una presa di distanza programmatica dagli "oggetti" che si andava osservando. In un certo senso, dunque, il campo – seppure considerato fondamentale – veniva sottoposto a un processo di disincarnazione che lo liberava degli aspetti personali, potenzialmente ambigui e contraddittori.

A mano a mano che l'antropologia prendeva le distanze dallo spirito positivista che aveva segnato le sue prime fasi, il dubbio metodologico iniziava tuttavia a farsi strada. La cosiddetta "rivoluzione malinowskiana", che introduceva il modello di un terreno prolungato, vissuto a stretto contatto con gli indigeni partecipando profondamente alla loro vita materiale, intellettuale ed emotiva, pose probabilmente le basi del cambiamento. Il metodo empirico fondato sulla semplice osservazione oggettiva e sulla classificazione dei dati fu presto considerato inadeguato per una disciplina che costruisce il suo sapere penetrando lentamente all'interno di contesti storico-culturali caratterizzati da una notevole complessità [3]. Intorno agli anni settanta del Novecento, poi, la svolta radicale prodotta dalla prospettiva ermeneutica comportò – tra le tante ricadute – una ridefinizione del terreno di ricerca e, soprattutto, della relazione che il ricercatore costruisce con esso. A questo punto non si trattava più di osservare fatti e rac-

2. Quanto le scienze naturali costituissero un modello per l'antropologia appare evidente ad esempio nel volume in cui Marcel Griaule descrive la *Méthode de l'etnographie*: «Bisogna mettere nella ricerca del fatto sociale, qualunque esso sia, e nella conoscenza di tutte le società umane lo stesso ardore che il naturalista mette nello stabilire una lista esaustiva di insetti e di piante» (Griaule, 1957, p. 4).

3. Edmund Leach (1961) criticò alcune delle ricerche dei suoi predecessori definendole delle "collezioni di farfalle".

cogliere dati, ma di interpretare rappresentazioni culturali di varia natura costruite dagli attori sociali. La cultura stessa, secondo la celebre metafora utilizzata da Clifford Geertz (1973), fu descritta come un "testo" o un insieme di testi scritti dai nativi, che l'etnografo tenta di leggere e comprendere posizionandosi dietro alle loro spalle.

L'interpretazione è per sua natura un'operazione soggettiva, provvisoria e anche eventualmente confutabile. In quanto tale, essa presuppone la necessità di esplicitare il punto di vista dell'interprete e, nel caso dell'interpretazione di culture, di reintrodurre la presenza dell'etnografo sulla scena che si "recita" sul campo. L'interpretazione di un "testo" antropologico è infatti il frutto del lavoro di un etnografo particolare condotto in un contesto particolare. La svolta ermeneutica apre dunque la strada a proposte metodologiche nuove: lo sguardo e la stessa presenza del ricercatore non possono più essere occultati dietro al postulato dell'oggettività scientifica; egli si deve invece collocare in uno specifico contesto assumendo un suo particolare punto di vista, da cui osservare e documentare fenomeni prodotti a partire dalle scelte e dalle iniziative di altri soggetti. Diversi autori hanno quindi a vario titolo riconosciuto la dimensione fondamentalmente intersoggettiva della ricerca etnografica, lavorando sulle implicazioni e sulle conseguenze di tale caratteristica.

Tuttavia, l'antropologia postmoderna, concentrandosi sulle vicissitudini del soggetto che osserva, ha imboccato in taluni casi un percorso riflessivo che ha finito con l'approdare a un eccesso opposto rispetto all'antropologia positivista. Se nella prima fase della storia dell'antropologia, l'"angoscia" derivante dall'incontro personale e spesso inquietante con l'alterità veniva rimossa grazie a un meccanismo difensivo che faceva ricorso al metodo scientifico (Devereux, 1967), nelle derive maggiormente autoriflessive dell'antropologia postmoderna l'io dell'etnografo occidentale tende talvolta a prendere narcisisticamente il sopravvento. L'esito finale di questo processo è, ancora una volta, l'oscuramento o la rimozione di una dimensione fondamentale del lavoro di terreno, quella relativa all'incontro reale e concreto con gli altri e alle infinite potenzialità conoscitive che esso ci può riservare.

2
Ripensare al metodo

Ci sembra che sia giunto il momento di tornare a riflettere sul lavoro di terreno, tentando di ridefinire in maniera più equilibrata la dialettica tra le "ragioni dell'oggetto" e quelle della sua rappresentazione, tenendo conto anche del dibattito presente più in generale nelle scienze umane (Cardano, 2003, p. 27). Per fare ciò proveremo a concentrarci analiticamente sui diversi oggetti che attraggono l'interesse degli etnografi nella fase del lavoro di terreno (ben prima, dunque, di giungere alla restituzione testuale dei risultati della ricerca), in modo da poter prendere in considerazione da vicino i metodi e gli strumenti concettuali adottati per isolare, raccogliere e comprendere tali oggetti. Cruciale in questo ripensamento dei metodi di raccolta è il ruolo assunto dai soggetti che producono gli oggetti in questione, le cui "ragioni" sono ovviamente parte integrante della vita culturale che si sta tentando di comprendere. Riconoscere che la ricerca si svolge fondamentalmente all'interno di una dimensione intersoggettiva significa tener conto dell'insieme delle relazioni storiche e politiche che hanno determinato la storia delle popolazioni studiate dagli antropologi e dei loro rapporti con l'Occidente. In questo senso, la relazione che i succitati maestri dell'antropologia stabilivano con i loro "informatori" si inquadrava per lo più all'interno di situazioni coloniali, il che spiega almeno in parte la tendenza oggettivante cui si è fatto cenno. Anche in questo senso dunque, l'esigenza di ridefinire il metodo etnografico nella direzione di una sua profonda "decolonizzazione" (Smith, 1999) è divenuta davvero improcrastinabile.

L'ondata ermeneutica e le diverse manifestazioni dell'antropologia postmoderna hanno posto grande attenzione alla scrittura dell'etnografia, sottolineandone la natura letteraria e le retoriche più o meno dissimulate atte a persuadere il lettore. Si è suggerito di andare a rileggere i testi classici, per rinvenirvi tra le righe riferimenti impliciti alle particolari posizioni dell'autore e alla sua sensibilità. In effetti, la creatività tipica del lavoro etnografico lo rende per certi versi affine ai procedimenti artistici, e la divulgazione dei risultati si avvantaggia non poco di una scrittura suggestiva (o di un documentario ben riuscito). Tuttavia tornare a riflettere sulla fase che precede la scrittura e la presentazione dei risultati, sul lavoro di terreno in sé e per sé, ci consente di ribadire il vincolo originario che il materiale etnografico da noi raccolto – base e fondamento dello sviluppo di ogni teoria antropologica – mantiene con le realtà studiate [4]. Tale vincolo costituisce garanzia indispensabile alla validazione dei risultati della ricerca nei confronti della comunità scientifica da un lato e delle comunità da noi

---

4. Gli antropologi visivi si riferiscono a questo vincolo quando sottolineano la relazione "indicale" (o indessicale) che lega indissolubilmente le immagini fotografiche e cinematografiche agli oggetti che rappresentano. Cfr. Pennacini (2005).

studiate dall'altro. In questo senso Flavia Cuturi (1997) ci descriveva qualche anno fa come "etnografi in libertà vigilata", un'immagine molto efficace della nostra condizione.

La raccolta etnografica è il punto di partenza del percorso antropologico, la base su cui poggiano poi le operazioni di interpretazione, comparazione, astrazione, teorizzazione. Prima di giungere agli esiti e ai risultati più raffinati della ricerca antropologica – chiudendo per così dire i giochi, almeno provvisoriamente – occorre recarsi sul campo e raccogliere i propri materiali. L'esperienza personalmente vissuta del terreno risulta fondativa rispetto alle successive elaborazioni. Ciò non significa che i diversi oggetti raccolti siano utili solo per il raccoglitore stesso. In varie forme (articoli, monografie, saggi, film, dischi, progetti, archivi) la documentazione raccolta dovrà essere messa a disposizione della comunità scientifica, che necessita di poter comparare nel modo più ampio possibile diversi contesti etnografici, nonché delle comunità di origine, che a loro volta possono volerla utilizzare in diversi modi.

Lo sviluppo delle scienze umane in ambito accademico incoraggia il dialogo interdisciplinare, mettendo a confronto le metodologie in uso nelle diverse discipline nonché i criteri riconosciuti per convalidarle. Per i sociologi, ad esempio, la scientificità dei risultati delle ricerche, cioè la loro rispondenza alla realtà e la loro plausibilità, deriva in primo luogo dalla messa a punto di una «procedura di costruzione e analisi della documentazione empirica codificata e comunicabile» (Cardano, 2003, p. 27). Per parte nostra dobbiamo domandarci se un qualche tipo di procedura codificata e comunicabile sia adottabile anche in antropologia: le caratteristiche della ricerca etnografica la rendono, come si è visto, un'esperienza altamente personale e probabilmente in nessun modo standardizzabile; ciò nondimeno essa non è per questo esonerata dal dovere di rendere conto nella maniera più ampia ed esplicita dei passaggi e delle scelte compiute. L'osservazione diretta dei fenomeni sociali e culturali, la raccolta di informazioni di prima mano, siano esse contenute in azioni, parole, immagini, suoni, documenti d'archivio o idee (comprese le indicazioni percettive ed emotive che le accompagnano), sono i mattoni su cui l'antropologia fonda i suoi edifici teorici: dunque è essenziale poterne per così dire garantire la qualità.

In assenza di quei criteri di validazione oggettiva che contraddistinguono le scienze sperimentali, tale garanzia risiede in gran parte nell'impegno a rendere conto esplicitamente e sistematicamente delle condizioni in cui la ricerca (la raccolta) si svolge e delle innumerevoli scelte compiute in questa fase. Il lavoro sul campo resta a tutt'oggi «il tratto distintivo della disciplina, necessario a qualificare i ricercatori e a fornire il corpus primario di dati empirici […]. Nonostante un *fieldwork* nel senso tradizionale del termine – cioè un'osservazione partecipante condotta preferibilmente in un gruppo ristretto diverso da quello del ricercatore – sia divenuto sempre più difficile, esso rimane il marchio di garanzia dell'antropologia socio-culturale» (Stocking, 1983, p. 70). Ma affinché la ricerca sul campo possa davvero essere un marchio di garanzia, tenuto conto dei criteri di validazione accettati nella comunità scientifica e delle sfide che sempre più intensamente ci giungono dalle comunità indigene o da quelle dei migranti, è necessario esplicitare i metodi oggi condivisibili per la raccolta dei dati e la ricerca empirica. Un'antropologia che aspira a diffondersi e a istituzionalizzarsi sempre di più nelle università, sul territorio e nelle agenzie di sviluppo, deve dunque cercare di accantonare il pudore che ancora avvolge il lavoro di terreno, a favore di un "disincanto" e di una maggiore trasparenza metodologica.

3
L'etnografo-raccoglitore e gli oggetti della raccolta

Anche se i prodotti della ricerca antropologica sono costituiti in prevalenza da testi (libri e articoli) che descrivono le società studiate utilizzando le parole del ricercatore, la conoscenza e la comprensione dei contesti passano attraverso un'esperienza molto più ricca e complessa di quella che il resoconto scritto (per quanto completo) potrà restituire. L'esperienza del lavoro di terreno, infatti, è un'immersione multisensoriale in un ambiente vivo e vibrante, in grado di fornire al ricercatore una serie variegata di stimoli di diversa natura. La prima attività cui ci si dedica, una volta giunti sul campo, è di norma l'osservazione della vita quotidiana e delle varie azioni che i membri di quella società compiono. In realtà però non è soltanto la vista, ovviamente, ad attivarsi in questa fase: tutti i sensi sono coinvolti in una dimensione che si può definire "sinestesica". Ancor prima di iniziare ad apprendere la lingua locale e di interagire con i "nativi" utilizzando qualcuna delle numerose forme di comunicazione che sempre più avvicinano le culture le une alle altre, il semplice fatto di essere là immerge il ricercatore in un flusso sovrabbondante di stimoli diversi, che lo colpiscono soprattutto all'inizio della ricerca, quando l'effetto di straniamento funziona come una sorta di "apriscatole" cognitivo: le immagini, i suoni, ma anche gli odori, i sapori o, come è stata definita più in generale, la "tessitura" della vita altrui si parano intorno a noi in tutta la loro sconcertante ricchezza.

Cronologicamente, il primo oggetto della raccolta etnografica – che ci si concentri o meno esplicitamente su di esso – è dunque costituito dalle sensazioni provocate dal campo. Come mostra Alessandro Gusman nel CAP. 1, il riconoscimento della presenza corporea del ricercatore sul terreno implica la consapevolezza dell'insieme complesso di stimoli multisensoriali a cui è sottoposto, che egli dovrà a sua volta "incorporare". L'antropologia ha potuto dimostrare che la percezione non è determinata integralmente da meccanismi naturali e universali. Al contrario, essa è mediata dalla cultura; anzi è possibile affermare che l'ambito delle sensazioni è probabilmente – a livello ontogenetico – uno dei primi su cui si esercita l'intervento plasmatore della cultura, che precocemente insegna ai bambini cosa e come sentire. L'esperienza del campo mette a confronto le sensazioni del ricercatore con un ambiente sensoriale nuovo, che lo costringerà a rivedere le proprie categorie percettive (un'esperienza vissuta per lo più inconsciamente da tutti coloro che si recano lontano da casa, etnografi compresi). Grazie al ricorso a una particolare strumentazione metodologica e concettuale che verrà descritta nel corso del capitolo, alcuni ricercatori pongono questo tema al centro della loro riflessione, studiando precisamente la diversità degli ambienti sensoriali creati dalle culture e la loro influenza profonda sulle "forme di vita" che vi abitano.

Costantemente immersi nel flusso delle sensazioni (e anche, come vedremo tra poco, delle emozioni) che il campo può offrire, i ricercatori orientano di norma i loro interessi verso direzioni specifiche. A seconda del tema prescelto è possibile adottare metodi e strategie di ricerca particolari, raccogliendo quegli oggetti e quei materiali che più si prestano a documentare ciò che si vuole indagare. Il progressivo affinamento degli interessi di ricerca e dei metodi verso un tema specifico non esclude tuttavia la considerazione delle complesse reti di significati che connettono le diverse espressioni di una cultura, anche se in forme spesso contraddittorie, conflittuali o lacunose. L'isolamento del tema e del metodo di raccolta, tuttavia, è una necessità ineludibile della ricerca, dovuta proprio alla straordinaria complessità delle culture, che non si può ovviamente "aggredire" in toto. La crescente consapevolezza di tale complessità (in costante aumento a causa della globalizzazione) impone oggi agli etnografi scelte di campo precise, che consentano una certa specializzazione dei metodi e delle tecniche di raccolta, senza tuttavia mai perdere di vista la dimensione olistica e profondamente interconnessa che caratterizza ovunque la vita culturale. I diversi capitoli di questo libro espongono dunque alcuni dei principali metodi etnografici finalizzati alla raccolta di specifici "oggetti" di ricerca.

Per quanto il sistema sociale con le sue istituzioni si esprima di fatto a ogni livello della cultura, l'analisi delle azioni che gli individui compiono singolarmente o collettivamente è un ottimo esempio di raccolta etnografica di base, che mette il ricercatore nella condizione di recepire direttamente i diversi comportamenti dei membri di un gruppo e le loro dinamiche di relazione. Nello specifico, la dimensione dell'azione si contrappone per certi versi a quella delle idee, delle ideologie e dei presupposti ideali e normativi. Tuttavia, come mette in luce Antonino Colajanni (CAP. 2), è necessario superare la dicotomia che oppone le concezioni empiriste e oggettivanti dell'azione – che la considerano come un insieme di fatti concreti e inconfutabili proprio a causa della loro diretta osservabilità – da quelle che vedono nell'agire e più in generale nelle pratiche il risultato di un sistema di predisposizioni, tendenze e inclinazioni (un *habitus* secondo l'espressione di Pierre Bourdieu) che si proietta sui corpi e sulle cose plasmandoli quasi a loro insaputa. Nella prospettiva qui adottata, le azioni (come le altre espressioni non verbali della vita culturale) sono nondimeno impregnate di idee e anche di scelte, che è possibile interpretare per mezzo di una raccolta attenta e dettagliata proprio perché traspaiono attraverso elementi direttamente osservabili. Le modalità di raccolta di questi particolari "oggetti" culturali, descritte nel CAP. 2, possono dunque consentire di cogliere i significati dell'azione utilizzando in primo luogo l'osservazione diretta.

Per rimanere nell'ambito delle espressioni più concrete della vita culturale, il CAP. 3 affronta il tema classico della raccolta di oggetti veri e propri e della documentazione della vita materiale, che per lungo tempo ha occupato intensamente gli etnografi, giungendo in alcuni casi a costituire il fine stesso del lavoro di terreno. Conclusa l'epoca d'oro dei musei etnografici, che finanziavano spedizioni al fine di allestire collezioni di oggetti da esporre nelle metropoli degli imperi coloniali (utilizzando talvolta mezzi alquanto discutibili sotto il profilo etico), la raccolta e lo studio della cultura materiale hanno assunto significati nuovi. Silvia Forni ripercorre dunque una serie di proposte metodologiche attuali, che pongono al centro della riflessione il mondo delle cose così come esso si declina nelle diverse culture o anche all'interno dei musei, che sempre più stanno cercando di trasformarsi in "zone di contatto" tra culture diverse (Clifford, 1997, pp. 187 ss.).

Oggi siamo maggiormente consapevoli del fatto che gli oggetti, una volta «separati dal loro contesto fisico e relazionale [...] perdono molto del loro valore comunicativo originario» (CAP. 3, p. 110). Anche per questo la raccolta etnografica tende ovviamente a rifuggire dalle operazioni di esportazione (che spesso si configuravano come vere espropriazioni) tipiche del passato coloniale, per concentrarsi invece sullo studio dei contesti di produzione, dove l'etnografo può raccogliere non tanto l'oggetto in sé, quanto l'insieme delle pratiche tecnologiche e delle politiche simboliche, economiche, culturali o "patrimoniali" che ruotano intorno a esso. Parallelamente, le forme di collezionismo occidentale (etnografico o artistico) si sono trasformate da metodi di ricerca in oggetti di studio, testimonianze di un sistema di relazioni interculturali che per molto tempo si è configurato secondo un modello gerarchico e predatorio.

Come gli oggetti anche le parole, di cui tratta Flavia Cuturi nel CAP. 4, costituiscono da sempre un focus di interesse fondamentale per l'antropologia. E tuttavia, come nel caso degli oggetti, la raccolta etnografica di parole ha subito cambiamenti radicali nel corso della sua storia, approdando oggi a prospettive nuove e promettenti. È chiaro che – analogamente a quanto accade per le sensazioni, le emozioni, i suoni o le immagini – le parole dei nativi avvolgono immediatamente l'etnografo fin dal suo arrivo sul campo e, ancor più di tutti gli altri oggetti disponibili per la raccolta, esse costituiscono un elemento imprescindibile dell'esperienza etnografica. Ciò nonostante, come fa notare l'autrice (CAP. 4, p. 126), o forse proprio a causa di questa onnipresenza della parola, percepita quasi come un elemento intrinseco all'ambiente in cui ci si trova, gli etnografi appaiono spesso scarsamente consapevoli della portata epistemologica e teorica insita nella lingua degli interlocutori.

Ovviamente nessun etnografo, neanche quelli più concentrati su dimensioni espressive non verbali come le immagini o la musica, può esimersi dal confrontarsi con le parole dei propri ospiti e dal raccoglierle. Le parole costituiscono infatti un deposito fondamentale in cui si stratificano significati ed elementi culturali relativi ai più svariati argomenti. Di più, esse garantiscono la comunicazione, dunque le relazioni sociali, e anche i rapporti tra l'etnografo e i suoi interlocutori locali. Le indicazioni che ci vengono dall'antropologia del linguaggio sono dunque essenziali per tutti i tipi di "raccoglitori".

Anche nel caso delle parole – come per gli altri oggetti della raccolta etnografica – si è assistito in passato a una tendenza oggettivante, che in questo caso ha assunto la forma della collezione scritta di liste di parole utili a formare lessici e dizionari. Ritroviamo qui applicato alle lingue quel procedimento di estrapolazione, classificazione e comparazione che era fondamentale per l'antropologia positivista, la quale analogamente lo applicò agli oggetti collezionati in vista di una loro esposizione nei musei etnografici, alle fotografie antropometriche dei corpi altrui atte a essere comparate in una prospettiva razziologica (cfr. CAP. 5, p. 207) o anche, più in generale, agli stessi gruppi umani, che furono sottoposti a operazioni spesso arbitrarie di separazione e classificazione, foriere di esiti "etnicizzanti" drammatici (Amselle, M'Bokolo, 1985). Al posto delle pratiche che un tempo imbalsamavano le lingue degli altri in trascrizioni cristallizzate e riduttive, l'antropologia del linguaggio propone oggi vari approcci a un fenomeno così variegato, complesso e dinamico come la lingua. Abbandonato «l'ordine asettico del dizionario» (CAP. 4, p. 147), le attuali tecniche di raccolta riportano l'etnografo nel cuore dei flussi comunicativi, laddove ciò che si dice ma anche ciò che non si dice, le modalità con cui si marcano i differenti tipi di relazione sociale a seconda dello status, del genere o dell'età dei parlanti, le parole con cui si indica la relazione con l'ambiente, il cosmo o la natura, le circostanze della comunicazione, ma anche i fenomeni della deissi, della gestualità e gli altri aspetti extraverbali, possono dischiudere all'etnografo un universo di significati in grado di esprimere gran parte della vita di una società.

Tuttavia, pur essendo moltissimo, le parole non sono tutto. Esse non esauriscono né l'ambito sterminato della comunicazione sociale né tanto meno quello altrettanto vasto della vita culturale. Come è noto, l'antropologia sociale di tradizione britannica ha privilegiato il piano delle azioni e dei comportamenti rispetto a quello delle rappresentazioni e delle ideologie. Anche le tradizioni disciplinari maggiormente orientate verso le espressioni simboliche e culturali hanno a più riprese riconosciuto che la dimensione verbale si affianca pur sempre ad altri sistemi di rappresentazione. Accanto al linguaggio vero e proprio, le culture sviluppano modalità espressive e comunicative di tipo estetico, fondate in particolare sulle immagini e sui suoni. Ciò che si rappresenta in queste forme rinvia più direttamente a specifiche dimensioni percettive: la percezione visiva, che fornisce all'immaginazione il materiale con cui costruire forme significanti (pitture, decorazioni, sculture, fotografie, film ecc.; cfr. CAP. 5); la percezione auditiva che a partire dall'esperienza di ambienti sonori giunge a creare le armonie complesse e straordinarie dell'espressione musicale (cfr. CAP. 6).

Le immagini percepite e in varie forme ricreate, così come i suoni ascoltati e prodotti, fanno parte anch'essi di quegli aspetti basilari della vita culturale all'interno dei quali l'etnografo si trova costantemente immerso. La natura non verbale di queste espressioni, le modalità sottili e implicite con cui esse producono conoscenza (oltre che emozioni), ha per molto tempo relegato queste due dimensioni in ambiti secondari della ricerca. Per quanto in molte società studiate dagli antropologi i nativi dedicassero la maggior parte del loro tempo a suonare, danzare, dipingersi il corpo o decorare canoe, di norma lo studio di questi fenomeni occupava gli ultimi capitoli nelle monografie etnografiche (dedicati all'espressione artistica, intesa come un orpello inessenziale della vita sociale). La marginalità in cui i fenomeni estetici sono stati a lungo relegati, tuttavia, è da imputare non certo alla qualità e all'importanza che essi rivestivano nelle società indagate, ma piuttosto agli interessi e alla formazione degli etnografi, che tendevano a concentrarsi su elementi "strutturali". Questa tendenza ha tuttavia lasciato il posto, in anni più recenti, a nuovi approcci che valorizzano gli elementi performativi, musicali e artistici in quanto espressioni determinanti della vita culturale. Inoltre, le immagini e le musiche degli altri hanno oggi invaso il mercato culturale internazionale, dimostrando in questo modo la loro forza comunicativa (in grado di travalicare facilmente i confini stessi delle culture) e attirando un pubblico sempre più numeroso.

Tra gli oggetti raccolti dagli etnografi, le immagini e i suoni sono quelli che richiedono probabilmente una maggiore specializzazione, necessitando di strumentazioni tecniche e concettuali particolari e di una formazione specifica. Forse per questo le immagini sono state a lungo considerate quasi esclusivamente degli strumenti di ricerca utilizzati dagli etnografi più che degli oggetti da raccogliere. Esse consentivano di fissare su supporti di documentazione (fotografie e film) le osservazioni svolte sul campo. La musica, per parte sua, è l'oggetto di una disciplina specifica – l'etnomusicologia – la quale si avvale a sua volta di metodi di registrazione, di trascrizione musicale e di descrizione organologica provenienti in origine dalla tradizione musicologica occidentale. Fino a non molto tempo fa l'etnografo visivo e l'etnomusicologo hanno esercitato sul campo un certo "potere" di rappresentazione, conferitogli dalle competenze tecniche in loro possesso e dalla relativa tecnologia. L'antropologia visiva da un lato e l'etnomusicologia dall'altro hanno dunque anch'esse partecipato al paradigma oggettivante dell'antropologia positivista, cui si è ripetutamente fatto cenno.

Negli ultimi decenni, tuttavia, si è sviluppata in questi due ambiti una maggiore attenzione agli usi locali delle immagini e dei suoni, alle teorie e alle tradizioni che li informano, ai linguaggi visivi dei nativi e alle loro teorie musicali. Così interi universi di significati veicolati dai flussi della comunicazione visiva, audiovisiva e musicale si sono dischiusi alla raccolta etnografica, aprendo la strada alla conoscenza di generi ed espressioni artistiche di cui sappiamo ancora molto poco. Il riconoscimento pieno della capacità delle comunità native di utilizzare consapevolmente queste forme espressive – raggiungendo spesso livelli di straordinaria qualità estetica – e anche di saper sviluppare concezioni e riflessioni su di esse, ha inoltre in molti casi riavvicinato il lavoro degli etnomusicologi e degli etnografi visivi ai musicisti e agli artisti locali. Sempre più spesso, in questi due settori, la ricerca assume forme dialogiche e partecipative: alcuni etnomusicologi giungono a fare musica insieme ai musicisti apprendendo così direttamente dalla pratica (CAP. 6, pp. 248 ss.), mentre gli antropologi visivi si dedicano sovente alla realizzazione di "video collaborativi" (CAP. 5, pp. 213 ss.).

Visti i presupposti metodologici da cui l'etnografia ha preso avvio, non c'è da stupirsi se l'ambito delle emozioni sia stato per molto tempo integralmente trascurato: considerate come fatti privati, ineffabili e innati (CAP. 7, p. 258), le emozioni risultavano fatalmente refrattarie a un'osservazione oggettiva. Soltanto a partire dagli anni settanta del Novecento si afferma una visione costruttivista dell'esperienza emozionale che ne riconsidera le determinanti sociali e culturali, ed è a questo punto che le emozioni divengono a loro volta oggetto della ricerca etnografica. Ma come raccogliere le emozioni degli altri? Quali metodi adottare di fronte a un fenomeno così complesso, sfumato, profondamente interiorizzato e privo di qualunque consistenza empirica? L'antropologia delle emozioni ha messo a punto una rosa di proposte metodologiche per rispondere a questa sfida. Due sembrano essere le chiavi per accedere a questo particolare oggetto dell'etnografia. Da un lato è possibile analizzare le diverse declinazioni che il "discorso sociale" relativo alle emozioni assume in un contesto particolare (CAP. 7, p. 262). Raccogliendo i discorsi relativi alla vita emozionale, le parole, le regole, i giudizi, i valori, i significati a essa connessi, concentrandosi in altri termini sulla narrazione delle emozioni, l'etnografo può comprendere e tradurre nella propria lingua i modelli emozionali locali e le modalità con cui essi vengono appresi dai membri della società (le cosiddette pratiche "pato-poietiche"). Tuttavia questo approccio, da solo, fornisce al ricercatore una conoscenza puramente intellettuale delle emozioni, omettendone l'irrinunciabile dimensione corporea. Le emozioni costituiscono infatti una sorta di ponte tra la sfera culturale e cognitiva da un lato e quella fisica e carnale dall'altro. Soltanto riuscendo a "provare" ciò che gli altri in determinate situazioni sentono, l'etnografo può accedere davvero alle emozioni altrui. Il secondo approccio indispensabile alla raccolta delle emozioni si fonda dunque sull'empatia e sulla risonanza emotiva. Vivere sul campo significa anche immergersi in un particolare "paesaggio sensuale" (Stoller, 1989a, 1989b), che diviene una sorta di nuovo *habitus* con cui l'etnografo non si limita a raccogliere materiale di riflessione ma "incorpora" per quanto possibile alcuni degli elementi più impliciti e profondi della cultura studiata (su questo tema cfr. Piasere, 2002).

Se le emozioni, seppur prive di consistenza empirica, offrono a chi le prova un'esperienza corporea, le idee al contrario sono «prodotti mentali per eccellenza» (CAP. 8, p. 287). Tra gli oggetti che l'etnografo-raccoglitore ricerca si tratta certamente dei più immateriali. Allo stesso tempo, tuttavia, le idee si depositano in una molteplicità eterogenea di espressioni culturali, ad esempio in tutti i diversi fenomeni descritti nei vari capitoli di questo libro, e in molti altri ancora. Il CAP. 8, dedicato appunto alla raccolta di idee, riassume dunque molti dei temi e dei problemi presentati nell'intero volume. Qualunque sia l'oggetto specifico che l'etnografo si propone di raccogliere, qualunque sia la sua particolare attitudine o specializzazione metodologica, egli giungerà infine a confrontarsi con le idee che gli altri hanno lasciato decantare nei diversi "supporti" che veicolano la comunicazione sociale.

Richiamando l'origine stessa del termine, dal greco antico *eidos* che significa "forma, aspetto, immagine", Remotti definisce l'idea come una forma in grado di unificare e articolare il molteplice (CAP. 8, p. 289). In questo senso le idee contribuiscono a dare al mondo un ordine e una forma culturali che ne riducono la complessità. Un esempio classico è costituito dai sistemi di classificazione, espressioni – talvolta embrionali – di idee scientifiche presenti in tutte le culture. La stessa scienza occidentale, d'altronde, si fonda su sistemi di classificazione che si inscrivono in paradigmi particolari. Anche le idee dell'antropologia – l'armamentario teorico che l'etnografo porta con sé sul campo – afferiscono a paradigmi specifici in continua evoluzione, come abbiamo visto in relazione ai mutamenti del metodo etnografico. Attrezzato con le proprie idee, l'etnografo tenta dunque di afferrare e comprendere le idee degli altri, dedicandosi ad esempio alla raccolta dei sistemi di parentela, di quelli etno-botanici, farmacologici, medici, religiosi ecc. Non tutte le idee, però, hanno natura sistematica: esistono infatti anche le "idee connessione" (CAP. 8, p. 295) con cui talune culture si confrontano con la complessità del reale, introducendo ad esempio delle anomalie (famoso il caso del pangolino dei Lele del Kasai, descritto da Mary Douglas). Contemplare programmaticamente la presenza di anomalie all'interno di un sistema di classificazione, come fanno i Lele, ci dà la misura di quanto questa cultura sia consapevole dei suoi stessi limiti: le idee, anche quelle scientifiche (ivi comprese ovviamente le idee antropologiche), non vengono mai del tutto a patti con il fertile disordine presente nel mondo (CAP. 8, p. 302).

Se le idee possono depositarsi su molti tipi di supporti (azioni, parole, immagini, canzoni, simboli ecc.), esiste – come ci fa notare Remotti – un deposito particolare di idee: la scrittura. Ormai diffusa praticamente ovunque, anche se spesso utilizzata in ambiti specifici, la scrittura produce una documentazione che fissa le idee in forme durevoli, arrestando il flusso dinamico della loro storia. Proprio per questo motivo i documenti scritti, che in un momento determinato registrano lo sviluppo di un'idea o la descrizione di un evento, costituiscono la fonte principale della storia. Nelle società di interesse etnologico, la carenza di una documentazione scritta condusse gli antropologi funzionalisti a praticare un'etnografia a-storica, appiattita nella dimensione irreale del "presente etnografico". Intorno agli anni cinquanta del Novecento, tuttavia, si iniziò a riconoscere che l'osservazione immediata della vita sociale condotta sul terreno doveva essere integrata per quanto possibile con una prospettiva storica. Gli sviluppi dell'etnostoria, basata sullo studio delle tradizioni orali, e il lavoro d'archivio resero possibile questa rivoluzione, restituendo infine all'etnografia la dimensione diacronica.

Nel CAP. 9 dedicato ai documenti, Barbara Sorgoni e Pier Paolo Viazzo esplorano in sintesi i luoghi, i temi e le problematiche fondamentali connesse con la ricerca d'archivio. Vari tipi di archivi conservano documenti scritti che consentono di raccogliere informazioni sia di tipo quantitativo sia di tipo qualitativo sulla storia delle comunità, integrando e talvolta anche correggendo le informazioni ottenute direttamente sul terreno (CAP. 9, pp. 326 ss.). Ad esempio, gli archivi coloniali e quelli missionari risultano estremamente utili per tentare di colmare le inevitabili lacune storiografiche delle società agrafe. Tuttavia è indispensabile interpretare e contestualizzare i documenti contenuti in questi archivi nel quadro delle politiche coloniali e delle strategie di evangelizzazione. Nei contesti europei sono disponibili diversi tipi di archivio: quelli statali o appartenenti ad altre istituzioni locali, gli archivi ecclesiastici, privati, familiari o anche individuali, che possono essere consultati a patto di adottare anche in questo caso uno sguardo critico che ricollochi il documento nel suo contesto di "produzione".

Come per gli altri oggetti della raccolta etnografica, neanche il documento d'archivio può essere considerato un dato inconfutabile e neutrale. Se durante il positivismo i documenti avevano in effetti assunto «il significato di prova oggettiva» (CAP. 8, p. 336), la "rivoluzione documentaria" culminata negli anni sessanta del Novecento ha messo in discussione l'oggettività e la neutralità dell'archivio, denunciandone il carattere selettivo che implica il più delle volte una qualche manipolazione della storia. Di conseguenza, la raccolta in archivio deve tener conto delle finalità specifiche dei documenti esaminati, della loro funzione istituzionale e soprattutto del contesto storico e politico che li ha selezionati, assemblati e organizzati per poi conservarli.

4

Raccogliere, dialogare o creare insieme?

La storia, grazie ai documenti d'archivio e alle altre forme di memoria disponibili a essere raccolte, rientra così a pieno titolo nella raccolta etnografica, ed è probabilmente questa la risposta migliore all'esigenza ineludibile di una "decolonizzazione" delle metodologie etnografiche formulata all'inizio di questa introduzione. Lavorando sulla storia dei rapporti tra l'Occidente e i "suoi" altri, facendo emergere le aberrazioni della colonia e dei suoi schemi concettuali, gli etnografi hanno infatti la possibilità di ridefinire su basi integralmente nuove le loro relazioni con le comunità con cui lavorano. La via imboccata dalla maggior parte degli antropologi da alcuni decenni è quella di un dialogo serrato e paritario con i propri ospiti, nel riconoscimento delle rispettive differenze. La raccolta degli oggetti che alimentano l'analisi antropologica e culturale non può dunque che essere condotta oggi in un contesto di rispetto e di piena collaborazione.

Ed è proprio all'interno di una dimensione dialogica e collaborativa che si producono i migliori risultati della raccolta. In tutti i capitoli del libro emerge l'invito a riconoscere appieno l'*agency* degli informatori, cioè la loro capacità di agire deliberatamente in vista di scopi prefissati, cosicché l'etnografia possa lasciarsi definitivamente alle spalle il paradigma oggettivante del positivismo. Il riconoscimento dell'*agency* porta tuttavia a ridefinire almeno in parte lo statuto stesso degli oggetti raccolti sul campo. Se riconosciamo ai nostri interlocutori la capacità di agire e anche di creare, in una certa misura, la loro cultura, la raccolta etnografica si potrebbe allora configurare come il risultato di un negoziato tra il ricercatore e i suoi interlocutori. In questo negoziato entrano certamente in gioco, come molti autori hanno sottolineato, anche le idee, le azioni, le parole, le emozioni o le immagini dell'etnografo. Poiché i prodotti della raccolta condividono ovviamente la stessa natura degli strumenti di lavoro utilizzati dal ricercatore, nella complessità della situazione etnografica gli uni e gli altri tendono a mescolarsi, come accade nei progetti partecipativi e di ricerca-azione, o anche più semplicemente a partire dallo scambio di idee, punti di vista e prospettive che l'incontro etnografico innesca. In un certo senso, allora, non si tratta solo di raccogliere oggetti trovati sul campo quanto piuttosto, almeno in taluni casi, di creare insieme qualcosa di nuovo, sfruttando il dinamismo insito nella maggior parte degli oggetti culturali e l'effetto reciprocamente stimolante dell'incontro.

Giunti al termine di questo lavoro vorrei ringraziare i colleghi che, in un momento critico per l'Università italiana che sta causando grandi difficoltà a tutti coloro che vi lavorano e vi studiano, hanno voluto dedicare tempo, energie e idee a questo progetto. Più in particolare, sono debitrice nei confronti di Francesco Remotti, che ha contribuito sostanzialmente all'ideazione del progetto stesso e ha poi seguito da vicino ogni fase della sua realizzazione. Sono inoltre grata ad Anna Casalino e allo staff di Carocci per averci incoraggiato ad avviare questa riflessione e sostenuto durante l'intero percorso editoriale. Infine penso di esprimere un desiderio comune alle autrici e agli autori di questo libro, dedicandolo a tutti coloro che sul campo, a vario titolo, ci hanno aiutato a raccogliere le azioni, gli oggetti, le parole, i documenti, le immagini, i suoni, le sensazioni, le emozioni e le idee che hanno stimolato le nostre riflessioni. A loro dobbiamo certamente moltissimo.

Riferimenti bibliografici

AGAR M. (1980), *The Professional Stranger: An Informal Introduction to Ethnography*, Academic Press, New York.
AMSELLE J. L., M'BOKOLO E. (éds.) (1985), *Au coeur de l'ethnie*, La Decouverte, Paris.
CARDANO M. (2003), *Tecniche di ricerca qualitativa. Percorsi di ricerca nelle scienze sociali*, Carocci, Roma.
CLIFFORD J. (1997), *Routes: Travels and Translations in the Late Twentieth Centu-*

ry, Harvard University Press, Cambridge (trad. it. *Strade. Viaggio e traduzione alla fine del secolo xx*, Bollati Boringhieri, Torino 1999).

COPANS J. (1999), *L'enquête ethnologique de terrain*, Armand Colin, Paris 2005.

CUTURI F. (a cura di) (1997), *Etnografia degli eventi comunicativi*, in "Etnosistemi", 4, 4.

DEVEREUX G. (1967), *From Anxiety to Method in the Behavioral Sciences*, Mouton, Paris-The Hague.

GEERTZ C. (1973), *The Interpretation of Cultures*, Basic Books, New York (trad. it. *Interpretazione di culture*, il Mulino, Bologna 1987).

GRIAULE M. (1957), *Méthode de l'ethnographie*, PUF, Paris.

LEACH E. (1961), *Rethinking Anthropology*, The Athlone Press, London (trad. it. *Nuove vie dell'antropologia*, il Saggiatore, Milano 1973).

MAUSS M. (1947), *Manuel d'ethnographie*, Payot, Paris 1967.

PENNACINI C. (2005), *Filmare le culture. Un'introduzione all'antropologia visiva*, Carocci, Roma.

PIASERE L. (2002), *L'etnografo imperfetto. Esperienza e cognizione in antropologia*, Laterza, Roma-Bari.

RONZON F. (2008), *Sul campo. Breve guida alla ricerca etnografica*, Meltemi, Roma.

SMITH L. T. (1999), *Decolonising Methodologies: Research and Indigenous People*, Zed Books, London.

STOCKING G. W. JR. (1983), *The Ethnographer's Magic. Fieldwork in British Anthropology from Tylor to Malinowski*, in Id. (ed.), *Observers Observed. Essays on Ethnographic Fieldwork*, "History of Anthropology", The University of Wisconsin Press, London, vol. I, pp. 70-119.

STOLLER P. (1989a), *The Taste of Ethnographic Things: The Senses in Anthropology*, University of Pennsylvania Press, Philadelphia.

ID. (1989b), *Fusion of the Worlds*, University of Chicago Press, Chicago-London.

I

Sensazioni

di *Alessandro Gusman*

> La presenza piena del corpo dell'etnografo sul campo
> richiede anche una miglior consapevolezza degli odori,
> dei sapori, dei suoni e della tessitura della vita presso
> gli altri. Essa richiede […] che gli etnografi si aprano
> agli altri e assorbano il loro mondo. Questo è il signifi-
> cato dell'incorporazione.
>
> Stoller (1997, p. 23)

1.1
Perché un'antropologia della sensorialità?

Nonostante la sensorialità sia una dimensione fondamentale dell'essere umani, in antropologia l'interesse nei confronti di questa tematica
è piuttosto recente. Se si escludono alcuni casi isolati di studi in cui
la componente del sensibile trovava una riflessione, mai comunque
adeguatamente articolata, si è dovuto attendere la fine degli anni ottanta del secolo scorso per assistere alla nascita di quella che viene variamente definita "antropologia dei sensi", "antropologia sensoriale",
"antropologia della sensorialità" o ancora "antropologia delle sensazioni".

La ragione di questo ritardo va ricercata in primo luogo nella tradizione di pensiero – a lungo dominante nella cultura occidentale –
secondo cui la percezione sarebbe un meccanismo, una risposta universale, e pre-culturale, agli stimoli provenienti dall'ambiente. Tra gli
obiettivi dell'antropologia sensoriale figura, non a caso, la volontà di
decostruire questa concezione, ancora ben presente nel senso comune, se non in ambito scientifico, mostrando come il "nostro" modello sensoriale sia solo uno dei tanti possibili, per nulla "naturale".

Seguendo la riflessione di Kathryn Linn Geurts (2002) il sentire,
definito dall'autrice come l'insieme dei modi attraverso cui il corpo

raccoglie informazioni dall'ambiente [1], è strettamente legato all'episte-mologia di una società e alle modalità locali di "essere-nel-mondo". Lungi dall'essere un meccanismo universale, la percezione deve dun-que essere pensata come qualcosa di mediato dalla cultura: i bambi-ni imparano a percepire e ad esperire il mondo attraverso modelli trasmessi localmente. Questo processo rientra a pieno diritto nella più ampia concezione di costruzione della persona o, per dirla con Francesco Remotti (2002), di antropopoiesi. Con questa impostazio-ne diventa possibile pensare alla "sensopoiesi" come a una parte non secondaria nell'ambito del cammino che porta l'individuo a introiet-tare i modelli di umanità presenti nella società in cui è nato. Se è vero, come sostiene Thomas Csordas (1994, p. VII), che la risposta alla domanda «cosa significa essere umani?» equivale a quella a «come ci rendiamo umani?», allora si può certamente sostenere con Geurts (2002, p. 5) che «l'ordine sensoriale di una cultura è uno dei primi e più basilari elementi nel renderci esseri umani». I sensi diventano così «modi di incorporare categorie culturali, o di inscrivere nel corpo alcuni valori o aspetti dell'essere che una particolare comunità stori-camente ha ritenuto preziosi» (ivi, p. 10). Alla concezione di una per-cezione meccanica e universale l'antropologia dei sensi contrappone dunque l'idea di un processo che, entro i limiti definiti dalla biolo-gia, è sottoposto all'opera plasmatrice dell'ambiente fisico e cultura-le [2]. I sensi insomma, al pari di ogni altra capacità umana, devono essere educati, e il tipo di educazione che essi ricevono non è certo indipendente dalla "forma di umanità" che una società mira a rag-giungere: «Venire al mondo è acquisire uno stile di vedere, di tocca-re, di udire, di gustare, di odorare, tipico della comunità di apparte-nenza. Gli uomini abitano in distinti universi sensoriali» (Le Breton, 2006, trad. it. p. 72).

A partire da questo genere di riflessioni, l'antropologia dei sensi ha sviluppato diversi orientamenti, tematiche e domande a cui in buona parte ancora deve essere data una risposta. Come vedremo,

1. Si noti l'ampiezza della definizione fornita da Geurts, che va ben al di là della codificazione di cinque sensi.

2. Jean-Pierre Changeux, in *L'uomo neuronale*, parla di un "involucro genetico" (Changeux, 1983, p. 264) che limita la capacità plastica dell'encefalo ed è costituito da quei tratti fissi nell'organizzazione anatomico-funzionale dell'organo che vengono con-servati nelle generazioni. Purtroppo non tutti gli antropologi che hanno affrontato la tematica sensoriale hanno cercato di rendersi coscienti dell'interazione tra la compo-nente biologica e quella culturale, finendo talvolta con il contrapporre al determini-smo genetico un determinismo culturale.

risulta difficile individuare una metodologia specifica per l'antropologia sensoriale; anche se esiste una condivisione ampia sulla necessità di un approccio interdisciplinare, è chiaro che fare ricerca nel campo delle sensazioni richiede metodi in grado di cogliere una dimensione profonda e difficilmente accessibile, per la quale gli strumenti principali a disposizione dell'etnografo – osservazione partecipante e intervista – risultano insufficienti (Bendix, 2005). Va inoltre tenuto conto fin da ora che il tipo di "dati" con il quale l'etnografo ha a che fare in questo ambito non sono dati oggettivi. "Raccogliere" sensazioni è un'operazione molto differente rispetto, ad esempio, al riprodurre su una mappa la disposizione delle *households* in un villaggio, e coinvolge in modo diretto e soggettivo il ricercatore, sfidando la sua capacità di rimodulare le abitudini sensoriali apprese e incorporate con le esperienze passate.

I.2
Il dibattito sulle sensazioni in antropologia

Tra i casi di anticipazione degli interessi propri dell'antropologia dei sensi, prima della sua formalizzazione come sottodisciplina a fine anni ottanta, si può segnalare l'articolo *Cultural Structuring of Tactile Experience in a Borneo Society*, pubblicato nel 1966 da Thomas Williams [3]. L'autore parte dall'assunto che «la strutturazione culturale e il funzionamento di ogni esperienza sensoriale ricadono ovviamente all'interno degli ambiti della antropologia moderna» (Williams, 1966, p. 27). Forse per la prima volta, in questo articolo si indicava che le categorie in uso in antropologia non erano in grado di fornire strumenti adeguati per indagare i modi in cui i sensi vengono culturalmente definiti all'interno delle società e i modi in cui viene trasmessa l'opera di "costruzione" alle generazioni successive.

I testi fondativi di questa branca tuttavia sono stati pubblicati più di vent'anni dopo il lavoro di Williams.

Paul Stoller, l'antropologo da cui cito in apertura di capitolo, può essere considerato uno dei padri fondatori dell'antropologia dei sensi; il suo *The Taste of Ethnographic Things* (Stoller, 1989) è in effetti uno dei primi lavori dedicati alla riflessione sul ruolo della percezione in antropologia, tanto come strumento di indagine che come oggetto di

---

3. Per un approfondimento su questo aspetto, David Howes fornisce in *Sensual Relations* (2003) una guida ragionata agli autori che nella storia dell'antropologia hanno in qualche modo riconosciuto l'importanza dei sensi per la disciplina.

studio. In particolare, la proposta di Stoller – accolta da un certo numero di altri ricercatori – consiste nell'indagare sistemi sensoriali specifici (nel suo caso quello dei Songhay del Niger) e la loro interazione con l'esperienza incorporata dell'"essere-nel-mondo". Un approccio alternativo, basato piuttosto sulla comparazione cross-culturale delle gerarchie e dei sistemi sensoriali, è sviluppato dal gruppo di ricerca della canadese Concordia University, che da ormai due decenni lavora sui temi della sensorialità, sotto la guida di David Howes e Constance Classen. Se *The Taste of Ethnographic Things* è il primo lavoro antropologico dedicato alla sensorialità dell'etnografo e delle popolazioni oggetto del suo studio, un impatto più importante ha avuto *The Varieties of Sensory Experience* (Howes, 1991), giustamente ritenuto una sorta di "manifesto" dell'antropologia dei sensi.

Il lavoro del gruppo ha avuto il notevole pregio di sdoganare la tematica, favorendo l'istituzionalizzazione della ricerca sui sensi all'interno delle scienze sociali, ratificata dalla pubblicazione della rivista "The Senses and Society", apparsa per la prima volta nel 2006, e dalla collana "Sensory Formation" diretta per l'editore Berg dallo stesso Howes.

L'approccio comparativo sviluppato da David Howes si propone di indagare il sistema di classificazione delle sensazioni di società "altre" per mostrare la non-naturalità di quello occidentale, producendo di conseguenza anche una critica all'oculocentrismo ritenuto proprio della società sviluppatasi in Occidente, e determinato da circostanze storiche e culturali. Uno dei presupposti di questo orientamento è che ogni società elabora soprattutto una facoltà sensoriale, ponendola al di sopra delle altre, almeno dal punto di vista simbolico. Questa impostazione è condivisa, pur con differenti sfumature, da altri antropologi che si sono interessati alla dimensione sensoriale, tra cui Constance Classen (1993, 1999), Nadia Seremetakis (1994), Steven Feld e Keith Basso (1996) e Kathryn Linn Geurts (2002).

Altri ricercatori, partendo da un punto di vista fenomenologico, hanno tuttavia criticato questo approccio perché giudicato troppo lontano dall'esperienza vissuta dell'etnografo e delle persone con cui lavora. In particolare, Tim Ingold (2000), basandosi sulle ricerche condotte tra i cacciatori artici, ha sostenuto che la critica all'oculocentrismo si basa su presupposti ideali, e non tiene conto dell'utilizzo immediato, non-rappresentazionale, della vista che risulta utile per l'essere umano in molte situazioni, come appunto la caccia. Nel tentativo di riportare la dimensione sensoriale alla percezione immediata, Ingold ha quindi criticato l'approccio di un'antropologia dei sensi troppo concentrata ad analizzare le idee collettive sulla sensorialità presenti in una determinata società, riducendo l'esperienza sensibile a niente più che «un veicolo per l'espressione di valori culturali, che vanno al di là della dimensione sensoriale (Ingold, 2000, p. 156).

Più di recente, Koen Stroeken (2008), partendo da una posizione vicina a quella di Ingold, ha criticato l'idea dell'esistenza di un *sensorium* [4] specifico per ogni cultura, sostenendo che l'approccio proposto da Howes produce una cristallizzazione delle culture che non permette di indagare la dimensione delle variazioni intraculturali. Introducendo la distinzione tra "modi" e "codici" sensoriali, Stroeken sostiene che a seconda della specifica situazione sociale una stessa modalità sensoriale può essere attivata secondo codici culturali differenti, sottolineando la necessità di considerare la contestualità della percezione.

Sulla scia dei primi studi, una serie di ricerche teoriche e di campo ha alimentato una disciplina che oggi può a buon diritto trovare spazio all'interno di un testo introduttivo all'antropologia (mi riferisco a Herzfeld, 2001) e che si propone, oltre che come una sottodisciplina antropologica, anche come ambito di riflessione per chiunque svolga ricerche etnografiche. L'antropologia dei sensi diventa, in quest'ottica, non solo un ambito inedito di ricerca, ma anche un nuovo strumento per la ricerca etnografica. Antonius Robben (2007) e Sarah Pink (2009) per primi hanno cercato di sviluppare un discorso articolato sulle novità apportate alla metodologia antropologica a seguito dell'interesse nei confronti della sensorialità.

Nonostante le differenze nell'approccio, appare evidente che negli ultimi vent'anni si è assistito, non solo in antropologia, al risveglio di una "cultura sensoriale" (Howes, Marcoux, 2006) che ha portato a un ampliamento degli ambiti di ricerca. Alla comparazione interculturale, alla ricerca di casi etnografici "densi" di informazioni sensoriali, si è affiancata un'etnografia del quotidiano della percezione in contesti familiari: Sarah Pink, ad esempio, ha proposto una lettura antropologica della pratica di fare il bucato (Pink, 2005), in cui l'attenzione per le componenti sensoriali permette di cogliere componenti morali e identitarie che richiedono un approccio multisensoriale per poter essere indagate.

---

4. Nel linguaggio di Marshall McLuhan, il *sensorium* è il sistema sensoriale elaborato da una cultura, che presuppone l'esistenza di una classificazione della facoltà e una loro messa in ordine.

1.3
I temi fondativi dell'antropologia sensoriale

Le tematiche che hanno contribuito alla nascita dell'antropologia dei sensi sono varie, ma possono probabilmente essere riassunte secondo due linee generali.

a) In primo luogo va evidenziata l'esigenza, già individuata da Williams nel 1966, di riconoscere e comprendere l'esperienza percettiva come modalità di espressione culturale. L'antropologia, mettendo le attività sensoriali al centro della propria indagine, si pone il compito di indagare come i sensi siano differentemente concepiti e "costruiti" dalle società.

Questa linea di indagine ha portato a riconoscere le percezioni individuali come parte di una "sensorialità collettiva" (Matera, 2002) e a sottolineare come le società non si limitino al valore fisico dei sensi, ma ne attribuiscano uno culturale, che spesso modifica le gerarchie "naturali". In *The Varieties of Sensory Experience* si legge:

I sensi che sono importanti per gli scopi pratici possono non esserlo culturalmente e simbolicamente. Per esempio, mentre la vista è altamente valutata dagli Inuit per la caccia e altre attività, essa non ha però l'importanza simbolica dell'udito e del suono, che sono associati con la creazione [...]. Si può dire perciò che la vista ha un valore pratico per gli Inuit perché percepisce la forma, mentre il suono ha la supremazia perché *crea* la forma (Howes, 1991, p. 258).

Su questa impostazione ha avuto un'indubbia influenza l'interesse per il corpo che ha percorso la disciplina negli ultimi decenni. La svolta verso la dimensione corporale tuttavia non aveva riguardato i sensi, se non in misura limitata.

La volontà di superare la dicotomia cartesiana corpo/mente, e di mostrare il corpo come soggetto e oggetto di rappresentazioni culturali, e non come un meccanismo, risultava dunque parzialmente incompleta. Pur cercando di superare un certo determinismo di stampo positivista, ci si dimenticava di estendere il privilegio dell'elaborazione culturale alle attività percettive: il fatto che anche l'"osservazione" potesse essere culturalmente forgiata non veniva problematizzato.

In un famoso capitolo delle *Meditazioni pascaliane*, intitolato *La conoscenza col corpo*, Pierre Bourdieu (1997) riflette su due concetti chiave del suo pensiero: incorporazione e *habitus*. Nella sua trattazione, che si avvale della fenomenologia di Husserl e di Merleau-Ponty, Bourdieu sostiene la ben nota tesi secondo cui ogni individuo occupa un posto nello spazio fisico e sociale in virtù del suo possedere un corpo. Il mondo è dunque vissuto e conosciuto primariamente attraverso il corpo stesso, e le esperienze passate, inscritte in esso, determinano degli *habitus*, «sistemi di schemi di percezione, di valutazione e di azione», tramite cui l'individuo si rapporta con il mondo. Ma, mentre gli schemi di azione sono ampiamente descritti nel seguito del saggio, la percezione (e gli schemi sensoriali acquisiti nel vivere in società) non è approfondita.

Anche nell'approccio ecologico di Tim Ingold, fatta eccezione per lavori più recenti come *The Perception of the Environment* (2000), l'attività sensoriale non è analizzata con ampiezza, nonostante lo sforzo degli studi dell'antropologo britannico sia stato costantemente rivolto a descrivere la relazione tra l'individuo e l'ambiente. E nonostante Ingold utilizzi proprio un esempio proveniente dalla sfera percettiva per illustrare la differenza tra l'approccio "cognitivo" e quello "fenomenologico" alla differenza culturale [5].

Eppure, gli organi di senso costituiscono per l'individuo (e per le culture) le "porte d'accesso" verso l'ambiente; non in quanto "specchi" che riflettono una realtà oggettiva, ma come "filtri" che selezionano in base alle esperienze pregresse e all'educazione ricevuta (Le Breton, 2007, p. 74). La conoscenza con il corpo può essere descritta in maniera cruciale come una conoscenza attraverso i sensi. Una delle ragioni del fatto che questa idea abbia impiegato tempo a essere accettata va probabilmente cercata nel carattere "mentalistico" del mondo accademico, poco adatto a un «risveglio dei sensi» (Stoller, 1997, p. XII), che ha portato,

---

5. Nella *Companion Encyclopedia of Anthropology*, Ingold (2002) commenta l'ipotesi secondo cui due persone, provenienti da contesti differenti e poste di fronte a una scena, vedrebbero cose parzialmente differenti. Nella spiegazione di questo fatto, continua la sua argomentazione, si può ricorrere a due ordini di idee. Si può cioè sostenere che a comportare questa differenza siano gli schemi concettuali relativi a cosa sia il mondo; oppure si può affermare che la discrepanza si colloca proprio al livello percettivo, ed è dovuta al fatto che le due persone «sono state allenate, attraverso l'esperienza pregressa di espletare differenti tipi di compiti pratici in cui sono coinvolti particolari movimenti del corpo e attività sensoriali, a orientarsi in modi diversi nei confronti dell'ambiente e delle sue caratteristiche» (ivi, p. 331). Il primo approccio è quello che può essere individuato come "cognitivista", in cui la percezione è un risultato della mente che lavora sui dati bruti provenienti dai sensi; il secondo viene comunemente definito "fenomenologico" e colloca l'attività percettiva fin dal principio in un'ottica di attivo rapporto dell'individuo, inteso nel senso della *whole body-person*, con l'ambiente (fisico e culturale) che lo circonda.

nel momento in cui si riscopriva il discorso su di esso, a considerare il corpo come un testo da leggere e analizzare, con la conseguenza di privarlo della sensibilità che gli è propria (ivi, p. XIV).

b) Una seconda direzione di indagine per l'antropologia dei sensi è stata rappresentata da una riflessione sul ruolo dei sensi nella pratica antropologica. Se le facoltà sono oggetto di elaborazione da parte delle società, è possibile che la pratica osservativa, lo "sguardo" antropologico, si riveli talvolta insufficiente? Che esistano "mondi di senso" (Classen, 1993) a cui si può accedere solo mediante l'utilizzo di altre modalità sensoriali? Soprattutto, era divenuto importante riflettere sui limiti dell'osservazione, che, al pari degli altri sensi, non poteva più essere ritenuta assolutamente valida e oggettiva, ma culturalmente influenzata. Anche lo sguardo antropologico doveva perdere la prerogativa di meccanismo certo; l'occhio seleziona (e il cervello elabora ulteriormente i dati che gli provengono dalla periferia del corpo), e nel farlo agisce secondo modalità apprese nel corso delle esperienze precedenti, compiute in un particolare ambiente (allo stesso tempo fisico e culturale).

L'oculocentrismo della pratica etnografica era già stato messo in discussione e criticato come il residuo di un «etnocentrismo percettivo» – secondo un'espressione di Vittorio Lanternari (1983, p. 54) – e per questo motivo posto in parallelo con la ragione etnocentrica erede dei peccati del colonialismo [6].

Come sostenuto da David Howes nell'introduzione a *The Varieties of Sensory Experience*, la necessità di "coinvolgere tutti i sensi" si faceva largo nella pratica etnografica. Allo stesso tempo – come osserva Cristina Grasseni – la visione doveva assumere una diversa connotazione, con lo sviluppo dell'antropologia del corpo e dei sensi, con l'applicazione «dell'idea di sapere incorporato e imbricato nell'ambiente anche alla visione, evitando la reificazione di "visione", "tatto", "gusto", e immaginando invece un modello della percezione per cui l'esperienza visiva si intreccia con quella degli altri sensi in un ambiente multisensoriale» (Grasseni, 2003, p. 139) [7].

---

6. A questo proposito vanno ricordate le critiche di Johannes Fabian ne *Il tempo e gli altri* (2000, in particolare il capitolo *L'altro e l'occhio: il tempo e la retorica dello sguardo*) e di Francis Affergan in *Esotismo e alterità* (1991, in particolare la seconda sezione, *Vedere*).

7. La critica all'oculocentrismo non implica, se non in pochi casi, la negazione della vista come facoltà fondamentale per gli esseri umani, ma piuttosto la messa in discussione del predominio assoluto, a livello conoscitivo e simbolico, che questa ha assunto nella storia della cultura occidentale. È comprensibile lo scetticismo di Maurice

Che la vista, per ragioni storiche e culturali, sia stata considerata a lungo senso assolutamente preminente nel mondo occidentale è indubbio. Il fatto è che questo processo ha prodotto non solo il predominio di un senso sugli altri, ma anche una forma di esperienza del mondo piuttosto "monosensoriale" [8].

Ciò che più interessa in questo contesto è però ripensare il ruolo della vista come si è configurato in antropologia, dell'osservazione come strumento principe e unico dell'etnografia. È curioso notare come proprio Malinowski, ritenuto il fondatore del metodo dell'osservazione partecipante, esprimesse in realtà dubbi sull'oggettività dello sguardo (e dunque sullo sguardo oggettivante). In *Teoria scientifica della cultura* (Malinowski, 1944), egli annotava infatti che osservare è selezionare, è classificare, è isolare in funzione della teoria; è cioè un primo momento ermeneutico, e non una semplice, neutra e imparziale "raccolta dati".

Il dubbio di Malinowski non era infondato: negli ultimi decenni numerosi studi in campo neuroscientifico hanno dimostrato che l'occhio non riproduce fedelmente la realtà, ma la altera, interpretandola. La testimonianza oculare non è oggettiva, ma soggettiva, in quanto *a)* in tutte le fasi che portano dalla sensazione alla testimonianza sono all'opera processi (perlopiù inconsci) di selezione; *b)* l'osservazione non avviene in condizioni "ideali", da laboratorio, ma nel mondo reale, ed è perciò disturbata da numerosi fattori, in un'esperienza che è sempre sinestetica e situata [9].

Gli studi neuroscientifici hanno aperto anche uno spazio inedito al ruolo della cultura nel plasmare la percezione. Campi di indagine come la sensorialità rappresentano perciò l'occasione per gettare un ponte interdisciplinare e far dialogare l'antropologia con altri settori

Bloch verso la «presenza di possibili eccezioni [all'associazione tra vista e verità, *N.d.A.*], basate su poche etnografie esotiche, che vengono utilizzate come evidenza negativa contro un'assunta universalità» (Bloch, 2007, p. 10). Tuttavia in alcuni casi, come quello dei bahaya su cui mi soffermerò brevemente, l'attribuzione del criterio di veridicità sembra essere più contestuale.

8. Lucien Febvre contrappone la figura dell'uomo medievale, *en plein vent* (Febvre, 1968, p. 394), a quella dell'uomo moderno "di serra", per cui le sensazioni risultano filtrate da schermi.

9. «Sono arrivato alla convinzione che dobbiamo affrontare i problemi della percezione da un punto di vista ecologico. Ci viene detto che la visione dipende dall'occhio, che è connesso al cervello. L'ipotesi che avanzerò è invece che la visione naturale dipende da occhi posti in una testa che sta su un corpo che poggia sul suolo, e che il cervello è solo l'organo centrale di un sistema visivo integrato» (Gibson, 1979, trad. it. p. 33).

del mondo scientifico [10]. Appare dunque necessario, sebbene non suf-ficiente, essere a conoscenza dei principali risultati provenienti da altre discipline, per non cadere in una forma di determinismo (culturale) di stampo opposto ma non meno erroneo di quello ancora in parte diffuso all'interno delle scienze cosiddette "dure" [11].

I.4
Raccogliere sensazioni (1).
Dagli organi di senso al cervello

In *Natural Symbols*, Mary Douglas (1970, trad. it. p. 13) attua una dife-sa nei confronti di «uno dei problemi più gravi dei nostri giorni», che individua nella «sfiducia nei simboli». Per dimostrare l'efficacia dei simboli come mezzo di trasmissione sociale, cita Lévi-Strauss quando sostiene, parlando delle soglie del dolore, del piacere, dello sforzo, che queste sono «*più che* funzioni di particolarità individuali, criteri san-zionati dalla approvazione o dalla disapprovazione collettive» (corsivo mio). Evitando di prendere in considerazione il "più che" introdotto da Lévi-Strauss, Douglas conclude che «di conseguenza, *non hanno alcuna importanza* i limiti fisiologici obiettivi» (ivi, p. 7). Ora, se è vero che il saggio su *Les techniques du corps* di Mauss (1950), cui Douglas fa riferimento, fornisce un bell'esempio di analisi di come il controllo del corpo sia culturalmente appreso, non è però possibile dedurne che si può tranquillamente fare a meno di tenere in considerazione quelli che sono i limiti fisiologici (i "vincoli strutturali" dell'organismo).

Partendo da queste considerazioni, l'idea di una integrazione, una co-evoluzione dei piani culturale e biologico, visti come strettamente intrecciati in una serie di processi di feedback di reciproche influen-ze, sembra essere la strada più efficace per affrontare l'analisi di feno-meni, come quelli percettivi, che non possono essere ridotti né a mec-canismi biologici né a puri costrutti culturali. Gli aspetti simbolici e quelli biologici non possono essere considerati separatamente in disci-pline differenti (riproponendo dunque un dualismo simile a quello mente/corpo); il corpo è simbolo carico di significati, ma lo è (e assu-

10. Sulla possibilità di stabilire un dialogo interdisciplinare relativamente ad alcu-ni temi, e in particolare alla percezione, rimando al mio *Antropologia dell'olfatto*, capi-tolo 6 (Gusman, 2004).
11. Sul fatto che il riduzionismo e il determinismo non siano stati sconfitti, ma continuino a essere saldamente presenti in molti studi di carattere scientifico, e nella pubblica opinione, si veda ad esempio *Le nature umane* di Paul Ehrlich (2005).

me i significati) nel suo essere-nel-mondo, e mai come realtà cristallizzata negli aspetti organici. Se la percezione è un processo non solo biologico, è però vero che essa è pur sempre *anche* un processo biologico, e conoscerlo e riconoscerlo come tale permette di comprendere meglio dove la cultura può intervenire nell'imprimere il suo sigillo sui sensi.

Nell'essere umano l'attività sensoriale si presenta in maniera intensa già allo stadio embrionale; gli organi di senso maturano durante la gestazione, e alla nascita il loro sviluppo è quasi completo. Si può dunque affermare che esso avviene in maniera piuttosto indipendente dagli stimoli esterni. L'intervento della cultura a livello degli organi periferici è perciò limitato. Tuttavia le percezioni, come è noto, non nascono negli organi di senso, ma a seguito della rielaborazione dello stimolo che avviene nella corteccia cerebrale, area particolarmente soggetta a fenomeni di plasticità, e di conseguenza anche all'azione plasmatrice dell'esperienza culturale dell'individuo [12]. Come nota il neurofisiologo Lamberto Maffei (2000, p. 68), «gli uomini primitivi vedevano molto diversamente da noi, semplicemente perché avevano un'altra cultura, altre motivazioni e pulsioni e quindi un cervello in parte diverso. La differenza non sta nel tipo di sensazioni incamerate, ma nel modo in cui queste informazioni vengono valutate e nel modo in cui acquistano valore, provocando una reazione allo stimolo». Secondo Maffei, insomma, i nostri antenati avrebbero avuto vie anatomiche dei

12. Il concetto di "plasticità" del sistema nervoso è un'acquisizione recente e fondamentale delle neuroscienze. Esso ha permesso di fornire un'immagine nuova del cervello, che oggi non è più considerato – com'era in passato – un organo rigido, ma piuttosto malleabile, soggetto a trasformazioni indotte dagli stimoli esterni. La plasticità è massima nelle zone filogeneticamente più recenti dell'encefalo, in particolare nella corteccia cerebrale, e nei primi anni di vita. L'interazione con l'ambiente esterno (naturale e culturale) si incide dunque nel cervello umano al punto di arrivare a modificarne i caratteri morfologici e funzionali (Purves *et al.*, 1997, trad. it. p. 434). In particolare la selezione operata dall'ambiente, come hanno mostrato gli studi di Gerald Edelman, produce uno "sfoltimento" delle connessioni neuronali: il cervello di un bambino di sette anni ha dimensioni simili a quelle del cervello di un adulto, ma possiede mediamente il quaranta per cento in più di sinapsi (Robertson, 1999, p. 182). È chiaro che questo processo di selezione dipende in buona parte dall'apprendimento, tanto che Lamberto Maffei può spingersi a sostenere che «i gradi di libertà del cervello sono quasi infiniti» (Maffei, 2000, p. 10). Gli studi hanno dunque dimostrato che l'esperienza entra in maniera strutturale nella formazione e nello sviluppo del cervello umano, intrecciandosi in tali processi con l'espressione dei geni. Di qui la necessità di elaborare una teoria che tenga conto degli effetti che l'interazione sociale, l'apprendimento e l'ambiente fisico producono sul cervello, mostrando come l'uomo sia un essere "bio-culturale" (Remotti, 2002).

sistemi di senso uguali a quelle dell'uomo odierno, ma un modo di percepire differente, perché diverso era il cervello nel modo in cui veniva plasmato dalle esperienze.

Alla luce di quanto appena detto, è possibile sostenere che l'esperienza pregressa, in particolar modo quella compiuta nei primi anni di vita, riveste un ruolo fondamentale nello sviluppo delle parti dell'encefalo deputate all'elaborazione dello stimolo; questo viene recepito dalle vie periferiche e, dopo essere stato trasmesso al cervello, diviene percetto, sensazione cosciente. In altre parole, se lo stimolo ricevuto è lo stesso per tutti, pur ricordando l'esistenza di differenze nella sensibilità individuale (soprattutto per quanto riguarda la soglia di percezione), il modo in cui questo diviene percezione dopo essere stato elaborato nella corteccia è influenzato da funzioni cognitive superiori quali la memoria, l'immaginazione e il giudizio.

Se ci spostiamo poi dalla sensorialità individuale a quella "collettiva", diventa evidente che il giudizio espresso su un suono, un odore, un sapore e ogni altra sensazione deriva ancora una volta non dal sovrapporsi della percezione individuale con quella che potremmo definire la "percezione sociale", ma da uno stretto intreccio delle due componenti.

Nell'influenzare le risposte che vengono date agli stimoli, la cultura non agisce solamente al livello delle modalità percettive, ma anche a quello dei sistemi di valori, per cui il giudizio che viene conferito ad esempio a un odore o a un cibo non si basa unicamente sulla percezione, ma anche su idee trasmesse culturalmente, senza che si possa verificare in maniera precisa quanto e come questa "educazione sensoriale" vada a incidersi nella struttura cerebrale. Certo, il senso viscerale di disgusto (una reazione che viene normalmente considerata "innata") che si prova nei confronti di certi cibi e odori che altri dimostrano di apprezzare mostra come questi sistemi di valore si radichino nel profondo dell'individuo. Appare insomma difficile cercare di separare le componenti genetiche da quelle culturali nel processo di formazione della sensazione; come nota André Holley a proposito delle sensazioni olfattive: «Piuttosto che ammettere che la valenza edonica degli odori è puramente determinata dall'apprendimento a partire da una condizione iniziale neutra, preferiamo supporre che, nel genere umano, le costrizioni di natura innata tollerino una certa modulazione sotto l'influenza delle abitudini sociali e della cultura» (Holley, 1999, pp. 164-5).

C'è infine da considerare la questione legata al linguaggio: se una percezione non è verbalizzata risulta certamente più difficile farla dive-

nire cosciente; in altre parole, senza potergli dare un nome, lo stimolo è per noi meno importante, tendiamo a non notarlo. È un problema come vedremo non secondario nel condurre un'etnografia sensoriale.

I.5

Raccogliere sensazioni (2). L'etnografo
come "apprendista sensoriale"

Esplicitare le conseguenze del ragionamento condotto fino a questo
punto significa ammettere difficoltà apparentemente insormontabili
per l'etnografo nella raccolta di sensazioni durante la ricerca sul
campo. In effetti, appare difficile confutare l'affermazione di
Lanternari (1983, p. 54), secondo cui esiste «un margine di inadatta-
bilità sul piano delle esperienze percettive e delle reazioni emotive d'ogni
individuo, a contatto con esponenti di culture altre».

Le nostre sensazioni ed emozioni non sono quindi mai pienamente in accordo con quelle di chi ci sta di fronte, tanto più quanto più
sono differenti le educazioni sensoriali ricevute nell'ambiente in cui si
è cresciuti. Quale spazio rimane allora per un'etnografia "sensibile"?
Nelle pagine che seguono mostrerò che, nonostante i limiti esplicitati, questo tipo di etnografia non solo è possibile, ma è un arricchi-
mento importante nella cassetta degli attrezzi del ricercatore di campo.
Se è più semplice raccogliere la verbalizzazione delle sensazioni, il loro
carattere pubblico, nondimeno l'immersione nel campo implica un
coinvolgimento sensoriale più basilare, pre-verbale: il fatto di "essere-
là" porta a incorporare, lentamente, abitudini e capacità sensoriali inedite che, lo si è visto, sono anch'esse mediate dalla cultura. Questo
processo di educazione dei sensi avviene in modo inconscio, giorno
dopo giorno; farsi "apprendisti sensoriali" significa sforzarsi di ren-
derlo cosciente, oggetto di esercizio e di riflessione. La raccolta dei
"dati sensoriali" passa dunque per due vie complementari: la parola
e il fare con il corpo.

Fare ricerca sul campo significa infatti per l'etnografo anche venire gettato in un ambiente ricco di stimoli sensoriali, spesso sconosciuti, a cui le persone con cui interagisce attribuiscono significati e valori morali; più che cercare questi stimoli, ne veniamo colpiti, rimanendo
disorientati davanti a sensazioni che fatichiamo a codificare, almeno
all'inizio. Crea un certo stupore constatare che la conoscenza può passare per vie che ci sono inusuali; è il caso ad esempio dei Warao, che
imparano fin da bambini a distinguere e classificare le piante, soprat-

tutto le erbe medicinali utilizzate nelle pratiche di cura locali, in base all'odore e non all'aspetto (Classen, 1999).

Come viene trasmessa questa conoscenza sensoriale? Alcuni ricercatori assumono che essa sia incorporata quasi unicamente tramite la condivisione di esperienze. Secondo Etienne Wenger (1998) l'apprendimento è una pratica esperienziale: si conosce facendo, partecipando ad attività insieme ad altri, creando cioè delle "comunità di pratica". In modo simile, Tim Ingold (2000) sostiene che le abilità vengono trasmesse tramite sistemi di apprendimento esperto/principiante, che permettono al secondo di imparare poco alla volta a "sentire" uno specifico ambiente in un modo culturalmente appropriato. Questi approcci fenomenologici evidenziano un aspetto fondamentale dell'apprendimento, cioè il suo essere un processo attivo e informante che modifica in modo irreversibile chi vi partecipa, anche a livello fisiologico [13]. Essi assegnano tuttavia una scarsa considerazione al ruolo della parola per l'apprendimento sensoriale. Al contrario, un autore come Joel Candau (2000), studiando alcuni ambiti professionali in cui l'olfatto è centrale, ha insistito sul ruolo fondamentale di un linguaggio relativo alle sensazioni che si crea a partire da esperienze condivise, ad esempio quelle dei sommelier durante le sedute di degustazione.

Sarah Pink ha proposto una metodologia in quattro passaggi per l'etnografia sensoriale (Pink, 2009). Il primo passo è quello di assumere consapevolezza del proprio *sensorium* come uno dei tanti possibili (ivi, p. 51). Compiuto questo primo step si potrà giungere a una maggiore sensibilità e attenzione nei confronti della molteplicità di mondi sensoriali che ci si presentano. L'antropologa britannica propone come esercizio per affinare questa abilità l'abituarsi a esaminare un oggetto con tutti i sensi, o ancora camminare al buio. Il terzo passo sarà quello di cercare di apprendere modi alternativi di relazio-

---

13. È noto da alcuni studi che l'esercizio assiduo, anche compiuto in età adulta, modifica le reti di connessioni tra i neuroni. Grazie alla tomografia a emissione di positroni è stato possibile osservare che nel caso di musicisti che si allenano per diverse ore al giorno al violino, le reti sinaptiche vengono in parte rimodulate per rinforzare i collegamenti tra i gruppi di cellule che vengono attivate per suonare lo strumento. La spiegazione sta nella competizione tra cellule: rinforzate dall'esercizio, le connessioni attivate per schiacciare le corde con la mano sinistra si sono nel tempo rinforzate, fino a "invadere" il territorio originariamente destinato ad altre funzioni. Sono state cioè modificate le mappe neuronali relative alle dita della mano sinistra, le quali si trovano ora rappresentate nella corteccia cerebrale in misura maggiore rispetto a quanto accade in chi non suona uno strumento a corde (Robertson, 1999, pp. 41-2).

narsi con un ambiente sensoriale specifico, per passare infine alla comprensione dei significati che sono collegati agli stimoli percepiti.

Come si modifica la pratica etnografica seguendo questo procedimento? Secondo Pink la "partecipazione" si trasforma in questo modo in una pratica più complessa, a cui non è sufficiente l'osservazione, ma che deve comprendere un «apprendimento incorporato, situato, sensoriale ed empatico» (ivi, p. 63), di tipo multisensoriale, in cui l'osservazione visiva non sia necessariamente la dimensione privilegiata.

La proposta di Pink è senza dubbio utile, in quanto cerca per la prima volta di definire una metodologia specifica per un'etnografia che tenga conto della dimensione sensoriale sia come strumento di ricerca sia come oggetto della ricerca stessa. I quattro passaggi proposti sembrano tuttavia semplificare eccessivamente un processo – quello dell'apprendimento sensoriale e dell'entrata in "risonanza" con la modalità di rapportarsi con il mondo delle persone presso cui ci troviamo – che è estremamente complesso, e certamente sempre incompleto, data l'irriducibile differenza del processo di educazione sensoriale a cui siamo stati sottoposti, secondo quanto detto in precedenza.

Certamente è possibile "prendere ripetizioni" sul campo, come proposto nel sistema esperto/principiante da Ingold, e ha ragione Leonardo Piasere a evidenziare con i concetti di "perduzione" e di "impregnamento" quel lento processo di «acquisizione inconscia o conscia di schemi cognitivo-esperienziali che entrano in risonanza con schemi precedentemente già interiorizzati» (Piasere, 2002, p. 56). Non potendo cambiare la propria natura, il bravo etnografo, per Piasere, è dunque quello in grado di assorbire come una spugna gli schemi altrui, facendosene segnare (ivi, p. 160).

Tuttavia, porre questa "serendipità" (per un'analisi di questo concetto cfr. il CAP. 8), o l'apprendimento "incorporato ed empatico" proposto da Pink, al centro della pratica di un'etnografia sensoriale mi pare una strada utile per gli aspetti citati, ma in parte limitata. È indubbio che trattando di ambiti cognitivi e percettivi ci si debba concentrare sugli aspetti non-verbali, spesso preconsci o inconsci; credo però che l'antropologo debba essere interessato anche alla componente che trova espressione pubblica, alla sensorialità condivisa e caricata di significati. Il sapere e il saper-fare, oltre a venire incorporati dall'individuo con l'apprendimento e l'esercizio, trovano una rappresentazione condivisa grazie alla messa a punto di un lessico specifico. Questo processo, con il quale le percezioni diventano almeno parzialmente condivise, ha un ruolo importante nel facilitare l'apprendimento di saperi e l'integrazione all'interno della società o di una "nicchia culturale", come nel caso ad esempio delle professioni olfattive (Gusman, 2005). Per quanto faticosa e incompleta, la verbalizzazione delle percezioni in un "vocabolario sensoriale" è quindi da considerarsi parte integrante del processo di educazione dei sensi. La componente verbale è inoltre utile per comprendere meglio in che modo le persone rappresentano e categorizzano le esperienze, quali significati e valori vi attribuiscono a seconda dei contesti.

Seguendo la suggestione di Koen Stroeken (2008, p. 482), secondo cui «nella percezione sensoriale convergono codici provenienti dalla società con modi derivanti dal corpo», si può concludere da quanto si è detto che, se l'assunzione dei "modi" sensoriali delle persone con cui si viene a contatto durante la ricerca è un processo lento e difficile da definire con precisione, comprendere la presenza di differenti "codici" sociali e il loro contesto d'uso è un'operazione che passa sia attraverso la partecipazione attiva sia attraverso la parola [14]. I modi si acquisiscono attraverso una progressiva impregnazione ed educazione del corpo a stimoli inusuali, i codici indagando i contesti in cui vengono espressi pubblicamente e chiedendo agli interlocutori di esplicitarli. Va infine notato che non è possibile mantenere del tutto separati questi due processi; modi e codici sensoriali sono strettamente intrecciati, perciò man mano che verranno incorporati i primi diventeranno anche più chiari e comprensibili i secondi.

A conclusione del capitolo, un breve esempio etnografico volto a illustrare come l'analisi del vocabolario sensoriale possa essere un punto di partenza accessibile e utile per una etnografia sensoriale.

1.6
Terminologia della percezione e pratiche sensoriali:
sui Bahaya, ad esempio

Il primo approccio con lo studio della classificazione dell'esperienza della società presso cui si conduce una ricerca può essere frustrante; come riporta Kathryn Linn Geurts nel caso degli Anlo-Ewe (Sud-Est del Ghana), la suddivisione delle facoltà di senso in cinque modalità

---

14. È importante sottolineare ulteriormente come i modi sensoriali siano già il risultato di uno stretto intreccio tra componenti biologiche e culturali, e come essi non possano dunque essere ridotti a "naturali". L'acquisizione dei modi è perciò già sempre una raccolta di elementi appartenenti all'ambiente (fisico e culturale) in cui si conduce la ricerca.

ben distinte intese come organi che ci forniscono informazioni sul mondo esterno è ben lontana dall'essere universalmente condivisa (Geurts, 2002). In molti contesti linguistici non sono presenti nel vocabolario sensoriale concetti generici come "sensi" o "percezione"; l'astrazione, sganciata dall'esperienza concreta, trova poco spazio. Questo fatto, constatato ad esempio anche da Jack Goody nella lingua dei LoDagaa (Goody, 2002, p. 18), oltre a costituire un ostacolo iniziale a una ricerca che si ponga come fine lo studio delle sensazioni, si può rivelare un interessante punto di partenza per l'analisi di un contesto sensoriale differente da quello abituale per il ricercatore. La prima constatazione che ne deriva è che nei "mondi di senso" presi in considerazione le facoltà percettive non possono essere disgiunte dall'azione del sentire: la loro importanza risulta nell'uso che ne viene fatto, nel contesto concreto della percezione. Come osserva David Le Breton (2006, trad. it. p. 10), «di fronte al mondo l'uomo non è mai un occhio, un orecchio, una mano, una bocca o un naso, ma uno sguardo, un ascolto, un toccamento, un'esperienza gustativa o olfattiva: in altre parole, un'attività». Per questo i termini relativi ai sensi sono forme verbali.

Durante la permanenza a Kimwani, nel distretto di Bukoba (Tanzania nord-occidentale) [15], mi sono presto reso conto che quando parlavamo di sensazioni le persone si riferivano all'azione del percepire, al *vedere*, non alla *vista*, all'*udire* e non all'*udito* e così via. E l'azione è strettamente dipendente dal contesto. Ogni senso assume perciò un'importanza particolare e superiore a quella degli altri in circostanze determinate. «Gli occhi non vedono al buio, e nemmeno dietro alla testa»; questa semplice ma rivelatrice frase, pronunciata da un'anziana donna mentre stavo discutendo con un gruppo di persone sul ruolo e i limiti del vedere, rende chiaro come non si possa conferire alla vista un ruolo di predominanza in ogni situazione. Gli occhi hanno limiti che li rendono inferiori ad altri organi di senso in situazioni specifiche.

Nell'antropologia haya l'uomo viene anzi connotato, tra gli animali, proprio dal fatto di possedere più organi di senso ben sviluppati,

---

15. La zona in questione, situata nella regione del Kagera, è abitata in prevalenza dai Bahaya, una popolazione contraddistinta da una vicinanza non solo geografica con la confinante Uganda; la lingua dei Bahaya (luhaya) è infatti molto simile al gruppo di lingue parlate nel Sud-Ovest dell'Uganda, generalmente raccolte sotto il nome di *runyakitara*. La ricerca si è svolta nell'ambito della Missione etnologica italiana in Africa equatoriale.

che possono tornare utili in momenti differenti. Come mi è stato fatto notare più di una volta, mentre altri animali fanno affidamento su un senso in particolare, l'uomo può, a seconda dei casi, servirsi di una o dell'altra facoltà percettiva nelle sue attività.

Un esempio citato frequentemente dai miei interlocutori era quello della foresta. In questo ambiente la vista è limitata dalla difficoltà di penetrare con lo sguardo oltre pochi metri. L'udito e l'olfatto diventano preminenti perché in grado, a differenza degli occhi, di oltrepassare le barriere rappresentate dalla fitta vegetazione della foresta, e di cogliere così la presenza di animali pericolosi nei dintorni. L'olfatto è ritenuto particolarmente importante nelle situazioni di pericolo, perché è il primo ad allertare in caso di incendio o della presenza nelle vicinanze di una specie velenosa di serpente. Allo stesso modo, l'udito può aiutare nel fitto della foresta o anche nella boscaglia a cogliere movimenti, lo strusciare tra l'erba di animali che non si riescono a vedere, o che si trovano al di fuori del campo visivo.

Soffermandosi brevemente sulla terminologia di percezione haya, è possibile far emergere qualche ulteriore riflessione, soprattutto per quanto riguarda l'analisi dei significati attribuiti alle sensazioni. Nella TAB. 1.1 sono riportati i termini relativi alle cinque facoltà sensoriali classificate. Il prefisso *oku-* indica l'azione ed è perciò presente in tutte e cinque le voci verbali.

Mi sembra interessante evidenziare almeno tre punti relativamente alla TAB. 1.1 e a quanto detto in precedenza.

a) Come già sottolineato, i termini in tabella sono verbi, si riferiscono cioè all'atto del percepire e non alla facoltà. Il fatto che i sensi non siano oggetto di una riflessione astratta non indica una mancanza di interesse nei loro confronti; piuttosto segnala una differenza nel modo in cui essi sono considerati, con l'attenzione posta sull'uso concreto degli organi di senso, sul corpo come elemento essenziale nella sensazione. La percezione diventa, se così intesa, un insieme integrato, non separabile dal contesto corporeo e ambientale in cui è messa in atto.

b) Questa peculiare concezione dell'attività percettiva rende anche difficile individuare una gerarchia fissa per mettere in ordine di importanza i cinque sensi. Come detto, molto dipende dal contesto d'uso; un certo accordo è tuttavia riscontrabile sul fatto che l'udito sia il senso culturalmente più importante, che ha trovato nel tempo un'elaborazione maggiore a livello locale. Non è un caso che il verbo *okuhurira*, oltre a indicare l'azione di udire e di ascoltare, abbia tra i suoi significati anche quello di "capire", e che *omuhurilo* sia l'"obbe-

TABELLA I.I
Terminologia haya della percezione

Vista	*Okubona*	"il vedere"
Udito	*Okuhurira*	"l'udire"
Olfatto	*Okunuka*	"l'odorare"
Gusto	*Okuloza*	"il gustare"
Tatto	*Okukwata*	"il toccare"

dienza", cioè il seguire ciò che è stato detto. "Mi senti?" sta dunque a significare, in alcuni casi, "mi capisci?", con una notevole differenza dall'inglese che utilizza invece il verbo "vedere" (*to see*) con il significato di "capire".

c) L'ultima considerazione riguarda il legame stretto tra le categorie percettive e quelle morali. I sensi sono utilizzati per classificare (dal colore della pelle all'odore emanato, dal suono della voce al gusto dei cibi, l'utilizzo di "marcatori di alterità" di origine sensoriale è molto diffuso) e talvolta per creare barriere sociali, oltre che morali (cfr. Gusman, 2004, cap. 3). Nel caso del luhaya, l'olfatto e la vista assumono il valore, oltre che di organi di senso, di strumenti di designazione di qualità morali.

Prendendo ad esempio il ruolo dell'olfatto, è interessante soffermarsi sul termine *ekijunda*. Normalmente esso designa in luhaya l'odore che proviene da qualcosa che va in putrefazione, e non si riferisce dunque a un essere vivo. È però utilizzato anche sul piano morale, in relazione alla corruzione dei costumi e dell'animo (con il significato dunque di qualcuno che puzza particolarmente perché "morto nell'animo, all'interno"; più raramente con lo stesso significato, e soprattutto in riferimento alle donne, si può trovare *orupakuchu*). Tra i Bahaya, dunque, il naso è un organo in grado di rivelare la corruzione di un individuo. In questa concezione il male, l'immoralità possono essere nascosti agli occhi delle persone, curando il proprio aspetto, ma non al naso: «Se puzzi di morto, il naso lo sente, è inutile che cerchi di cospargerti il corpo con il burro profumato. Il naso sa riconoscere chi è "marcio", [...] chi non sa vivere in mezzo agli altri». Con questa affermazione di un abitante di Kimwani si specifica in parte chi è l'individuo "marcio" nell'animo: è «chi non sa vivere in mezzo agli altri», chi commette azioni che mettono in pericolo l'ordine, sociale e morale, costruito e rispettato dalla maggioranza. Ecco che dal piano corporeo, passando per quello dell'etica, si è arrivati a quello sociale. In questa "morale olfattiva" il corpo individuale diventa metafora del corpo sociale, e la puzza che ne viene emanata segno della corruzione che si può instaurare anche in quest'ultimo.

1.7
Conclusioni

Nel percorso qui delineato l'antropologia dei sensi si delinea come uno strumento che viene messo a disposizione di chi fa etnografia, per assumere un rapporto multisensoriale nei confronti della società studiata e dell'ambiente in cui vive. Tale corrente si propone però anche come un'ulteriore proposta teorica che va ad affiancarsi a quelle già presenti nella disciplina; i meriti principali di tale proposta possono probabilmente essere individuati da un lato nell'ampliamento che essa porta all'antropologia, dischiudendo spazi di significato inediti, dall'altro nelle potenzialità di dialogo interdisciplinare che apre.

Come si è visto, le posizioni all'interno di questa sottodisciplina sono tutt'altro che univoche, e un metodo condiviso per gli antropologi che si occupano di sensazioni resta ancora da elaborare, nonostante i recenti sforzi di alcuni autori. Tuttavia, la cristallizzazione della contrapposizione tra gli approcci fenomenologici e quelli che invece mettono al centro dell'apprendimento la verbalizzazione degli stimoli può essere superata con l'adozione di una prospettiva in cui l'espressione pubblica tramite la parola e l'esperienza condivisa in "comunità di pratica" trovino entrambe una collocazione nel processo di apprendimento e di raccolta dell'elemento sensoriale. In questo senso, la distinzione tra "modi" e "codici" sensoriali (Stroeken, 2008) appare un suggerimento fecondo: essa rende possibile considerare l'importanza della componente culturale fin dalla formazione e dalla trasmissione dei "modi", valutando al tempo stesso il ruolo della "codificazione" (non necessariamente e non solo verbale) cui l'esperienza è sottoposta.

La lacuna dell'assenza di una riflessione sui sensi nella pratica etnografica è stata almeno parzialmente colmata negli ultimi vent'anni. È prevedibile che negli anni a venire sempre più le domande poste dall'antropologia sensoriale, e il richiamo a prestare attenzione a questa dimensione, saranno assorbite all'interno della disciplina, portando a una considerazione più ampia sull'uso dei sensi nella pratica etnografica, e sull'importanza di comprendere le "culture sensoriali" con cui ci si confronta.

Riferimenti bibliografici

AFFERGAN F. (1987), *Exotisme et Altérité. Essai sur les fondements d'une critique de l'anthropologie*, PUF, Paris (trad. it. *Esotismo e alterità*, Mursia, Milano 1991).

BENDIX R. (2005), *Introduction: Ear to Ear, Nose to Nose, Skin to Skin – The Senses in Comparative Ethnographic Perspective*, in "Etnofoor: Anthropological Journal", 18, 1, pp. 3-14.

BLOCH M. (2007), *Truth and Sight*, in S. Borutti (a cura di), *Modelli per le scienze umane: antropologia, scienze cognitive, sistemi complessi*, Trauben, Torino.

BOURDIEU P. (1997), *Meditations pascaliennes*, Seuil, Paris (trad. it. *Meditazioni pascaliane*, Feltrinelli, Milano 1998).

CANDAU J. (2000), *Mémoire et expériences olfactives*, PUF, Paris.

CHANGEUX J.-P. (1983), *L'homme neuronal*, Fayard, Paris (trad. it. *L'uomo neuronale*, Feltrinelli, Milano 1983).

CLASSEN C. (1993), *Worlds of Sense*, Routledge, London-New York.

ID. (1999), *Other Ways to Wisdom: Learning through the Senses across Cultures*, in "International Review of Education", 45, 3-4, pp. 269-80.

CSORDAS T. (1994), *Embodiment and Experience, the Existential Ground of Culture and Self*, Cambridge University Press, New York.

DOUGLAS M. (1970), *Natural Symbols: Explorations in Cosmology*, Barrie & Rockliff, London (trad. it. *I simboli naturali: esplorazioni in cosmologia*, Einaudi, Torino 1979).

EHRLICH P. (2000), *Human Natures. Genes, Cultures, and the Human Prospect*, Island Press, Washington DC (trad. it. *Le nature umane. Geni, culture e prospettive*, Codice edizioni, Torino 2005).

FABIAN J. (1983), *Time and the Other*, Columbia University Press, New York (trad. it. *Il tempo e gli altri. La politica del tempo in antropologia*, l'ancora del mediterraneo, Napoli 2000).

FEBVRE L. (1968), *Le problème de l'incroyance au XVI siècle. La religion de Rabelais*, Albin Michel, Paris (trad. it. *Il problema dell'incredulità nel secolo XVI. La religione di Rabelais*, Einaudi, Torino 1991).

FELD S., BASSO K. (1996), *Senses of Place*, in Idd. (eds.), *Senses of Place*, School of American Research Press, Santa Fe.

GEURTS K. L. (2002), *Culture and the Senses. Bodily Ways of Knowing in an African Community*, University of California Press, Berkeley.

GIBSON J. J. (1979), *The Ecological Approach to Visual Perception*, Houghton-Mifflin, Boston (trad. it. *Un approccio ecologico alla percezione visiva*, il Mulino, Bologna 1999).

GOODY J. (2002), *Anthropology of the Senses and Sensations*, in "La Ricerca Folklorica", 45, pp. 17-28.

GRASSENI C. (2003), *Lo sguardo della mano. Pratiche della località e antropologia della visione in una comunità montana lombarda*, Bergamo University Press-Il Sestante, Bergamo.

GUSMAN A. (2004), *Antropologia dell'olfatto*, Laterza, Roma-Bari.

ID. (2005), *Lavorare di naso*, in "Slow", 52, pp. 102-7.

HERZFELD M. (2001), *Anthropology. Theoretical Practice in Culture and Society*, Blackwell, Oxford (trad. it. *Antropologia. Pratica della teoria nella cultura e nella società*, SEID, Firenze 2006).

HOLLEY A. (1999), *Eloge de l'odorat*, Odile Jacob, Paris.

HOWES D. (ed.) (1991), *The Varieties of Sensory Experience*, University of Toronto Press, Toronto.

ID. (2003), *Sensual Relations. Engaging the Senses in Culture and Social Theory*, University of Michigan Press, Ann Arbor.

HOWES D., MARCOUX J.-S. (2006), *Introduction à la culture sensible*, in "Anthropologie et Sociétés", 30, 3, pp. 7-17.

HSU E. (2008), *The Senses and the Social: An Introduction*, in "Ethnos", 73, 4, pp. 433-43.

INGOLD T. (2000), *The Perception of the Environment: Essays on Livelihood, Dwelling and Skill*, Routledge, London.

ID. (ed.) (2002), *Companion Encyclopedia of Anthropology*, Routledge, London.

JARDEL J.-P. (1999), *De la coleur et de l'odeur de l'Autre dans la literature para-anthropologique: répresentation de l'alterité antillaise et idéologie raciale*, in D. Musset, C. Fabre-Vassas (éds.) (1999), *Odeurs et parfums*, Editions du CTHS, Paris, pp. 83-91.

LANTERNARI V. (1983), *L'incivilimento dei barbari. Problemi di etnocentrismo e d'identità*, Dedalo, Bari.

LE BRETON D. (2006), *La saveur du monde. Une anthropologie des sens*, Editions Metailié, Paris (trad. it. *Il sapore del mondo. Un'antropologia dei sensi*, Raffaello Cortina, Milano 2007).

ID. (2007), *Antropologia dei sensi: un'introduzione al mondo*, in "Rivista Sperimentale di Freniatria", 131, 1, pp. 69-80.

MAFFEI L. (2000), *Il mondo del cervello*, Laterza, Roma-Bari.

MALINOWSKI B. (1944), *A Scientific Theroy of Culture and Other Essays*, University of North Carolina Press, Durham (trad. it. *Teoria scientifica della cultura e altri saggi*, Milano, Feltrinelli 1974).

MATERA V. (2002), *Antropologia dei sensi. Osservazioni introduttive*, in "La Ricerca Folklorica", 45, pp. 7-16.

MAUSS M. (1950), *Les techniques du corps*, in Id., *Sociologie et Anthropologie*, PUF, Paris, pp. 365-83.

PIASERE L. (2002), *L'etnografo imperfetto. Esperienza e cognizione in antropologia*, Laterza, Roma-Bari.

PINK S. (2005), *Dirty Laundry. Everyday Practice, Sensory Engagement and the Constitution of Identity*, in "Social Anthropology", 13, 3, pp. 275-90.

ID. (2009), *Doing Sensory Ethnography*, Sage, London.

PURVES D. *et al.* (eds.) (1997), *Neuroscience*, Sinauer Associates, Sunderland (MA) (trad. it. *Neuroscienze*, Zanichelli, Bologna 2000).

REMOTTI F. (a cura di) (2002), *Forme di umanità. Progetti incompleti e cantieri sempre aperti*, Bruno Mondadori, Milano.

ROBBEN A. (2007), *Sensorial Fieldwork*, in A. Robben, J. Sluka (eds.), *Ethnographic Fieldwork: An Anthropological Reader*, Blackwell, Oxford.

ROBERTSON I. H. (1999), *Mind Sculture*, Fromm International, New York (trad. it. *Il cervello plastico. Come l'esperienza modella la nostra mente*, Rizzoli, Milano 1999).

SEREMETAKIS N. (ed.) (1994), *The Senses Still. Memory and Perception as Material Culture in Modernity*, Westview Press, Boulder.

STOLLER P. (1989), *The Taste of Ethnographic Things: The Senses in Anthropology*, University of Pennsylvania Press, Philadelphia.

ID. (1997), *Sensous Scolarship*, University of Pennsylvania Press, Philadelphia.

STROEKEN K. (2008), *Sensory Shifts and Synaesthetics in Sukuma Healing*, in "Ethnos", 73, 4, pp. 466-84.

WENGER E. (1998), *Communities of Practice: Learning, Meaning, and Identity*, Cambridge University Press, Cambridge (trad. it. *Comunità di pratica*, Raffaello Cortina, Milano 2006).

WILLIAMS T. (1966), *Cultural Structuring of Tactile Experience in a Borneo Society*, in "American Anthropologist", 68, 1, pp. 27-39.

2

Azioni

di *Antonino Colajanni*

2.1
Premessa

Il tema delle azioni umane e dei comportamenti (degli individui in quanto singoli, in rapporto con altri individui, e infine in gruppo) può essere affrontato da due diversi punti di vista. Ci si può dedicare a riflettere sulla natura e sui caratteri dell'agire umano (nei suoi più differenti aspetti), limitandosi al livello teorico e concettuale, e studiando modi per collegare l'azione con altri aspetti della vita dell'uomo in società, come il pensiero, la parola e i sentimenti. E ciò lo si può fare analizzando le possibili *forme*, le *motivazioni* all'azione nonché i *fini* ai quali essa può essere indirizzata, e quindi gli *effetti* che produce o può produrre sull'individuo agente, sugli altri individui e sul contesto sociale. Oppure, ci si può soffermare sui metodi con i quali un ricercatore esterno può identificare, osservare, classificare e descrivere le azioni degli individui in una determinata società, al fine di interpretarle. Questo diverso punto di vista dà in un certo senso per scontato, o presupposto, il primo livello, quello della riflessione teorica sulla natura dell'azione. Nella presentazione che segue mi soffermerò soprattutto sul secondo livello, quello dell'osservazione, classificazione e descrizione delle azioni, nonché della loro interpretazione, ma non potrò fare a meno, qua e là, di fare qualche incursione nel tema generale dell'agire umano come problema teorico. L'uomo è un essere sociale che – di fatto – trascorre la maggior parte del suo tempo compiendo azioni, di tipo diverso, in disparati contesti e occasioni, muovendosi nello spazio, inter-agendo con i suoi simili. E tutto ciò è registrabile da un attento ricercatore, anche se il complesso delle azioni osservabili – ovviamente – non esaurisce da sé solo tutto il complicato e intrecciato insieme, assai più ampio e ramificato, della vita di un gruppo umano.

È opportuno iniziare con alcune considerazioni preliminari, che collocano le azioni in un contesto più ampio. Una classificazione sommaria dei diversi campi dell'attività di ricerca dell'etnografo-raccoglitore può comprendere, com'è noto, da una parte gli oggetti (fabbricati e usati dal gruppo umano che si intende studiare) e dall'altra le idee, le credenze, i sentimenti e i valori come concezioni valutative di cosa è importante e fondamentale nell'esperienza e nella vita ordinaria. Sono due campi in parte contrapposti, ma più strettamente collegati di quanto non si possa pensare in una prima approssimazione. Concreto e tangibile, distante ed esterno rispetto al soggetto il primo; interno al soggetto, mentale e ideale il secondo. Il primo consiste in parti del mondo esterno trasformate e costruite dall'uomo con le mani e con l'uso di strumenti, e destinate a usi funzionali; il secondo esiste nella mente delle persone e si può dedurre dai movimenti, dai gesti, ma soprattutto dalle parole, dai discorsi degli informatori, dai quali il ricercatore può anche estrarre aspetti non detti, non espliciti. È evidente che mentre il primo campo (gli oggetti) presenta una certa consistenza empirica, obiettiva, concreta e direttamente osservabile senza particolari difficoltà, il secondo (le idee) presenta una maggiore labilità, incertezza e difficoltà per il raccoglitore. Infatti, il campo delle idee può essere ricavato – come è stato appena indicato – da espressioni verbali esplicite; può essere cioè espresso nel comportamento verbale degli attori sociali (in maniera diretta e spontanea, cioè nei discorsi liberi, o in maniera indiretta e provocata, attraverso risposte a domande e stimolazioni specifiche del ricercatore). Oppure, invece, può essere dedotto (in maniera ipotetica) dalla combinazione tra parole dette, uso di oggetti, simbologie, azioni, modi di comportamento.

Ma oltre agli ambiti appena menzionati, ce n'è un altro che merita un'attenzione particolare, collocato com'è a metà strada tra gli oggetti e le idee. Si tratta appunto delle *azioni*, dei comportamenti, che i soggetti compiono nella loro giornata, in maniera individuale, in relazioni diadiche o in rapporto con pochi altri soggetti, infine in forme collettive, in gruppi più o meno ampi e omogenei di persone. Questo dell'agire degli esseri umani è un ampio campo di osservazione, in isolamento o in insiemi di relazioni tra più soggetti. Infatti, gli esseri umani *sono in relazione tra loro*, e questa rete di relazioni si può costituire solo per mezzo di azioni singole e sequenze di azioni coordinate, più o meno formalizzate, più o meno standardizzate, più o meno prevedibili. E del resto, è altrettanto evidente che le azioni sono comunque in relazione stretta sia con gli oggetti (questi, infatti, vengono costruiti con una serie sequenziale di atti, e usati attraverso modi di azione specifici, pre-conosciuti, che vengono appresi) sia con le idee e i valori (le azioni, infatti, possono essere indizi consistenti di modi di pensare). Va inoltre subito sottolineato il fatto che le azioni possono riguardare un *fare* che genera prodotti fisici o un agire nel quale prevale la comunicazione. Nel primo caso, il fare comprende i prodotti dell'attività dell'uomo dei quali, come suggerisce Alberto Cirese, «si può fruire solo sottraendoli alla fruizione altrui, e che nessuno può dare ad altri senza perderli». Nel secondo caso l'agire comunicativo è caratterizzato, non esclusivamente ma essenzialmente, dalla trasmissione di *informazione*, cioè di qualcosa che «si può dare ad altri senza perderla, e si può averla da altri senza che altri la perda» (Cirese, 1998, p. 35).

Una elementare e diffusa distinzione suggerisce di considerare le azioni come insiemi di atti coscienti forniti di intenzionalità, di senso e di scopo, che pone in essere un attore sociale, e di identificare i comportamenti come movimenti il più delle volte non intenzionali, spontanei, dotati di scarsa consapevolezza. Una grande tradizione sociologica della prima metà del secolo passato ha dato consistenti contributi alla teoria dell'azione, allo studio del mondo sociale visto *dal punto di vista dell'attore sociale*, che possono essere ancora oggi tenuti in conto. Il più conosciuto apporto in tal senso è contenuto in un grande classico della sociologia scritto da Talcott Parsons nel 1937 e riedito più volte nei decenni successivi: *The Structure of Social Action*. Ma prima di lui, autori come Vilfredo Pareto e Max Weber avevano fornito contributi teorici e classificatori degni di nota. Pareto aveva proposto, com'è noto, la distinzione tra *azioni logiche* (collegate direttamente al fine, sia dal punto di vista del soggetto agente che di soggetti esterni) e *azioni non-logiche* (il cui fine oggettivo differisce da quello soggettivo). E Weber aveva proposto una distinzione tra *azioni razionali secondo lo scopo*, distinte nettamente dalle *azioni razionali secondo il valore* (nelle quali l'agire è comandato dal dovere, senza preoccupazione per le conseguenze), dalle *azioni affettive* (dominate dai sentimenti) e infine dalle *azioni tradizionali* (comportamenti routinari, svolti automaticamente dai soggetti senza chiedersene le ragioni). Le posizioni più recenti in tema di analisi dell'azione sociale si soffermano sui temi dell'*intenzione*, della *decisione*, della *comunicazione*, sulle "azioni abituali" e sui "limiti dell'azione", sulle aspettative dell'azione altrui [1].

---

1. Una recente utile raccolta di saggi, che spazia dalla filosofia ai classici della sociologia e ad autori come Schültz, Giddens, Luhmann, Habermas, è quella curata da Castaneda Sabido e Guitián Galán, *Instantáneas de la acción* (2002). Sul tema del-

2.2
L'osservazione e la descrizione delle azioni

Questo ambito della vita sociale (l'ambito delle azioni) può impegnare, forse più degli altri, le capacità di *osservazione* del ricercatore, il quale potrebbe bene iniziare a trattare questo tema, e a raccogliere i dati relativi, usando soprattutto i sensi basici della percezione: gli occhi e le orecchie. Scelta una posizione adeguata all'interno del contesto socioambientale selezionato, il ricercatore ha, in questo caso, una posizione tendenzialmente e apparentemente passiva, che isola e circoscrive i movimenti delle persone e le relazioni tra esse, che cadono sotto la sua osservazione, disposto a identificare le unità minime di azione (gli atti), le sequenze più o meno ordinate e le forme di coordinazione fra essi, la frequenza nella loro ripetizione, infine gli effetti che esse producono, immediatamente e mediatamente, nel contesto sociale; cioè le corrispondenti e reciproche azioni (le *reazioni*) che provocano negli altri membri della società. Questo tipo di osservazione – che si accosta ai fenomeni sociali così come si manifestano spontaneamente, cercando di non intervenire a modificare il naturale svolgimento degli eventi e di non far pesare sugli agenti la presenza dell'estraneo – è stata definita "osservazione a distanza". In essa il ricercatore non fa alcuno sforzo per rivestire un qualche ruolo nel contesto locale: gli basta essere tollerato come estraneo osservatore non intrusivo. E ciò a differenza di quanto dovrebbe avvenire nella vera e propria "osservazione partecipante" sulla quale mi soffermerò in seguito (cfr. Ronzon, 2008, pp. 63-8). Le azioni delle persone, che cadono sotto l'osservazione del ricercatore, si svolgono di certo in uno *spazio* determinato, che ne è il contesto adeguato (la casa, l'arena pubblica del villaggio, la capanna delle riunioni, i campi coltivati, la foresta, la savana ecc.), e in un *tempo* altrettanto determinato, che ne circoscrive il ciclo di sviluppo temporale, dimensione questa non trascurabile. Ogni azione o sequenza di azioni ha infatti una sua *durata*, che ne costituisce un aspetto fondamentale. Spesso gli insiemi di azioni collettive

l'*intenzione* non posso non richiamare l'importante volume di Gozzano, *Storia e teorie dell'intenzionalità* (1997). Di grande interesse la visione del sociologo Charles Tilly, che ha insistito molto sulla sua concezione della cultura come repertorio d'azione cui attingono gruppi strategici in vista di obiettivi comuni. Per questo autore le azioni proprie e degli altri sono un punto di partenza indispensabile per la costruzione delle "ragioni" e delle "giustificazioni" delle azioni, che costituiscono il cuore e il centro osservativo delle scienze sociali (Tilly, 2006).

coordinate sono molto complessi, distribuiti in tempi medio-lunghi e in spazi molto ampi nei quali si svolgono più azioni contemporanee da parte di diversi attori sociali; sicché un solo osservatore ha difficoltà a raccogliere tutti i dati pertinenti. A questo proposito Marcel Griaule (1957, pp. 48-50), nel suo famoso manuale di etnografia, raccomandava la ricerca in équipe per i "fatti in movimento" (come sono i funerali dei Dogon), nella quale diversi investigatori, collocati in luoghi strategici, fossero in grado di raccogliere azioni, discorsi e movimenti dei diversi gruppi sociali coinvolti.

Bisogna ammettere che l'osservazione diretta e continua delle azioni e dei comportamenti non è sempre stata puntuale, rigorosa e affidabile, nella storia remota e recente dell'antropologia. È noto che la maggior parte degli studi e delle ricerche si è svolta sulla base più delle domande fatte dai ricercatori sul comportamento (proprio o altrui), che non sulla vera e diretta osservazione. Tra i due livelli i contrasti sono costanti. Spesso i soggetti non sono consapevoli, o non sono in grado di descrivere accuratamente il proprio comportamento o quello degli altri. Solo l'osservazione diretta dei comportamenti consente di sottoporre a verifica le cose dette, i giudizi espressi. Beatrice e John Whiting (1970) hanno dedicato un intero saggio all'analisi di queste contraddizioni e insufficienze nella ricerca di campo, caratterizzate dalla sostituzione della diretta osservazione con le opinioni raccolte in interviste a testimoni privilegiati. Il campo al quale hanno applicato più intensamente queste critiche è quello delle pratiche della socializzazione primaria.

Non si può nascondere, tuttavia, che un atteggiamento ingenuamente iper-empirico, che privilegi il piano delle azioni, dei comportamenti osservabili, limitandosi a esso, non salva il ricercatore dai problemi complessi che l'osservazione impone. Non è possibile, infatti, pensare che il ricercatore non eserciti alcuna influenza sul contesto che studia. La ricerca è certo una forma di *interazione*; si tratterà di stabilire una misura, una dimensione di grado, una qualche procedura di controllo, e di prendere coscienza critica della normale interferenza tra ricercatore e attori sociali. La sua presenza sul luogo, sia che faccia una quantità di domande sia che rimanga in un silenzio osservativo, produrrà dunque e comunque effetti, conseguenze dirette o indirette sui comportamenti, sia materiali che verbali, delle persone presso le quali egli svolge la sua ricerca. Inoltre, il ricercatore opererà pur sempre una certa selezione tra gli eventi, gli atti, le azioni e i comportamenti che si verificheranno nella scena sociale. E li raggrupperà dapprima secondo classificazioni semplici, usando concetti ele-

mentari, molto vicini ai dati empirici e provenienti dalla sua esperienza socioculturale, che gli attribuiranno un senso operativo, utile nel
processo conoscitivo che si sta generando. Di per sé, l'accumulare gior-
nalmente quantità di osservazioni, descrivere decine di azioni individuali e collettive, senza un processo di selezione e protoanalisi sul
campo, sarà poco produttivo. Come suggeriva circa settant'anni or sono
Audrey Richards (1939, pp. 307-8), il rimedio contro la sterile accumulazione di montagne di dati osservativi sta nella costante formulazione dei *problemi* lungo le linee degli interessi dell'antropologo, piuttosto che nell'incessante archiviazione di registrazioni di avvenimenti
giornalieri. In base all'esperienza di altri ricercatori, in base alla teoria generale alla quale s'è formato, alle sue personali sensibilità e idiosincrasie, il ricercatore produrrà, con i dati di osservazione raccolti,
una serie di costrutti intermedi di significato sociale sulla base dell'ac-
corpamento di sequenze di azioni, di reti di relazioni osservabili, delle
ricorrenze e ripetizioni che riscontrerà nei suoi dati di osservazione.
Gli insiemi e le sequenze di azioni, l'identificazione di certe norme
esistenti (esplicite o implicite), l'accertamento della persistente frequenza di un certo "personale" attivo che si presenterà costantemente nelle azioni osservate spingeranno l'etnografo-raccoglitore a rag-
gruppare e presentare in modo sistemico o parasistemico l'insieme di
azioni-comportamenti e norme (con il personale che le pone in essere), al quale potrà attribuire, ad esempio, il concetto intermedio di
origine "esterna" alla società locale, di "istituzione" (il matrimonio,
l'iniziazione, l'organizzazione della figura del capo, lo sciamanismo e
così via). Sono tentativi necessari, approssimazioni strumentali che il
prosieguo della ricerca, e l'intervento autointerpretativo degli attori
sociali, potranno continuamente correggere, integrare, ri-orientare. In
tal modo, dall'osservazione di azioni e comportamenti scaturirà progressivamente una sistemazione dei dati che predisporrà e anticiperà
in parte il processo di analisi e interpretazione.
    Risulta evidente che maggiore è la consistenza osservazionale e
descrittiva delle azioni e dei comportamenti che stanno alla base di
questi insiemi organizzativi della vita di una società, migliore e più
affidabile sarà il procedimento analitico e interpretativo successivo.
Sarà altrettanto evidente che senza un'indagine accurata, e parallela,
sulle "concettualizzazioni locali", sui termini-concetti usati dai nativi
(nella loro lingua, naturalmente), il quadro non potrà essere completo. Bisogna infatti aspettarsi una notevole "incongruenza" e scarsa
compatibilità (o spesso contraddizione) fra gli strumenti concettuali
formulati dal ricercatore e le concezioni-percezioni, e concettualizza-

zioni, native. Il processo di "approssimazione" che caratterizza la ricerca antropologica potrà, lentamente e progressivamente, correggere errori, riaggiustare il tiro, riformulare gli strumenti concettuali e le catene argomentative, nel corso dell'indagine, man mano che il ricercatore si allontanerà dal mero livello dell'etnografo-raccoglitore e vorrà affrontare problemi più ampi e generali dell'interpretazione della condizione umana su base comparativa. Ma vale la pena di ripetere che solo sulla base di un corpus consistente di azioni e comportamenti osservati sarà possibile costruire un'interpretazione e un'analisi affidabile e convincente.

Frederick Barth (1993, pp. 157-60) ha presentato in modo eccellente questa osservazione sull'interdipendenza tra azioni e idee. Se partiamo dall'attenzione specifica rivolta a "ciò che realmente sta accadendo", dobbiamo ammettere che l'insistenza esclusiva sulle regole dell'istituzione che stiamo osservando in azione può portarci fuori strada. Appare ovvio che il ricercatore imputa un significato agli eventi osservati della vita sociale mobilitando un quadro di riferimento nel quale colloca gli eventi e facendo agire alcune "chiavi" concettuali attraverso le quali può leggere gli eventi. Barth distingue, ispirandosi a Weber, tra *eventi*, o comportamenti – che sono le vicende obiettive che accadono – e *atti*, o azioni – che sono costituiti dal comportamento umano interpretato, o compreso, all'interno di un quadro culturale di significati. Per un attore sociale, l'evento del suo stesso comportamento è un *atto* in virtù dell'*intenzione* che gli dà forma (ciò che l'attore vede in sé stesso agente) e in base al fatto che questa azione è desiderabile, fattibile, dovuta. Tutto ciò costituisce il suo *significato*. Un attore sociale, infatti, è ben cosciente che i suoi atti, una volta che siano manifestati come eventi, saranno anche interpretati da altri. Per gli altri, gli eventi diventano atti attraverso l'interpretazione, per mezzo della quale saranno imputati al soggetto uno scopo e delle possibili implicazioni. In definitiva, le "premesse" culturali (conoscenza, idee, concetti, valori, esperienze cristallizzate) sono aspetti importanti nella costruzione delle azioni delle persone e inoltre canalizzano intensamente le forme e le frequenze nelle quali gli eventi obiettivi si verificano. Come dire che da una parte le premesse culturali, dall'altra le interpretazioni degli eventi, e infine gli effetti collettivi che le attività delle persone determinano, influenzano stabilmente le azioni dei soggetti. In un quadro efficace Barth disegna uno schema tripartito che comprende da un lato il *comportamento* (fatto di causalità materiali), pone al centro le *azioni* (che includono le "intenzioni" e le "interpretazioni") e colloca dall'altro lato le *premesse* (che comprendono lo "stock culturale", il patrimonio di conoscenze, di concetti e di valori, le esperienze). Queste considerazioni teoriche sono poi applicate efficacemente, dall'antropologo norvegese, allo studio del mondo simbolico e rituale del Nord di Bali.

Anche Ladislav Holy e Milan Stuchlik (1983, p. 35), in un loro importante saggio di teoria antropologica, hanno insistito sul fatto che «nessuno studio sulle azioni è possibile senza dedicare attenzione alle nozioni, ai concetti e alle idee che vi sono collegati». Le conoscenze, le credenze, le idee e gli ideali collegati implicitamente o esplicitamente alle azioni sociali sono dunque elementi indispensabili per intendere l'agire umano che è osservabile. E aggiungono (ivi, p. 42):

Lo studio delle azioni, possibilmente perché sembra così semplice e diretto, è perciò – in termini generali – contaminato da concetti etnocentrici (inclusi i concetti analitici dell'osservatore) molto più di quanto non lo sia lo studio delle nozioni [...]. È compito dell'antropologo quello di ricombinare questi due tipi diversi di dati (il dominio delle *azioni* e quello delle *nozioni* [*notions* nell'originale]) in un unico quadro analitico.

Gli stessi autori riportano un illuminante esempio tratto dal lavoro di campo di Holy tra i Toka dello Zambia. Un esempio di "descrizione cieca", e priva di "significati", di una situazione comportamentale, di una sequenza continua di azioni osservabili (ivi, p. 109):

Una mattina la maggior parte degli uomini e delle donne di tre villaggi vicini si assemblarono nel villaggio dove io risiedo. Dopo un certo tempo, si mossero tutti fuori dal villaggio, in fila. La marcia, alla quale partecipavano circa ottanta persone, era diretta da un uomo di mezza età. I componenti del gruppo cantavano e ogni tanto si fermavano e danzavano per un certo tempo, accompagnando con la danza le loro canzoni. Dopo aver marciato per circa tre miglia si fermarono nella boscaglia. Le donne ripulirono una piccola porzione di terreno eliminando l'erba. Allora tutti i partecipanti, eccetto il leader della marcia, si sedettero per terra e lentamente iniziarono a battere le mani con ritmo. Il ritmico battere delle mani era occasionalmente accompagnato dalla percussione di un tamburo. Quando questo accadde, l'uomo che aveva diretto la processione versò un po' d'acqua, della birra e del latte sullo spazio di terreno ripulito, e simultaneamente fece un breve discorso, ovviamente non indirizzato ad alcuno in particolare.

Gli autori osservano, a commento di questa descrizione di azioni, che essa non contiene alcun riferimento a elementi non-osservabili, cioè a "nozioni". Essa è inoltre abbastanza triviale, e quasi inutile per un'analisi ulteriore. Da sé sola ci dice molto poco su ciò che è stato osservato. Naturalmente, facciamo dei passi avanti se riusciamo a essere informati del fatto che la piccola porzione di terreno ripulita e liberata dall'erba era una tomba, che l'uomo a capo della processione, e poi responsabile del versamento dell'acqua, della birra e del latte, era il capo di uno dei villaggi, e che la marcia era stata organizzata per convincere gli antenati a far venire la pioggia. Ma dovremo assumere ulteriormente informazioni specifiche per comprendere perché proprio quei quattro villaggi erano coinvolti nel rituale osservato, perché quel capo villaggio e non altri aveva effettuato le libagioni, di chi era la tomba presso la quale le libagioni vennero fatte, perché l'acqua, la birra e il latte erano oggetti usati nel rituale, quali erano i significati della danza, dei canti e del battere le mani, quali erano il potere degli antenati e le condizioni del loro intervento a favore dei discendenti e così via. Insomma, una grande quantità di informazioni attinte con mezzi diversi dall'osservazione diretta, sull'organizzazione sociale, sulla simbologia e sull'insieme locale delle credenze e dei valori, sarà necessaria per comprendere e forse spiegare la natura e i caratteri delle azioni osservate (Holy, Stuchlik, 1983, pp. 35-6). Ma non c'è dubbio che una buona, attenta e continua osservazione delle azioni potrà costituire la base documentaria indispensabile per il complesso lavoro successivo di ricerca.

La connessione e la reciproca interdipendenza tra il lavoro cognitivo umano (il funzionamento della mente nella produzione della conoscenza) e l'*agire nel mondo* sono state sottolineate da altri autori anche in Italia, così come il fatto che le "pratiche" e la "cognizione" non siano poli oppositivi. Ad esempio, si è insistito molto sulle osservazioni appena presentate e si è sostenuto fermamente che «bisognerebbe liberare la mente dal regno delle idee e ricollocarla nell'ambito dell'azione [...]. Ciò ci aiuta a leggere il lavoro mentale non come un insieme di atti ideali e astratti ma come parte di un incontro e confronto pratico con l'ambiente» (Grasseni, Ronzon, 2004, p. 89) [2].

Infine, credo sia opportuno fare riferimento, per ribadire ancora una volta i vantaggi della connessione tra azioni sociali osservabili e diversi aspetti della vita di una società, a una raccolta di saggi di Stanley J. Tambiah (1985) dedicati soprattutto al rituale, nella quale

2. Allo stesso tema, con una ricca messe di dati provenienti dalle scienze cognitive e dalla psicologia, e con una insistenza continua sulla particolare forma di "esperienza" attivata dalla ricerca antropologica sul campo, è dedicata la maggior parte del volume di Piasere (2002).

in forma eccellente viene enfatizzata la necessità – e vengono dimostrati concretamente, sulla base dello studio ineccepibile di numerosi casi empirici, gli arricchimenti interpretativi – di mettere costantemente in relazione, nell'analisi dei prodotti culturali delle società umane, il generale con il particolare idiosincratico, la semantica con la pragmatica, il pensiero con l'azione, le cosmologie e i sistemi classificatori con le pratiche. Tra questi saggi i più noti sono quelli dedicati al "potere magico delle parole", alla "forma e significato degli atti magici", a un "approccio performativo al rituale", agli "animali che sono buoni da pensare e da proibire", alle "streghe volanti e canoe volanti" e così via.

Va subito osservato, però, che l'insistenza sui processi di azione "istituzionalizzati" (dotati di frequenza e ripetizione, di riferimento a norme implicite o esplicite, di coordinazione tra azioni previste, di regole procedurali e di personale specifico di esecuzione) dovrà essere integrata con l'attenzione a quelle forme di comportamento "non istituzionalizzate" (o "non ancora istituzionalizzate") che possono costituire parte rilevante dello scenario sociale. Si tratta dei processi sociali *in statu nascenti*, che vivono ai margini della vita sociale ordinaria e che solo nei tempi medio-lunghi si rivelano con chiarezza. Movimenti sociali e/o social-religiosi in corso di formazione, piccoli gruppi dissidenti non ancora assestati, individui o gruppi marginali che "sfidano" i sistemi normativi di una società sono frequenti in tutti i contesti etnografici ove capiti di lavorare; il ricercatore deve essere preparato a osservarli e descriverli, registrandone minuziosamente le azioni, i comportamenti. Inoltre, sarà necessaria un'attenzione specifica alle "variazioni", alle discordanze, ai contrasti di azioni e di opinioni tra i membri di un gruppo, alle individualità, che freni la tendenza generalizzante, uniformante e omologante che può avere il ricercatore di fronte a un mondo sociale variegato e complesso (il quale, va riconosciuto con coraggio, non potrà mai essere osservato, registrato e interpretato, nella sua totalità). In tal caso il ricercatore si predisporrà per identificare e descrivere, sulla base delle variazioni osservate, quelle azioni che consentono di ipotizzare, seguire e interpretare processi di cambiamento in corso all'interno di un gruppo sociale, e potrà forse prefigurare conseguenze, esiti possibili nell'immediato o lontano futuro.

L'insistenza su una solida base empirica osservazionale, sulla meticolosa registrazione delle azioni dei soggetti come campo relativamente autonomo della vita sociale, va intesa – come è stato varie volte accennato – come strategia adeguata per la costituzione di un corpus documentario affidabile e relativamente sicuro. E l'attenzione osservativa, la capacità di rilevare meticolosamente i dettagli del comportamento e l'insieme degli scenari complessivi che cadono sotto l'occhio del ricercatore, è ritenuta nelle scienze sociali una condizione necessaria per la produzione di buon materiale di analisi [3]. Ma non per questo – mi preme di ritornare sull'argomento – la concentrazione sull'osservazione delle azioni dovrebbe comportare incursioni teorico-valoriali che privilegino in modo eccessivo ed esclusivo il livello del comportamento a danno di altri livelli. In tal modo dovremmo sottrarci a quel pericoloso "oggettivismo" contro il quale si scagliava molti anni or sono Pierre Bourdieu nel suo noto saggio *Esquisse d'une théorie de la pratique* del 1972. E tuttavia, è mia convinzione che sia possibile ciò che invece l'autore francese ritiene molto difficile: cioè «rendere l'attività pratica delle persone un oggetto di osservazione e di analisi» (Bourdieu, 1972, trad. it. p. 181) senza correre i rischi degli eccessi dell'"oggettivismo", che tende a considerare la condotta dei soggetti semplicemente come "esecuzione" (di norme, di principi), come una reazione meccanica determinata in modo diretto dalle condizioni precedenti. Anche senza adottare, dunque, le proposte terminologico-concettuali di Bourdieu (l'*habitus* come sistema di predisposizioni, di tendenze, di inclinazioni all'agire, il cui statuto è tutt'altro che semplice e indiscutibile, e le *pratiche* come prodotto della relazione dialettica tra una situazione e un *habitus*), trovo nondimeno utili le sue cautele contro i rischi di una sopravvalutazione della consistenza euristica esclusiva dei sistemi di azioni (Bourdieu, 1972) [4]. Un'analoga resistenza contro le pretese dell'"oggettivismo" l'ha mostrata ampiamente Renato Rosaldo nel suo celebrato volume incentrato sul rapporto tra cultura e verità (Rosaldo, 1989), nel quale non si è limitato a dedicare pagine di critica alla pretesa di separare nettamente il soggetto ricercatore dalla realtà sociale palpitante nella quale è immerso, ma ha anche rivendicato l'opportunità – e in certi casi la necessità – di rafforzare il "soggettivismo" nelle scienze sociali. Accettata la critica alle posizioni troppo rigidamente e fideisticamente "oggettivistiche", e a quelle che basano la ricerca di campo quasi esclusivamente sull'osservazione del comportamento sociale, debbo tuttavia ammettere che il problema dell'"oggettivizzazione" nello studio della cultura e della società andrebbe rivisto dalle basi. Sono infatti d'ac-

---

3. Richiamo in proposito il ricco e utile volume di Piette (1996).
4. Una critica al concetto di *habitus*, soprattutto sul piano teorico ed epistemologico, è stata proposta da Brenda Farnell (2000).

cordo con l'osservazione di Webb Keane (2003, p. 223) secondo la quale «bisognerebbe prendere molto sul serio la materialità delle pratiche significanti e la ubiquità e necessità di una qualche oggettivizzazione concettuale come componente dell'azione e dell'interazione umana». Infatti, secondo l'autore, bisognerebbe attenuare la contrapposizione che emerge spesso troppo radicale, nella conoscenza etnografica, tra le epistemologie dello straniamento e quelle dell'intimità, tra quelle dello scientismo osservativo e quelle della soggettività coinvolta.

Mi sembra giusto rivendicare, dunque, alle azioni l'importanza che meritano, come parti consistenti dell'insieme della vita sociale di una comunità alle quali può dedicarsi efficacemente, con buone tecniche di osservazione, lo studio antropologico. Gli sviluppi dell'antropologia negli ultimi decenni – con l'esplosione dell'"antropologia riflessiva", che ha messo l'accento più sul ricercatore che non sull'attore sociale, e i complessi e intrecciati processi di ibridazione culturale, di cambiamenti accelerati in corso nel mondo – hanno suggerito ad alcuni studiosi una progressiva sfiducia nei confronti dell'osservazione delle azioni sociali, a vantaggio di altri strumenti di raccolta dei dati empirici (opinioni direttamente espresse dagli individui, risposte a domande specifiche, dichiarazioni, combinazioni di oggetti, simboli, idee e così via) e una concentrazione sul ricercatore e la sua soggettività [5]. Alcuni, come D'Andrade, in un famoso saggio di antropologia cognitiva, hanno voluto addirittura sostenere che ci sia stato in anni recenti, nell'antropologia, un definitivo passaggio dallo studio del comportamento degli uomini a quello del significato che gli uomini danno al comportamento. Dubito fortemente che ciò sia vero, e in ogni caso insisterei nel sottolineare, come hanno fatto gli autori prima citati, che i due livelli (quello del comportamento e quello dei significati) debbono essere integrati [6]. Certo, ci sono casi estremi di ricerche recenti nelle quali il tradizionale lavoro intensivo di campo è stato più o meno completamente stravolto (attraverso indagini multisituate, localizzazioni mutevoli più che campi delimitati spazialmente, uso di investigazioni telefoniche, per mezzo di Internet o per posta e così via), in modo da limitare fortemente l'osservazione diretta e soprat-

5. Il processo che ha visto emergere la soggettività del ricercatore, spesso a dispetto della capacità di presentare in dettaglio la soggettività degli attori sociali investigati, è ricostruito con grande equilibrio e ricchezza di dati in un famoso saggio di Barbara Tedlock (1991).

6. L'opinione di D'Andrade è richiamata da Piasere (2002, p. 12).

tutto la registrazione puntuale di sequenze di azioni in tempi medio-lunghi. Molte ricerche contemporanee hanno allontanato gli antropologi sul campo dalla routine tradizionale del "visitatore più o meno integrato nella vita sociale del villaggio". Ronzon ha raccolto alcuni esempi significativi di questo tipo, come la ricerca di Bourgois tra gli spacciatori portoricani di *crack*, quella di Wacquant sul mondo della boxe nei ghetti neri di Chicago, quella della Thornton sulla *rave culture* dei giovani londinesi e infine quella di Falk e Dierking sulle modalità di comportamento dei visitatori del Museum of Natural History di Washington (Ronzon, 2008, pp. 48-68). Anche se le modalità di osservazione e di raccolta del materiale di documentazione sono in questi casi molto varie ed estemporanee, ciò non vuol dire che l'azione sociale osservabile nei tempi medio-lunghi abbia perso il suo carattere di fondamento documentario, di porta d'ingresso verso i mondi vitali degli esseri umani viventi in gruppo [7].

Tuttavia, non basta osservare accuratamente le azioni, collegarle con gli altri livelli della vita sociale (le idee, le concettualizzazioni, i valori), prendere coscienza della possibile influenza del ricercatore sulla realtà sociale, per difendersi dai rischi peggiori dell'"oggettivismo". Alle operazioni dell'osservazione seguono quelle della descrizione, che non manca di presentare – a sua volta – problemi di vario genere. La descrizione consiste in un processo di comunicazione e sistemazione ordinata delle cose viste e ascoltate, che passa attraverso la *scrittura* (e/o attraverso l'uso di mezzi tecnici di registrazione, il magnetofono e la videocamera) e rivela da subito l'ingerenza del ricercatore sul materiale "bruto" con il quale ha avuto a che fare. Il ricercatore non può sperare di produrre un discorso identico al suo referente empirico. Può cercare di instaurare, per il suo lettore, un certo rapporto di similitudine tra le cose osservate e ciò che lui ne dice o ne scrive. Poiché i comportamenti osservabili sono tracce manifeste che rinviano a un senso spesso latente, a una intenzionalità individuale e collettiva che il più delle volte deve ancora

---

7. James Clifford ha dedicato un bel saggio a questo problema (Clifford, 1999), riconoscendo i rilevanti cambiamenti avvenuti nella natura della ricerca empirica e nei materiali della documentazione di base, ma non ha escluso che il "campo" delimitato e l'osservazione-interazione intensa con gli attori sociali siano ancora al centro dell'identità delle discipline antropologiche. Egli ha anche reinterpretato in modo originale, a questo proposito, il saggio già citato di Bourdieu, sostenendo che «può tornarci utile pensare al "campo" come a un *habitus* piuttosto che a un luogo, come cioè un gruppo di disposizioni d'animo e pratiche fatte proprie, *incarnate*» (Clifford, 1997, p. 93; cfr. CAP. 7).

essere scoperta, l'opera di selezione e montaggio dei dati da parte del ricercatore, nel processo di descrizione, contiene inesorabilmente elementi interpretativi (per questo importante tema rinvio, oltre che alla ricca tradizione di studi dell'antropologia interpretativa, alla raccolta di saggi sulle pratiche della descrizione curata da Giorgio Blundo e Jean-Pierre Olivier de Sardan, 2003 [8]). I coniugi Whiting hanno suggerito una interessante classificazione delle forme di osservazione che determina direttamente tipi diversi di descrizione: *a*) una forma di osservazione che si concentra sugli *atti*, sulle *attività* e si dedica alle sequenze di eventi e azioni che formano insiemi complessi, come un rituale, un gioco; *b*) una forma di osservazione che si concentra sulle *persone*, che eseguono certe categorie di atti, o sugli individui che rappresentano una categoria sociale di status; *c*) una diversa forma che si concentra sui *luoghi* ove si svolgono le azioni (*setting*), come un pozzo, un mercato, la corte di un capo, tutti luoghi nei quali si svolgono "certe" azioni particolari. Appare evidente come ognuna delle tre strategie possa favorire la raccolta di osservazioni diverse, e produrre descrizioni differenti (Whiting, Whiting, 1970, pp. 286-9).

2.3
Una classificazione delle azioni:
azioni tecniche, azioni sociali, azioni rituali

La classificazione appena riportata mostra con evidenza come le strategie di concentrazione sulle singole azioni, sulle persone che le pongono in essere, o sui luoghi nei quali esse vengono realizzate, possa produrre risultati diversi di tipo descrittivo. Ma a un livello più generale, riguardante in modo più specifico la "natura" delle forme dell'agire, può forse essere proposto un altro tipo di classificazione.

Infatti, in termini molto generali, una prima distinzione nel campo dell'agire umano potrebbe essere utilmente proposta nei seguenti termini.

– *Azioni tecniche*, che incontrano necessariamente, e si intrecciano con, la trattazione del campo degli *oggetti*, ma si riferiscono piuttosto

---

8. Faccio riferimento soprattutto ai saggi di Olivier de Sardan, *Observation et description en socio-anthropologie*, e di Jaffré, *La description en actes. Que décrit-on, comment, pour quoi?*. Il saggio di Olivier de Sardan è stato ripubblicato, con alcune integrazioni, come cap. 4 (*De l'observation à la description*) nel recente libro dello stesso autore (2008, pp. 131-64).

ai processi, alle sequenze di atti che portano al prodotto finito, con le loro regole, stile, ritmo e caratterizzazione formale [9].

– *Azioni sociali*, intese come relazioni tra soggetti, che lasciano intravedere direttamente o indirettamente – o ipotizzare – i loro contenuti, emotivo-affettivi o riguardanti le obbligazioni tra soggetti o la produzione, distribuzione e consumo di beni o i rapporti di potere ecc.

– *Azioni rituali*, intese come insiemi codificati di azioni-parole-gesti ordinati in sequenze, ad alto contenuto simbolico, allusivo, spesso stereotipato, e non prive di carattere strumentale (in genere indiretto, cioè dipendente dall'intervento di soggetti diversi dall'agente), ma sostanzialmente dotate di carattere espressivo, che frequentemente si svolgono in tempi stabiliti e in luoghi specificamente deputati, oltre a essere il più delle volte dirette ed eseguite da personale specializzato. Le azioni rituali, naturalmente, sono un sottoinsieme delle azioni sociali, dalle quali si distinguono soprattutto per i loro caratteri formali.

Si tratta dunque, in tutti i casi richiamati, di azioni-comportamenti osservabili, generalmente costituiti in successioni ordinate e/o prevedibili la cui natura (e le cui connessioni con gli altri ambiti dell'esperienza complessiva della società) può essere (deve essere) particolarmente indagata attraverso la puntuale e dettagliata registrazione delle situazioni che si svolgono di fronte al ricercatore, e in concordanza spazio-temporale tra la presenza dell'osservatore e i processi sociali che accadono sotto i suoi occhi. In altri termini, il ricercatore cerca di sintonizzarsi con gli eventi a cui assiste, e ne subisce i tempi e le modalità, misurando e infine limitando il suo intervento. Invece, nella tecnica dell'intervista, della conversazione, della raccolta di testimonianze e racconti, è il comportamento verbale degli informatori che canalizza (sotto la stimolazione del ricercatore) le informazioni. È di tutta evidenza che le relazioni tra le azioni, gli oggetti e le idee sono strette e le interdipendenze spesso decisive, come prima si accennava. Le verbalizzazioni, le interpretazioni, le idee e le credenze accompagnano, integrano, sostengono e giustificano normalmente le azioni. Come notava circa cinquant'anni or sono Siegfred Nadel (1965, trad. it. pp. 39 ss.), le idee e le rappresentazioni simboliche è giusto che siano incluse nella categoria più ampia delle "attività co-adattative", delle azioni correlate. Infatti, «un'idea non comunicata non può esse-

---

9. Quanto siano importanti nel campo della tecnica i processi del "saper fare", il rapporto stretto tra pratiche tecniche dei saperi professionali e processi cognitivi, lo dimostra una recente ricerca che mette bene a confronto e in relazione i due campi menzionati e sottolinea l'importanza delle "comunità di pratiche" (Grasseni, Ronzon, 2004).

re presa in esame; ma non appena comunicata (mediante un qualche segno o simbolo comprensibile) essa diventa, almeno potenzialmente, *azione che provoca azione*» (ivi, pp. 95 ss.). Detto questo, va ribadito tuttavia ancora una volta che l'isolamento e la relativa autonomizzazione di un ambito abbastanza ricco e sostanzialmente descrivibile di comportamenti, atti e movimenti dei soggetti, con buone doti di osservazione, può essere utile e produttivo, nel quadro delle strategie di ricerca dell'etnografo-raccoglitore. E bisogna osservare che molte delle raffinate e dense proposizioni e osservazioni teoriche di un gran numero di antropologi contemporanei, pur apprezzabili per il disegno, la forza esplicativa e la suggestione interpretativa, sono spesso assai carenti proprio sotto il profilo della ricchezza di dati osservativi correlati, di riferimenti diretti ad azioni osservate, descritte e presentate con ricchezza di particolari, che dovrebbero invece starne alla base. Non sono infatti infrequenti le interpretazioni e analisi basate su vaghe e sommarie, o episodiche, espressioni verbali di informatori chiave, su racconti più o meno attendibili, o su deduzioni ardite, connessioni ipotetiche, tra frammenti di osservazione, frammenti di opinioni espresse, spezzoni di racconti o di miti, oggetti e comportamenti occasionali. Non dico che queste interpretazioni e analisi siano illegittime. Molte volte una ricerca dipende da ciò che effettivamente il ricercatore riesce a raccogliere, o da ciò che la società locale gli lascia intendere. Ma sono quasi certo che, molto spesso, questa avarizia di dati e questa ardita ginnastica interpretativa del ricercatore dipendono dall'estrema indigenza di situazioni osservative, dalla scarsa frequentazione con le persone sul campo, dai tempi brevi della sua residenza con la gente o dalla natura non intima, quotidiana e intensa, della sua relazione con la società locale.

Un esempio illuminante – ma positivo – di questo atteggiamento, di questo sforzo deduttivo dell'antropologo, dell'esercizio costruttivo e ipotetico, in presenza di pochi dati densi e intensi di tipo descrittivo-comportamentale, è costituito da un'importante osservazione contenuta in un saggio frutto di una recente ricerca etnografica di grande qualità, effettuata nell'Amazzonia ecuadoriana da Anne-Christine Taylor (1993, p. 658):

C'è una quantità considerevole di variazioni nelle interpretazioni offerte dagli individui achuar, e nella intensità delle loro credenze. Questa forma peculiare di riflessività culturale, che di fatto ha a che fare con le idee degli Jivaro sulle relazioni tra linguaggio, realtà e credenze, obbliga l'etnografo a metter insieme frammenti della logica sottostante a pratiche apparentemente disparate e a laconiche affermazioni, piuttosto che basarsi su spiegazioni e commenti indigeni. Questa è una posizione congeniale per gli antropologi di orientamento strutturalista o cognitivista, ma è una posizione che porta con sé un rischio, sia di una errata rappresentazione che di esagerazioni esegetiche. Dico questo per mettere bene in chiaro che le interpretazioni presentate in questo testo sono essenzialmente le mie, piuttosto che traduzioni abbreviate di teorie indigene esplicite, nonostante io speri che esse descrivano accuratamente la grammatica culturale implicita che caratterizza sia le affermazioni degli Jivaro, sia le loro pratiche osservate.

Una certa attenzione va dedicata, al di là dell'osservazione diretta, alla possibilità di registrare insiemi di azioni costituenti *eventi sociali ricostruiti*, e quindi *eventi non naturali*, o non direttamente osservati, che per numerose ragioni il ricercatore può chiedere alla società locale di riprodurre, il più fedelmente possibile, al di fuori dei tempi e dei luoghi che sarebbero naturalmente deputati a quegli eventi sociali. Nella storia delle ricerche antropologiche questa categoria di "osservazioni riprodotte" o di "etnografie ricostruite" su richiesta è testimoniata con grande abbondanza. Anzi, si potrebbe dire che, a dispetto delle proclamazioni enfatiche della grande tradizione etnografica di origine malinowskiana, che ha sempre privilegiato l'osservazione diretta e partecipata e la convivenza di lungo periodo con interazione linguistica intensa nella lingua locale, di fatto la maggior parte dell'antropologia si è a lungo costituita attraverso strade diverse: largo uso di informatori-chiave e interpreti, ricostruzione indiretta di eventi e azioni collettive, testi indigeni trascritti e tradotti, miti e racconti comunicati fuori dal contesto. Non v'è dubbio che vi siano differenze consistenti tra le due situazioni (quella "naturale" e quella ricostruita) e che si dovrebbe privilegiare l'osservazione diretta; ma non si può negare che la ricostruzione abbia i suoi vantaggi, nel caso di rituali non più praticati o praticati con intervalli di tempo molto ampi, di attività che hanno una collocazione spazio-temporale incompatibile con le possibilità del ricercatore e così via (ad esempio, di notte o in luoghi inaccessibili o infine in tempi molto distanziati).

2.4
Le azioni individuali, le relazioni diadiche, le azioni collettive

Se cominciamo dall'individuo singolo, dal soggetto come fuoco dell'attenzione del ricercatore, una prima ampia categoria di osservazioni sulle *azioni individuali* comprenderà le *tecniche del corpo*, ovvero i comportamenti di uso del corpo (gesti, posizioni, uso della destra o della sinistra, modi di camminare, movimenti del capo e degli occhi, posizioni in piedi e posizioni da seduti e così via), che possono avere innanzitutto una caratterizzazione di genere (maschi e femmine possono usare diversamente i movimenti del corpo) e di età (vecchi e giovani possono muoversi diversamente) o di posizioni sociali (la stratificazione sociale può rivelarsi anche dai movimenti e dall'uso del corpo) [10]. L'uso del corpo accompagnerà le espressioni linguistiche e le azioni sociali più varie. L'osservazione rivelerà non soltanto l'uso del corpo nelle sequenze di movimenti tecnici nelle attività di lavoro, ma anche i comportamenti specifici *in relazione* ad altri soggetti. La deferenza, il rispetto, l'autorità si riveleranno anche attraverso gesti, posizioni, movimenti corporei. E l'osservatore attento dei movimenti, dell'uso del corpo, della gestualità, raccoglierà una messe di dati importanti per l'interpretazione della vita sociale. Anzi, troverà facilmente che molto della vita sociale e culturale passerà attraverso il corpo o utilizzerà metaforicamente, nei discorsi, nei pensieri, parti del corpo o funzioni corporee.

Ma è nelle *relazioni diadiche*, tra due soggetti, che può apparire, in tutta la sua intensità, l'azione sociale. Il ricercatore potrà notare che tra due soggetti esiste una certa, particolare e spesso tipica, perfino esclusiva, relazione sociale; e ciò sulla base delle azioni correlate, reciproche o asimmetriche, che sono osservabili e distinguibili, infine riconoscibili per la loro ripetitività, tra due soggetti. Il campo comportamentale è infatti uno degli aspetti più rilevanti, ad esempio, dei sistemi di parentela. L'osservatore avrà già saputo, per aver ascoltato gli appellativi scambiati fra due soggetti, che l'uno, ad esempio, è "padre" e l'altro è "figlio". Il comportamento reciproco illustrerà in dettaglio quella che è una relazione sociale di base, di natura asimmetrica. Lo stesso avverrà per la relazione tra "marito" e "moglie". Qui, ad esempio, ricordando le osservazioni contenute in un vecchio saggio di Lévi-Strauss (1945, pp. 53-61), si potrà osservare che in una certa società i coniugi hanno in pubblico rapporti freddi e distanti che non manifestano affettività, in un'altra invece manifesteranno vicinanza fisica e grande intensità di sentimenti reciproci. L'antropologo francese notava che, in genere, nelle società del primo tipo i rapporti tra fratello e sorella saranno invece intimi e molto affettuosi, in radicale opposizio-

10. Della estesissima letteratura specifica sull'argomento voglio fare riferimento almeno al bel saggio, ricco di dettagli descrittivi e di analisi puntuali ed efficaci, di Firth (1970) e al saggio sistematico-bibliografico di Farnell (1999).

ne a quelli tra marito e moglie, mentre nel secondo tipo di società saranno distanti e pieni di evitazioni. Un esempio, questo, della stimolazione che può esercitare l'analisi comparativa sulla ricerca empirica e sull'osservazione. Attraverso la registrazione dei comportamenti reciproci l'osservatore potrà costruire – come s'è prima accennato – delle categorie investigative intermedie e strumentali, che sono quelle di "status" (posizione sociale) e di "ruolo" (insieme di attività-azioni proprie di un certo status, che incarnano in un certo senso l'"esecuzione", la messa in scena sociale, dello status). Lo studio dei sistemi di parentela, che è com'è noto un campo privilegiato e quasi tradizionalmente "obbligato" di ricerca antropologica, riceverà un contributo essenziale e non rinunciabile dall'osservazione puntuale delle azioni sociali dei soggetti, reciprocamente e in maniera interdipendente. Si potrà così apprezzare la concordanza o la discordanza, la stretta e rigida codificazione o la libertà di scelta dei soggetti, nel campo delle relazioni parentali, e infine il rapporto tra il sistema degli appellativi e quello dei comportamenti, che non è detto debbano essere concordanti e coerenti. Un esempio che mi sembra interessante viene da una ricerca sulla parentela degli Huave del Messico, nella quale le pratiche sociali, il "fare" il parente diventano più importanti della logica rigida dei termini e degli appellativi. L'autrice rivela nel suo studio (Cuturi, 1990, pp. 48-9):

Avevo la costante impressione di trovarmi di fronte a uno scarto incommensurabile tra il "pensare" la parentela e il "fare" il parente; può darsi che tutto quello che gli Huave pensano della parentela sia da lungo tempo aperto ai suggerimenti statici, già "confezionati" ed elaborati dell'ideologia cristiana, mentre l'agire quotidiano abbia percorso sotterraneamente un cammino in qualche maniera indipendente per rispondere a dinamiche culturali di natura diversa.

Nell'ambito di una tradizione di studi sociologici molto vicina all'antropologia, s'è data una grande importanza all'osservazione delle azioni e dei comportamenti diadici delle persone, nelle società contemporanee dell'Occidente come in quelle tradizionali. Si tratta degli studi di Erving Goffman sul comportamento diadico, sulle relazioni tra due soggetti nella vita quotidiana. Gli incontri, le conversazioni, le riunioni, le dinamiche del saluto, le cortesie, le manifestazioni di rispetto, gli inviti, le confidenze, insomma le "relazioni faccia a faccia", sono tutte azioni che rivelano regole elementari, codici semplici che solo un'attenta osservazione riesce a registrare. L'individuo come "soggetto interagente" è al centro dell'attenzione di Goffman, che si occupa di definire le strategie comportamentali attraverso le quali – fin nelle occasioni minori della vita quotidiana ordinaria – si costruisce, si mantiene e si difende il proprio *self* nei confronti degli altri, attraverso l'uso del corpo, dei gesti, della parola. L'individuo si presenta nella scena sociale e deve mantenere un "buon contegno", per difendere la sua figura e competere con gli altri. Questo autore sostiene che i comportamenti e le azioni menzionate hanno forte carattere simbolico e dovrebbero essere classificati tra le "azioni rituali", tra i rituali "ordinari". Opere come *Il comportamento in pubblico* (1963), *Il rituale dell'interazione* (1967) e *Le relazioni in pubblico* (1971) hanno fatto di Goffman uno dei sociologi più letti e commentati dagli antropologi interessati ai metodi della ricerca sul campo inerente azioni e comportamenti.

Se passiamo a considerare le *azioni collettive*, quelle sequenze di comportamenti e azioni coordinate che hanno più soggetti come protagonisti (gruppi, categorie sociali, insiemi dai confini più o meno rigidi di individui), vedremo come anche qui l'osservazione puntuale dell'agire delle persone in contesti più o meno determinati sia decisiva. Va ricordato che il comportamento dell'uomo nel gruppo riguarda le azioni degli individui l'uno verso l'altro e l'uno in rapporto all'altro, e agli altri. Nelle situazioni complesse, infatti, l'interazione è intermedia e indiretta. Un'azione può avere un certo soggetto come interlocutore, ma gli altri soggetti saranno anch'essi coinvolti, in modo diverso, in un sistema di co-attività, come testimoni o destinatari degli effetti dei comportamenti altrui. A questi obiettivi si è dedicata per lunghi anni una famosa tradizione di studi antropologici (la Scuola di Manchester), concentrata sull'"analisi situazionale", che consiste nell'osservare gli agenti in situazioni sociali differenti allo scopo di determinare come gli individui siano capaci di operare delle scelte nell'ambito di un sistema specifico di norme. Immaginiamo di osservare un'assemblea di gente riunita sotto un grande albero al centro di un villaggio africano. L'osservazione, e la parallela pista auditiva costituita dai discorsi e dai commenti della gente, ci diranno che siamo di fronte a un "evento sociale" particolare, una seduta della corte degli anziani del villaggio, poniamo, che deve decidere su una disputa tra due gruppi sociali. Abbiamo dunque isolato un evento (seduta decisionale di una corte di villaggio) e osserveremo con attenzione le azioni dei diversi gruppi di soggetti e dei diversi individui. Identificheremo una sequenza di fasi: presentazione iniziale della controversia, con identificazione delle ragioni degli uni e degli altri, escussione dei testimoni, recitazione delle regole sociali e accertamento della congruenza tra quelle e la fattispecie esaminata, dichiarazioni delle parti e dei loro sostenitori, infine decisione della corte accompagnata da congrui rituali e applicazione delle eventuali sanzioni. E noteremo che le diverse categorie e gruppi di persone assumeranno posizioni, comportamenti (azioni e discorsi) e una tempistica diversi nel corso del ciclo di vita dell'evento. Abbiamo dunque assistito a un "processo di azioni sociali", ove la sequenza, la continuità, la successione e la temporalità sono variabili importanti. Questo canovaccio di azioni osservate potrà poi, naturalmente, costituire la base per una serie di strategie investigative aggiuntive di carattere diverso (interviste, richiesta di commenti ai protagonisti o ad altri attori sociali, confronto con racconti di simili vicende del passato e così via). Ma è proprio delle azioni puntuali dei soggetti, accuratamente osservate, che non si può fare a meno per affrontare l'analisi del comportamento sociale nel suo complesso. La casistica degli eventi sociali osservabili come insiemi e sequenze di azioni sociali a più soggetti è molto estesa. Va dalle "visite cerimoniali" alle sedute di scambi economici, nei mercati e al di fuori di essi, dalle assemblee politiche alle negoziazioni per la risoluzione di conflitti.

Approfondiamo un poco le osservazioni sullo "studio dei casi", che tanta importanza ha avuto nella storia dell'antropologia sociale. I "processi di azione sociale a più soggetti" possono essere osservati con continuità, nel corso del loro svolgimento lungo i mesi, da parte di un etnografo attento, disposto a sintonizzarsi con sequenze di eventi collegati dalla presenza degli stessi soggetti sociali e dall'omogeneità di un tema specifico. Ma privilegiare l'azione sociale come oggetto di descrizione e poi di analisi può voler dire anche "ricostruire" sequenze di eventi con l'aiuto della memoria di diversi informatori. In alcuni casi, il ricercatore può trovarsi in un punto specifico della catena temporale che lega diversi personaggi nella sequenza di azioni che appartengono a una omogenea e continua "vicenda sociale"; e in questo caso egli potrà mescolare le proprie osservazioni sul "presente", che da ora in poi seguirà nel ciclo di azioni successive collegate, con le testimonianze di diversi informatori, che si riferiscono al recente passato. È quanto ha fatto molti anni or sono Victor Turner nel suo studio sui processi sociali di un villaggio ndembu della ex Rhodesia del Nord. L'autore ha dedicato molte pagine del suo libro *Schism and Continuity in an African Society. A Study of Ndembu Village Life* (Turner, 1957) alla descrizione minuziosa dell'insieme delle azioni sociali che riguardano la successione a una carica sociale e le relative accuse di stregoneria nei due "drammi sociali" che si riferiscono alla "storia di Sandombu" (di fatto si tratta dei processi che hanno portato all'esclusione di Sandombu dalla successione, che sarebbe stata legittima, alla carica di capo del villaggio). Una serie di azioni e la storia dei rapporti tra i membri di un piccolo gruppo sociale vengono ordinati, nella loro successione, sulla base delle informazioni raccolte, quattro anni dopo che i fatti erano avvenuti, da un gran numero di testimoni. Ma l'autore segnala che è difficile approfondire oltre un certo limite i "fatti", giacché i resoconti stavano acquisendo progressivamente un carattere di "racconti mitici". Tuttavia, egli è in grado di fornire delle azioni, dei comportamenti e delle opinioni dei diversi soggetti (che sono spesso in contrasto fra loro, e rivelano in tal modo una complessa articolazione dell'organizzazione sociale e dei punti di vista della gente) un'interpretazione che si snoda in una trentina di dense pagine di analisi sociologiche molto approfondite. In questo caso, dunque, la ricostruzione di eventi, di sequenze di azioni sociali, che sono ovviamente eventi idiosindratici e in un certo senso "unici", produce un ricco commento che è pieno di riferimenti più ampi e di interpretazioni che valgono per la società degli Ndembu in generale.

Se ci soffermiamo a ricordare la sequenza essenziale delle azioni, possiamo bene identificare la strategia di ricerca dell'etnografo raccoglitore Victor Turner (1957, pp. 95-115). Ecco l'essenziale del "caso Sandombu". Il giovane Sandombu al ritorno dalla caccia distribuisce la carne dell'animale catturato violando la regola sociale che lo obbligava a dare una parte privilegiata allo zio materno Kahali, che era il capo del villaggio, al quale egli avrebbe potuto succedere come nipote uterino. Tempo dopo la moglie di Sandombu trattò con poco rispetto lo zio del marito, tanto che questi, per le due offese ricevute, parlò male dei due nipoti all'assemblea del villaggio. Scoppiò, dopo poco tempo, una lite violenta tra zio e nipote, con minacce dalle due parti di ricorrere alle arti magiche. Sandombu andò via dal villaggio profferendo minacce. Alcuni giorni dopo Kahali si ammalò e subito dopo morì. La gente del villaggio cominciò a considerare Sandombu responsabile della morte dello zio, per aver attivato interventi magici nei suoi confronti, e molti considerarono che il giovane non poteva succedere allo zio nella carica di capo, perché aveva manifestato la sua attitudine a praticare la magia nera. Alla fine la carica di capo fu assegnata a un lontano cugino di Sandombu. Turner commenta questa breve e semplice sequenza di azioni successive svoltesi tra un piccolo gruppo di parenti con una straordinaria messe di analisi sociologiche, con un attento esame della rete complessiva delle relazioni parentali, all'interno delle quali ogni personaggio assume il suo ruolo e all'interno delle quali si può giustificare il suo comportamento, incrociando altresì le azioni raccontate dai testimoni con le loro interpretazioni, che dipendono in parte dalle relative posizioni nella rete complessa delle affiliazioni di consanguineità matrilineare che si intrecciano con quelle dell'affinità, generate cioè dai matrimoni. Alla fine, appare anche chiaro che Sandombu era un personaggio perfetto per apparire come "capro espiatorio" delle disgrazie del villaggio. Al di là del caso dei rapporti con lo zio Kahali, Turner ricostruisce anche minuziosamente tutta la storia della vita di Sandombu, dall'infanzia all'età matura, e ciò contribuisce a chiarire meticolosamente la rete complicata dei conflitti e delle opinioni della gente sui più importanti episodi della vita del villaggio.

Lo stesso tipo di interesse specifico per le sequenze di azione, per i processi di azioni sociali, appare in un'altra monografia classica della Scuola di Manchester: *The Judicial Process among the Barotse of Northern Rhodesia* di Max Gluckman (1955). Anche qui si combinano strettamente le osservazioni di processi di azione sociale nelle corti native, che gestiscono veri e propri "processi giudiziari", ai quali l'autore ha assistito direttamente, registrando il complesso delle vicende processuali (comportamento dei giudici, intervento dei difensori, testimonianze delle parti e degli anziani convocati dai giudizi, emissione della decisione, reazioni degli interessati e successiva amministrazione delle sanzioni e così via), con testimonianze provenienti da soggetti esterni, e con la consultazione degli archivi del tribunale indigeno. L'importante è che sia sempre presentata una sequenza di azioni a più soggetti, distesa in medio-lunghe unità temporali, che è fortemente descrittivo-idiosincratica; ma la sua densità e intensità producono poi analisi e interpretazioni che assumono carattere tendenzialmente generale. Il cammino è sempre dalle azioni e dai comportamenti di un numero ristretto di individui alla logica sistemica dei processi di azione, infine alle interpretazioni generali in termini sociologici.

2.5
In particolare: il carattere delle azioni rituali

Tra le azioni collettive rivestono un interesse centrale le *azioni rituali* già sopra menzionate, che accompagnano buona parte della vita sociale. Cerimonie di iniziazione, rituali di installazione per cariche politiche importanti, sedute sciamaniche di cura, cerimonie per favorire l'arrivo della pioggia sono buoni esempi della categoria. Si tratta in ogni caso di sequenze continue di azioni a più soggetti, cariche di simbologia e di carattere "ridondante", che seguono un "modello" più o meno standardizzato e che l'osservazione consente di registrare con puntualità [11]. Un esempio ottimale di azioni rituali è costituito da un evento sociale come un funerale. L'osservatore attento osserverà e registrerà le azioni, i comportamenti verbali, i gesti e i movimenti di tutti gli attori coinvolti in un funerale: i familiari stretti, i parenti, gli amici e vicini, le autorità del villaggio, gli operatori del rituale e così via. Anche qui, saremo di fronte a una sequenza di fasi, che vanno dalla preparazione del cadavere (si suppone in una sede privata e familiare come la casa) all'interramento del corpo (che si svolge normalmente in luogo pubblico e di fronte all'intera comunità). Il ricercatore noterà subito che gesti, parole, dichiarazioni e invocazioni formali, movimenti del pubblico (divisi e distinguibili per genere, età, vicinanza parentale, status ecc.), presentano un forte carattere simbolico, allusivo, metaforico. Spesso sarà difficile comprendere il senso di certe cose dette o fatte dagli operatori del rituale e dai partecipanti senza conoscere il codice dei rituali funebri, la personalità del defunto o la storia dei gruppi sociali coinvolti. In altri termini, queste azioni sociali collettive a carattere rituale rimanderanno a tutto un orizzonte di conoscenze, interpretazioni, significati, che il ricercatore potrà ricavare da altre fonti e da altri soggetti. Ma sarà ancora una volta l'osservazione e la descrizione puntuale delle azioni, dei movimenti nello spazio e in una durata temporale, a costituire il corpus informativo fondamentale, dal quale partire. Come negli altri casi, sarà dunque importante descrivere con meticolosa attenzione *cosa è accaduto*, registrare *come le diverse persone si sono comportate* e, infine, *chi erano gli attori sociali coinvolti.*

Le azioni rituali coinvolgono dunque numerosi soggetti in sequenze di atti, gesti, parole, movimenti ritmati, canti, che di norma possiedono un carattere contratto, condensato, sintetico, a volte stereotipato; contengono continue allusioni e rinvii, e sono dense di simbologie di diversa natura; inoltre, hanno una loro durata estesa, normalmente, e si svolgono in spazi a esse riservati, nei quali si muovono soggetti particolari, dotati di status specifici. È pertanto quasi

---

11. Della sterminata letteratura generale e comparativa esistente sul rituale, mi limito a richiamare due importanti raccolte di saggi che sottolineano ed enfatizzano gli aspetti comunicativi, rappresentativi e spettacolari delle attività rituali: Hughes-Freeland (1998) e Senft, Basso (2009).

impossibile per un osservatore attento comprendere e interpretare un rituale senza conoscere a fondo la lingua della società in esame, il codice espressivo e tutta una serie di informazioni contestuali (sulle persone che partecipano alle operazioni rituali, sulle loro relazioni sociali e su tutta una serie di "presupposizioni culturali" che illumineranno le operazioni svolte in maniera esplicita). È dunque necessario che l'etnografo raccoglitore registri con estrema attenzione le azioni svolte dai diversi soggetti, e predisponga un denso dossier di osservazioni minuziose e attente. Ma il "commento" degli informatori, per decifrare significati, allusioni, rinvii, sarà comunque indispensabile. Un buon corpus di descrizione delle azioni rituali sarà in ogni caso un necessario punto di partenza. Nella storia dell'antropologia sono apparse negli ultimi decenni numerose e ricche analisi del rituale, e la teoria antropologica delle azioni rituali può vantare numerosi contributi di grande qualità, intensità e anche ardimento critico. Va notato, tuttavia, che raramente le descrizioni che presentano le recenti etnografie hanno la ricchezza documentaria di quelle del passato. Ricorderemo almeno gli straordinari dossier descrittivi delle azioni cerimoniali e rituali contenuti nei rapporti etnografici dei grandi etnografi americani degli anni tra il 1879 e il 1931, che furono raccolti in quella preziosissima collezione costituita dai 48 *Annual Reports of the Bureau of American Ethnology* della Smithsonian Institution di Washington. Sono monumenti descrittivi, raccolti con estrema pazienza e intensità da ricercatori non molto votati alla teoria e all'interpretazione, ma che hanno dato alle azioni rituali un privilegio indiscusso nella produzione di densissima documentazione culturale sulle società indigene dell'America. Le giganteschе monografie (spesso di più di 400 pagine) scritte da autori come Frank Hamilton Cushing, Matilda Coxe Stevenson e Ruth Bunzel sugli Zuñi del Nuovo Messico, come Washington Matthews sui Navajo, James Mooney sui Cherokee o infine Francis La Fresche sugli Osage (per non citare che alcune delle più note) sono capolavori dell'etnografia tradizionale, nei quali la ricchezza e i dettagli del materiale descrittivo sopportano agevolmente le critiche metodologiche, concettuali e teoriche che – ovviamente – può fare la moderna antropologia.

In anni più recenti, un buon esempio di raccolta accurata di dati e di osservazione di azioni rituali, seguiti però da un attento e ricco commento sociologico-interpretativo, è quello di John Middleton (1960, 1975) nella sua ricerca tra i Lugbara, una popolazione di coltivatori dell'Uganda rurale. Middleton si è dedicato particolarmente all'osservazione, alla descrizione e allo studio delle azioni rituali che i

Lugbara effettuavano nel corso dei funerali. Le invocazioni degli anziani, le libagioni augurali, i discorsi retorici, le danze, le commemorazioni funebri e le operazioni simboliche fatte nei riguardi del corpo e della figura del morto seguivano schemi più o meno fissi, ma con una serie straordinaria di variazioni da funerale a funerale. Il corpus dettagliatissimo delle descrizioni delle azioni rituali consentì progressivamente all'autore di sperimentare una serie di possibili spiegazioni delle variazioni esistenti tra un rituale e l'altro. Alla fine cominciò ad apparire chiaro che i funerali non andavano visti come canoni fissi e obbligati di uno schema formale che doveva essere ripetuto in ogni occasione. In realtà si riusciva a comprendere le ragioni sociologiche di questi rituali solo se li si vedeva come anelli consecutivi in una successione di riti che avvenivano nello stesso gruppo, a distanza di tempo, a causa delle morti successive che in esso si verificavano. La dinamica temporale, la successione necessaria nelle cariche politiche determinata dalla morte di un'autorità, i conflitti sociali e le loro mediazioni, le secessioni tra i segmenti di lignaggio erano tutti fenomeni sociali evidenti solo che si vedessero le azioni rituali come parte di un "discorso sociologico-politico" di medio-lunga durata, di un assestamento progressivo nei rapporti tra i gruppi. Ma quest'analisi sociologica non avrebbe potuto essere condotta senza una raccolta sistematica e dettagliata di osservazioni delle azioni rituali durante un lungo periodo di ricerca.

Un altro tema sociologico, studiato attraverso la descrizione minuziosa di una serie successiva di azioni rituali (34 casi di invocazioni, divinazioni, confronto di oracoli, apparizione e cura di malattie, purificazioni, descritti ed esaminati nella loro successione temporale), è presentato da Middleton (1960, pp. 129-229) nel suo lento e accidentato processo di sviluppo. Si tratta delle osservazioni effettuate all'interno di un gruppo parentale esteso (di 90 persone) e formato da due segmenti di lignaggio affratellati, ma che stanno legittimando la loro segmentazione e divisione. Anche qui, è la registrazione degli eventi, delle azioni rituali dei diversi soggetti, che assume significato nella sua successione e concatenazione. La morte dell'anziano leader che teneva ancora insieme il grande gruppo rende possibile la segmentazione dell'unità sociale che per varie ragioni (conflitti fra le donne per i campi troppo vicini tra loro ma distanti dalle residenze, competizione per la terra, visibilità di numerose malattie che non possono più spiegarsi con l'intervento malefico di estranei, ma cominciano a generare il sospetto dell'esistenza di "stregoni interni al gruppo") ha visto nascere tensioni latenti. Così, la morte dell'anziano genera una redistribuzione dell'autorità, il riordino delle genealogie e la giustificazione della scissione. Il tutto si esprime nel linguaggio del rituale. Middleton dedica a questa spiegazione funzionalista dinamica del rituale, visto come linguaggio simbolico dei processi di aggiustamento sociale, un lungo capitolo della sua monografia, dal quale non si potrebbero eliminare le densissime pagine dedicate alla descrizione dettagliata delle 34 azioni rituali successive svoltesi lungo tutto un anno all'interno del gruppo parentale di Araka.

Una descrizione esauriente, minuziosa e attenta, di un rituale del quale sono poi studiate con grande attenzione le implicazioni simboliche, sociali e politiche, è quella che Adriano Favole (2000, pp. 167-223) ha dedicato alla cerimonia di investitura della suprema autorità del distretto di Alo (nell'isola polinesiana di Futuna). L'analisi parte dalla descrizione dettagliata dell'intera giornata dell'investitura rituale dell'autorità del distretto dell'isola, nella quale si dà una grande importanza alle danze, alle bevute cerimoniali della bevanda tradizionale della *kava*, alle posizioni spaziali dei diversi protagonisti, ai loro discorsi rituali di investitura, che vengono minutamente analizzati. A partire dalla descrizione menzionata, vengono poi analizzati il fondamento e la legittimazione storica dell'autorità, la rappresentazione delle gerarchie sociali, le contraddizioni tra l'ideologia politica e le pratiche quotidiane. Viene anche discussa e criticata efficacemente la nota teoria del "re-divino oceaniano" di Marshall Sahlins. È un caso, questo, nel quale una costruzione interpretativa complessa e raffinata, densa di riferimenti critici alla letteratura antropologica pertinente, trae le mosse da una minuziosa descrizione delle azioni sociali.

Un altro caso eccellente, questa volta di "descrizione ricostruttiva", di un complesso rituale di iniziazione giovanile (basata dunque sulle testimonianze di diversi informatori attraverso interviste dettagliate) è quello raccolto da Stefano Allovio (1999, pp. 47-76) tra i Medje-Mangbetu del Congo nordorientale. Una densa e ricca descrizione indiretta delle complicate fasi delle cerimonie pone in grande evidenza le consistenti variazioni tra le informazioni e le opinioni dei diversi testimoni, la grammatica simbolica, le dimensioni sociali e di gruppo del rituale, il carattere di "costruzione-formazione della persona" dell'intero ciclo di attività rituali, infine la rete di alleanze sociali ampie attivate dalle cerimonie. A partire da questa descrizione intensa l'autore investiga anche, per estensioni comparative progressive, le "alleanze di sangue" e i "patti sociali" di società vicine. Anche in questo caso, la circoscrizione e la presentazione intensa e dettagliata delle azioni costituisce la base fattuale che consente di affrontare soddisfacentemente il problema generale della "fabbricazione sociale degli uomini" ("antropopoiesi") sul fondamento di una etnografia dettagliata dell'azione sociale.

Ma ci sono anche casi molto interessanti, nella storia dell'antropologia, nei quali una rapida, incompleta e a volte incerta descrizione di un rituale è accompagnata nondimeno da una ricchissima integrazione dei dati descrittivi diretti con opinioni di diversi informatori, storie e miti correlati, descrizioni indirette, osservazioni di comportamenti non immediatamente connessi con il rituale ma correlabili con questo. Sicché ne deriva una ricchissima trattazione, piena di problemi e di stimolazioni interpretative e metodologiche. Questo è il caso di una famosissima monografia etnografica degli anni trenta del secolo scorso, che costituì una delle più aperte e ricche critiche al funzional-strutturalismo britannico. Il testo è *Naven* (1936), scritto da Gregory Bateson, uno dei più brillanti e teoricamente raffinati antropologi di quell'epoca. La sua monografia, infatti, dedica solo 11 pagine delle più di 300 dell'intero volume alla descrizione minuziosa e accurata di un rituale di ingresso di un bambino nella vita sociale, nel quale gli uomini si vestono da donne e le donne da uomini. Un gruppo ristretto di parenti (lo zio materno e sua moglie, la sorella del padre, la sorella, la moglie del fratello maggiore e il cognato) di un soggetto sono coinvolti in una rete assai complicata di relazioni simboliche e rituali, che vengono commentate e chiarite progressivamente, in una serie accidentata e frammentata di argomentazioni. Come si vede, un caso raro in cui più che la descrizione di azioni è un intero edificio culturale a essere presentato a partire da una specifica cerimonia. I concetti di *ethos* (il tono prevalente nell'esperienza e nella manifestazione dei sentimenti in un popolo) e di *eidos* (la standardizzazione degli aspetti cognitivi nella personalità degli individui) costituiscono i punti centrali dell'interpretazione della cultura della società degli Iatmul della Nuova Guinea.

Sul tema delle azioni rituali conviene fare un rapido cenno a una tradizione di studi in tema di *performance*, cioè di attuazioni a carattere fortemente simbolico e con rilevante contenuto comunicativo, che appaiono in contesti di drammatica spettacolarità, in una serie di vicende sociali nelle più diverse società umane. Anche in questi studi, l'osservazione attenta e la descrizione dei movimenti, dell'intreccio tra gesti, parole e azioni individuali e di gruppo, costituiscono la base per un'interpretazione più ampia nel contesto della vita sociale della quale quelle attività sono in parte il prodotto episodico, critico e creativo. La base di queste ricerche sta nello studio delle tecniche del corpo, a partire dalla famosa *biomeccanica* di Mejerchol'd. Nel campo antropologico il più importante studioso di questi tipi di fenomeni sociali è Turner; nel campo delle discipline drammatiche e teatrali non si può non porre in rilievo i contributi di Richard Schechner (che tra l'altro fu collega e collaboratore di Turner per molti anni), il quale oltre che negli studi di storia del teatro si impegnò anche in ricerche antropologiche di campo tra gli Yaqui dell'Arizona e nell'India meridionale [12]. Del resto, che ci sia uno stretto rapporto tra l'azione drammatica e teatrale da una parte e le azioni rituali studiate dall'antropologia nel contesto delle diversità culturali dall'altra è dimostrato anche dall'uso costante, nella produzione antropologica, delle metafore drammatiche e teatrali ("attore sociale", "status e ruolo", "dramma sociale", "drammatizzazione rituale" e così via).

2.6
Un primato delle azioni sociali?
Il soggetto agente e l'*agency*

Il riconoscere grande importanza all'osservazione e alla descrizione nella raccolta del materiale etnografico, e il conferire importanza fondamentale alle azioni sociali, comporta delle conseguenze sul piano della concezione generale della ricerca antropologica. Non si tratta qui di affermare rigidamente, come si faceva in alcune tradizioni antropologiche di molti decenni or sono, il *primato delle azioni sociali*, e di sottostimare – perché più labile, insicuro, soggetto a interpretazione soggettiva – il piano delle idee, del pensiero locale, delle simbologie. Si tratta invece di attribuire importanza alla capacità del ricercatore di costruire nuove fonti di informazioni, originali, sulla base dell'osservazione delle azioni e del comportamento, che unita

---

12. Degli studi di Victor Turner vale la pena di ricordare almeno *Dal rito al teatro* (1982) e la raccolta di saggi *Antropologia della performance* (1986). Di Richard Schechner, le due raccolte di saggi *La teoria della performance, 1970-1983* (1984), e *Magnitudini della performance* (1999). Utilissima anche la recente "summa" enciclopedica delle ricerche di Schechner pubblicata nel 2006 dall'editore Routledge: *Performance Studies. An Introduction* (2nd ed.). Ho trovato anche molto interessante una sintesi ben costruita dell'intero problema, e dei rapporti tra antropologia e teatro nel campo della "performance", in un saggio di Ambrogio Artoni (2006). Artoni si sofferma con cura sul processo di "recupero dell'azione efficace" nel teatro moderno sperimentale, da Artaud a Grotowski e Barba, e dei comportamenti "pre-espressivi", contro la mera "rappresentazione" (che è più legata all'"esecuzione" di un testo drammaturgico).

agli altri livelli di raccolta del materiale informativo (opinioni, commenti, dichiarazioni, racconti degli attori sociali), conferirà poi unità e complessità – come è stato più volte osservato – all'insieme integrato della ricerca.

In anni recenti l'azione sociale, il comportamento del soggetto, con le sue eventuali idiosincrasie e originalità, è tornato a suscitare l'attenzione degli studiosi di scienze sociali, dopo la lunga stagione nella quale le idee e le credenze, le simbologie, i valori e le forme della comunicazione erano diventati il centro spesso esclusivo degli interessi degli antropologi. Come ha sottolineato Sherry Ortner (1984, pp. 144-5), è cresciuta progressivamente l'attenzione verso problemi e temi strettamente interrelati, come le pratiche, l'azione, le interazioni, l'attività, la *performance* e l'esperienza e, conseguentemente, verso il soggetto agente, l'attore, la persona, il self, l'individuo e il protagonista dell'azione. Quella che è stata definita la "svolta pratica" ha sottolineato l'importanza dell'azione e dell'agente rispetto alla struttura; della comunicazione e della *performance* rispetto alle norme e regole; del "dramma" e dell'interpretazione dei soggetti rispetto all'idea di società come organismo o come macchina (Grasseni, Ronzon, 2004, p. 13). L'agire dell'uomo, anche come singolo, con le sue scelte, le sue responsabilità, le sue valutazioni, i suoi interessi, è venuto in primo piano in una serie di tradizioni di ricerca antropologica e antropologico-linguistica che hanno insistito sull'*agency* (che si potrebbe tradurre con "agentività") come oggetto specifico di attenzione. Il collegamento costante tra azione e comportamento linguistico appare chiaramente dal fatto che le azioni degli individui sono costantemente precedute, accompagnate e seguite dall'uso di parole. Questi studi si concentrano su "ciò che la gente fa *e* dice", non solo su ciò che dice. Ma anche su ciò che la gente "dice su ciò che fa", sia quando comunica e interpreta ciò che fa, sia anche quando lo giudica; è quest'ultimo aspetto una delle fonti dell'etica (Ricoeur, 1986). E del resto, che le parole possano essere "azioni" è confermato da una serie di ricerche e da una tradizione teorica che mette in evidenza il carattere "esecutivo" di certe locuzioni, che impongono, anticipano, contengono in sé, tendono a produrre azioni. L'importanza del linguaggio nei processi di trasformazione della società è dunque un fatto accertato [13].

E del resto, non bisogna escludere che una società faccia delle

13. Richiamo almeno uno dei saggi recenti più noti sul tema, Ahearn (2001). Ma ritengo anche importante, sul tema, una ricca raccolta di saggi curata da Donzelli e Fasulo (2007).

azioni il centro della sua attenzione nella rappresentazione e definizione di quei processi di autoidentificazione e di coscienza di sé che vengono solitamente raccolti nel discusso concetto di "identità". È il caso dei pescatori Vezo del Madagascar. Nella testimonianza di Rita Astuti, i Vezo «diventano quello che sono attraverso quello che fanno. La loro identità è un'attività piuttosto che una condizione di esistenza». Sia l'identità che la differenza, presso questo popolo, risultano dunque dalle attività che la gente esegue nel presente, piuttosto che a partire da una comune e distinta origine acquisita in un certo momento del passato (Astuti, 1995a, 1995b).

Non si tratta qui semplicemente di atti o sequenze di atti visti nella loro forma "esterna" che cade sotto l'osservazione. Si intende qualcosa di più complesso, come "attività che contiene potere", nel senso di "principio causale dell'agire", strettamente legato al soggetto agente. Sicché l'"azione" viene intesa come movimento e serie di atti registrabili, ma che si riferiscono a una molteplicità di concezioni locali dell'agire, che possono essere cristallizzate in principi e in norme più o meno esplicite di comportamento. Usualmente, il termine *agency*, come sopra anticipato, si oppone all'idea di "struttura", normatività, e sottolinea l'azione, enfatizzando implicitamente la natura indeterminata dell'agire umano, opposto in ciò al tendenziale determinismo delle teorie sociali strutturali. Il protagonista dell'*agency* è l'attore sociale nella sua complessione psicologica e nella sua capacità di agire volontariamente. Quindi, da una parte sta una situazione sociale e dall'altra il soggetto in grado di agire in relazione a questa situazione sociale. Molti di questi contributi sono legati a una visione sociale della lingua, del comportamento linguistico come strumento creativo, attraverso la "pragmatica", dei contesti di relazione sociale [14].

Un buon esempio delle possibili ricerche empiriche concentrate sul soggetto agente e sulla "persona" (intesa come categoria culturale collegata con le concrete azioni umane di un soggetto che agisce "qui e adesso") è costituito dal saggio di Alan Rumsey (2000, pp. 101-15) dedicato alla natura del soggetto agente dotato di autorità in diverse società della Melanesia e della Polinesia, nel quale si esaminano vari casi di comportamento concreto, linguistico e non linguistico, come esempi della "presentazione del sé" nell'arena sociale da parte dei "Big Men" e dei capi. L'autore analizza e commenta, trovando alla fine un

---

14. Mi limito a indicare, su questo tema che ha una estesissima letteratura specifica, almeno il recente bel libro di Duranti (2007).

modo per definirle come non inconciliabili, due posizioni contrastanti sul tema. La prima si deve a Marilyn Strathern, la quale ha presentato un'immagine della "persona" in Melanesia come costituita in maniera composita e frammentaria, come formata di parti separate e distaccabili, provenienti dalle componenti maschili e femminili che l'hanno generata. Anche se gli atti sono unitari, la persona è composita. E i soggetti non sono i veri e unici autori dei loro atti, ma questi risultano dalla combinazione delle componenti. Si agisce, ma si ha in mente il proprio vantaggio e quello di un altro. Una diversa posizione è quella che risulta dagli studi di Marshall Sahlins, che l'ha tratta da esempi hawaiani, figiani e tongani. Sahlins sostiene che i capi dell'Oceania agiscono *espansivamente*, estensivamente, sommando e assimilando nelle loro persone le vite e le soggettività di molti altri. È la visione della "storia eroica". Quando parla un capo polinesiano, dunque, egli assume su di sé la globalità della società, nelle sue diverse e variegate componenti. Egli parla per il "tutto sociale", mentre invece un melanesiano (secondo la prospettiva di Strathern) rende visibili le parti frammentate e discontinue dell'insieme sociale, che coesistono non ben equilibrate in ogni sé. Rumsey analizza molte espressioni linguistiche che usano il pronome "io", nei due contesti etnografici (quello melanesiano e quello polinesiano) e sostiene che le due posizioni appena citate sono meno contraddittorie di quanto si possa pensare, perché i soggetti più che fare riferimento a un "self" astratto, costante, inteso come modello teorico, mostrano piuttosto la "situazione" concreta (in termini sociali e culturali) nella quale sono collocati in quel dato momento. E queste situazioni concrete dipendono dall'*hic et nunc*, dai contesti specifici, dalle condizioni emergenti, dalle strategie messe in atto dall'attore sociale nella specifica interazione della quale i comportamenti linguistici e non linguistici sono parte. Il caso suggerisce di prestare una maggiore attenzione alle costruzioni culturali locali dell'individuo e della persona, in termini di categorie specifiche del pensiero sociale, e di esaminare su questa base le azioni dei soggetti. Così il binomio "persona/azione" viene considerato fondamentale nell'osservazione dei comportamenti dei soggetti.

Questi orientamenti recenti, che enfatizzano il ruolo giocato dagli esseri umani nel "fare la società" con le loro azioni, e con i loro comportamenti linguistici, insistono anche sul ruolo attivo e inventivo svolto dai soggetti all'interno dei processi sociali, scegliendo tra le azioni possibili, selezionando e modulando le loro azioni individuali, di gruppo, reciproche e interdipendenti. L'insieme delle azioni di un soggetto sociale costituisce dunque un piano privilegiato per osservare, descrivere e poi analizzare, a partire dai comportamenti "esterni", le ragioni profonde della vita sociale e dell'apporto dell'individuo a questa, nonché i più complessi e meno evidenti aspetti "interni" della vita delle persone (i sentimenti, le emozioni).

Il che ci conferma che quella dell'osservazione delle azioni dei soggetti è una strada centrale per la ricerca antropologica, che consente di affrontare in modo intenso e coerente temi di riflessione come il rapporto (la concordanza/discordanza, la contraddizione o il contrappunto) esistente tra gli interessi, le scelte, le alternative disponibili per un soggetto (che riveste un certo status sociale) e le norme generali, le visioni teoriche e desiderate, il piano del dover essere e delle ideologie.

2.7
Le azioni del ricercatore: ripensando l'osservazione partecipante

Nell'ambito dello studio delle azioni sociali che l'etnografo raccoglitore si preoccupa di registrare, descrivere e interpretare, vale la pena di trattare anche un tipo di azioni che hanno lo stesso ricercatore come protagonista, e che conviene esaminare attentamente perché sono parte costituente del tema che stiamo affrontando. Infatti, la società locale che l'etnografo studia non è la sola a mostrare azioni individuali e collettive, azioni tecniche e azioni rituali. Egli stesso si muove in un contesto sociale, nel quale compie una serie di azioni il cui effetto influisce direttamente sulla natura e i caratteri del materiale etnografico raccolto. L'etnografo si muove nella scena del villaggio, del quartiere di una città, all'interno di una istituzione, seguendo i nomadi nelle loro transumanze, e agisce continuamente secondo un codice che detta l'esperienza e condiziona le specifiche circostanze nelle quali si trova a lavorare. L'antropologia moderna, a partire dai tardi anni sessanta del secolo scorso, ha affrontato con serietà e intensità il tema dell'etnografo come attore sociale, spesso soffermandosi solo sugli aspetti soggettivi, emozionali, delle relazioni sociali che si accompagnano alla ricerca di campo. A partire dalla nota e citatissima osservazione di Lévi-Strauss che "l'osservatore stesso è una parte della sua osservazione", una quantità notevole di studi si è soffermata sul "posizionamento" dell'etnografo, sulla sua collocazione ferma nell'orizzonte sociale e politico dell'arena sociale nella quale e sulla quale esercita il suo lavoro di osservazione e descrizione. Le "politiche dell'etnografia" hanno ormai generato una messe di studi e ricerche critiche [15].

Dunque, come notavo all'inizio di questo saggio, esiste una metodologia di ricerca che è stata definita "osservazione a distanza". In essa il ricercatore non fa alcuno sforzo per rivestire un qualche ruolo nel contesto locale: gli basta essere tollerato come estraneo osservatore non intrusivo. Ma c'è un altro tipo di ricerca osservativa, nella quale l'attività e le azioni del ricercatore assumono un consistente rilievo. Una vecchia tradizione e una vecchia terminologia che stanno ancora oggi alla base dell'identità della ricerca antropologica ci permettono di insistere in maniera più stretta e specifica, meno generale e ideologica e assai più "pratica", sul problema accennato. A partire da Malinowski, l'antropologia ha sbandierato tra le sue tecniche metodologiche specifiche quella dell'*osservazione partecipante*. Si tratta di una tecnica semplice che tende ad affievolire la distanza, una volta abbastanza consistente, tra il ricercatore e la società locale, spingendo l'estraneo a legarsi stabilmente alle persone, ai luoghi, ai costumi, ai tempi e alle attività quotidiane del gruppo studiato. Questo legame costante si manifesta attraverso delle *azioni* particolari, che si accompagnano, come corollario indispensabile, alle osservazioni del comportamento. Anzi, si tratta, in breve, della *produzione di conoscenza attraverso l'azione*, attraverso l'agire pratico e attraverso l'assunzione di un ruolo temporaneo all'interno della rete delle relazioni sociali locali. Non si tratta, dunque, di una semplice "assimilazione emozionale", di una partecipazione affettivo-emotiva alle vicende e alle sensibilità personali degli ospiti che hanno accettato il visitatore estraneo favorendo processi di assorbimento sociale. Si tratta anche di qualcosa di più concreto, operativo, comportamentale. Un esempio banale di tipo sociologico fra tutti. Nelle regioni mesoamericane un etnografo che voglia studiare con attenzione l'istituzione del *compadrazco* ("compadrinaggio") avrà grandissimi vantaggi a introdursi direttamente nell'istituzione locale, rendendosi disponibile a *fare da padrino* di cresima al figlio di un indigeno o contadino locale (acquistando quindi contemporaneamente un "compare" e un "figlioccio") e così costruendo una rete di relazioni sociali non solo con il figlioccio, e con il *compare*, ma anche con la *comare* e con tutta la loro rete parentale. Questa strategia di coinvolgimento sociale imporrà dunque al ricercatore delle

---

15. Un recente buon volume che raccoglie saggi tratti da esperienze specifiche e importanti riflessioni generali può servire da punto di riferimento per alcuni degli argomenti segnalati: De Lauri, Achilli (2008).

azioni e dei *comportamenti* particolari, delle obbligazioni, dei doveri. Le informazioni che si accumuleranno nei suoi taccuini dipenderanno allora sia dall'osservazione di azioni altrui, sia anche dalla cosciente riflessione sulle azioni proprie, come membro occasionale della rete sociale locale, nel cui groviglio dovrà progressivamente imparare a orientarsi attraverso l'azione. È fin troppo ovvio che questa strategia ha i suoi limiti, e che del resto l'identificazione con la cultura locale non potrà mai essere completa. Ma il caso appena presentato dimostra agevolmente come le azioni del ricercatore possano far parte costitutiva del processo di produzione delle informazioni.

Ci sono campi nei quali un coinvolgimento diretto e una partecipazione piena alle azioni saranno indispensabili. Si pensi al ricercatore che studia la produzione di prodotti tessili al telaio, da parte di una società di qualunque parte del mondo. L'apprendimento diretto e intenso del sapere tecnico (dei movimenti, delle sequenze di azione) sarà condizione per l'identificazione del funzionamento del telaio e per la produzione di buona informazione su tutto il ciclo di azioni collegate alla tessitura. Sarà questo un caso esemplare del processo noto come *learning by doing*. Appare chiaro che quella della partecipazione del ricercatore è una questione di gradi, a seconda che il coinvolgimento del ricercatore sia nullo o pieno (fino all'estremo improbabile della completa identificazione operativa con la società locale). Nessun dubbio che i ricercatori dell'Ottocento, di solito, con le loro ricerche di breve durata e a carattere estensivo (un'intera regione visitata in un anno, sostando pochi giorni in ogni luogo), costituissero l'estremo – per difetto – della partecipazione. E dunque non potevano beneficiare dei vantaggi che il compiere azioni secondo le regole sociali locali *nel tempo e nel contesto stesso dell'osservazione* può procurare al ricercatore. Con la cosiddetta "rivoluzione malinowskiana" – la residenza di lungo periodo e i contatti diretti e continui con la società locale, comportanti anche la residenza nelle capanne, la condivisione del cibo e delle attività di lavoro e così via – l'etnografo raccoglitore è divenuto un potenziale "partecipante alla vita locale". Sulla retorica di questa posizione si è accumulata ormai una ricca letteratura. Ma al di là delle perplessità che la piena partecipazione, più virtuale che reale, ha suscitato e delle esagerazioni di alcuni ricercatori, ci sono pochi dubbi che quella dell'agire mentre si osserva sia una buona strategia per produrre documentazione densa e dettagliata. La presenza del ricercatore può inoltre esercitare anche una forte azione di "stimolo" per gli attori sociali locali, con i suoi comportamenti imitativi delle azioni locali e adattativi al contesto locale, con le sue domande, la sua messa in evidenza di aspetti della cultura nativa ai quali i soggetti non avevano pensato (chi vive una società non ha necessariamente bisogno di rifletterci sistematicamente sopra); essa può quindi indurre, generare, favorire, dei cambiamenti nel gruppo sociale che lo ospita. Più cresce l'azione dei locali stimolata dalla presenza del ricercatore, più la ricerca può assumere configurazioni nuove e diverse. È infatti noto che buona parte delle ricerche antropologiche sono frutto di una intensa collaborazione con individui particolarmente dotati e interessati della società locale. Essi finiscono per divenire "collaboratori" a pieno titolo, e sono spesso co-autori di molte monografie etnografiche. Per questa strada si può giungere a una situazione nella quale il ricercatore ha formato dei ricercatori locali, che prendono sempre più spazio nell'intera intrapresa di ricerca. Sono loro a essere i principali operatori dell'indagine. È la strada che si è sviluppata in America Latina, in paesi come la Colombia, l'Argentina e il Cile, nei quali ha visto un grande sviluppo la *ricerca-azione partecipata*, nella quale l'azione sociale e l'investigazione sono due aspetti strettamente collegati di un'unica iniziativa, che vede i collaboratori locali come protagonisti assoluti, nelle decisioni, nelle strategie di contatto con la popolazione locale e nella gestione delle relazioni che producono le informazioni [16].

Ma vale la pena di aggiungere che oltre all'agire-in-comune, che stimola i processi conoscitivi specifici, c'è dell'altro nell'esperienza-che-genera-conoscenza del ricercatore. Leonardo Piasere ha molto insistito, nel suo importante saggio già citato in precedenza, sui processi cognitivi per "illuminazione" che si generano sul campo. Ha usato il termine di "perduzione", che richiama quello di "impregnazione" di Olivier de Sardan, per indicare l'assorbimento, l'acquisizione in buona parte inconscia, automatica, di elementi consistenti delle pratiche e delle idee locali. Si tratta di un "capire attraverso una frequentazione", del perdurare attraverso imitazioni e ripetizioni, del lasciar "macerare" nella lentezza acquisizioni che non avvengono tramite semplici concatenazioni lineari, ma con procedimenti complessi che coinvolgono tutto il corpo-io del ricercatore, procedimenti che i riduzionismi grafici (lo scrivere) od orali (il dialogare) castigano e sottostimano (Piasere, 2002, pp. 55-7).

Diremo allora, in conclusione, che l'agire umano rivela – se bene

---

16. Mi limito a indicare alcuni saggi sul tema: Oquist (1978), Himmelstrand (1978), Vejarano (1983), Fals e collaboratori (1987).

e attentamente osservato – buona parte dell'intero edificio culturale, di sentimenti e di idee, di un gruppo. E il codice delle azioni, dei movimenti, dei gesti deve essere stabilmente accompagnato a quello delle parole e degli oggetti, allo scopo di investigare su solide basi le concordanze, i contrappunti e le divergenze tra le diverse forme di espressione di umanità. Ma anche il ricercatore, l'estraneo-intruso che faticosamente pretende di stabilire proficue relazioni, che tenta di comprendere a fondo, di comparare cose dette e fatte da individui di mondi lontani (che saranno visti come tali anche quando appartengono alla sua stessa società), sarà bene che eserciti un'attenta analisi su sé stesso come *osservatore che agisce*, mentre si pone in relazione e osserva, partecipandovi, le azioni altrui.

Riferimenti bibliografici

AHEARN L. M. (2001), *Language and Agency*, in "Annual Review of Anthropology", 30, pp. 109-37.

ALLOVIO S. (1999), *La foresta di alleanze. Popoli e riti in Africa equatoriale*, Laterza, Roma-Bari.

ARTONI A. (2006), *Azione vs rappresentazione. Per un'antropologia della performance*, in L. Bonato (a cura di), *Festa viva. Tradizione, territorio, turismo*, Omega, Torino, pp. 43-52.

ASTUTI R. (1995a), *"The Vezo Are Not a Kind of People". Identity, Difference and "Ethnicity" among a Fishing People of Western Madagascar*, in "American Ethnologist", 22, 3, pp. 464-82.

ID. (1995b), *People of the Sea: Identity and Descent among the Vezo of Madagascar*, Cambridge University Press, Cambridge.

BARTH F. (1993), *Balinese Worlds*, The University of Chicago Press, Chicago.

BATESON G. (1936), *Naven: A Survey of the Problems Suggested by a Composite Picture of the Culture of a New Guinea Tribe Drawn from Three Points of View*, Stanford University Press, Stanford (trad. it. *Naven. Un rituale di travestimento in Nuova Guinea*, Einaudi, Torino 1988).

BLUNDO G., OLIVIER DE SARDAN J.-P. (éds.) (2003), *Pratiques de la description*, in "Enquête", 3, pp. 7-224.

BOURDIEU P. (1972), *Esquisse d'une théorie de la pratique. Précédé de trois études d'ethnologie kabyle*, Droz, Genève (trad. it. *Per una teoria della pratica*, in Id., *Per una teoria della pratica, con tre studi di etnologia cabila*, Raffaello Cortina, Milano 2003, pp. 177-316).

CASTANEDA SABIDO F., GUITIÁN GALÁN M. (eds.) (2002), *Instantáneas de la acción*, Universidad Nacional Autónoma, México.

CIRESE A. M. (1998), *Il dire e il fare nelle opere dell'uomo*, Bibliotheca di Gabriele Chiusano, Gaeta.

CLIFFORD V. J. (1997), *Pratiche spaziali: il lavoro sul campo, il viaggio e la definizio-

ne dell'antropologia come disciplina, in Id., *Strade. Viaggio e traduzione alla fine del secolo* XX, Bollati Boringhieri, Torino 1999, pp. 70-121.

CUTURI F. (1990), *Le parole e i fatti: per un'antropologia semantica della "parentela" Huave*, Euroma La Goliardica, Roma.

DE LAURI A., ACHILLI L. (a cura di) (2008), *Pratiche e politiche dell'etnografia*, Meltemi, Roma.

DONZELLI A., FASULO A. (a cura di) (2007), *Agency e linguaggio. Etnoteorie della soggettività e della responsabilità nell'azione sociale*, Meltemi, Roma.

DURANTI A. (2007), *Etnopragmatica. La forza nel parlare*, Carocci, Roma.

FALS O. *et al.* (1987), *Investigación-acción participativa en Colombia*, Punta de Lanza, Bogotá.

FARNELL B. (1999), *Moving Bodies, Acting Selves*, in "Annual Review of Anthropology", 28, 6, pp. 341-73.

ID. (2000), *Getting Out of the Habitus: An Alternative Model of Dynamically Embodied Social Action*, in "Journal of the Royal Anthropological Institute", n.s., 6, pp. 397-418.

FAVOLE A. (2000), *La palma del potere. I capi e la costruzione della società a Futuna (Polinesia Occidentale)*, Il Segnalibro, Torino.

FIRTH R. (1970), *Postures and Gestures of Respect*, in J. Pouillon, P. Maranda (eds.), *Échanges et Communications. Mélanges offerts à Claude Lévi-Strauss à l'occasion de son 60ème anniversaire*, Mouton, Paris, vol. 1, pp. 188-209.

GLUCKMAN M. (1955), *The Judicial Process among the Barotse of Northern Rhodesia*, Manchester University Press, Manchester.

GOFFMAN E. (1963), *Behavior in Public Places: Notes on the Social Organization of Gatherings*, The Free Press, New York (trad. it. *Il comportamento in pubblico. L'interazione sociale nei luoghi di riunione*, Einaudi, Torino 2002).

ID. (1967), *Interaction Ritual. Essays on Face to Face Behavior*, Anchor books, New York (trad. it. *Il rituale dell'interazione*, il Mulino, Bologna 1988).

ID. (1971), *Relations in Public: Microstudies of the Public Order*, Harper and Row, New York (trad. it. *Le relazioni in pubblico*, Bompiani, Milano 1981).

GOZZANO S. (1997), *Storia e teorie dell'intenzionalità*, Laterza, Roma-Bari.

GRASSENI C., RONZON F. (2004), *Pratiche e cognizione. Note di ecologia della cultura*, Meltemi, Roma.

GRIAULE M. (1957), *Méthode de l'ethngraphie*, PUF, Paris.

HIMMELSTRAND U. (1978), *La investigación-acción y la ciencia social aplicada*, in *Crítica y política en ciencias sociales*, Punta de Lanza, Bogotá, vol. 1.

HOLY L., STUCHLIK M. (1983), *Actions, Norms and Representations. Foundations of Anthropological Inquiry*, Cambridge University Press, Cambridge.

HUGHES-FREELAND F. (ed.) (1998), *Ritual, Performance, Media*, ASA Monographs, 35, Routledge, London-New York.

KEANE W. (2003), *Self-Interpretation, Agency, and the Objects of Anthropology: Reflections on a Genealogy*, in "Comparative Studies in Society and History", 45, 2, pp. 222-48.

LÉVI-STRAUSS C. (1945), *L'analisi strutturale in linguistica e in antropologia*, in Id., *Antropologia strutturale*, il Saggiatore, Milano 1966.

MAUSS M. (1947), *Manuel d'ethngraphie*, Payot, Paris.

MIDDLETON J. (1960), *Lugbara Religion. Ritual and Authority among an East African People*, International African Institute, Oxford.

ID. (1975), *I Lugbara dell'Uganda. Aspettative e paradossi nella ricerca antropologica*, Officina Edizioni, Roma (ed. or. *The Lugbara of Uganda*, Holt, Rinehart and Winston, New York 1965, e *The Study of the Lugbara: Expectation and Paradox in Anthropological Research*, Holt, Rinehart and Winston, New York 1970).

NADEL S. (1965), *The Foundation of Social Anthropology*, Cohen and West, London (trad. it. *Lineamenti di antropologia sociale*, Laterza, Roma-Bari 1974).

OLIVIER DE SARDAN J.-P. (2008), *La rigueur du qualitatif. Les contraintes empiriques de l'interprétation socio-anthropologique*, Academia Bruylant, Louvain-La-Neuve.

OQUIST P. (1978), *Epistemología de la investigación-acción*, in *Crítica y política en ciencias sociales*, Punta de Lanza, Bogotá, vol. 1.

ORTNER S. (1984), *Theory in Anthropology since the Sixties*, in "Comparative Studies in Society and History", 26, pp. 126-66.

PARSONS T. (1937), *The Structure of Social Action*, McGraw-Hill, New York (trad. it. *La struttura dell'azione sociale*, il Mulino, Bologna 1962).

PIASERE L. (2002), *L'etnografo imperfetto. Esperienza e cognizione in antropologia*, Laterza, Roma-Bari.

PIETTE A. (1996), *Ethnographie de l'action. L'observation des détails*, Éditions Métailié, Paris.

RICHARDS A. I. (1939), *The Development of Field Work Methods in Social Anthropology*, in F. Bartlett, M. Ginsberg, E. J. Lindgren, R. H. Thouless (eds.), *The Study of Society. Methods and Problems*, Routledge, London.

RICOEUR P. (1986), *La semantica dell'azione. Discorso e azione*, Jaca Book, Milano.

ROSALDO R. (1989), *Culture and Truth. The Remaking of Social Analysis*, Beacon Press, Boston.

RONZON F. (2008), *Sul campo. Breve guida alla ricerca etnografica*, Meltemi, Roma.

RUMSEY A. (2000), *Agency, Personhood and the 'I' of Discourse in the Pacific and Beyond*, in "Journal of the Royal Anthropological Institute", 6, 1, pp. 101-15.

SCHECHNER R. (1984), *La teoria della performance, 1970-1983*, Bulzoni, Roma.

ID. (1999), *Magnitudini della performance*, Bulzoni, Roma.

SENFT G., BASSO E. B. (eds.) (2009), *Ritual Communication*, Berg, Oxford.

TAMBIAH S. J. (1985), *Culture, Thought, and Social Action. An Anthropological Perspective*, Harvard University Press, Cambridge (trad. it. *Rituali e cultura*, il Mulino, Bologna 1995).

TAYLOR A.-C. (1993), *Remembering to Forget: Identity, Mourning and Memory among the Jivaro*, in "Man", 28, pp. 653-78.

TEDLOCK B. (1991), *From Participant Observation to the Observation of Participation: The Emergence of Narrative Ethnography*, in "Journal of Anthropological Research", 47, 1, pp. 69-94.

TILLY C. (2006), *Why? What Happens When People Give Reasons... and Why*, Princeton University Press, Princeton (trad. it. *Perché? La logica nascosta delle nostre azioni quotidiane*, Rizzoli, Milano 2007).

TURNER V. (1957), *Schism and Continuity in an African Society. A Study of Ndembu Village Life*, Manchester University Press, Manchester.

ID. (1982), *From Ritual to Theatre*, PAJ, New York (trad. it. *Dal rito al teatro*, il Mulino, Bologna 1986).

ID. (1986), *The Anthropology of Performance*, PAJ, New York (trad. it. *Antropologia della performance*, il Mulino, Bologna 1993).

VEJARANO G. M. (ed.) (1983), *La investigación participativa en América Latina*, CREFAL, Pátzcuaro.

WHITING B., WHITING J. (1970), *Methods for Observing and Recording Behavior*, in R. Naroll, R. Cohen (eds.), *A Handbook of Method in Cultural Anthropology*, Columbia University Press, New York, pp. 282-315.

3

Oggetti

di *Silvia Forni*

> Una raccolta di materiali del tipo di quelli che si trovano nelle collezioni antropologiche è interamente fatta di cose realizzate dalle varie popolazioni del mondo. [...] Sono oggetti usati nelle attività quotidiane delle persone, e quasi tutti acquisiscono significato solo mediante i pensieri che si articolano intorno a essi. [...] Accade di frequente che nelle collezioni antropologiche una vasta area di pensiero possa essere espressa da un solo oggetto o anche da nessun oggetto, poiché quel particolare aspetto della vita può corrispondere soltanto a delle idee.
>
> Boas (1907, p. 928)

3.1
Premessa

Sin dal principio della sua storia, l'antropologia ha avuto con gli oggetti un rapporto ambivalente. Raccolti e documentati sul campo, sistematizzati e catalogati nei musei, gli artefatti della vita quotidiana di popolazioni lontane e di minoranze etniche locali sono il fondamento di molte collezioni etnografiche e di storia naturale nate in Europa e in America settentrionale nella seconda metà dell'Ottocento. All'epoca, gli oggetti parevano poter offrire un fondamento tangibile e concreto per lo studio scientifico e istituzionalmente controllato delle culture umane e della loro evoluzione, ponendo l'antropologia sullo stesso piano delle nascenti discipline scientifiche dell'epoca [1].

Agli inizi del Novecento, l'entusiasmo per il potenziale euristico degli artefatti venne meno. Da un lato, gli studiosi si resero presto

---

1. Una riflessione articolata sul "Periodo museale" che ha caratterizzato gli inizi della storia disciplinare è reperibile nei diversi saggi raccolti da Stocking (1985).

conto delle limitazioni del museo quale luogo di ricerca antropologica, dall'altro un numero crescente di ricercatori optò per temi d'indagine e metodologie di ricerca sul campo non necessariamente ancorati alla raccolta di oggetti. Nel saggio del 1907 che segna il suo allontanamento definitivo dall'American Museum of Natural History, Franz Boas pone l'accento sui limiti della collezione e classificazione di oggetti quale mezzo per rappresentare le culture: molteplici aspetti della vita sociale non si esprimono attraverso elementi materiali e pertanto non possono emergere da un approccio sistematico e classificatorio alla cultura materiale.

Dagli anni venti del Novecento gli antropologi si interessarono più alle relazioni sociali che alle cose. Nelle monografie etnografiche scritte prima degli anni sessanta del Novecento gli oggetti sono per lo più assenti o relegati sullo sfondo, quale semplice riflesso di processi tecnologici o relazioni sociali [2]. Solo con nuovi paradigmi teorici quali lo strutturalismo e l'antropologia simbolica gli oggetti divennero nuovamente "buoni da pensare" e tornarono, sia pur marginalmente, a riemergere in ricerche e testi etnografici. Bisogna comunque attendere gli anni ottanta, con le opere di Mary Douglas, Arjun Appadurai, Daniel Miller, Alfred Gell, Jean-Pierre Warnier e altri perché lo studio della cultura materiale riacquisti una visibile rilevanza teorica e metodologica. Anche se è raro oggi trovare etnografi che si dedichino alla raccolta di artefatti con l'entusiasmo sistematico dei padri della disciplina, a più di cento anni dal *caveat* di Boas, gli oggetti sono tornati a essere una parte importante della riflessione e della pratica antropologica.

Questo capitolo prende le mosse dalle considerazioni e dai suggerimenti metodologici che negli ultimi trent'anni hanno informato le ricerche di un numero crescente di antropologi e archeologi interessati agli oggetti quali "agenti" coinvolti nelle relazioni e interazioni sociali. L'ambito disciplinare dei *material culture studies* [3] si caratteriz-

---

2. Se questa è la regola, esistono tuttavia eccezioni significative. In particolare, Raymond Firth (1925) si distinse tra gli antropologi britannici per il suo interesse verso la cultura materiale e l'arte; negli USA Melville Herskovits (1938, 1959; Herskovits, Herskovits, 1934), uno studente di Boas, si dedicò allo studio dell'arte africana e afroamericana; in Francia l'opera di Marcel Mauss evidenziò l'importanza degli oggetti nello studio delle tecniche del corpo (Mauss, 1936) e nell'economia di scambio (Mauss, 1923-24), mentre Marcel Griaule (1938, 1947; Griaule, Dieterlen, 1951) e Germaine Dieterlen (1941) furono pionieri nello studio dell'arte e della cosmologia dogon.

3. Nel mondo anglosassone, il gruppo di studiosi più influenti nella definizione di

za per l'eterogeneità di approcci e l'interdisciplinarietà, ma anche per l'apertura e l'inclusività di una grande varietà di "cose" che sono prese in considerazione, studiate e analizzate.

Che cosa si intende oggi per cultura materiale e in che modo se ne affronta lo studio? E soprattutto che tipo di oggetti vale la pena di osservare e studiare sul campo?

Analizzando i saggi contenuti sul "Journal of Material Culture" o le molte raccolte pubblicate nell'ultimo decennio non è possibile individuare tendenze dominanti, ma il quadro che ne emerge è piuttosto complesso e sfaccettato [4]. L'apparente caos di prospettive, oggetti, problemi e relazioni studiato dagli autori che dichiarano il proprio interesse per la cultura materiale è il risultato della scelta esplicita, teorica e metodologica, di non limitare il campo di indagine e di non aspirare a una definizione delle tipologie di oggetti da "raccogliere" e analizzare. In effetti il mondo degli oggetti risulta complesso tanto quanto gli altri aspetti della vita culturale e, in quanto tale, va analizzato con gli stessi strumenti teorici e metodologici flessibili e sofisticati.

Alcune ricerche e analisi prendono come punto di partenza caratteristiche degli oggetti che possono essere intrinseche o relative a specifici contesti d'uso. Da questo punto di vista, le cose possono essere rilevanti in virtù della loro materialità, perché trovate o fabbricate, stanziali o trasportabili, rare od onnipresenti, locali o esotiche, nuove o vecchie, ordinarie o speciali, piccole o monumentali, tradizionali o

temi, problemi e metodologie dello studio della cultura materiale è composto da antropologi e archeologi dell'University College London che sono anche i redattori principali della rivista "Journal of Material Culture" fondata nel 1996. Tra i molti volumi collettanei che dimostrano l'interessante intersezione di approcci teorici e metodologici si vedano Buchli (2002), Miller (1997, 2005), e Tilley e collaboratori (2006). Alcune delle prospettive emerse dalla discussione nel mondo inglese emergono anche dai contributi del volume curato da Arnoldi, Geary e Hardin (1996). In Francia, alcuni dei suggerimenti più stimolanti arrivano dal gruppo di lavoro interdisciplinare *Matière à penser* composto da antropologi, storici e politologi della Sorbonne. Tra i lavori di questo gruppo si vedano Warnier (1999), Julien, Warnier (1999), Bayart, Warnier (2004), Julien, Rosselin (2005). In Italia questo tipo di interessi è da far risalire soprattutto al lavoro pionieristico di Alberto Mario Cirese (1977, 1984) e numerosi altri studiosi che hanno indagato il rapporto tra lavoro, oggetti e culture contadine in diversi contesti italiani (cfr. AA.VV., 1984). Più recentemente, Mila Busoni (1996), Gian Paolo Gri (2000), Cristina Grasseni (2004), e Gianluca Ligi (2007) hanno evidenziato nei loro lavori diverse sfumature dell'importanza degli artefatti culturali e dei saperi tecnici incorporati nella trasmissione della memoria e nella costruzione dell'identità.

4. Per una rassegna ampia dei temi e delle prospettive che caratterizzano l'ambito contemporaneo degli studi sulla cultura materiale si veda Tilley e collaboratori (2006).

moderne, semplici o complesse. Altri studiosi concentrano la propria attenzione sul contesto sociale o sui soggetti che fanno uso delle cose al fine di analizzare il modo in cui gli individui pensano a sé stessi, alla propria vita e identità tramite diversi tipi di oggetti.

Come messo in luce da Chris Tilley nella sua introduzione all'articolato *Handbook of Material Culture* (Tilley *et al.*, 2006, p. 4), qualunque sia il punto di partenza, l'approccio contemporaneo allo studio della cultura materiale pone l'accento sulla relazione intrinseca e dialettica tra gli individui e le cose che li circondano: le persone utilizzano e producono le cose e le cose a loro volta determinano, influenzano e trasformano individui e relazioni. In pratica, persone e cose sono inestricabilmente connesse ed è impossibile analizzare le une senza prendere in considerazione le altre. Al contempo, è importante rendersi conto che la cultura materiale tanto quanto la cultura in generale sfugge a definizioni univoche e definitive. Così come è difficile limitare il campo di incidenza della cultura, analogamente è impossibile limitare la valenza della sua componente materiale.

Date queste premesse, e dati i limiti di spazio di questo capitolo, vorrei concentrare l'attenzione su due ambiti, complementari e interconnessi, entro cui si articolano diverse metodologie di indagine della cultura materiale:
– ricerche focalizzate sugli artefatti in quanto materiali carichi di significato culturale, incarnazioni concrete di idee, valori, intenzioni, connessioni storiche, puntando l'attenzione sulle diverse traiettorie degli oggetti nel corso della loro vita sociale, sulle mutevoli relazioni tra oggetti e sistemi di valore, cosmologie, credenze, emozioni e sulle componenti processuali legate alla fabbricazione degli oggetti;
– ricerche su musei e collezioni come raccolte od "oggetti collettivi" che possono rivelare o celare complesse relazioni storiche, permanenze e cambiamenti sociali ma anche servire da catalizzatori per nuovi dialoghi, dibattiti e percorsi identitari.

L'importanza degli oggetti non è infatti limitata alla potenzialità euristica della materialità per la comprensione di cose e relazioni sociali, storia e cambiamenti, ma emerge anche nelle pratiche e nelle prospettive che definiscono il concetto di patrimonio a livello internazionale e nelle rivendicazioni identitarie di gruppi etnici e minoranze in diverse parti del mondo.

Se infatti non si può negare che vi siano molteplici aspetti delle culture che non trovano espressione materiale, bisogna anche considerare l'importanza fondamentale degli oggetti nel rendere tangibile identità e appartenenze. Come sottolineato da Richard Handler (1988), l'idea di identità (locale o nazionale) è strettamente connessa all'idea di *individualismo possessivo* ove la nazione è concepita come un'entità individuale che "possiede una cultura". Prima delle idee, parole, canzoni, storie, rituali, perfomance culturali e altre componenti immateriali della cultura sono le cose materiali a essere riconosciute, identificate e protette come elementi tangibili dell'identità locale [5]. Ecco che allora gli oggetti e le collezioni assumono una centralità antropologica, non solo teorica ma rivendicata attivamente da individui impegnati ad affermare la propria identità culturale e politica sulla scena internazionale.

3.2
Oggetti sul campo

Intraprendere una ricerca antropologica incentrata sugli oggetti non parrebbe porre, in linea teorica, grosse difficoltà di accessibilità. In qualsiasi luogo del mondo gli individui vivono circondati da cose. Tuttavia, proprio perché onnipresenti, gli oggetti spesso spariscono sullo sfondo. Più sono importanti, utili, efficaci, indispensabili, quotidiani, più gli oggetti paiono essere invisibili a chi ne fa uso. La loro importanza sta nel fatto che si possono dare per scontati e usare in maniera quasi inconsapevole. Difficilmente le persone hanno molto da dire sulla pentola con cui quotidianamente preparano il cibo, o sul carrello che spingono al supermercato, sulla tavola a cui si siedono per mangiare o sulla bicicletta che usano per andare al lavoro. Le cose diventano parte del nostro modo di essere e di interagire con il nostro ambiente, e in quanto tali sono naturalizzate, non messe in discussione.

Altri oggetti invece appaiono efficaci, proprio perché dotati di uno statuto speciale. Riservati a persone di particolare status, genere, età, certi oggetti sfuggono al flusso della quotidianità e sono spesso circondati da un'aura di sacralità o di segretezza: maschere, abiti, contenitori, copricapo, calzature, bastoni, scacciamosche, gioielli e molti altri oggetti possono essere selezionati come segni distintivi di parti-

---

5. Questa priorità è, tra l'altro, sancita a livello ufficiale dalle raccomandazioni dell'UNESCO. La Convenzione per la salvaguardia del patrimonio culturale dell'umanità, identificato con oggetti e siti ,risale al 1972 (http://whc.unesco.org/en/convention). D'altro canto l'importanza della salvaguardia del patrimonio immateriale dell'umanità è stata riconosciuta e promossa ufficialmente soltanto nel 2003 con una nuova Convenzione (http://www.unesco.org/culture/ich).

colari condizioni o poteri che distinguono alcuni individui dal resto della società. Tali oggetti si distinguono dalle cose della quotidianità proprio perché le persone reagiscono consapevolmente alla loro presenza. Le donne e i bambini di un villaggio del Camerun scelgono di scappare e nascondersi al passaggio di una maschera ricoperta di fibre e piume, una madre nigeriana si dedica intenzionalmente alla cura dell'effigie di legno che riproduce un gemello morto, così come i fedeli radunati in una chiesa cattolica sono consapevoli di abbassare lo sguardo quando il calice viene innalzato sull'altare. Anche in questi casi però è raro che le persone parlino apertamente dell'influenza che gli oggetti hanno sul proprio modo di vivere e di concepire la realtà, lasciando al ricercatore il difficile compito di articolare questa relazione da un'osservazione minuta e attenta al dettaglio, dalle interviste e dalle conversazioni informali colte sul campo.

3.3
Oggetti e significati

Indubbiamente, gli oggetti riconosciuti come dotati di particolare importanza all'interno di un contesto culturale sono sovente privilegiati negli studi sulle componenti materiali delle culture anche perché più facilmente identificabili per il ricercatore che intraprende la ricerca sul campo. Spesso, questi oggetti sono classificati in ambito accademico come "arte", una categoria che evoca la natura particolare e la forza comunicativa di una specifica componente della cultura materiale. Lo studio antropologico dell'arte riveste una posizione abbastanza curiosa all'interno della disciplina. Per molto tempo gli antropologi hanno affrontato con una certa timidezza teorica lo studio di questa categoria eterogenea e per lo più si sono limitati a quegli artefatti che circolano nel fiorente mercato di "arte tribale" [6]. Fino a tempi recenti, infatti, le riflessioni antropologiche sull'arte si sono concentrate sugli oggetti prodotti in contesti "non occidentali" ed è solo a partire dalla fine degli anni novanta del Novecento che alcuni autori hanno cominciato a elaborare un corpus teorico con una valenza più gene-

6. Tale categoria grossolana che accomuna arti prodotte dalle popolazioni indigene di Africa e Oceania, dell'Asia e delle Americhe è stata ampiamente messa in discussione in ambito accademico, ma continua ad avere legittimità e corso d'uso all'interno del mercato dell'arte (cfr. nota 19). Per una prospettiva piuttosto ampia sui diversi approcci che hanno caratterizzato lo studio antropologico delle manifestazioni artistiche si veda Morphy e Perkins (2006).

rale da poter applicare non solo alle arti "tribali" ma anche alle manifestazioni artistiche dell'Occidente.

Nei paragrafi successivi prenderò in esame alcuni dei suggerimenti teorici e metodologici della letteratura recente che pone l'accento sulla capacità di azione degli oggetti nel mondo sociale. Tali approcci vanno letti in modo complementare a studi ormai classici che affrontano l'analisi della cultura materiale in prospettiva strutturalista e semiotica. Comprendere il significato degli oggetti, analizzare l'iconografia e la simbologia degli artefatti, tracciare le variazioni di stile, le influenze stilistiche reciproche tra i gruppi confinanti, i cambiamenti, le trasformazioni, la scomparsa di determinate forme materiali e l'introduzione di nuove sono preoccupazioni che continuano a informare molta della produzione antropologica e storico-artistica sulla cultura materiale. Dagli anni settanta del Novecento diversi etnografi e storici dell'arte si sono dedicati alla comprensione del ruolo degli oggetti artistici nella trasmissione di significati, all'interno di sistemi comunicativi e in quanto espressione di visioni ed estetiche indigene (cfr. Coote, Shelton, 1992).

Come messo in luce da Layton (2006, pp. 35-7), un approccio strutturalista informa molti degli studi sull'arte non-occidentale e in particolare di società di piccole dimensioni. Ad esempio, Rosman e Rubel (1990) prendono le mosse dall'analisi della simbologia e dell'iconografia kwakiutl proposta da Boas per identificare diversi ambiti di influenza dell'arte kwakiutl, e in particolare la distinzione indigena tra una condizione secolare (*baxus*) e una condizione sacra (*tsetsequa*). La prima era associata ai gruppi di discendenza totemica, proprietari della terra, e solitamente era prevalente durante l'estate. *Tsetsequa*, la dimensione sacra, era invece prevalente nel corso dell'inverno quando diversi gruppi totemici si radunavano nei villaggi e la vita rituale era regolata da società segrete la cui composizione era trasversale rispetto all'appartenenza totemica. Ciascuna di queste dimensioni era caratterizzata da oggetti che riflettevano un'estetica e una simbologia diversa. In contrasto con la ieraticità dei pali totemici, le maschere utilizzate nel corso dell'inverno riflettevano gli aspetti grotteschi e fuori dagli schemi dell'esperienza sciamanica.

Layton (2006, p. 36) mette in luce anche l'influenza della dimensione politica – centrale nella riflessione di Foucault – nel determinare l'interpretazione degli artefatti. Molti autori hanno esplorato la complessa dinamica di attribuzione di significato alla cultura materiale in contesto postcoloniale. Ad esempio, Barbara Saunders (1997) analizza come gli artefatti restituiti dal Museo Victoria di Ottawa a diversi gruppi kwakwaka'wakw siano stati reinterpretati all'interno dei differenti musei locali: se ad Alert Bay gli oggetti sono stati allestiti in modo da affermare il loro valore artistico, instaurando un dialogo diretto con l'estetica e le tassonomie del pubblico non-nativo del museo, a Cape Mudge gli oggetti sono raccolti in base alla loro appartenenza di origine in un allestimento che pare rivolto più alla comunità locale che al pubblico esterno [7].

In ambito australiano, Elizabeth Povinelli (1993) esamina l'ambiguità dei significati attribuiti al mondo materiale. Laddove gli antenati comunicano significati attraverso elementi del paesaggio e comportamenti degli animali, è necessario saper distinguere e selezionare un segno da un evento accidentale e tale abilità è legata all'esperienza e alla conoscenza dei significati culturali. Il caso delle donne aborigene di Belyuen mette in luce un elemento importante dell'indagine semiotica della cultura materiale: quello della competenza degli informatori, ma anche della variabilità dei significati attribuibili a una stessa "cosa" secondo la posizione sociale, età e/o genere degli interlocutori con cui l'etnografo interagisce sul campo.

In aggiunta, anche all'interno di una prospettiva strutturalista e semiotica, è importante sottolineare la specificità delle interpretazioni della cultura materiale rispetto ai segni linguistici. Se infatti, in campo linguistico, il segno è inequivocabilmente arbitrario, gli oggetti che gli individui e le comunità selezionano per veicolare determinati significati pongono – in virtù della loro materialità – determinati limiti alle scelte e alle interpretazioni. Contenitori, copricapo, bastoni, maschere, ombrelli, calzature, edifici, sculture o qualsiasi altro tipo di "cosa" culturalmente rilevante non possono essere ridotti a meri significati o elementi discorsivi. La loro presenza e/o il loro utilizzo condizionano pratiche, azioni e in ultima analisi informano l'*habitus* degli individui.

Il concetto di *habitus* introdotto da Bourdieu (1972) nel suo studio della società dei Kabila [8] e il concetto di strutturazione sviluppa-

---

7. Per un'analisi della dimensione politica che orienta i diversi tipi di allestimento e la negoziazione della restituzione degli oggetti ai vari musei kwakwaka'wakw si veda anche Ciminelli (2006, pp. 20-5).

8. Il concetto di *habitus* ha origini antiche ma è stato reintrodotto nella teoria delle scienze sociali attraverso l'opera di Marcel Mauss (1936) e Pierre Bourdieu (1972). Per Mauss, *habitus* definisce quegli aspetti della cultura che si articolano attraverso le pratiche quotidiane e corporee degli individui. *Habitus* comprende le abitudini, i movimenti esperti del corpo, gli stili, i gusti e altri saperi non-discorsivi che non sono esplicitati a livello consapevole, ma che contraddistinguono in modo evidente un gruppo, una comunità, una cultura. Per Bourdieu, le pratiche e i comportamenti che caratte-

to da Giddens (1984) [9] sono fondamentali per gli sviluppi più recenti di un'antropologia della cultura materiale. Tali autori contestano l'idea di "cultura" o "società" quale entità atemporale e superorganica che mantiene la propria struttura al di là delle azioni individuali. Per questi autori, le pratiche e le azioni del quotidiano sono l'arena in cui si attuano i gesti, i pensieri e i discorsi che costituiscono la cultura. Il consenso e la coerenza al di là delle variabilità individuali sono appunto il risultato della ripetizione di atti rituali e della riproduzione di un ambiente culturalmente costruito.

Nella sua analisi della casa dei Kabila, Bourdieu (1972, pp. 80 ss.) mette in luce come lo spazio fisico e gli oggetti in esso contenuti siano fondamentali per l'affermazione e la riproduzione di norme culturali e differenze di genere. Se da un lato la casa riflette le distinzioni di genere tipiche della società dei Kabila, dall'altro la struttura dello spazio e la sua riproduzione – ogniqualvolta viene costruita una nuova casa – riafferma tali distinzioni e rende possibile la riproduzione di uno specifico *habitus*. Per Bourdieu la casa e l'organizzazione della cultura materiale al suo interno sono elementi essenziali che rendono tangibili le regole incorporate che orientano l'esistenza degli individui. Nella casa, le gerarchie che improntano le relazioni tra oggetti, persone e pratiche sono manifestate in maniera oggettiva e materiale: la casa diventa un'espressione metaforica dell'organizzazione culturale. In termini più generali, le strutture mentali che danno forma al mondo degli oggetti sono costruite attraverso le pratiche del mondo degli oggetti costruito a sua volta in base alle medesime strutture (ivi, p. 91).

Secondo questa prospettiva oggettivante (cfr. Tilley *et al.*, 2006, p. 65), la mente è una metafora del mondo degli oggetti che a sua volta non è altro che una ripetizione di metafore che si riflettono vicendevolmente. Bourdieu considera il mondo sociale che si manifesta attraverso le forme materiali come una costruzione arbitraria mantenuta attraverso strumenti ideologici che limitano la capacità di scelta e l'*agency* individuale attraverso un processo di naturalizzazione.

---

rizzano l'*habitus* di una cultura sono il risultato dell'oggettivazione della struttura sociale a livello individuale, e pertanto riflettono le condizioni sociali da cui emergono (cfr. Maton, 2008).

9. Il termine "strutturazione" per Giddens (1984) identifica lo strutturarsi delle relazioni sociali attraverso il tempo e lo spazio. Secondo Giddens la struttura, ovvero le regole e le risorse implicate ricorrentemente nella riproduzione dei sistemi sociali, non esiste al di fuori dell'azione. Le proprietà strutturali sono il mezzo e il risultato delle azioni sociali in quanto non esistono al di fuori di esse, ma al tempo stesso ne condizionano la produzione e riproduzione.

Sebbene l'importanza attribuita alla naturalizzazione dell'*habitus* sia stata criticata come difficilmente conciliabile con l'osservazione concreta dei cambiamenti e delle trasformazioni che caratterizzano il vivere sociale, l'enfasi sull'oggettivazione posta da Bourdieu è un punto di riferimento essenziale per tutte quelle ricerche che mettono l'accento sull'importanza della materialità nella costruzione e nella percezione dei diversi mondi sociali. Per Christopher Tilley (ivi, p. 71) e per molti degli antropologi e archeologi britannici che animano il dibattito contemporaneo dei *material culture studies*, un raffinamento degli strumenti di comprensione dei processi di oggettificazione, delle molteplici qualità sensoriali delle cose e di come gli esseri umani ne fanno esperienza è fondamentale per il raggiungimento di un apprezzamento critico del modo in cui le cose sono ontologicamente costitutive del nostro essere sociale.

3.4
Azioni, oggetti e incorporazione

Un esempio pratico di ricerca mirata a cogliere l'importanza degli oggetti e delle metafore materiali nella produzione e riproduzione di un sistema sociale e culturale è suggerito dall'etnografia di Jean-Pierre Warnier (1993, 1999, 2007).

Archeologo di formazione, Warnier cominciò a lavorare nei Grassfields del Camerun negli anni settanta del Novecento. In più di trent'anni di ricerca, Warnier (1985) ha messo in luce in vari modi l'importanza di edifici, oggetti e materiali nell'articolazione della storia di questa regione dell'Africa occidentale, caratterizzata da un'alta densità di popolazione e da una fitta rete di scambi tra regni indipendenti. Negli scritti precedenti agli anni novanta, gli oggetti erano per Warnier testimonianze della storia della regione e del sistema economico e politico. Dagli anni novanta – anche grazie alle riflessioni sviluppate nell'ambito del gruppo *Matière à penser* dell'Università Paris V – l'interesse dell'autore si orienta verso il tema della cultura materiale incorporata nelle condotte motrici [10], quale chiave essenziale per comprendere la concezione locale di regalità e gerarchia [11].

---

10. Le condotte motrici sono quei gesti che un soggetto compie con il coinvolgimento della sua soggettività: possono essere statici, come il trattenere il respiro o mobili come andare in bicicletta (Warnier, 2006, p. 186).

11. In estrema sintesi, il percorso teorico di Warnier (1999, pp. 8-35) parte da una rilettura del saggio di Mauss *Tecniche del corpo* (1936), integrata con la teoria delle condotte motrici di Parlebas, rivista alla luce della riflessione di Foucault sulle tecniche del sé.

Secondo questo approccio, gli oggetti non hanno solo il valore di segni all'interno di un sistema comunicativo, ma hanno un valore pratico, funzionano in un sistema di *agency*. Tuttavia, poiché imbricati nelle pratiche, tali elementi sono spesso più difficili da cogliere e da comprendere rispetto a quelle componenti culturali che vengono isolate e verbalizzate dagli individui con cui l'etnografo interagisce sul campo.

A dimostrazione di questa difficoltà comunicativa, Warnier (1999, trad. it. p. 67) riporta alcuni stralci di un diario di campo del 1974, quando un notabile della famiglia reale del regno di Mankon gli disse di possedere un *azo*:

Dal momento in cui lo disse capii che era un possesso di grande importanza. Pochi capi lignaggio, mi disse, ne possedevano uno di uguale potenza. "Cos'è un *azo*?". "È un contenitore per mischiare l'olio e la polvere di padouk". "Lo si può avere o è proibito?". "Lo si può vedere". Ndifomukong sparì in casa sua e ne uscì portando con sé un contenitore a cariatide. Era scolpito in un blocco di legno [...] era di così scadente fattura che non mi venne in mente di scattare una foto [...]. Ho cercato di farlo parlare del suo *azo*. Ma non aveva nulla da dire su quell'oggetto. Ci si serve di esso. Non se ne parla. L'intervista finì presto.

Per Warnier questo episodio e altri – documentati sul campo e non elaborati per diversi anni – sono lo stimolo per un'articolata riflessione su condotte motrici e cultura materiale quali punto di partenza per la comprensione delle dinamiche e delle prassi del potere nei regni dei Grassfields. Una dettagliata documentazione di campo, in cui azioni e interazioni vengono registrate anche quando non sembrano avere molto senso è il punto di partenza imprescindibile per una comprensione delle pratiche della quotidianità.

Nel caso riportato da Warnier, l'interazione raccolta negli anni settanta acquista un nuovo significato dieci anni dopo, grazie alla lettura di un testo di due preti cattolici bamileké che parla dei capi lignaggio come di "salvadanai vitali". I capi, suggerisce Warnier (ivi, pp. 58-83), sono dei contenitori di sostanze – vino di rafia, sperma, saliva, sangue – che garantiscono la continuità dei loro lignaggi e del regno. Questa concezione non è espressa verbalmente, ma attuata in danze, rituali e interazioni quotidiane: l'accesso alle spose, le celebrazioni annuali, i sacrifici periodici, le benedizioni, le cerimonie politiche sono solo alcuni dei contesti in cui è possibile osservare le pratiche dei contenitori. In tali situazioni, gli oggetti-contenitori – corni, zucche, pentole e ciotole scolpite – appartenenti a uno di questi capi diventano estensioni del contenitore vitale/re/capo lignaggio. Nella loro concretezza, tali oggetti sono inseriti nel flusso delle azioni e interazioni attraverso cui gli abitanti dei Grassfields mettono quotidianamente in atto la propria concezione politica. Secondo regole non verbalizzate ma ben definite, il re e in misura minore i capi lignaggio preservano e dispensano ai soggetti che ne sono privi – vale a dire i cadetti, le donne e i bambini – la sostanza vitale che garantisce la continuazione della società.

Per Warnier, porre l'accento sulla cultura materiale e sulle condotte motrici degli individui in contesti rituali e quotidiani significa restituire un'immagine più complessa della società:

Integrare la cultura materiale nell'antropologia significa rinunciare all'etnologia delle rappresentazioni condivise da tutti i membri di una società. Quando pensano "con la loro testa" i soggetti potrebbero anche pensare alla stessa maniera. Il capo, un servitore, una donna qualsiasi possono anche condividere una stessa rappresentazione riguardo alle spose reali o a un rituale come la "danza del re". Invece quando questi stessi soggetti pensano con le loro condotte motrici, pensano in modo totalmente diverso gli uni dagli altri, perché occupano posizioni diverse nel sistema delle pratiche in cui consiste la governamentalità dei recipienti, della ritenzione o della dispensazione (Warnier, 1999, p. 82).

In effetti, per comprendere in maniera adeguata il significato degli oggetti della quotidianità è essenziale che il ricercatore partecipi alle azioni osservando come gli oggetti vengono utilizzati e integrati negli eventi di tutti i giorni e nei rituali.

Dalla mia ricerca nei Grassfields (Forni, 2007a) in un regno a pochi chilometri da quello studiato da Warnier, emerge un'altra angolazione della metafora del contenitore – dovuta sicuramente anche a un diverso posizionamento del punto di vista dell'osservatore. Il mio lavoro si colloca principalmente nella sfera domestica, tra e con le donne. Nei Grassfields, le donne solitamente sono escluse o hanno ruoli per lo più marginali nelle manifestazioni pubbliche del potere incarnato dal re e dai capi lignaggio, tuttavia esse utilizzano la metafora del contenitore per parlare di sé stesse, dei propri corpi e in particolare del processo riproduttivo. Da questo punto di vista, è possibile tracciare una prospettiva diversa del mondo e della gerarchia di valori, dove gli uomini – utilizzando il linguaggio del contenimento e della cottura – si appropriano di metafore e oggetti intrinsecamente legati alla sfera della femminilità.

3.5
Incanto, *agency* e tecnologia

Se l'approccio precedente mette in luce l'importanza della dimensione politica incorporata ed esperita attraverso le pratiche e l'utilizzo della cultura materiale, altri approcci puntano maggiormente l'attenzione sulla presenza materiale degli oggetti e pongono l'enfasi sul concetto di *agency* inteso come «capacità socioculturale di agire» (Ahern in Hoskins, 2006, p. 74). In questa accezione l'*agency* non è limitata alle persone ma può essere riconosciuta anche alle cose, in modo variabile secondo i contesti e le situazioni sociali.

L'attenzione al ruolo attivo delle cose è stata evidenziata in campo antropologico dall'influente raccolta di saggi curata da Arjun Appadurai (1986). Nell'introduzione, Appadurai invita allo studio dei "percorsi" e delle "storie di vita" delle cose, mentre Igor Kopytoff, nel saggio *La biografia culturale delle cose*, mette a fuoco alcune delle questioni chiave per la comprensione dei percorsi esistenziali degli oggetti che possono essere analizzati in maniera analoga a quelli degli individui.

Se per alcuni autori, un'eccessiva attenzione alle cose rischia di oscurare il ruolo preminente degli esseri umani nella costruzione di sistemi di valore e significato (Steiner, 2001, p. 210), per altri è necessario comprendere che gli oggetti, sia pure non dotati di volizione autonoma, possono agire nel mondo stimolando azioni e reazioni emotive. L'autore che ha sviluppato in maniera più estesa e provocatoria il concetto di *agency* degli oggetti è Alfred Gell [12]. Gell afferma che gli oggetti d'arte e più in generale gli artefatti umani sono creati dal loro produttore per influenzare i pensieri e le azioni degli altri individui. Anche quegli oggetti che non hanno una funzione pratica evidente, ma nascono come oggetti di contemplazione estetica, sono di fatto creati per agire sul mondo e sulle altre persone. In questa prospettiva, gli oggetti incarnano l'intenzionalità dei loro produttori e agiscono in diverse situazioni sociali quali mediatori di *agency*. Secondo Gell, gli oggetti non sono ricettacoli passivi di significati che possono variare nel corso della loro vita sociale, ma agiscono nel mondo interagendo con gli individui che li ammirano, li possiedono e li utilizzano.

---

12. Il trattamento più esteso della teoria di Gell sull'*agency* delle cose e degli oggetti artistici in particolare si trova nel testo *Art and Agency* pubblicato postumo nel 1998. Per un'applicazione e critica dei concetti gelliani si vedano i saggi raccolti da Pinney e Thomas (2001). In contesto italiano, l'influenza di Gell è riscontrabile in diversi interventi della raccolta curata da Ciminelli (2007).

La teoria proposta da Gell sposta l'enfasi dal significato degli oggetti al loro ruolo attivo nel mondo sociale. Gli oggetti estendono e distribuiscono l'intenzionalità dei loro produttori: le cose non sono importanti perché incarnano significati ma perché gli individui, da un lato, agiscono nel mondo attraverso gli oggetti e, dall'altro, distribuiscono parte della propria persona negli oggetti. Nello sviluppo della sua teoria tra il 1992 e il 1998, Gell prende le distanze in maniera piuttosto radicale da qualsiasi approccio semiotico ed estetico alla produzione artistica e alla cultura materiale in generale. Per Gell, gli oggetti devono essere studiati in virtù della loro efficacia e l'antropologia dell'arte deve essere concepita come una teoria dell'*agency*, ovvero della mediazione dell'*agency* attraverso specifici "indici", intesi come entità materiali che danno origine a inferenze, risposte o interpretazioni (Gell, 1998, pp. 12-23; cfr. anche Thomas, 2001, p. 4).

Nel saggio del 1992 sull'*Incanto della tecnologia e la tecnologia dell'incanto*, Gell (1992, p. 43) propone di affrontare la questione dell'efficacia degli oggetti d'arte senza soccombere all'aura intellettuale/estetica degli oggetti artistici, bensì considerando l'arte una forma speciale di tecnologia in grado di influenzare le azioni degli individui attraverso una forma di incanto e fascinazione. Ad esempio, le forme involute e intricate delle tavole-prue delle canoe trobriandesi funzionano come una sorta di arma psicologica in un'economia di scambio competitiva. Queste tavole scolpite, in virtù della loro intricata e inspiegabile forza visiva – ma anche della magia [13] che interviene nel processo produttivo – hanno la forza di stupire e confondere gli ospiti/partner di scambio facilitando transazioni vantaggiose per chi intraprende il viaggio finalizzato allo scambio *kula*. La tecnologia, intesa come l'abilità di produrre e fabbricare artefatti, incanta perché è il risultato di un processo di virtuosismo quasi incomprensibile, che rende concreto e tangibile un ideale di efficacia magica che difficilmente si riesce a ottenere in altri campi. Gell ci invita a investigare la forza di un oggetto a partire dal suo ruolo all'interno di uno specifico contesto sociale, dalla sua capacità di veicolare l'intento del suo produttore ma anche di stupire e di incantare per «l'indecifrabilità cognitiva» (Gell, 1998, p. 95) delle sue caratteristiche visive.

L'intuizione gelliana del potere incantatore della tecnologia sug-

---

13. Per Gell, la magia degli artefatti artistici è strettamente legata alla loro forza ed efficacia. In questo senso, anche se l'autore non articola la questione in termini estetici (ovvero di bello o brutto), vi è un riconoscimento dell'importanza dei criteri di valutazione indigeni che orientano il riconoscimento della forza visiva di un oggetto.

gerisce un'alternativa per la comprensione dell'efficacia sociale degli oggetti al di là dell'apprezzamento estetico degli stessi. La tecnologia incanta perché è incomprensibile e misteriosa a chi non ne sia esperto e gli artefatti artistici acquisiscono la capacità di agire nel mondo sociale in virtù dell'intenzionalità del proprio produttore/trice ma anche di chi si trova al loro cospetto o ne fa uso. In effetti, non è solo il produttore che beneficia della presenza accattivante degli oggetti, ma anche coloro che ne acquisiscono i diritti di uso attraverso scambi simbolici e commerciali.

Nella riflessione di Gell, l'intenzionalità del produttore e la tecnologia di produzione sono elementi fondamentali per cogliere l'*agency* degli oggetti. Gli artefatti non sono produzioni casuali ma il risultato di scelte tecniche, estetiche e concettuali che determinano la forma, la funzione e lo stile del prodotto finale. L'attenzione ai modi di produzione e allo stile è utile non solo per mettere in luce la forza accattivante degli oggetti, ma anche per comprendere le dinamiche sociali e culturali che informano la costruzione della cultura materiale.

3.6
L'arte del fare

Le tecniche di produzione della cultura materiale sono un campo di indagine che, negli ultimi vent'anni, ha acquistato una rinnovata rilevanza teorica. Marcia Ann Dobres (1999, p. 126) mette in luce l'importanza epistemologica del metodo analitico identificato nella letteratura con l'espressione "catene operative" (*chaînes opératoires*). Il concetto di catene operative sviluppato da Leroi-Gourhan (1964, p. 66) è stato reintrodotto nella pratica e nella teoria antropologica da Lemonnier (1989), che invita all'analisi delle attività tecniche come risultato di cinque elementi euristici distinguibili ma interconnessi: materia, energia, oggetti, sequenze di gesti e conoscenza.

Studiare le catene operative significa porre l'accento sulle sequenze produttive, sulle strategie e sulle scelte che il produttore o la produttrice di un determinato artefatto opera nella trasformazione di materiali in artefatti culturali. L'analisi dei processi produttivi, da un lato, fornisce dati tangibili per comprendere le regole di produzione degli artefatti, dall'altro, rendendo possibile una comparazione ad ampia scala tra attività simili (cfr. ad es. Gosselain, 1998, 2002), mette in luce l'ampia variazione di scelte e strategie e la componente culturale delle sequenze produttive. I gesti e il sapere tecnico erano già stati identificati come fondamentali da Marcel Mauss, che nel suo saggio sulle tecniche del corpo (1936) aveva sottolineato la natura profondamente sociale del sapere esperto trasmesso da una generazione all'altra, un sapere che va al di là della comprensione delle proprietà tecniche e dei limiti della materia e delle conoscenze pratiche che consentono la sua trasformazione [14]. Per Mauss le conoscenze tecniche sono integrate nelle norme culturali e non possono essere comprese se non nella più ampia sfera sociale. La riflessione di Mauss combinata con la più recente attenzione all'*agency* individuale fornisce una base metodologica molto importante per lo studio della cultura materiale.

In effetti imparare a fare è per molti antropologi un punto di partenza, un modo per inserirsi nel contesto produttivo secondo uno schema familiare agli interlocutori locali. Diventare apprendista aiuta a comprendere non solo le catene operative ma anche le dinamiche sociali che orientano la produzione, la trasmissione del sapere, l'acquisizione e l'utilizzo degli oggetti. Durante la mia ricerca sulle ceramiche dei Grassfields del Camerun (Forni, 2007a), la scelta di presentarmi come apprendista è stata fondamentale nel negoziare la mia presenza nello spazio domestico delle donne di Babessi. Imparare a fabbricare pentole è un'attività che non può essere disgiunta dalle altre attività domestiche femminili e che viene portata avanti mentre le donne si prendono cura dei bambini, cucinano, discutono degli avvenimenti della famiglia e della comunità. Le ore passate nel cortile di Mami Margaret mi hanno consentito di comprendere non solo come si fabbrica una pentola, ma anche come nel loro lavoro le ceramiste affermano le norme e i parametri culturali che informano lo stile di Babessi e al tempo stesso asseriscono la propria individualità e personalità attraverso scelte creative espresse in nuove forme e decorazioni.

Il contesto produttivo e le scelte stilistiche, materiali e tecnologiche sono inscindibili dal più ampio contesto sociale, dalle norme dominanti che determinano comportamenti di genere appropriati e nel caso della ceramica, attività demiurgica per eccellenza, anche dalle concezioni locali di persona e identità. È difficile che una ceramista rifletta esplicitamente sulle metafore che informano il suo lavoro, tuttavia sarà pronta a correggere errori tecnici o a riprendere l'apprendista che

---

14. Il saggio di Mauss è alla base di numerose riflessioni recenti sulla cultura materiale. Tra i molti contributi rilevanti in questa direzione si vedano Dobres (1999, 2000); Gosselain (1998); Ingold (1988, 2001); Lemonnier (1986, 1989); Pfaffenberger (1988, 1992); Warnier (1999, 2001). In ambito italiano si vedano i saggi nel volume curato da Ligi (2007).

non si conforma alle modalità produttive. Più che attraverso interviste formali, molte delle concezioni che strutturano la visione locale della produzione ceramica in rapporto all'idea locale della femminilità (Forni, 2007a, 2007b) sono emerse nella mia ricerca dalle azioni delle ceramiste, dai loro commenti sui miei gesti goffi, dalle interazioni tra le diverse persone presenti nelle varie fasi del processo produttivo, vale a dire dalla negoziazione con i clienti alla fabbricazione, rifinitura, cottura delle pentole, fino alla loro vendita e collocazione all'interno di un nuovo spazio domestico.

Un altro elemento importante che emerge dall'osservazione e dalla partecipazione ai processi produttivi è la dimensione del genere. Altrove (Forni, 2007c) ho analizzato come nel villaggio di Nsei, dove uomini e donne si dedicano entrambi alla produzione di contenitori di terracotta, le trasformazioni tecnologiche all'interno di un medesimo ambito produttivo si delineano secondo divisioni di genere (cfr. anche Dobres, 1999). Osservando il diverso accesso a risorse economiche e innovazioni tecnologiche dei ceramisti e delle ceramiste di Nsei, è stato possibile restituire un'immagine più sfumata e complessa delle trasformazioni in atto nella società di questo regno dei Grassfields, dove valori e significati tradizionali convivono con nuovi ideali e aspirazioni spesso fondati su un immaginario della modernità concepito in termini occidentali. Tale modernizzazione – tecnica e simbolica – del processo di produzione ha comportato un'ulteriore marginalizzazione delle donne. Se le metafore gestazionali e riproduttive continuano a delimitare il campo creativo e tecnologico delle donne, gli uomini riservano a sé stessi l'accesso alle tecniche e all'iconografia che sovvertono l'immaginario del sistema gerarchico e gerontocratico tradizionale, nonché l'accesso ai benefici economici derivanti dalla produzione di oggetti che esprimono il gusto della classe media urbana.

Il caso di Nsei illustra emblematicamente l'importanza dell'osservazione del contesto produttivo e non solo degli oggetti. Come evidenziato da Brian Pfaffenberger (1999), la forza comunicativa ed euristica degli artefatti non è tanto racchiusa negli oggetti ma emerge piuttosto dall'esperienza sociale del processo produttivo.

Nelle loro condizioni materiali le attività tecnologiche incarnano un modello sociale concepito per risolvere questioni culturali o dilemmi morali. Le azioni di per sé sono designate non solo a raggiungere uno scopo tecnologico, ma, principalmente, a trasformare e disciplinare le persone così che diventino il tipo di persona che la comunità considera necessario per il proprio funzionamento (ivi, p. 161).

Se da un lato i procedimenti tecnici e i gesti esperti trasmettono, codificano e mettono in pratica il sistema di valori dominante di una cultura, dall'altro ne riflettono anche le trasformazioni e i cambiamenti. Norme e *agency* individuale interagiscono in maniera dialettica nelle pratiche attraverso cui artisti e artigiani danno forma alla cultura materiale; esse pertanto possono offrire uno spaccato ricco di spunti per la comprensione della complessità delle dinamiche culturali.

3.7
Raccogliere oggetti

Separati dal proprio contesto fisico e relazionale, gli oggetti perdono molto del loro valore comunicativo originario. La rimozione dal flusso delle pratiche d'uso che ne informano di volta in volta la valenza e il significato rende gli oggetti muti e apre la strada a nuove contestualizzazioni e significazioni all'interno di musei e collezioni. Tale perdita di valenza comunicativa è tanto più definitiva e irreversibile quanto meno sia stata documentata la raccolta sul campo. Dalla fine degli anni ottanta del Novecento, moltissimi autori hanno analizzato in maniera critica e riflessiva le pratiche di raccolta e di allestimento di oggetti non-occidentali [15]. Nello spazio limitato di questo capitolo non è possibile un'analisi dei problemi e delle prospettive delineate dalla ricca letteratura sui musei. Tuttavia è necessario includere almeno una riflessione sulle metodologie di raccolta degli oggetti e di ricerca sulle collezioni per due ragioni principali. Da un lato, i collezionisti – siano essi istituzioni o individui – influenzano i processi di produzione e attribuzione di significato a diversi livelli: creano domanda, stabiliscono un certo tipo di mercato e informano le scelte creative di produttori in diverse parti del mondo. Dall'altro, la diffusione su scala globale del concetto di patrimonio e del "valore universale" della sua conservazione ha stimolato numerose forme di rivendicazione e utilizzo strategico di oggetti e collezioni quali strumenti di affermazione politica e identitaria

---

15. Le raccolte di saggi curati da Karp e Lavine (1991) e Karp, Kreamer e Lavine (1992), il saggio di Michael Ames (1992) e le riflessioni di James Clifford (1988, 1997) costituiscono punti di riferimento fondamentali per la riflessione critica su musei e collezioni. Negli anni novanta moltissimi autori hanno preso in esame e criticato l'impronta coloniale e fortemente ideologica alla base delle istituzioni museali (cfr. tra gli altri Coombes, 1994; Bennet, 1995; MacDonald, 1997). In ambito italiano, al di là di numerosi saggi apparsi sulla rivista "AM", si segnala la raccolta di saggi curata da Remotti (2000).

in differenti paesi. In tali dinamiche, la funzione culturale specifica degli artefatti è messa in secondo piano rispetto alla funzione pubblica e collettiva della collezione/museo, che a sua volta diventa un oggetto che una comunità o i suoi leader utilizzano per l'affermazione della propria *agency*, appartenenza e identità su scala nazionale o internazionale [16].

Da questo punto di vista, la tensione tra campo e museo, caratteristica delle pratiche antropologiche agli albori della disciplina, riemerge sotto una nuova luce. Se le raccolte del XIX secolo e, in molti casi, del XX secolo furono un corollario del desiderio di possesso e di controllo intellettuale dell'Occidente, oggi è possibile concepire scenari in cui ricercatori e produttori, musei e comunità locali lavorano insieme nell'attribuzione di significato a oggetti e collezioni. Ciò non vuol dire che tutti i musei abbiano rinunciato a essere espressione di una cultura elitaria e improntata di scientificità di tipo accademico. Tuttavia – in un contesto postcoloniale, dove gli individui che producono gli oggetti nelle raccolte etnografiche o i loro discendenti rivendicano conoscenze e competenze oltre che il diritto di autorappresentazione – sono sempre più numerosi i musei che optano per un approccio dialogico e collaborativo che ha sostanzialmente rivoluzionato il modo in cui collezioni e allestimenti vengono ideati e realizzati.

3.8
Dal campo al museo

La raccolta sul campo di oggetti appartenenti a diversi contesti culturali è necessariamente un processo di selezione, la cui ampiezza, inclusività e rappresentatività sono connesse a fattori storici, politici, economici e relazionali di volta in volta diversi. Per Boas, le spedizioni etnografiche e di raccolta finanziate dall'American Museum all'inizio del Novecento erano finalizzate allo studio accurato e sistematico dell'etnologia della costa nord-occidentale americana (cfr. Jacknis, 1985). Informazioni ottenute attraverso l'intermediazione di assistenti nativi e oggetti acquistati grazie alle risorse donate dai benefattori del museo costituivano elementi fondamentali per lo studio etnologico secondo i principi scientifici dell'epoca. Tuttavia anche questo tipo di raccolte scientifiche omnicomprensive era comunque limitato dalle

---

16. L'importanza dello studio del patrimonio quale "oggetto" strategico nella definizione di un'identità nazionale, ma anche della sua contestazione e rinegoziazione, emerge da numerosi testi a partire dalla fine degli anni ottanta del secolo scorso. Tale riflessione verrà anlizzata in maggiore dettaglio nel PAR. 3.3.2.

risorse economiche e logistiche dei raccoglitori e dalle aree di interesse dei committenti, attenti soprattutto a documentare le "tradizioni" in via di estinzione più che la loro attualità.

Molti altri musei in Europa e in America settentrionale devono l'origine delle proprie collezioni etnografiche all'opera di avventurieri/collezionisti/esploratori quali Emile Torday, Leo Frobenius, Herbert Lang, William Sheppard e molti altri per i quali la raccolta era un'attività competitiva e fondamentalmente predatoria, dove le motivazioni scientifiche erano spesso messe in secondo piano rispetto alle prospettive di guadagno risultanti dalla vendita degli oggetti raccolti sul campo alle principali istituzioni museali del mondo occidentale [17]. L'atteggiamento predatorio caratterizza anche missioni scientifiche celebri come la spedizione Dakar-Djibuti (1931-33) durante la quale Griaule e i suoi collaboratori raccolsero numerosi oggetti per il Musée du Trocadero – oggi parte delle collezioni del Musée du quai Branly. La collezione della spedizione Dakar-Djibuti doveva essere l'espressione di una nuova modalità di raccolta in cui gli oggetti erano selezionati in quanto testimoni culturali, potenziali veicoli di conoscenza e illustrazioni di tecniche e azioni potenzialmente rilevanti per l'avanzamento del sapere (Arnaut, 2000, p. 17). Tuttavia, come esplicitato nelle pagine del diario tenuto da Michel Leiris nel corso della spedizione (Leiris, 1934), i metodi di raccolta potevano anche includere il furto, qualora i possessori non fossero propensi a donare o vendere i loro oggetti agli studiosi. Anche in questo caso, nonostante l'intento fosse quello di collezionare nel modo più ampio possibile le testimonianze materiali di diverse culture dell'Africa settentrionale, la selezione degli oggetti riflette un'attenzione particolare verso quegli artefatti che all'epoca cominciavano a essere riconosciuti e classificati come oggetti artistici anche dal mondo dell'arte e dei collezionisti privati. Al di là della variabilità delle metodologie di raccolta e documentazione, una delle idee di base che accomuna le collezioni effettuate nel periodo coloniale (in molti casi presente fino agli anni ottanta del Novecento) è la percezione dei produttori indigeni come artefici

17. I saggi raccolti nel volume curato da Schildkrout e Keim (1998) offrono un quadro articolato dello *scramble for art* che caratterizzò l'epoca coloniale antecedente la Prima guerra mondiale in Congo. Secondo la ricostruzione di questi autori (ivi, p. 23), in questo periodo circa 100.000 oggetti vennero esportati in Europa e venduti a musei europei e americani e sono alla base delle collezioni etnografiche e di arte africana dei principali musei del mondo occidentale. Per una riflessione sul panorama collezionistico e museale italiano si vedano Puccini (1999) e Pennacini (2000).

inconsapevoli di significati culturali che possono essere colti solo dalla consapevolezza superiore del ricercatore esterno.

Sebbene questo atteggiamento di superiorità sia ancora riscontrabile al giorno d'oggi, negli ultimi trent'anni molte istituzioni museali occidentali, e in particolare quelle che definiscono le proprie collezioni come antropologiche o etnografiche, hanno privilegiato modalità di raccolta che pongono l'accento sulla competenza e sulla creatività dei produttori indigeni di oggetti e saperi. Istituzioni quali l'Horniman Museum di Londra, il Museum of Natural History della Smithsonian Institution, il Tropenmuseum di Amsterdam, il Museum für Volkerkunde di Vienna, il Royal Ontario Museum di Toronto, ma anche molti musei d'arte con estese collezioni di arte non occidentale, sempre più frequentemente privilegiano raccolte sul campo dove il ricercatore agisce da intermediario al fine di documentare un corpus di artefatti e conoscenze costruito in collaborazione con artisti e utilizzatori indigeni. Nella presentazione di recenti progetti di raccolta dell'Horniman Museum, Karel Arnaut (2000) evidenzia come una delle caratteristiche comuni ai progetti realizzati in Africa da diversi ricercatori dalla metà degli anni ottanta sia la consapevolezza «che nella ricerca e nella raccolta gli artisti e i performer così come i membri dell'audience non sono mere fonti di dati o produttori/consumatori di oggetti d'arte, ma partner intellettuali che possono apportare contributi teorici sostanziali» (ivi, p. 18).

Sebbene anche questo tipo di collezione sia fondata su una premessa in qualche modo sbilanciata – per cui di fatto è comunque il ricercatore a stabilire l'ambito e in un certo senso i limiti (logistici, economici, materiali) della raccolta – l'intento mette in discussione le premesse epistemologiche delle raccolte coloniali e lascia spazio a una comprensione degli oggetti che tiene conto delle teorie e delle percezioni indigene più che dei canoni stabiliti dalle tassonomie occidentali.

Nonostante, negli ultimi vent'anni, molti antropologi e storici dell'arte non occidentale abbiano contestato in modo esplicito la persistenza di canoni restrittivi di autenticità attribuiti dall'esterno [18], tali restrizioni continuano a essere sorprendentemente persistenti al di fuori dell'ambito accademico [19]. La sfida per i ricercatori che collabo-

18. Tra i contributi a questo dibattito che pare indefinitamente aperto si segnalano l'intervento su "African Arts" di Sidney Kasfir (1992) e più recentemente i saggi raccolti da Marcus e Myers (1995) e da Phillips e Steiner (1999).

19. Emblematico della persistenza della frattura tra il mondo collezionistico e il

rano con le istituzioni museali è proprio quella di sviluppare raccolte che riflettano, sia pure in modo parziale, aspetti culturali rilevanti identificati secondo le valutazioni indigene più che dal mercato dell'"arte tribale" (informato da un sistema di valori che evoca in modo diretto la retorica tradizionalista e primitivista dell'epoca coloniale). Per raggiungere questo risultato è fondamentale utilizzare metodi di ricerca e di raccolta che mettano in luce il ruolo attivo, creativo e intellettuale, dei produttori e dei fruitori degli oggetti inclusi nelle collezioni museali, individui con una storia e una biografia che non può essere racchiusa nelle poche righe di una didascalia da galleria d'arte.

Alla fine degli anni ottanta, James Clifford (1988, p. 213) evocava la realizzazione di collezioni e mostre in grado di scompaginare i canoni del mondo dell'arte, di aprirsi all'inassimilabile e di mettere in discussione «i rapporti di potere grazie a cui una parte dell'umanità può selezionare, valutare e collezionare i frutti puri delle altre». A più di vent'anni di distanza, questo processo è ancora in corso di realizzazione e sono poche le istituzioni museali che puntano decisamente a raccolte contemporanee che evidenzino la natura complessa e spuria della cultura materiale delle popolazioni del Terzo e Quarto mondo [20].

3.9
Possesso e appartenenza

Sebbene il numero di musei etnografici che investono in raccolte fondate su nuovi modelli relazionali ed epistemologici cresca lentamente, le riflessioni sulle pratiche e i presupposti istituzionali emersi in ambito museologico negli anni settanta del Novecento hanno sostan-

modo accademico nella definizione del significato e della rilevanza della cultura materiale non occidentale è il dibattito scaturito tra il 2 e il 5 maggio 2010 sulla lista di discussione H-Net dedicata alle arti espressive africane a seguito di un post che annunciava l'imminente Settimana dell'arte tribale a New York (http://h-net.msu.edu/cgi-bin/logbrowse.pl?trx=vx&list=H-AfrArts&month=1005&week=a&msg=Kqoc8Lap LQA%2bUKseGKbWoA&user=&pw= e successivi post).

20. Tale definizione riprende la distinzione proposta da Nelson Graburn (1976) nel saggio sulle arti etniche e turistiche che ha aperto il campo a ricerche sulle produzioni commerciali delle popolazioni indigene. Graburn distingue e assimila le popolazioni indigene non occidentali e i gruppi etnici minoritari, quali ad esempio i popoli nativi americani o gli aborigeni australiani, che vivono in territori controllati da una maggioranza occidentale di origine europea.

zialmente trasformato l'autorappresentazione e il *modus operandi* dei musei. Questa trasformazione è particolarmente evidente nei musei con collezioni etnologiche. Prendendo in esame la letteratura degli ultimi trent'anni, Anthony Shelton (2006, pp. 488-92) traccia la parabola degli ideali e delle narrazioni che informano la percezione della funzione dei musei da luoghi di conservazione e memoria a spazi pubblici di coinvolgimento educativo e dibattito. Le riflessioni critiche di museologi, storici, antropologi e teorici postcoloniali hanno indotto dagli anni novanta del Novecento – principalmente in Nord America e in Australia – una riconsiderazione dei rapporti di potere che determinano il possesso e l'accesso alle collezioni. La consapevolezza della funzione politica delle istituzioni museali, emersa in modo palese con le proteste che hanno accompagnato mostre quali *The Spirit Sings* al Glenbow Museum di Calgary (1988) o *Into the Heart of Africa* al Royal Ontario Museum (1989) [21], ha – sia pur forzatamente – trasformato i musei da depositi della memoria e del sapere in "zone di contatto".

Riprendendo una definizione di Marie Louise Pratt (1992, pp. 6-7), Clifford definisce la zona di contatto come «lo spazio dell'incontro coloniale, lo spazio in cui persone separate da confini geografici e storici entrano in contatto e stabiliscono delle relazioni di lunga durata, che solitamente implicano condizioni di coercizione, diseguaglianza radicale e conflitto» (Clifford, 1997, trad. it. p. 192). Queste zone di contatto non implicano necessariamente un dialogo egualitario. Tuttavia sono la premessa per un dibattito, per una condivisione di saperi che presuppone l'intento di ripensare le collezioni alla luce di relazioni storiche, politiche e morali e di intrattenere relazioni dialettiche con le comunità che rivendicano una connessione storica e culturale con gli oggetti nei musei.

Indubbiamente, nonostante il carattere frammentario e in un certo senso arbitrario delle collezioni, è indubbio che il possesso di oggetti identificati come "proprietà culturali" sia una condizione importante e uno strumento strategico nell'affermazione di identità collettive. Molti antropologi negli ultimi due decenni hanno esplorato le com-

---

21. Le ragioni e le questioni che hanno trasformato queste mostre in casi emblematici di "zone di conflitto" sono state ampiamente discusse nella letteratura antropologica e museologica. Per una sintesi si rimanda al saggio di Clifford (1997, pp. 204 ss.). Per un'analisi di più recenti situazioni di conflitto o "frizione" tra comunità e musei si veda la raccolta di saggi curata da Karp, Kratz, Szwaja, Ybarra-Frausto (2006).

plesse dinamiche attraverso cui gli oggetti vengono trasformati in "patrimonio" e inseriti all'interno dei processi di negoziazione delle appartenenze su scala locale, nazionale e internazionale [22]. Come messo in luce da Berardino Palumbo (2003, p. 21):

> "Identità", "culture", "tradizioni", gli "oggetti" classici dell'antropologia [...] ci appaiono ormai presi all'interno di meccanismi di oggettivazione e rivendicazione [...] che, strutturandosi nei rapporti tra poteri, istituzioni e attori delle diverse scene politiche li trasformano sempre più spesso in *commodities*, in beni giocati all'interno del mercato delle differenze.

Spesso tale negoziazione dialettica assume le connotazioni della critica postcoloniale e ha portato a una riconfigurazione a livello ufficiale dei rapporti tra musei e popolazioni indigene, tra politiche nazionali e rivendicazioni locali [23].

Al di là delle contestazioni e dei conflitti, «in un contesto globale dove l'identità collettiva è sempre più associata all'avere una cultura (vale a dire uno specifico stile di vita, tradizione, forma d'arte o artigianato), i musei hanno senso» (Clifford, 1997, trad. it. p. 218). Tale senso è certamente contestuale e riflette la complessità delle relazioni storiche, politiche, economiche, istituzionali, identitarie e poetiche che informano collezioni e allestimenti. Così configurati, musei e collezioni diventano un campo di indagine quanto mai rilevante per l'antropologo: oggetti densi che, se da un lato riflettono paradigmi culturali dominanti, dall'altro possono diventare campi d'azione, dialogo, conflitto che hanno il potere di trasformare in modo concreto le relazioni in cui sono implicati.

---

22. Il saggio di Handler (1988) sulle politiche di costruzione del concetto di cultura in Québec è sicuramente un riferimento fondamentale in questo senso. Contributi interessanti in campo italiano sono le ricerche di Palumbo (2003) e i volumi curati da Ciminelli (2006) e Maffi (2006).

23. Alcuni dei cambiamenti più sostanziali a livello istituzionale sono rappresentati dalla legislazione NAGPRA degli Stati Uniti (1991) che regola i presupposti per il rimpatrio di oggetti delle popolazioni indigene americane, dalle raccomandazioni della Task Force Report on Museum and First Peoples pubblicate in Canada nel 1992 e dalle posizioni adottate dall'Australian Council of Museum Associations nell'anno successivo. A livello internazionale l'approccio critico al ruolo e alla funzione dei musei ha portato a una riconfigurazione sostanziale delle direttive e delle raccomandazioni dell'ICOM che rappresentano un riferimento ideale ed etico per istituzioni museali in diverse parti del mondo. Per una sintesi dei cambiamenti legislativi e istituzionali si veda il testo di Shelton (2006, pp. 490-1).

3.10
Mediazione e partecipazione

Nel caso dei musei, l'antropologo non è solo un osservatore parte-cipante, ma può in certi casi essere coinvolto attivamente nel dialo-go che si innesta all'interno della zona di contatto. Così come l'an-tropologo/a-collezionista, evocato nel PAR. 3.3.1, deve essere in grado di includere le prospettive indigene quali elementi costituivi del sape-re relativo agli oggetti che raccoglie sul campo, allo stesso modo l'an-tropologo-curatore deve essere aperto a condividere l'autorità relati-va alla documentazione e all'allestimento degli artefatti contenuti nel museo con membri delle comunità indigene da cui tali artefatti pro-vengono. In questo caso, il ruolo dell'antropologo è di facilitare l'ac-cesso e di mediare tra conoscenze, esigenze intellettuali ed emotive, protocolli istituzionali ed esigenze etiche di preservazione degli oggetti. Oggi molti musei, soprattutto (ma non solo) in America set-tentrionale, sono aperti a pratiche inclusive di manipolazione e con-servazione degli oggetti che tengano in considerazione gli interessi e le esigenze delle popolazioni indigene. Se infatti le leggi e le racco-mandazioni relative alla restituzione degli artefatti indigeni hanno portato in diversi casi alla *repatriation* degli oggetti alle comunità di origine, in altri casi le richieste delle comunità indigene riguardava-no l'accesso alle collezioni e la discussione delle modalità di cura più che di rimpatrio. Come sottolineato da Trudy Nicks (2003, p. 21),

lo statuto degli oggetti all'interno dei musei è stato trasformato dal lavoro realizzato nella "zona di contatto". I musei oggi accettano l'idea che molti gruppi indigeni contemporanei percepiscano gli oggetti come entità viventi, alcuni dei quali possono essere ricettacoli di forze spirituali che possono costi-tuire un pericolo per chi lavora nel museo e per i visitatori. Il significato degli oggetti non è più ristretto a contesti passati di produzione, uso e raccolta, ma oggi prende in considerazione i significati che tali oggetti hanno per le comunità indigene nel presente e per il futuro.

Il lavoro nella "zona di contatto", dove curatori e membri delle comu-nità indigene negoziano le conoscenze e le pratiche di cura degli ogget-ti, non ha solo modificato il modo in cui gli artefatti vengono mani-polati, conservati e allestiti in molti musei, ma è anche alla base di nuovi progetti di archiviazione e restituzione virtuale fondati sulla col-laborazione.

L'ultimo esempio che voglio portare è illustrativo delle più recenti tendenze di ricerca collaborativa incentrata sugli oggetti. La Great Lakes Research Alliance for the Study of Aboriginal Arts and Cultures (GRASAC) è un progetto di digitalizzazione su larga scala del sapere complesso che si cristallizza intorno alle collezioni museali di oggetti provenienti dalla Regione dei Grandi Laghi Canadesi [24]. Iniziato nel 2004, il progetto si propone di archiviare, in un database digitale condiviso da tutti i ricercatori e le istituzioni partecipanti, le immagini e il sapere complesso e stratificato relativo agli oggetti della Regione dei Grandi Laghi conservati in un gran numero di istituzioni museali dell'America settentrionale, dell'Europa e dell'Australia. I ricercatori che fanno parte del GRASAC provengono da contesti e background diversi: università, comunità indigene, musei e archivi. Il database digitale, su cui vengono riversate le immagini e le informazioni relative alle collezioni studiate da squadre multidisciplinari nel corso di visite prolungate nei depositi dei musei, è concepito come un sistema aperto che consente aggiunte, integrazioni successive e la stratificazione delle descrizioni grazie ai contributi dei diversi membri del progetto.

In questo modo gli oggetti possono essere messi in relazione e resi disponibili agli individui, alle comunità e alle istituzioni che partecipano al progetto attraverso una forma di rimpatrio virtuale. Una delle caratteristiche innovative del GRASAC rispetto ad altri progetti di catalogazione collaborativa, come ad esempio il Reciprocal Reseach Network iniziato dal Museo di Antropologia dell'Università della British Columbia [25], è l'inserimento diretto di immagini e descrizioni da parte di una squadra di ricercatori del progetto, che pertanto non riproduce semplicemente i dati di catalogo delle istituzioni museali, ma introduce sin dal principio diverse sfumature e livelli di lettura. D'altro lato l'architettura del database consente l'integrazione di diverse forme di cultura materiale (oggetti, fotografie, documenti storici, disegni, dipinti) che per ragioni logistiche e di conservazione sono dislocate in diversi spazi anche qualora coesistano all'interno di

---

24. Per una descrizione dettagliata del progetto e della sua storia si rimanda all'articolo di Emanuela Rossi (2008) e al sito del progetto http://grasac.org/gks/gks_about.php.

25. Tale progetto, iniziato alla fine degli anni novanta grazie a un finanziamento della Canada Foundation for Innovation, è stato sviluppato sotto la direzione di Ruth Phillips, che è anche uno dei membri fondatori del progetto GRASAC. Per una riflessione sull'ispirazione e sulle implicazioni di questi due progetti, si veda Phillips (in press).

un'unica istituzione (Phillips, in press). Riflettendo sulle esperienze dei primi tre anni, Ruth Phillips mette in luce il carattere multidisciplinare e flessibile di GRASAC, che si configura come un progetto «di risanamento e recupero, di riconnessione e di reintegrazione» (ivi, p. 25). Nell'intento e nella pratica, tale progetto «media la separazione delle persone dal proprio patrimonio e la perdita forzata della conoscenza tradizionale che continua ad avere serie conseguenze per l'identità aborigena, per la salute spirituale e mentale, e a impedire la quanto mai necessaria comprensione dei sistemi di conoscenza aborigeni da parte della popolazione non-aborigena» (ivi, p. 26).

Clifford (1988, pp. 215-36) ha messo in luce come lo stesso processo di separazione e classificazione alla base delle strategie di affermazione del potere coloniale trovi riscontro nell'approccio accademico della comprensione dei fenomeni culturali. In questa luce GRASAC si configura come un progetto postcoloniale per eccellenza: senza negare il potenziale euristico delle modalità di conoscenza accademica sviluppata in ambito occidentale si propone di integrare queste conoscenze in un approccio olistico reso possibile dalla tecnologia digitale.

I molteplici approcci, questioni e metodologie connesse alla ricerca degli oggetti presentati in questo capitolo restituiscono un quadro piuttosto frammentario e aperto degli studi sulla cultura materiale. È difficile giungere a una sintesi o a una conclusione. Forse uno dei suggerimenti più importanti che emerge dalle ricerche e dai progetti antropologici su arte, cultura materiale, collezioni e musei è la consapevolezza che una comprensione degli oggetti non può essere disgiunta dalla comprensione della dimensione politica di produzione, utilizzo, fruizione e negoziazione delle appartenenze. In questa chiave, l'antropologo deve essere in grado di sviluppare metodologie di ricerca aperta a una costruzione partecipativa del sapere relativo agli oggetti, che sono tanto importanti per la comprensione di un contesto culturale, quanto più sono imbricati nella vita sociale, relazionale ed emotiva dei loro produttori, possessori e fruitori.

Riferimenti bibliografici

AA.VV. (1984), *Il lavoro e le sue rappresentazioni*, in "La Ricerca Folklorica", 9.

AMES M. (1992), *Cannibal Tours and Glass Boxes. The Anthropology of Museums*, University of British Columbia Press, Vancouver.

APPADURAI A. (1986), *Introduction: Commodities and the Politics of Value*, in Id. (ed.), *The Social Life of Things: Commodities in Cultural Perspective*, Cambridge University Press, Cambridge, pp. 3-63.

ARNAUT K. (ed.) (2000), *Re-Visions. New Perspectives on the African Collections of the Horniman Museum*, The Horniman Museum and Gardens, London.

ARNOLDI M. J., GEARY C. M., HARDIN K. L. (eds.) (1996), *African Material Culture*, Indiana University Press, Bloomington.

BAYART J.-F., WARNIER J.-P. (éds.) (2004), *Matière à politique. Le pouvoir, les corps et les choses*, CERI-Karthala, Paris.

BENNET T. (1995), *The Birth of the Museum: History, Theory, Politics*, Routledge, London.

BOAS F. (1907), *Some Principles of Museum Administration*, in "Science", n.s., 25, 650, pp. 921-33.

BOURDIEU P. (1972), *Esquisse d'une théorie de la pratique. Précédé de trois études d'ethnologie kabyle*, Droz, Genève.

BUCHLI V. (ed.) (2002), *The Material Culture Reader*, Berg, Oxford.

BUSONI M. (1996), *I ritmi della memoria. Conversazioni sul lavoro con i carpentieri navali di Limite d'Arno*, Centro Editoriale Toscano, Firenze.

CIMINELLI M. L. (a cura di) (2006), *La negoziazione delle appartenenze. Arte, identità e proprietà culturale nel terzo e quarto mondo*, FrancoAngeli, Milano.

ID. (a cura di) (2007), *Immagini in opera. Nuove vie in antropologia dell'arte*, Liguori, Roma.

CIRESE A. M. (1977), *Oggetti, segni, musei. Sulle tradizioni contadine*, Einaudi, Torino.

ID. (1984), *Segnicità, fabbrilità, procreazione. Appunti etnoantropologici*, CISU, Roma.

CLIFFORD J. (1988), *The Predicament of Culture: Twentieth Century Ethnography, Literature and Art,* Harvard University Press, Cambridge (trad. it. *I frutti puri impazziscono. Etnografia, letteratura e arte nel secolo XX*, Bollati Boringhieri, Torino 1999).

ID. (1997), *Routes: Travels and Translations in the Late Twentieth Century*, Harvard University Press, Cambridge (trad. it. *Strade. Viaggio e traduzione alla fine del secolo XX*, Bollati Boringhieri, Torino 1999).

COOMBES A. E. (1994), *Reinventing Africa: Museums, Material Culture, and Popular Imagination in Late Victorian and Edwardian England*, Yale University Press, New Haven (CT).

COOTE J., SHELTON A. (eds.) (1992), *Anthropology, Art and Aesthetics*, Clarendon Press, Oxford.

DIETERLEN G. (1941), *Les Ames des Dogon*, in "Travaux et Memorires de l'Institut d'Ethnologie", 40.

DOBRES M. A. (1999), *Technology's Links and Chaines: The Processual Unfolding of Technique and Technician*, in M. A. Dobres, C. R. Hoffman (eds.), *The Social Dynamics of Technology: Practice, Politics, and World Views*, Smithsonian Institution Press, Washington DC, pp. 124-46.

ID. (2000), *Technology and Social Agency: Outlining a Practice Framework for Archaeology*, Blackwell, Oxford.

FIRTH R. (1925), *The Maori Carver*, in "Journal of the Polynesian Society", 34, pp. 277-91.

ID. (1936), *Art and Life in New Guinea*, New York, AMS Press 1979.

FORNI S. (2007a), *Il ventre e la pentola. Ceramiche, genere e società nei Grassfields del Camerun*, Il Segnalibro, Torino.

ID. (2007b), *Containers of Life: Pottery and Social Relations in the Grassfields (Cameroon)*, in "African Arts", 40, 1, pp. 42-53.

ID. (2007c), *Modellare la differenza. Tecnologia ceramica e genere a Nsei (Camerun)*, in "Molimo. Quaderni di Antropologia Culturale ed Etnomusicologia", 2, CUEM, Milano, pp. 57-66.

GELL A. (1992), *The Technology of Enchantment and the Enchantment of Technology*, in J. Coote, A. Shelton (eds.), *Anthropology, Art and Aesthetics*, Clarendon Press, Oxford, pp. 40-63.

ID. (1998), *Art and Agency. An Anthropological Theory*, Clarendon Press, Oxford.

GIDDENS A. (1984), *The Constitution of Society. Outline of the Theory of Structuration*, Polity Press, Cambridge (trad. it. *La costituzione della società. Lineamenti di teoria della strutturazione*, Edizioni di Comunità, Milano 1990).

GOSSELAIN O. P. (1998), *Social and Technical Identity in a Clay Crystal Ball*, in M. Stark (ed.), *The Archaeology of Social Boundaries*, Smithsonian Institution Press, Washington DC, pp. 78-106.

ID. (2002), *Poteries du Cameroun Meridional. Styles techniques et rapports à l'identité*, CNRS Editions, Paris.

GRABURN N. (ed.) (1976), *Ethnic and Tourist Arts. Cultural Expressions from the Fourth World*, University of California Press, Berkeley.

GRASSENI C. (2004), *Skilled Vision. An Apprenticeship in Breeding Aesthetics*, in "Social Anthropology", 12, pp. 41-55.

GRIAULE M. (1938), *Masques Dogon*, in "Travaux et Memorires de l'Institut d'Ethnologie", 33.

ID. (1947), *Arts de l'Afrique Noire*, Editions du Chene, Paris.

GRIAULE M., DIETERLEN G. (1951), *Signes Grafiques Soudanais*, Herman, Paris.

GRI G. P. (2000), *Tessere tela, tessere simboli. Antropologia e storia dell'abbigliamento in area alpina*, Forum, Udine.

HANDLER R. (1988), *Nationalism and the Politics of Culture in Quebec*, University of Wisconsin Press, Madison.

HERSKOVITS M. (1938), *Art*, in Id., *Dahomey: An Ancient West African Kingdom*, Augustin, New York, pp. 311-72.

ID. (1959), *Art and Value*, in R. Redfield, M. Herskits, G. Elkhom, *Aspects of Primitive Art*, Museum of Primitive Art, New York, pp. 42-68.

HERSKOVITS M., HERSKOVITS F. (1934), *The Art of Dahomey*, American Federation of Arts, Washington DC.

HOSKINS J. (2006), *Agency, Biography and Objects*, in Tilley *et al.* (2006), pp. 186-95.

INGOLD T. (1988), *Tools, Minds and Machines: An Excursion in the Philosophy of Technology*, in "Techniques et cultures", 12, pp. 151-76.

ID. (2001), *Ecologia della cultura*, Meltemi, Roma.

JACKNIS I. (1985), *Franz Boas and Exhibits. On the Limitations of the Museum Method of Anthropology*, in Stocking (1985), pp. 75-110.

JULIEN M. P., ROSSELIN C. (2005), *La culture materielle*, La Découverte, Paris.

JULIEN M. P., WARNIER J. P. (éds.) (1999), *Approches de la culture matérielle. Corps à corps avec l'objet*, L'Harmattan, Paris.

KARP I., KRATZ C., SZWAJA L., YBARRA-FRAUSTO T. (eds.) (2006), *Museum Frictions: Public Cultures/Global Transformations*, Duke University Press, Durham.

KARP I., KREAMER C., LAVINE S. (eds.) (1992), *Museums and Communities. The Politics of Public Culture*, Smithsonian Institution Press, Washington DC (trad. it. parziale *Musei e identità: politica culturale delle collettività*, CLUEB, Bologna 1995).

KARP I., LAVINE S. (eds.) (1991), *Exhibiting Cultures. The Poetics and Politics of Museum Display*, Smithsonian Institution Press, Washington DC (trad. it. parziale *Culture in mostra: poetiche e politiche dell'allestimento museale*, CLUEB, Bologna 1995).

KASFIR S. (1992), *African Art and Authenticity: A Text with a Shadow*, in "African Arts", 25, 2, pp. 41-53, 96-7.

KOPYTOFF I. (1986), *The Cultural Biography of Things: Commoditization as Process*, in A. Appadurai (ed.), *The Social Life of Things: Commodities in Cultural Perspective*, Cambridge University Press, Cambridge, pp. 64-91.

LAYTON R. (2006), *Structuralism and Semiotics*, in Tilley *et al.* (2006), pp. 29-42.

LEIRIS M. (1934), *L'Afrique Fantôme*, Gallimard, Paris.

LEMONNNIER P. (1986), *The Study of Material Culture Today: Toward an Anthropology of Technical System*, in "Journal of Anthropological Archaeology", 5, pp. 147-86.

ID. (1989), *Towards an Anthropology of Technology*, in "Man", 24, pp. 526-7.

LEROI-GOURHAN A. (1964), *Les religions de la Prehistorie*, PUF, Paris.

LIGI G. (a cura di) (2007), *I saperi del fare: tecniche, abilità, culture*, numero monografico di "Molimo. Quaderni di Antropologia Culturale ed Etnomusicologia", 2.

MACDONALD S. (1997), *The Museum as a Mirror: Ethnographic Reflections*, in A. James, J. Hockey, A. Dawson (eds.), *After Writing Culture: Epistemology and Praxis in Contemporary Anthropology*, Routledge, London, pp. 161-76.

MAFFI I. (a cura di) (2006), *Il patrimonio culturale*, in "Antropologia", 6, 7.

MARCUS G., MYERS F. (1995), *The Traffic in Culture: Refiguring Art and Anthropology*, University of California Press, Berkeley.

MATON K. (2008), *Habitus*, in M. Grenfell (ed.), *Pierre Bourdieu: Key Concepts*, Acumen Press, London, pp. 49-63.

MAUSS M. (1923-24), *Essai sur le don. Forme et raison de l'échange dans les sociétés archaïques*, in "Année Sociologique", seconde série.

ID. (1936), *Les techniques du corps*, in "Journal de Psycologie", 32, 3-4 (trad. it. *Le tecniche del corpo*, in Id., *Teoria generale della magia e altri saggi*, Einaudi, Torino 1966, pp. 385-409).

MILLER D. (ed.) (1997), *Material Cultures: Why Some Things Matter*, UCL Press, London.

ID. (ed.) (2005), *Materiality*, Duke University Press, Durham (NC).

MORPHY H., PERKINS M. (eds.) (2006), *A Reader in the Anthropology of Art*, Blackwell, Oxford.

NICKS T. (2003), *Museum and Contact Work*, in L. Peers, A. Brown (eds.), *Museum and Their Source Communities. A Routledge Reader*, Routledge, London, pp. 19-27.

PALUMBO B. (2003), *L'UNESCO e il Campanile. Antropologia, politica e beni culturali in Sicilia orientale*, Meltemi, Roma 2006.

PENNACINI C. (2000), *È possibile decolonizzare i musei etnografici?*, in Remotti (2000), pp. 217-37.

PFAFFENBERGER B. (1988), *Fetished Objects and Humanized Nature: Towards an Anthropology of Technology*, in "Man", 23, 2, pp. 236-52.

ID. (1992), *Social Anthropology of Technology*, in "Annual Review of Anthropology", 21, pp. 491-516.

ID. (1999), *Worlds in the Making: Technological Activities and the Construction of Intersubjective Meaning*, in M. A. Dobres, C. R. Hoffman (eds.), *The Social Dynamics of Technology: Practice, Politics, and World Views*, Smithsonian Institution Press, Washington DC, pp. 147-64.

PHILLIPS R. B. (in press), *The Digital R/Evolution of Museum-Based Research*, in *Museum Pieces: Essays on the Indigenization of Canadian Museums*, manuscript.

PHILLIPS R. B., STEINER C. B. (eds.) (1999), *Unpacking Culture: Art and Commodity in Colonial and Postcolonial Worlds*, University of California Press, Berkeley.

PINNEY C., THOMAS N. (eds.) (2001), *Beyond Aesthetics: Art and the Technologies of Enchantment*, Berg, Oxford-New York.

POVINELLI E. (1993), *"Might Be Something": The Language of Indeterminacy in Australian Aboriginal Land Use*, in "Man", n.s., 28, pp. 679-704.

PRATT M. L. (1992), *Imperial Eyes: Travel, Writing and Transculturation*, Routledge, London.

PUCCINI S. (1999), *Andare lontano. Viaggi ed etnografia nel secondo Ottocento*, Carocci, Roma.

REMOTTI F. (a cura di) (2000), *Memoria, terreni, musei*, Edizioni dell'Orso, Alessandria.

ROSMAN A., RUBEL P. (1990), *Structural Patterning in Kwakiutl Art and Ritual*, in "Man", n.s., 25, pp. 620-39.

ROSSI E. (2008), *Musei e mondo postcoloniale: un progetto canadese sulle culture aborigene della Regione dei Grandi Laghi*, in "AM", 18, pp. 16-23.

SAUNDERS B. (1997), *Contested Etnie in Two Kwakwaka'wakw Museums*, in J. MacClancy (ed.), *Contesting Art. Art, Politics and Identity in the Modern World*, Berg, Oxford, pp. 85-130.

SCHILDKROUT E., KEIM C. A. (eds.) (1998), *The Scramble for Art in Central Africa*, Cambridge University Press, Cambridge.

SHELTON A. (2006), *Museum and Museum Displays*, in Tilley *et al.* (2006), pp. 480-99.

STEINER C. B. (2001), *Rights of Passage: On the Liminal Identity of Art in the Border Zone*, in F. R. Myers (ed.), *The Empire of Things: Regimes of Value and Material Culture*, James Currey, Oxford.

STOCKING G. W. (ed.) (1985), *Objects and Others: Essays on Museums and Material Culture*, University of Wisconsin Press, Madison (WI) (trad. it. parziale *Gli oggetti e gli altri. Saggi sui musei e sulla cultura materiale*, EI, Roma 2000).

THOMAS N. (2001), *Introduction*, in Pinney, Thomas (2001), pp. 1-12.

TILLEY C. *et al.* (eds.) (2006), *Handbook of Material Culture*, Sage, Thousand Oaks (CA).

WARNIER J. P. (1985), *Echanges, développement et hiérarchies dans le Bamenda precolonial (Cameroun)*, Franz Steiner Verlag, Wiesbaden.

ID. (1993), *The King as a Container in the Cameroon Grassfields*, in "Paideuma", 39, pp. 303-19.

ID. (1999), *Construire la culture matérielle: L'homme qui pensait avec ses doigts*, PUF, Paris (trad. it. *La cultura materiale*, Meltemi, Roma 2005).

ID. (2001), *A Praxeological Approach to Subjectivation in a Material World*, in "Journal of Material Culture", 6, 1, pp. 5-24.

ID. (2006), *Inside and Outside. Surfaces and Contianers*, in Tilley *et al.* (2006), pp. 186-95.

ID. (2007), *The Pot King. The Body and Technology of Power*, Brill, Leiden-Boston.

4

Parole

di *Flavia Cuturi*

4.1
"Parole" dai punti di vista del ricercatore e del nativo

Il titolo di un recente saggio di Tullio De Mauro mi sembra particolarmente appropriato per cominciare ad addentrarci nella selva delle questioni che si affollano attorno alle parole: *In principio c'era la parola?* Il richiamo biblico, in forma di domanda che De Mauro (2009, p. 64) pone retoricamente, sta a sottolineare «la valenza fondante del linguaggio, dell'educazione alla lingua e quindi all'istruzione», la pari dignità di tutte le lingue del mondo, il diritto di tutti i parlanti di poterle conoscere e dominare «per vivere da pari in questa società, non da sudditi, non da esclusi, non da reietti, ma da persone libere, partecipi all'elaborazione delle scelte della comunità» (ivi, p. 69).

Né gli studiosi né le popolazioni che tentano di conoscere attraverso la ricerca sul campo si sottraggono a questo principio. Ma spesso tra le parole degli studiosi e quelle dei loro interlocutori sono nati vari cortocircuiti che hanno reso, in taluni casi, difficoltoso o paradossale il rapporto tra antropologi e le parole o il linguaggio dei propri interlocutori. Non v'è dubbio che le parole costituiscano il principio (nel doppio senso di inizio e di precetto) dell'impresa etnografica ma anche uno dei suoi fini (sottoforma di testi etnografici), dei suoi mezzi (in termini di comunicazione) e dei suoi metodi (in termini di conoscenza): gli studiosi vivono immersi nelle proprie parole e poi in quelle altrui e finiscono per rendere conto del loro lavoro conoscitivo ed esperienziale utilizzando principalmente parole.

Uno dei problemi sollevati a partire degli anni ottanta del Novecento fu proprio quello di sottolineare le strettoie che le parole degli antropologi imponevano alla resa di un'esperienza molto complessa come quella della ricerca sul campo: le parole, per di più scritte, avevano o no il potere di tradurre e interpretare l'esperienza, i gesti, gli sguardi, le emozioni, le azioni nel quale si era immerso l'antropologo? Le parole utilizzate erano in grado di rendere le parole degli altri e quindi di conseguenza tutto il complesso del loro vissuto e delle loro conoscenze? Che tipo di testualità rappresentavano le monografie etnografiche? Molte questioni sollevate furono interpretate in termini di paradosso, primo tra tutti il "paradosso dell'osservatore partecipante" (Briggs, 1988; Duranti, 1992) [1]. Ma forse quello meno evocato riguardava e riguarda proprio il rapporto con le parole degli altri, la disattenzione con la quale si entra in contatto con l'enunciazione e la lingua degli interlocutori, la scarsa consapevolezza della loro portata epistemologica e teorica, l'ingenuità con cui spesso sono inglobate nella ricerca, la sufficienza con la quale si contempla lo studio della lingua. Nonostante due dei padri fondatori dell'antropologia, Boas e Malinowski, avessero raccomandato, in maniera diversificata, l'uso di un metodo che non prescindeva dallo studio operativo della lingua della popolazione, per fini non meramente comunicativi, bensì intriseci al progetto conoscitivo, nella maggior parte dei casi questa raccomandazione è rimasta lettera morta. Il paradosso continua a essere vivo ancora oggi, nonostante l'antropologia del linguaggio abbia raggiunto uno statuto disciplinare incontrovertibile [2], punto di parten-

1. Esistono molte versioni del "paradosso dell'osservatore partecipante" a partire da Labov (1972) e poi Briggs (1988), come ci ricorda Gnerre (1997, p. 14), riguardo il tentativo del ricercatore di eliminare le tracce della propria presenza per non "turbare" l'oggettività e la "naturalezza" del dato. Secondo Duranti se lo scopo del ricercatore è acquisire un "sentire" il più possibile analogo a quello dei suoi interlocutori e al tempo stesso mantenere la necessaria distanza per descrivere e valutare ciò che "caratterizza" la comunità che sta osservando, ciò genera il paradosso: «Più egli si cala nella realtà locale e acquista un modo di fare e di interpretare la realtà simile a coloro che vuole studiare, più tali comportamenti e la relativa visione del mondo gli sembreranno naturali e, quindi, difficili da notare» (Duranti, 1992, pp. 19-20; cfr. Fabietti, 1999).

2. L'antropologia del linguaggio può contare su una bibliografia di riferimento ormai sterminata; in questa sede mi limito a suggerire alcuni lavori introduttivi che affrontano aspetti teorici e metodologici, fondamentali per una preparazione adeguata: Bauman e Scherzer (1974); Hymes (1964, 1974); Cardona (1976); Brown e Levinson (1978); Scherzer (1987a, 1987b); Duranti (1992, 2000, 2001, 2006, 2007); Salzmann (1993); Hanks (1996); Turchetta (1996, 2000); Foley (1997); Cuturi (1997a); Gnerre (2003); Ochs (2006); Donzelli e Fasulo (2007). Molte delle considerazioni e riflessioni che propongo in questo lavoro sono frutto di sedimentate letture e felici confronti con alcuni degli studiosi qui citati, come Joel Scherzer, Brent Berlin, Jane Hill, Alessandro Duranti, William Hanks, Aurore Monod, Barbara Turchetta, Maurizio Gnerre. Nel ringraziarli per avermi "inconsapevolmente" accompagnato e ispirato in questa, come in altre occasioni, vorrei esprimere la mia gratitudine ad Antonino Colajanni e Barbara Turchetta per i preziosi suggerimenti, i commenti e le letture di diversi momenti della

za per ogni ricerca antropologica *tout court*. Il paradosso rivive in ciascun ricercatore tutte le volte che immagina di poter fare a meno dello studio di come le parole si articolano in discorso per diventare e operare quale principio fondante tanto della comunicazione, quanto della costruzione e dell'azione sul mondo, come della sua "oscillante e contraddittoria" negoziazione in termini simbolici e semantici. Nel saggio appena citato, De Mauro (2009, p. 29), riferendosi all'uso di una lingua, sostiene infatti che esso «non è un sistema, ma è un raccordo geostorico, spazialmente e temporalmente variabile per ciascuna delle aree che diciamo lingue». Il paradosso sta nell'immaginarsi di potere avere accesso conoscitivo al mondo, all'esperienza e all'azione altrui prescindendo dal quel "raccordo geostorico" che è servito a comunicarlo, tra l'altro, anche al ricercatore stesso. Insomma ci si interessa al mondo degli altri ma difficilmente alle parole degli altri, anzi ben volentieri si prescinde da esse e dalla loro complessa vita morfologica e discorsiva.

C'è bisogno innanzitutto di porsi alcuni interrogativi: perché interessarsi alle parole o al linguaggio della popolazione presso cui si conduce la ricerca? Quale peso specifico si attribuisce alla lingua, e quindi alle "parole" che fanno parte del progetto di ricerca intrapreso? Per scopi di comunicazione immediata? Per interpretare le azioni altrui, ed eventualmente anche per prendervi parte in modi diversi? Oppure per interpretare le rappresentazioni locali di sé e del mondo? Ma allora, a quale livello di approfondimento giungere? La costruzione delle rappresentazioni locali non passa solo attraverso il lessico, ma necessariamente si avvale di strumenti morfologici, di generi discorsivi, insomma, del "dire nel e per il fare". Il ricercatore antropologo, una volta sul terreno, deve necessariamente sconfinare in ambiti disciplinari prossimi, come la linguistica antropologica e la linguistica?

Tutte queste domande ognuno deve porsele previamente, e deve continuare a porsele nel corso della sua ricerca sul terreno. Infatti, anche se nella preparazione del suo lavoro sul terreno aveva pensato che avrebbe potuto procedere avvalendosi solo di una lingua intermedia (ad esempio una di eredità coloniale oppure una lingua "nazionale") più o meno praticata in ambito locale o magari, rischiosamente,

scrittura di questo lavoro. L'esiguità dello spazio non sempre mi ha permesso di sfruttare con ampiezza le potenzialità dei loro suggerimenti, della cui resa sono l'unica responsabile. Sono debitrice anche nei confronti di Paolo Ramat ed Emanuele Banfi per avermi gentilmente, e in maniera sollecita, messo a disposizione riferimenti bibliografici di difficile accesso.

dell'aiuto di un interprete [3], è molto probabile che l'esperienza diretta gli mostri in modo via via sempre più evidente il rilievo e il ruolo che ha la comprensione (oltre che l'uso pur strumentale e ridotto) della lingua locale. Deve quindi equipaggiarsi di consapevolezze e di strumenti che gli consentano di calibrare il suo coinvolgimento con le "parole altrui".

4.2
Le "parole" e la consapevolezza del ricercatore

Ogni ricerca sul terreno deve essere vissuta dal ricercatore come un lungo percorso conoscitivo, in primo luogo di sé stesso in confronto sia agli strumenti e ai saperi di cui si serve, sia alle idiosincrasie proprie e a quelle culturali. Ciò è necessario per "situare" il proprio lavoro di ricerca in un'ottica relazionale dinamica tra soggetti individuali e collettivi attivi. Un percorso dunque non solo di acquisizione di competenze e conoscenze, ma anche (e forse soprattutto) di "smontaggio" di certezze – seguendo le riflessioni che Montaigne realizzava più di quattro secoli fa dopo aver "incontrato" i suoi "cannibali" (cfr. Remotti, 2009) – e di "rimontaggio" situato e posizionato delle nuove consapevolezze. Sul piano del linguaggio e delle "parole", è bene affrontare subito le nostre etno-teorie della parola e i conseguenti ambiti di ricerca e loro metodologie.

Le concezioni locali del linguaggio e della "parola" sono molto rilevanti per i parlanti di qualsiasi lingua. Ciò vale anche per noi, eredi

---

3. In linea con la consapevolezza nata da secoli di fallimenti e fraintendimenti comunicativi in terre di conquista, Boas metteva in guardia gli studiosi dal servirsi di interpreti, anche di quelli più bravi. Riferendosi alla propria esperienza di ricerca nel Nord America, sosteneva: «Per solito gli uomini disponibili o non hanno sufficiente familiarità con l'inglese, o sono così alieni dalla mentalità indiana e avvertono così poco il bisogno di esattezza del ricercatore che le loro informazioni possono essere usate con molte cautele» (Boas, 1911, trad. it. p. 90). Quando poi si tratta di un interprete particolarmente intelligente, si corre il rischio che questi «abbia formulato una teoria basata sulle domande poste per suo tramite, e abbia interpretato le risposte guidato dalle sue nozioni preconcette» (ivi, p. 91). Apprendere la lingua della società presso la quale si svolgono le proprie ricerche risponde inoltre a una precisa posizione teorica. Boas infatti si chiedeva perché fosse scontato che si ritenessero autorevoli quelle trattazioni sulla civiltà cinese o giapponese, o sul mondo classico, solo se gli autori hanno o una completa padronanza della lingua parlata o della letteratura, mentre invece è comune che l'etnologo «si accinga a illustrare i più riposti pensieri e sentimenti di un popolo senza nemmeno un'infarinatura della lingua di cui questo si serve» (ibid.).

spesso inconsapevoli di una lunga storia di sedimentazione di concezioni. Ciascuno di noi, in qualità di antropologo/a, utilizza una o più *teorie implicite* delle "parole" (nostre e altrui), grazie alle quali intreccia innanzitutto relazioni comunicative, relativamente controllate (spesso basate su un discutibile *buon senso*), che lo condurranno a selezionare non solo temi di ricerca specifici, ma anche metodi di raccolta e analisi conseguenti, condizionando il lavoro di interpretazione e di attribuzione di significati, come a breve vedremo.

Alle teorie implicite si affiancano quelle esplicite, sebbene poco frequentate dagli antropologi, ugualmente sottese alle loro teorizzazioni e all'esperienza di campo. Queste sono raggruppabili in due macroparadigmi: quelli che contemplano le parole in maniera decontestualizzata rispetto all'attività comunicativa, all'uso e alla metapragmatica [4] e quelli invece che le considerano a partire dall'interno del contesto comunicativo, dell'uso e delle ideologie locali della parola e del parlato. Dalla posizione che l'antropologo assume nei confronti della combinazione di tali teorie dipende il risultato della ricerca e il tipo di testualità che elaborerà. Nella storia della ricerca antropologica a un minor ruolo assegnato alla lingua, in termini sia comunicativi sia teorico-metodologici, hanno corrisposto determinati tipi di "resa/e conoscitiva/e" che hanno privilegiato prospettive nomotetiche, oggettivan-

---

4. Con "metapragmatica" si fa riferimento al più alto livello dell'ambito "pragmatico", che caratterizza ogni possibile azione comunicativa. L'uso del prefisso meta- viene usato qui con un valore più ampio di quello che ha nell'uso più comune in una voce come "metalinguistico/a". In questo caso ci si riferisce al fatto che con il linguaggio si può parlare del linguaggio stesso; quindi un enunciato come "'Il' è l'articolo determinativo maschile singolare" è un enunciato metalinguistico. Nell'uso dello stesso prefisso in "metapragmatico/a" possiamo individuare per lo meno due valori basilari diversi: 1. le regole di comportamento comunicativo più generali, legate alle concezioni della persona in ogni società, per cui, ad esempio, non si prevede che un bambino, a meno che non goda di privilegi speciali (che sia un re o un padrone di schiavi), possa dare ordini agli adulti oppure che a un esame uno studente cominci a interrogare il professore. 2. l'esplicitazione linguistica di tali regole, come, ad esempio, quando i genitori dicono ai bambini: "non si interrompono gli adulti quando parlano", oppure "non c'è bisogno di urlare". Come ovvio, i generi comunicativi/enunciativi usati in ogni società costituiscono cornici metapragmatiche. Da tali concezioni ed esplicitazioni di base derivano rappresentazioni di sé e degli altri, quali, ad esempio, gli stereotipi metapragmatici, etero- e autoattribuiti, del tipo: "le popolazioni nordiche sono taciturne e introverse" oppure "noi siamo guerrieri e parliamo con voce forte e robusta". In tali casi potremmo parlare di metapragmatiche "ingenue". Innumerevoli altri aspetti del linguaggio sono collegati alle concezioni metapragmatiche, come ad esempio le regole di uso delle forme onorifiche in tante lingue orientali, o le lingue di "evitazione" degli aborigeni australiani.

ti e modellizzanti dei dati. La conoscenza prodotta ha soddisfatto più le logiche categoriali della tradizione filosofico-antropologica dello studioso piuttosto che quelle dei "nativi". Le etnografie hanno proposto, anche in termini testuali, rappresentazioni come se fossero punti di vista dogmatici (cfr. Cohen, 1994) e generalizzanti (quindi efficaci per successivi lavori comparativi). Le società risultavano essere collettività "pensanti" e quindi reificate (cfr. Sperber, 1984), mentre i singoli individui che la componevano (tra cui gli interlocutori dei ricercatori) venivano indagati e osservati come (s-)oggetti indistinti e passivi, fonti occultabili di un sapere standardizzato o standardizzabile. D'altronde la *reductio* delle diversità osservate a favore di termini di categorie conoscitive e linguistiche "compatibili" era un'operazione di ricerca di un minimo denominatore comune del tutto funzionale al progetto comparatista. Lungi dal pensare che questo tipo di impostazioni sia "errato", fra le prime consapevolezze che lo studioso deve far emergere ci sono proprio i tipi di "resa conoscitiva" a cui tende la sua ricerca, gli stili testuali di cui si servirà in linea con essi, i processi di sintesi oggettivante che ha compiuto sulle fonti e sui suoi dati. Quindi, anche se non ha dato peso alla lingua dei nativi, comunque utilizzerà strumenti retorici della propria lingua per essere considerato uno "scienziato" credibile. Se si appropria di questa consapevolezza, sarà importante che la renda operativa nei confronti della lingua dei suoi interlocutori e degli strumenti che costoro utilizzano per comunicare con lui o tra di essi nei più diversificati contesti e situazioni.

Ogni lingua-cultura ha numerosi mezzi e strategie per sfumare e differenziare le proprie affermazioni in un continuum che va dal microindividuale più assolutizzato al "generico" meno connotato in termini di determinatezza agentiva. L'intero arco di possibilità va "scoperto" e associato ai significati che ogni cultura gli attribuisce (e che potrebbe non corrispondere alla nostra esperienza). Il complesso delle rappresentazioni che sottende l'utilizzazione di tali strategie e strumenti determina sia i generi degli enunciati degli interlocutori, sia quelli di cui si avvale il ricercatore. Questi ultimi si esplicitano differenziandosi a seconda delle molteplici realtà a cui sono rivolti: sia quelle dei collaboratori nativi, sia quelle condivise dal ricercatore, seppure mediate dalla scrittura. In ogni momento il ricercatore deve essere in grado di riflettere su quale tipo di enunciato (oggettivante, prescrittivo, normativo, standardizzante, soggettivante ecc.), parlato o scritto, stia utilizzando per comunicare con il suo variegato pubblico in diversi contesti e occasioni. Con lo stesso fine dovrà acquisire una capacità analitica nei confronti delle convenzioni comunicative dei suoi interlocutori, in generale, e di quelle che utilizzano rivolgendosi a lui, in particolare.

Assumendo tale prospettiva, va da sé che fra le tante consapevolezze da acquisire, primaria è quella della non coincidenza fra le concezioni e i punti di vista nostri e altrui. Il ruolo, il peso specifico, l'efficacia attribuiti a ciascuna "parola" e a ciascun enunciato che la contiene non devono essere mai dati per scontati. Il ricercatore deve assumere quanto siano specifiche, proprie di una lunga storia di scrittura e di riflessione sul linguaggio, le concezioni che si porta con sé e quanto siano necessariamente "marcate" in termini comunicativi e sociolinguistici le parole che enuncia. Non può in alcun modo né aspettarsi di "mimetizzarsi" nelle forme locali di enunciazione né, forse ancor meno, sperare di captare presto e bene le concezioni locali dell'uso del linguaggio e delle "parole".

In primo luogo deve essere guardingo sul suo stesso uso del linguaggio, sulle sue forme discorsive e sul come le accompagna gestualmente, con quale tono della voce le enuncia, facendo attenzione contemporaneamente a dove, su chi e come posa lo sguardo: un eccesso di domande, di "simpatia", di gesti, di familiarità nella postura, o troppo sussiego, sguardi troppo o troppo poco diretti negli occhi dell'interlocutore possono creargli attorno un'immagine quanto meno distorta. La calibratura dell'enunciazione, associata ai comportamenti, alle espressioni facciali, ai gesti, allo sguardo, si conquista poco a poco dopo l'arrivo sul luogo di ricerca. Deve dunque sapere che non necessariamente potrà conquistare la fiducia, o addirittura la simpatia, dei suoi interlocutori tanto meccanicamente o facilmente. Infatti, sempre e dovunque ogni enunciazione è "marcata" (cioè, non è "neutra") nella percezione dell'interlocutore. I parametri di tale "marcatezza" sono dati dalle innumerevoli scalarità che sono parte della storia di ciascuna regione e di ciascuna popolazione: scale di avvicinamento a, o controllo di una lingua nazionale standard, presenze più o meno pesanti di una o più lingue di eredità coloniale, non solo quelle di diretta importazione europea, ma anche quelle riflesso di modi diversi di *indirect rule*, o di politiche di "lingue generali", e nazionali [5]. Gli esempi sono innumerevoli per chiunque voglia documentarsi: dalle storie linguistiche di ciascuno degli Stati dell'India (ad es. il kannada nel

---

5. Per una complessiva ricognizione delle politiche coloniali adottate nei confronti delle lingue native rimando ai lavori pubblicati in Italia di Gnerre (2008a) per il continente americano e di Turchetta (1996) per l'Africa occidentale.

Karnataka) o della Cina, o di intere regioni geografiche, ad esempio il quechua sulle Ande o il chiquitano per la Bolivia orientale, lo swahili per l'Africa orientale (Fabian, 1986) e australe; oppure di regioni emerse da attuazioni coloniali-missionarie, ad esempio, il guaraní nel Paraguay.

Ma se torniamo alle concezioni più o meno ingenue delle "parole" che il ricercatore può avere in mente, dobbiamo cercare in primo luogo di liberare il campo dal peso delle forme di citazione, dizionarizzate, che noi ci portiamo dietro (e dentro), quasi come appiglio alla speranza di poter "estrarre" parole rilevanti per la nostra ricerca senza doverci impelagare nella complessità degli aspetti formali di una lingua, del flusso comunicativo e del modo in cui poi, di fatto, le "parole" che intendiamo raccogliere ci si presentano o ci sfuggono nel vortice del flusso fonico dell'enunciazione.

Un'idea "semplice" o ingenua che il ricercatore potrebbe portare con sé, ma che è bene invece allontanare subito, è quella della consapevolezza metalinguistica che potrebbe attribuire ai suoi interlocutori, considerandoli "pronti", o disponibili a rispondere a domande del tipo "Come si dice…?", "Come si chiama…?", "Che cosa vuol dire…?" e simili. L'elaborazione di risposte "aperte", e per di più di tipo metalinguistico, può costituire una sfida alla "faccia" dell'interlocutore/"informante" locale, ed è bene sondare tali capacità durante un certo periodo. In molte tradizioni comunicative, infatti, come a breve vedremo, alle domande aperte sono preferite di gran lunga le domande "chiuse" che prevedono risposte del tipo "sì/no/non lo so". Anzi, in taluni casi la preferenza persiste anche quando la lingua locale sia stata abbandonata e sostituita da una lingua coloniale come è il caso di alcune popolazioni aborigene dell'Australia (Woodbury, 2005). Le capacità metalinguistiche (ricordiamolo, una delle "funzioni" jakobsoniane) che ci consentono di riflettere, ma soprattutto di parlare, sulla nostra lingua, emergono da una lenta sedimentazione sociostorica di contatti linguistici, di affermazione di forme di scrittura.

Una volta "incorporata" tale prospettiva, è ovvio che il ruolo della lingua locale e delle sue "parole" va ben al di là di quanto scritto nei taccuini del ricercatore e del "controllo" dell'interazione, magari mediato dall'uso di una lingua di eredità coloniale, dal filtro della scrittura. La voce locale diventerà strabordante sopra quella del ricercatore e se egli sarà in grado di ascoltarla, magari via via sempre di più attraverso il tempo, con la crescita delle sue competenze, le parole del luogo diverranno sempre più importanti.

Come si vede da quanto appena detto, le questioni teoriche si affollano e si intrecciano con quelle metodologiche. Fino a che punto un antropologo vuole addentrarsi nello specifico dell'analisi formale anziché accontentarsi di un tipo di analisi semantica che isola ciascuna parola astratta dal contesto? Gli etnografi, sostiene Franchetto (2007, p. 222), in molti casi non sono esperti in grammatica: «La struttura linguistica gli sembra interessante quando possono metterla in relazione direttamente con la cultura e la storia. Ad esempio, scovare l'etimologia delle parole è uno degli esercizi "linguistici" favoriti dagli etnografi e probabilmente è giusto affermare che tali etimologie sono, nel migliore dei casi, poco professionali o *amateur*». Il rischio di fraintendimento o "errore" dovuto al mancato interesse per le analisi formali di una lingua è dunque alto. Non sembra che ci siano molte alternative allo studio approfondito di una lingua: ciò consentirà tra l'altro di individuare i limiti morfologici degli aspetti lessicali, di giungere a esporre una descrizione chiara, che «aiuterà a evitare etimologie poco professionali» (*ibid.*).

4.3
Per una storia della raccolta delle parole degli altri

Le questioni finora sollevate sono il risultato di una lunga e controversa storia, quella del "riconoscimento" filosofico del ruolo del linguaggio nella cultura umana, ma anche quella dell'importanza attribuitagli fin dagli inizi della tradizione antropologica per la conoscenza delle singole culture (anche se di fatto trascurata).

Il lento cammino dell'interesse verso le lingue non è disgiunto da condizioni storiche ambivalenti, che hanno legato per molti secoli la raccolta delle parole tanto all'impresa coloniale e missionaria, alla sua legittimazione, quanto al suo contenimento e parziale storico "superamento". Il ricercatore dovrebbe realizzare il proprio piano di ricerca a partire dalla conoscenza della storia della realtà linguistica culturale che gli si può presentare. Tale conoscenza si fonda su due dimensioni che possono interferire o interagire con il progetto di ricerca: la storia dell'interesse per l'azione comunicativa e quella del territorio della ricerca in relazione alle politiche linguistiche del passato e del presente. Le differenti forme assunte dalla "storia coloniale" (mai cessata e sempre in trasformazione)[6], ad esempio, pesano

6. Con l'espressione "storia coloniale" non mi riferisco solo all'azione di conquista che vari paesi europei hanno esercitato sul resto del mondo a partire dalla secon-

ovunque sul presente e possono attivamente condizionare l'intero operato della ricerca, pretendere specifiche modalità di interazione che vanno tenute in gran conto e suggerire tematiche di indagine. A seconda del quadro storico di ciascun terreno, lo studioso sarà in grado inoltre di individuare la documentazione esistente sulla società e sulla lingua: si tratti di raccolte di parole in lemmari o dizionari, di grammatiche, di narrazioni, di testi religiosi e autobiografici, di storie locali, manoscritte o stampate, dovrà comunque ricondurle tanto al piano paradigmatico (da non confondersi con quello disciplinare in senso stretto) quanto al piano della microstoria locale. Non è detto che questa documentazione manoscritta o stampata sia presente solo in archivi, ma può anche essere frutto di realizzazioni personali, di intellettuali indigeni (cfr. Cuturi, 2003), di movimenti locali (Cuturi, Gnerre, 2008) ed essere in possesso di autorità politiche e religiose, con possibilità di accesso limitato. Questo tipo di documentazione può diventare tema centrale della ricerca, per cui si dovrà investigare sui motivi della sua formazione, sulla sua circolazione, appartenenza a determinati generi discorsivi o testuali locali, sulle possibili interferenze con generi culturalmente e linguisticamente estranei [7].

Bisogna essere fortemente consapevoli del fatto che, nel passato come nel presente, la sorte di una lingua-cultura, non importa "quanto divergente" dalla nostra, spesso minoritaria e in una posizione marginale, non dipenda solo dai parlanti, ma sia anche affidata all'esistenza di una documentazione scritta o registrata, alla cui raccolta il ricercatore può attivamente contribuire. Come è avvenuto centinaia di volte nel corso della storia, l'assenza di una professionale (o meno) raccolta di dati linguistici ed extralinguistici, della loro lungimirante conservazione, come anche della loro fruibilità da parte dei parlanti,

---

da metà del Quattrocento, ma anche alle storie di "colonizzazione" avvenute (e in corso) all'interno degli Stati-nazione europei che hanno elaborato strategie e ideologie unificatrici, civilizzatrici, che hanno oppresso le proprie minoranze linguistico-culturali o a lungo osteggiato chi parlava lingue volgari limitando l'accesso ai testi colti. Tali azioni oppressive e omogeneizzanti intercorrono tra popolazioni native.

7. Quando questa documentazione si dia in una società tendenzialmente agrafa, sarà importante fare emergere quali siano stati i criteri di trascrizione, la trafila attraverso la quale si è giunti alla trascrizione, il peso e il ruolo della parola scritta all'interno di tale società. Nel caso questa produzione sia stata realizzata da persone estranee alla comunità dove si svolge la ricerca, sarà invece fondamentale ricostruire, se è possibile, da chi sia stata compilata (missionari, viaggiatori, studiosi ecc.), le ragioni della sua genesi, dei suoi scopi.

può sempre diventare uno strumento "complice" dell'abbandono dell'uso di una lingua [8] e con essa della scomparsa di una cultura *tout court*.

Sebbene oggi nessuno studioso consapevole avanzi dubbi sull'inconsistenza di gerarchizzare le lingue secondo criteri di qualità ed efficienza comunicativa, permane il pregiudizio che riconosce lingue "superiori" e lingue "inferiori". Tale pregiudizio è desumibile da atteggiamenti e politiche discriminatorie (proibizione del loro uso, assenza di scuole bilingui) e da azioni di declassamento (a volte le lingue minoritarie sono definite "dialetti"). In contesti plurilingui è possibile che le lingue dichiarate ufficiali in tante nazioni con un passato coloniale o fondate su una politica repressiva nei confronti delle minoranze linguistiche (come è accaduto in Francia, cfr. Calvet, 1977) generino una rappresentazione negativa delle lingue minoritarie, portando a scoraggiarne l'uso, se non a volte il progressivo abbandono. Questi aspetti possono influire direttamente sull'attività del ricercatore, che potrebbe trovarsi di fronte a diversificati atteggiamenti dei suoi interlocutori nei confronti della loro lingua: negare di parlarla e di capirla, vergognarsi di utilizzarla, occultarla per utilizzarla come lingua segreta o per sottrarsi allo scambio comunicativo con il ricercatore. È al contrario possibile incontrare atteggiamenti che la supervalutano per rivendicazione identitaria, per indurre lo studioso a sentirsi ciò che è, ossia un estraneo, per metterlo di fronte ai suoi limiti e alla

---

8. Sono sempre più numerose le riflessioni e gli studi dedicati alle realtà linguistico-culturali a rischio di "estinzione". Una maggiore sensibilità a questa che dovrebbe essere una preoccupazione di ogni antropologo, l'hanno mostrata specialmente antropologi del linguaggio impegnati non solo a denunciare specifiche realtà a rischio, ma anche a progettare piani di salvaguardia, rivitalizzazione, studio e documentazione. La letteratura è già piuttosto consistente, tanto sul versante dei dati, quanto su quello delle teorie e delle pratiche per la preservazione e difesa delle lingue (Nettle, Romaine, 2001; Grenoble, Whaley, 2006; Hinton, Hale, 2001). Strettamente connessa a tale settore di interessi, incomincia a essere ampia anche la riflessione sui metodi di raccolta e conservazione della documentazione linguistica, come quella del The Hans Rausing Endangered Languages Project presso la School of Oriental and African Studies (cfr. Austin, 2003-08). Tali lavori spesso si rivolgono anche alle comunità di parlanti nativi, affinché siano gli artefici della raccolta di dati e della loro conservazione (Haviland, Flores Farfán, 2007). Negli ultimi anni sono state fondate istituzioni con lo specifico scopo di raccogliere e conservare dati linguistici, testi in lingua nativa: ad esempio The Archive of the Indigenous Languages of Latin America (AILLA) presso la University of Texas di Austin e il Dokumentation Bedrohter Sprachen (DOBES), sorto sotto gli auspici del Max Planck Institute di Nijmegen (Olanda), ormai presente in molti paesi del mondo, con il fine non solo di conservare documenti linguistici, ma di dare anche strumenti per la loro descrizione e analisi.

consapevolezza della sua ignoranza. Spesso, mostrare invece un serio e attivo interesse verso l'apprendimento della lingua è un prerequisito eticamente necessario che crea una premessa di eguaglianza, una condizione in cui gli interlocutori si sentano garantiti di poter mostrare apertamente qual è la propria posizione nei confronti della loro lingua, gratificati e riconosciuti in termini identitari [9].

4.4
Liste di parole, glossari, dizionari: ponti tra le parole del ricercatore e quelle degli altri

L'interesse nei confronti della compilazione delle liste di parole ci deve far riflettere su quanto a tutt'oggi questo "costume" condizioni la ricerca e i suoi metodi. Le "parole", come unità isolabili dal discorso, sono frutto della nostra più recente tradizione oggettivista legata in larga parte alla realizzazione scritta della parola, come strumento di reificazione della parola stessa e del significato che esprime. Questa visione condiziona sia le nostre vite fin dai primissimi momenti della socializzazione, sia la nostra formazione come persone, sia molta parte del pensiero filosofico, politico e religioso dell'Occidente. In epoca moderna si realizzarono i primi dizionari in lingua volgare con l'ambizione di "descrivere il mondo", anzi il vocabolario «voleva essere l'immagine del mondo racchiusa in un libro». Anche quando, dal Rinascimento fino all'Ottocento, le raccolte lessicali non sempre seguivano l'ordine alfabetico, «certi glossari ambivano a una ricostruzione metodica dell'Ordine del Mondo» (Marazzini, 2009, p. 17). I primi dizionari delle lingue extraeuropee e agrafe, sebbene comportassero una qualche intrinseca concessione al relativismo linguistico e culturale, erano compilati da missionari, non certo per valorizzare le lingue e culture delle popolazioni con cui erano entrati in contatto, ma per facilitare l'opera evangelizzatrice, attraverso la quale poi si imponeva non solo una nuova religione ma anche il nuovo ordine del mondo secolare. A tutt'oggi la gran parte delle lingue minoritarie del mondo è descritta in grammatiche e dizionari compilati da linguisti missionari. Non sembri eccessivo, dunque, dedicare un'attenzione previa a essi: chi degli antropologi non ha utilizzato un dizionario (che sia di una lingua "esotica" o di un dialetto di un qualsiasi paese

---

9. Non a caso la quantificazione dell'uso di una determinata lingua è considerato un indicatore del grado di integrità dell'identità "etnica" di una determinata popolazione, se non del riconoscimento stesso di "gruppo etnico".

dell'Italia o europeo) per facilitare la propria comunicazione, ma anche come base lessicale per la *conoscenza stessa* della società o della cultura che sta studiando? Mentre consultava un dizionario (spesso accompagnato da un qualche tipo di grammatica), difficilmente però si è domandato chi lo avesse redatto, per quale tipo di utente, per quali fini e servendosi di quali teorie.

Molti antropologi hanno espresso parole dure sull'uso dei dizionari. Dalle critiche di Malinowski [10] alle odierne accuse di Haviland (2007) dirette soprattutto ai loro autori, queste mettono in luce la scarsa qualità delle traduzioni condizionate dalle ideologie e dalle idiosincrasie dei missionari che li hanno realizzati: nei dizionari sono assenti parole ed espressioni relative a molti aspetti della cultura e della religione locale; altri, come sostiene Meliá (1995) [11], sono svuotati e neutralizzati da possibili connotazioni culturalmente salienti per i nativi, tanto da diventare poco utilizzabili e svianti sia per i nativi sia per i ricercatori [12].

Nella più recente letteratura dedicata al riscatto e alla valorizzazione delle lingue-culture minoritarie, la discussione sui metodi con cui sono stati redatti e si stanno redigendo i dizionari (che noi utilizziamo e a cui potremmo aver contribuito a realizzare con la nostra ricerca!) all'interno della tradizione lessicografica degli "etnolinguisti" è anch'essa molto serrata. Haviland (2007) avanza critiche oculate nei confronti di tale tradizione, che sembra continui a rivolgersi al ristretto circuito accademico, producendo opere anche di grande valore ma

10. Malinowski, per spiegare in che modo era stato indotto a formulare una teoria linguistica, aveva chiamato in causa la cattiva qualità di grammatiche e vocabolari allora esistenti per le lingue oceaniche: «Gli autori di questi dizionari, in gran parte missionari spinti dall'esigenza pratica di facilitare il compito ai loro successori, non erano andati molto per il sottile. Stendendo un vocabolario, ad esempio davano per la parola indigena quella inglese approssimativamente più vicina» (Malinowski, 1923, trad. it. p. 337).

11. Meliá ha elaborato fondamentali riflessioni sull'evangelizzazione condotta dai gesuiti; in questo caso fa riferimento all'"azione gesuitica" sulla lingua guaraní condotta dal padre Antonio Ruiz de Montoya, prendendo ad esempio la sua opera *Tesoro della Lengua Guaraní* (1639).

12. Tanto D'Angelis (2004), studioso del kaingang (Brasile meridionale), quanto Haviland (2007), riferendosi a dizionari di campo di lingue indigene, tra le quali alcune parlate nel Chiapas come lo tzotzil e il chol, concordano nel sostenere che questi siano «finemente permeati da commenti metaculturali e dall'ideologia religiosa dei traduttori» (ivi, p. 163), missionari (in questo caso protestanti), e siano contraddittori in relazione alle pratiche e alle concezioni indigene, nonché disinformanti per i ricercatori.

difficilmente utilizzabili ad esempio dalle comunità dei parlanti, e forse anche dagli studiosi che si avvicinano per la prima volta a quelle lingue [13]. Le condizioni di raccolta si fanno spesso molto difficili soprattutto in quelle comunità dove la lingua è a rischio di estinzione, come avviene per le lingue degli aborigeni australiani. Se la raccolta lessicografica può presentare condizioni di discontinuità e di non sistematicità, le liste di parole possono divenire importanti «quando i processi politici [...] si basano su prove linguistiche per stabilire vincoli tra la terra, la società e la cultura aborigena. [...] Tutto, dal nome di un luogo al nome di una pianta, può avere un'importanza insospettabile. In questo caso la "copertura" lessicale non è una questione di "esaustività" scientifica del lavoro, ma una questione ideologica con un evidente valore politico» (ivi, p. 165) [14].

Al di là dell'utilizzo che gli antropologi ne possono fare, dizionari, glossari o liste di parole in genere rappresentano spesso per le società tendenzialmente agrafe un elemento importante per il proprio riconoscimento e sono fonte di complesse politiche della rivalutazione, sortendo effetti anche nei confronti delle politiche identitarie e scolastiche odierne.

Il progetto di controllare il mondo attraverso le parole e di racchiuderle in un libro ha avuto spesso una forza dirompente presso quelle comunità indigene e minoritarie in cerca di elementi oggettivi per segnare i "confini" delle propria identità a partire da elementi distintivi lessicali e fonologici. Questo ambito, oltre a essere di per sé di grande interesse e attualità in quasi tutti i contesti indigeni e minoritari del mondo, assume particolare rilevanza quando le popolazioni coinvolgono concretamente i ricercatori sul campo in progetti "auto-

---

13. Haviland (2007) menziona tra gli altri il dizionario di Laughlin (1975) del tzotzil di Zinacantan, impostato secondo la tradizione dei dizionari bilingue (tzotzil-inglese): con più di 35.000 lemmi è uno tra i più ampi dizionari di una lingua amerindiana. Per molti versi, però, risulta difficile consultare un'opera del genere, tanto per i parlanti quanto per gli studiosi, dal momento che le entrate sono le radici e non le parole effettive.

14. La richieste di prove linguistiche per accertare diritti territoriali originali delle popolazioni indigene sono sempre più frequenti e non vedono coinvolti solo gli aborigeni australiani, ma anche gli amerindiani del Nord e del Sud. Recentemente in un conflitto territoriale esploso tra due comunità huave/ikoots confinanti (Oaxaca, Messico), una delle due parti ha ritenuto il corpus dei toponimi testimonianza del controllo ancestrale sulle terre contese. Lo studioso che aveva compiuto la raccolta di tale corpus, Cristiano Tallè (2004), è stato interpellato per sondare la sua disponibilità a portare in tribunale i dati della propria ricerca come prova testimoniale di tale intreccio pregresso.

gestiti" tesi a realizzare dizionari e altro. In questo caso sarà ancora più importante che il ricercatore non si faccia cogliere di sorpresa [15], né pensi di poter superare gli ostacoli solo per il fatto di avere familiarità con strumenti analitici o pensi di poter collaborare senza avere nozione delle teorie sulle parole appartenenti alla sua tradizione filosofica e a quella dei suoi collaboratori.

Ovunque si stia svolgendo una ricerca sul campo è dunque frequente imbattersi in glossari, dizionari, liste tematiche di parole, brevi grammatiche, manuali per l'apprendimento della lingua o dialetto locale redatti da intellettuali locali, maestri indigeni, nativi interessati alla propria lingua e cultura. In Italia la frammentazione dialettale, insieme alla consapevolezza che l'uso del dialetto genera, ha favorito il fiorire indotto di raccolte di parole spesso accompagnate da racconti, proverbi, modi di dire, storie locali. In che modo e in quale misura queste opere possono essere utili al ricercatore?

Questi lavori sono di grande importanza per un ricercatore, costituiscono uno spaccato della politica e della gestione del sé comunitario, del posizionamento di ciascuna società nei confronti della realtà regionale, nazionale o internazionale. Le inquietudini identitarie, le lotte contro la marginalizzazione di queste comunità si proiettano e concretizzano in opere dove alla lingua, perfino alla creazione di "nuove parole" (cfr. Chiodi, Loncon, 1999, per il mapuguzugun cileno) è affidato il ruolo lungimirante di difendere la cultura e di proiettarla nella modernità.

A uno studioso che dovesse trovare a disposizione solo opere di questo tipo si può innanzitutto suggerire di considerarle di per sé oggetti di studio. Capire ad esempio in quali circostanze persone indirettamente o direttamente stimolate dal contatto con dizionari si impegnino in un'impresa simile, per quali fini, può mettere in luce lo *status quo* della rappresentazione identitaria e se ciò corrisponda a un sentire politico comune o indicativo di una certa visione della storia del rapporto tra minoranze o tra queste e la maggioranza. Avere a disposizione tali materiali è comunque molto utile: possono diventare oggetto di conversazione e commenti con altri interlocutori e quindi offrire l'occasione per una verifica della validità dell'opera in termini di condivisione dei contenuti e del loro significato. Questo è un

15. Uno strumento fondamentale per le modalità di raccolta di parole è il lavoro di Turchetta (2000) al quale rimando per tutti quegli aspetti di tipo metodologico riguardanti la ricerca sul campo diretta alla documentazione linguistica secondo prospettive di tipo sociolinguistico e linguistico antropologico.

principio valido anche per i dizionari redatti dai linguisti (missionari e non). Ma tale verifica non deve rappresentare il fine ultimo. Va presa in considerazione perché può offrire uno spaccato della visione della lingua che hanno gli autori, quanto questa sia condivisa, e quindi avere una prima parziale rappresentazione della società, degli elementi prioritari e rilevanti per gli stessi interlocutori [16]. La verifica può anche rilevare modalità di riflessione e ragionamento, procedimenti argomentativi, tipi di trasmissione della conoscenza altrimenti poco rintracciabili.

4.5
Teorie e metodi della raccolta di parole

I metodi e le riflessioni della ricerca etnografica sono stati recepiti dai linguisti, e sono diventati costitutivi di ciò che noi oggi denominiamo "antropologia del linguaggio" o "etnolinguistica"; le potenzialità tematiche, le prospettive teoriche ed epistemologiche sono state ampliate negli ultimi vent'anni tanto da doversi considerare a loro volta fondamentali per qualsiasi ricerca antropologica *tout court*. Non è un caso infatti che tale ambito di studi in molte università del Nord America sia insegnato sotto la denominazione di Antropologia e non ad esempio di Linguistica o Linguistica antropologica o come in Francia di Etnolinguistica.

Nel caso si volesse guardare alle parole dal punto di vista "pratico" rispetto alle intenzioni riservate alla ricerca sul campo, queste si intersecano con *qualsiasi* aspetto della società-cultura studiata, espletando numerose funzioni al medesimo tempo: le parole sono il mezzo principale per la comunicazione tra un antropologo e i suoi collaboratori, ma il loro scambio, che avviene sempre in una o più cornici di generi discorsivi, costituisce in primo luogo il fulcro della vita comunicativa all'interno della società che il ricercatore studia. Le parole a cui il ricercatore avrà "accesso" nel corso del tempo sono solo parzialmente la base per giungere ad "avere informazioni", attraverso chiac-

16. Non mi è possibile riportare qui esempi di dizionari e manuali realizzati su iniziativa delle stesse comunità di nativi da "soli" o affiancati da studiosi. Ne menziono solo due: il primo, per la sua eccezionalità già analizzato (Descola, 2000; Gnerre, in corso di stampa), è un dizionario-enciclopedico spagnolo-shuar (INBISH 1988). Il secondo è un dizionario compilato come un baluardo contro l'estinzione della lingua passamaquoddy-paliset (algic, algonchino orientale), ancora parlata da un migliaio di persone ai due lati della frontiera fra USA e Canada (Maine/New Brunswick); composto da più di 18.000 lemmi, è un esempio quasi impareggiabile della conoscenza lessicale dei parlanti nativi (Francis, Leavitt, 2008).

chiere informali, partecipando agli scambi nel quotidiano che avvengono tra i nativi o a scambi formali, assistendo a rituali, cerimonie, oppure intervistando. Le "informazioni", seppure nella loro parzialità, non sono desunte solo dalle parole "consapevolmente" scambiate con l'antropologo, o tra i membri della società studiata, ma sono anche sottese nella loro morfologia, nella sintassi, negli elementi fonologici, prosodici. Il genere discorsivo e le specifiche occasioni comunicative, comprese quelle generate dallo scambio con lo studioso stesso, le determinano e le plasmano. Il problema risiede nell'idea stessa di "informazioni", quelle di cui va a caccia lo studioso, spesso pillole di contenuti assunti senza gustare tanti aspetti. Come sostiene Duranti (2007, p. 121), rivolgendosi agli etnografi, è fondamentale «riaffermare l'importanza del ruolo della grammatica in quanto organizzazione dell'esperienza che è "già pronta" e che quindi offre continue proposte a chi se ne serva per l'uso quotidiano. Tali proposte [...] costruiscono un punto di partenza, un repertorio di concettualizzazione e interazione con il mondo esterno degli altri e con il mondo interno del Sé».

Se dunque le parole di per sé sono parte essenziale di una prospettiva metodologica della ricerca antropologica, sia per la conoscenza della società studiata sia per come essa costruisce, si rappresenta e agisce su sé stessa nei minimi aspetti dell'esistenza, potremmo, per sintesi, definire la prima prospettiva (la lingua come fonte di "informazione") come «codice, costituito da un repertorio di simboli che rimandano a dei significati», mentre la seconda come «fonte di risorse per l'agire sociale e per l'interpretazione di quest'agire secondo modelli culturali particolari» (ivi, p. 19).

Nella proposta teorico-metodologica dell'etnopragmatica di Duranti (2007) queste due prospettive non sono disgiunte; nella storia della ricerca etnolinguistica e antropologica del linguaggio spesso invece hanno seguito cammini separati [17]. Sebbene tali prospettive abbiano generato direttamente o indirettamente filoni di studio e di pratiche della ricerca che lo studioso potrà continuare a utilizzare in

17. La prima prospettiva potrebbe avere in Franz Boas (1911) un antenato fondatore per l'antropologia ed è maggiormente legata a una prospettiva mentalista, secondo cui la ricerca "strettamente linguistica" è parte essenziale dell'indagine etnologica perché in grado di penetrare nei «fenomeni mentali della vita dei popoli del mondo» (ivi, p. 95), in gran parte inconsci. La seconda potrebbe avere in Malinowski (1923) un precursore, assai poco ascoltato, che si pronunciava a favore di una visione della lingua come azione, in cui il contesto d'uso è centrale tanto per capire il significato delle parole quanto per far emergere la sua funzione lontana dall'essere identificata solo con la comunicazione delle idee.

alternativa, di fatto l'una non esclude l'altra. La teoria etnopragmatica di Duranti è

dedicata allo studio di due aspetti del fare del linguaggio. Il primo è il potere *performativo* di qualsiasi linguaggio, comprese le lingue storico-naturali (come l'italiano, l'inglese, il samoano); l'altro è il suo potere di *rappresentare*, o (ri-)presentare, l'esperienza, quella fatta e quella del fare, quella del reale e quella dell'immaginazione. La combinazione di questi due poteri o qualità costituisce quella che chiamo l'*agency* che si trova non solo rappresentata (ovvero codificata) ma anche realizzata nel linguaggio (ivi, p. 19).

4.6
Questioni definitorie: che cosa sono le parole?

Finora ho spesso utilizzato il termine "parole" tra virgolette, appunto, in sostituzione di "lingua" o come metafora riduttiva per "lingua". Ma che cosa intendiamo per "parola"?

Le (molte) definizioni che sono condizionate da una visione oggettivista e universalista in stretta e storica dipendenza dalla scrittura e dal nostro sistema di scrittura alfabetica la definiscono principio che struttura gli stessi dizionari, le enciclopedie, i glossari. Ciò è desumibile da quanto afferma Banfi nel proporci una definizione prescientifica e intuitiva di parola: «Per l'uomo della strada le parole sono le unità fono-morfologiche che coincidono con le entrate di un dizionario, e a livello di notazione fonematica, parole sono le unità segnalate (precedute e seguite) da spazi» (Banfi, 2009, p. 4). L'antropologo non è estraneo a tale prospettiva, visto che è cresciuto immerso in essa. Non è escluso che ciò determini il suo interesse per ambiti di ricerca dove le parole sono percepite come strumenti e utilizzate al di fuori del contesto comunicativo e d'uso, a volte senza dominare la lingua dei suoi interlocutori, usando interpreti o una lingua di contatto. Secondo questa prospettiva, le parole sono come contenitori di *idee* attorno alle quali si può far ruotare lo "spirito di una cultura", o strumenti di classificazione del mondo naturale (etnoscienza) o di quello "sovrannaturale", dello spazio e del tempo, del corpo, delle malattie, delle percezioni sensibili (suoni compresi), del territorio, dell'ergologia o di quello delle relazioni sociali come la terminologia di parentela.

Uno dei presupposti di questo variegato tipo di prospettive, a dire il vero il più utilizzato dagli antropologi, è che

i parlanti usano le parole (tipicamente pensate come "sostantivi") per scegliere entità del mondo – i "referenti" delle parole – in relazione al loro "senso" o "denotazione", indipendentemente dal loro uso [...]. D'accordo con questo punto di vista, le parole sono pensate come una specie di istruzione di chi parla rivolto a un ascoltatore, basata su una comprensione condivisa di significati delle espressioni [che gli antropologi devono cogliere o imparare, *N.d.A.*], e che in generale ha per scopo raggiungere un referente comune (Haviland, 2007, p. 166).

Ma è possibile proporre una definizione di parola utile al ricercatore che lo metta al sicuro da posizioni ingenue o troppo etnocentriche? La questione non è affatto semplice, soprattutto se l'ambizione è proporre una definizione che sia valida interlinguisticamente. La discussione tra linguisti è ampia e non può dirsi essere giunta a una conclusione unanime. Alcuni punti fermi possono essere però proposti.

Le "parole" sono sempre e dovunque la "facciata" di presentazione di una lingua per chiunque la voglia affrontare. Che sia scritta, come in molti casi nel mondo, o che sia esclusivamente orale, come nella maggioranza dei casi, una lingua si presenta in prima battuta con sequenze foni/fonemi o grafi/grafemi in qualche modo segmentabili per lo meno nella percezione comune che i parlanti hanno di essa. Questa può essere legata a una certa evidenza intuitiva per chi usa la scrittura (Ramat, 2005, p. 107) o percepita come sottounità intermedia (tra il morfema e la frase) in cui si articola una lingua (Cardona, 1988, p. 230) o come facente parte di una comune realtà psicologica (Sapir, 1921, pp. 33-4) o ancora come «una unità che si impone allo spirito, qualcosa di centrale nel meccanismo della lingua» (Saussure, 1915, p. 134).

La difficoltà di una definizione nasce dal fatto che a seconda della lingua, in gradi diversi, troviamo decine di tipi di parole, più o meno "vuote" (come dicevano i grammatici cinesi) e più o meno "piene" o "dense". Ciò dipende dal fatto che «la relazione tra suono e sillaba, sillaba e morfema, morfema e parola, parola e frase» (Solontsev, 1986, p. 53, cit. in Ramat, 2005, p. 109) cambia a seconda della tipologia della lingua. Questa d'altronde, avverte Ramat, ancora oggi si basa sul diverso trattamento dell'unità segnica che chiamiamo "parola": «Il tipo isolante da un lato – caratterizzato dalla corrispondenza 1:1 tra morfemi e parole – e tipi non isolanti dall'altro costituiscono i due poli, i due macrotipi per la tipologia della "parola", la quale si basa tutt'oggi sulla divisione tradizionale in lingue isolanti, fusive, agglutinanti e incorporanti» (ivi, p. 109). La tipologia della parola deve tener conto di questo arco di variazioni e quindi più che essere pensata in termini polarizzanti è bene invece immaginarla come "un *continuum*" i cui estremi sono rappresentati dal tipo isolante e da quello polisintetico (una sola "parola" può da noi essere resa con una frase intera), e che pertanto «si debba tornare alla definizione tradizionale di "parola" che tiene conto contemporaneamente dell'aspetto semantico, fonologico e grammaticale, ricordata anche da Lyons (1968)» (Ramat, 2005, p. 112) [18].

Così, per cominciare da un esempio nostrano, se troviamo scritta (o ascoltiamo enunciata) una frase come "l'uomo fu disarcionato dal suo cavallo", scritta così come la vediamo (e non pronunciata in una sequenza fonetica ininterrotta, sebbene siano possibili delle interruzioni nella sequenza, come /'lwomofudizartʃoʼnatodalsuokaʼval:o/), siamo in grado, per quello che la scrittura ci offre e grazie a un'indagine conoscitiva svolta con uno o più parlanti nativi, di riconoscere un inventario di parole (in termini semantici più che fonologici) collocabili su un continuo dalle più "vuote" (che ora possiamo chiamare "grammaticali" o "connettori") alle più "piene". Potremmo ridisporre così l'enunciato: *l'*, *dal*; *fu*, *suo*; *uomo*, *cavallo*, *disarcionato*. A sinistra troviamo parole totalmente grammaticali, la prima di portata anaforica (l'uomo in questione era già stato introdotto nel discorso che precede questo specifico enunciato) e la seconda analizzabile nella preposizione *da* che codifica di solito (ma non sempre) un punto di origine o di provenienza, e di nuovo dall'articolo *l*. Scopriamo presto che ciascuna di queste parole e tutte le altre seguenti si trovano in relazione paradigmatica con le altre forme grammaticali. Nel secondo blocco troviamo *fu* e *suo*. Fin qui è probabile che le "parole" individuate siano di maggior interesse per un linguista che mira a conoscere in primo luogo le forme della grammatica della lingua e ciò che essa "offre" in termini grammaticali. Però già con *suo* l'antropologo potrebbe essere interessato a capire meglio come sia espressa in questa lingua una relazione fra *l'uomo* e il *cavallo*: appartenenza? Relazione alienabile/inalienabile? Procedendo verso destra troviamo altre due parole già alquanto "piene" in termini di portata semantico-culturale: *uomo* e *cavallo*, referenti su cui esistono biblioteche intere, in particolare sul primo concetto che, come ovvio, nel caso dell'Occidente attraversa tutta la storia del nostro pensiero. Arriviamo infine all'estrema destra della nostra scaletta di "densità", a una parola, *disarcionato*, estremamente densa in termini semantici:

18. Tale definizione recita: «Una parola può essere definita come l'unione di un particolare significato con un particolare insieme di suoni, capace di avere un uso grammaticale particolare» (Lyons, 1968, p. 200, cit. in Ramat, 2005, p. 112).

una forma di un verbo che codifica (ossia lessicalizzato) un'azione compiuta da un quadrupede (di solito un cavallo), un umano che lo cavalca e un certo speciale movimento del quadrupede che riesce a scrollarsi di dosso il suo ingombrante fardello umano.

Fin qui riusciamo spesso a riconoscere dietro ogni frammento dell'enunciazione un riscontro nei dizionari. Però in moltissimi casi, come abbiamo già visto, e spesso proprio per lingue di primario interesse per gli antropologi, troviamo "parole" che ne incorporano in sé altre. A scopo esemplificativo di questo tipo di lingue Sapir (1921, pp. 30-1) riportava una parola del paiute (parlato dagli indiani delle pianure sud-orientali dello Utah, USA) di notevole lunghezza ma senza per questo rappresentare una "mostruosità psicologica":

wii-to-kuchum-punku-rügani-yugwi-va-ntü-m(ü)
coltello-nero-bisonte-posseduto-tagliare a pezzi-sedere (Pl.)-futuro-participio-Pl. animato
"quelli che stanno per sedersi e tagliare a pezzi con un coltello un bisonte nero (posseduto da un essere umano)" [trascrizione mia].

Dunque, sosteneva Sapir (ivi, p. 32), «è impossibile definire una parola da un punto di vista funzionale, perché la parola può essere tutto, dall'espressione di un singolo concetto – concreto o astratto o puramente relazionale [...] fino all'espressione di un pensiero completo» in cui la parola si identifica con una frase.

Ritornando a "l'uomo fu disarcionato dal suo cavallo", l'antropologo può essere interessato a sapere che in molte lingue del mondo una frase passiva come questa non sarebbe possibile: una situazione in cui un essere umano subisce un'azione da un animale come il cavallo, che, sebbene associato in modo subordinato alla vita degli umani, infligga le conseguenze di un'azione volontaria, non è immaginabile. Nella frase infatti non ci sono elementi riconducibili a una specifica causa esterna che ha fatto imbizzarrire il cavallo, e quindi l'unico elemento che rimane è la "libera decisione" del cavallo di scrollarsi di dosso il proprio cavaliere. Le ragioni che possiamo già così intravvedere potrebbero essere molte e tutte di tipo culturale: come una società rappresenta e amministra le relazioni tra esseri, secondo quali criteri, ad esempio il grado di animatezza (Hill, 1988) [19], o l'attribuzione

19. In questo saggio, dedicato al rapporto tra lingua, cultura e visione del mondo, Jane Hill propone una visione sintetica assai utile delle gerarchie di animatezza che «rifletterebbe la capacità umana, di notevole importanza per l'adattamento, di conce-

di intenzionalità e capacità di controllo o *agency* (Donzelli, Fasulo, 2007) e l'eventuale gerarchizzazione che ne deriva. Questo tipo di relazioni sono presenti in quasi tutte le lingue del mondo secondo modalità, punti di vista e ampiezza diversi (Hill, Irvine, 1993). Ciascuna di queste relazioni quali uomo-animale-piante e le loro sottocategorizzazioni, o con oggetti o con la natura intesa come spazio non socializzato o addomesticato dall'uomo, non va assolutamente data per scontata, ma investigata caso per caso [20].

Attraverso l'analisi formale siamo giunti ad avere delle "informazioni" sulla "cultura" altrimenti difficilmente ottenibili, ad esempio rivolgendo domande più o meno esplicite sull'argomento. La realizzazione di una domanda intorno a questi temi si scontrerebbe poi con molte limitazioni semantiche: come riferirsi alla nozione di "persona", "azione"? sarebbe rilevante o pertinente un tale tema? sarebbe possibile trattarlo contenendolo in una domanda? Attraverso l'analisi morfologica abbiamo potuto osservare come alcuni strumenti consentano l'azione della lingua sulla realtà. È evidente che siamo entrati nella vita di una lingua che, come ci suggerisce Duranti (2007, p. 27), "propone" strumenti e modi di esprimersi, significati che precedono qualsiasi individuo sia storicamente sia epistemologicamente. Ma «questo non vuol dire che i parlanti non possano "forzare" le strade o le soluzioni offerte da una lingua; i parlanti lo fanno occasionalmente e a volte ostinatamente, producendo col tempo cambiamenti linguistici nel sistema». La lingua è appunto frutto di un processo socio-geo-storico che ognuno (studioso compreso) può contribuire a disperdere, sciupare, svilire, abbandonare, oppure difendere, preservare, rivitalizzare, arricchire.

---

pire il mondo come organizzato in entità più o meno animate. Tale concezione si riflette nel modello grammaticale di molte lingue naturali» (Hill, 1988, pp. 30-1). Le gerarchie di animatezza possono essere realizzate attraverso l'uso o meno del soggetto, di costruzioni passive, dell'agente dei verbi transitivi ecc. Il saggio di Hymes (1974) contiene una miniera di esempi, tra cui quello degli gli Ojibwa che attribuiscono alle pietre la capacità parziale di un comportamento animato e pertanto sono grammaticalmente classificate come genere animato (ivi, p. 12). *Fondamenti di sociolinguistica* è un testo che sarebbe auspicabile facesse parte del bagaglio di qualsiasi ricercatore che va sul terreno.

20. Uno studio molto citato (cfr. Hill, 1988; Gnerre, 2008a), per esemplarità teorica e metodologica, è quello di Witherspoon (1977, 1980) sulla lingua e sulla cultura navajo. Attraverso l'analisi dettagliata dell'uso di due prefissi preposti al verbo transitivo, *yi-* e *bi-*, che segnalano ruoli di agenti differenti tra i due nomi che precedono il verbo, Witherspoon mostra un aspetto centrale della visione dell'ordine dell'universo navajo basato sul "potenziale di movimento".

4.7
Le parole degli altri

Le questioni qui appena sfiorate ci hanno portato direttamente nel turbinio delle parole altrui, che non ci si presentano mai come noi ce le immaginavamo preparandoci alla ricerca sul terreno. Le parole altrui sono una sfida che ci trascina subito fuori dall'asettico ordine del dizionario. Ci dicono subito di fonemi, morfemi, di ordine delle parole, forme di enunciazioni e delle loro regole, di generi discorsivi e altri aspetti ancora. Infatti, come suggerisce Monod (2009, p. 626), la parola «è anche qualcosa di più della sua concretizzazione, perché implica una vicinanza, reale o fittizia, tra i protagonisti dello scambio verbale». Al centro della semantica della parola si deve porre il concetto di enunciazione, che diventa determinante anche per la scoperta del senso delle parole stesse. Secondo questa prospettiva il ricercatore dovrà porre attenzione a un gran numero di aspetti di cui si compone un'enunciazione. Seguirò alcuni dei punti presentati da Monod, chiarendone di volta in volta il significato con esempi.

In un enunciato possono essere presenti elementi indiziali, tra questi i tratti linguistici con valenza indessicale [21], che ancorano l'enunciatore/gli enunciatori e l'audience a una specifica situazione o evento concorrendo a definirlo o a modificarlo. Concentrarsi sulla deissi è fondamentale per il ricercatore, dal momento che essa si colloca al centro dell'intreccio sociocomportamentale, sia come sottosistema linguistico, sia come atto (Hanks, 1990, pp. 5-7), intrinsecamente dialogico, che potrebbe comprendere l'investigatore stesso. Le categorie di persona, per cominciare, associate ai pronomi marcano l'ancoraggio (ivi, p. 137) dei partecipanti a un'interazione dialogica, al contesto sociale, all'evento. Il loro specifico uso di volta in volta contribuisce a costruire l'evento stesso. Per tale ragione il ricercatore dovrà prestare grande attenzione (ascoltare, registrare, filmare) all'uso di tali

---

21. Hanks ha elaborato una descrizione e un'analisi delle pratiche indessicali del maya yucateco (Messico) molto dettagliata. Egli definisce l'indessicalità in *Culture e discorso. Un lessico per le scienze umane* (a cura di Duranti, 2001) come «l'onnipresente dipendenza dal contesto degli enunciati di qualunque lingua naturale, e comprende fenomeni diversissimi come l'accento originale regionale (indice dell'identità del parlante), gli indicatori verbali di etichetta (indici di deferenza e contegno), l'uso referenziale dei pronomi (io, tu, noi, lui ecc.), dei dimostrativi (questo, quello), degli avverbi deittici (qui, là, ora, dopo) e del tempo verbale» (Hanks, 2001, p. 168). Duranti (2007, pp. 100-1) suggerisce alcuni altri aspetti (cfr. Ochs, 2006) riconducibili a specifici tratti prosodici o linguistici del parlare in famiglia, del registro burocratico e altri ancora.

pronomi in relazione al contesto o alle situazioni in cui sono enunciati. Capirà meglio non solo il tipo di evento a cui sta assistendo o partecipando, ma anche avrà chiaro come in parte si articola nel vissuto
un sistema sociale o politico, gli eventi stessi (formali, cerimoniali o
della vita quotidiana), e quali strumenti sono a disposizione dei parlanti per definirli, descriverli, viverli e modificarli.

Le società umane spesso si avvalgono di sistemi molto complessi
di pronomi: si pensi al giapponese che ha sei forme alternative di pronomi per "io" e cinque per "tu", collocabili in un decrescente ordine
di cortesia (*politeness*) [22]. Come per gli onorifici, questa vasta gamma
di alternative sono «codificazioni grammaticali dirette di status sociali riconducibili ai partecipanti, o tra questi e persone o cose riferite
all'interno di un evento comunicativo» (Brown, Levinson, 1978,
p. 276). Gli autori avvertono che queste forme grammaticali sono i
principali esempi di relazione diretta tra forma e uso, aggiungerei, tra
forma e stratificazione sociale (politica e religiosa), di genere e di età.
L'uso appropriato di tali pronomi, e degli onorifici in genere, è una
vera sfida per i parlanti non nativi: a loro pertanto si richiede di acquisire una conoscenza dettagliata delle convenzioni comunicative e comportamentali.

Quanto detto finora vale anche per gli ambiti indessicali del
tempo, dello spazio e delle azioni che si compiono tenendo conto di
questi due assi. L'ambito è talmente vasto da scoraggiare qui una sintesi. Mi limito a suggerire che qualsiasi società umana, ad esempio,
regola l'organizzazione spaziale e territoriale a seconda del tipo di
evento sociale e linguistico (Turchetta, 2000, p. 38) [23]. Tale organizzazione impone regole comportamentali e linguistiche pertinenti per
genere, età e status sociale (per lo meno) – queste fanno parte del
primo ABC che il ricercatore deve imparare – ma anche adattate al
tipo di evento che si sta realizzando. L'uso dei deittici di spazio e di
tempo concorre alla costruzione di tali eventi. In casi informali, formali, cerimoniali, disattendere l'enunciazione di specifici deittici stabiliti dalle convenzioni potrebbe modificare l'evento, non farlo rico-

22. Per avere un quadro su questi aspetti oltre al lavoro pionieristico di Brown e
Levinson (1978), si veda quello di Allan e Burridge (2006, pp. 133-43) in cui sono cita-
ti dati più aggiornati e anche su tamil, coreano, giapponese, lingue della Papua Nuova
Guinea e Australia, tra le altre.

23. Per dare un'idea della mole di pagine necessarie per dare una visione sintetica di questo ambito, si citava pocanzi il lavoro di Hanks sulle pratiche dei riferimenti spaziali in maya yucateco... un lavoro che supera le 500 pagine!

noscere come tale all'audience, e con esso le convenzioni di cui è portatore, in una parola farlo fallire [24].

Di fondamentale importanza, inoltre, sarà per il ricercatore focalizzare la propria attenzione sulla relazione tra gli aspetti verbali, la qualità della sostanza fonica, e gli aspetti extraverbali, come gesti, posizione dei corpi, direzione dello sguardo, che accompagnano, sottolineano e rendono valida l'utilizzazione dei deittici e il loro significato all'interno di uno scambio comunicativo (Haviland, 2001). Infatti, come abbiamo potuto mettere in luce, la violazione dei principi comunicativi, intesi in senso ampio, che sottostanno agli eventi sociali e linguistici insieme, può modificare gli eventi, farli perdere di senso, come a breve vedremo.

Tale sommaria menzione delle dimensioni dell'indessicalità spero incoraggi quei ricercatori che vogliono intraprendere ricerche di antropologia dello spazio, del tempo e della nozione di persona, a realizzarle a partire dalle pratiche referenziali della lingua della società che studiano.

Un'altra dimensione centrale degli enunciati da tenere in conto, secondo Monod, è la forza illocutiva per cui parlare è un tipo di "fare", un "agire sociale", che ha una propria efficacia nel determinare effetti (un comando, una preghiera, una dichiarazione ecc.). Altri aspetti di tale forza sono sia di tipo morfo-sintattico sia relativi alla dimensione della performance riguardando l'esecuzione degli enunciati, gli aspetti fonologici e prosodici, la qualità della voce. Questi spesso sono utilizzati per intensificare e specificare significati legati all'umore, ai modi di sentire, agli atteggiamenti affettivi ed emotivi negativi e positivi (Ochs, Schieffelin, 1989) [25].

24. Presso gli Huave/Ikoots di San Mateo del Mar (Oaxaca, Messico) l'uso di un deittico di tipo spaziale, al-ko-ningüy ("sta-forse-qui") – ricorrente nelle orazioni cerimoniali sia religiose sia politiche, il cui significato è diventato per molti oscuro per la presenza di una marca di dubbio, evidenziale, prefisso ko-, "forse" – ha messo in luce alcune valenze ideologiche convenzionali fondamentali legate al significato e alla nozione di autorità politica e di assemblea: enunciando ogni volta tale forma deittica di fronte all'assemblea, l'autorità garantisce e rinnova il "patto" di equilibrio tra le autorità politiche elette (il cui potere è transeunte e revocabile) e il potere gestito dall'assemblea stessa. La disattesa del ricorso a tale convenzione enunciativa pone a rischio il riconoscimento delle autorità in carica da parte dell'assemblea e/o i risultati della riunione stessa (Cuturi, 2000).

25. Le autrici (Ochs, Schieffelin, 1989, pp. 12-4) propongono alcuni esempi di espressioni linguistiche dell'affettività (positiva e negativa) che si avvalgono del dominio grammaticale e discorsivo come pronomi di persona, riflessivi, determinativi, tempi verbali, casi, marcatori di genere, numero e animatezza, affissi e particelle, reduplica-

Tutte le considerazioni finora proposte ci riconducono a un'ottica della prassi del parlato che include anche tabù fonici [26], parole e nomi proibiti, limitazioni nell'enunciazione dei termini di indirizzo (evitazione). Comportamenti verbali ed extraverbali tabuizzati vanno ancora una volta di pari passo. Secondo Allan e Burridge tali proibizioni possono riguardare il corpo, le sue emanazioni e i suoi organi genitali; gli atti legati alla sessualità, alla malattia, morte e uccisione (inclusa la caccia e la pesca); nominazione e indirizzo; anche guardare e toccare persone ed esseri sacri, oggetti e luoghi; carni di animali cacciati, preparazione e consumazione degli alimenti (Allan, Burridge, 2006, p. 1). Questo complesso campo di indagine può condurre il ricercatore a porre l'enfasi, come un buon inizio, sui "nomi comuni" dei referenti discorsivi, solo per rendersi conto presto del loro intreccio con altre classi di parole, ad esempio con radici verbali che rivelano mondi percettivi e classificatori altrimenti nascosti. Anche "parole", come i nomi propri di persona, di animali, di luoghi, che possiamo immaginare come altamente "arbitrarie" (come sono spesso per noi) possono invece occultare mondi referenziali conoscitivi (Gnerre, 2003) [27] che, con ogni probabilità, non ci verranno mai dischiusi pienamente. E inoltre, anche esplorare gli ambiti e i conte-

zione, armonia vocalica. Mostrano inoltre il ruolo della qualità della voce, delle allitterazioni, dei simbolismi sonori e anche aspetti lessicali, ordine delle parole, *code-switching* (parole proibite), *baby talk* (ripetizione di enunciati).

26. Monod (2009, p. 626) cita il "tabù fonico" utilizzato da alcune popolazioni amazzoniche come «indice di un debole scarto tra la parola e il referente» minimizzato attraverso procedimenti vocali oppure ampliato «attraverso processi prosodici o grammaticali, che rendono ciò che si dice un enunciato di cui non ci si assume la responsabilità (discorso riferito, ironia, morfema d'incredulità)».

27. La prima distinzione è quella fra nomi "comuni" e nomi "propri". Per questi ultimi, a seconda delle lingue-culture si deve distinguere per lo meno fra nomi di persona e nomi di luoghi. A questo punto entrano in gioco vari parametri quali l'unicità referenziale, la trasparenza o l'opacità del nome, l'eventuale motivazione, la focalità (nome focalizzato *vs* "diffuso"). Nelle denominazioni dei luoghi, dei fiumi, di alture e montagne o di altri fenomeni geografici sono importanti i concetti quali quello di "contiguità" fra un referente privilegiato e un certo luogo o "spazio" percepito come "denominabile". Lo statuto di quel referente è importante: umano, animale, naturale (vegetale, minerale…?) permanente, transeunte. Può essere importante l'esistenza o la vigenza di quel referente. Altri concetti che entrano nel quadro analitico sono quelli di opacità (per cui un nome di luogo trasparente diviene con il tempo un "toponimo" opaco, come ad esempio Mississippi opposto a Rio Grande) e altri ancora, come quello di focalizzazione su dettagli percettivi, ad esempio Itapemirim, "fiume delle pietre piccole" (in tupi).

sti comportamentali e discorsivi in cui tali nomi/parole sono proibiti può rivelare risvolti nascosti.

Una qualche forma di tabù sull'enunciazione di nomi comuni e propri (di persone vive o defunte) sembra essere presente praticamente ovunque e quindi anche in questo caso il ricercatore dovrà fare un lavoro di raccolta dei dati ancor più scrupoloso, per rilevare tali comportamenti linguistici, e per non incorrere in errori comportamentali comprometteni, violando tabù, percepiti come dannosi (causa di disgrazia, malattia e morte) od offensivi dai propri interlocutori. Allan e Burridge hanno elaborato una riflessione di paradossale e drammatica attualità: le frequenti proibizioni di parole e nomi propri espongono molte lingue minoritarie minacciate a un ulteriore rischio di impoverimento a favore di lingue (spesso quelle coloniali) che non presentano simili tabù. Questo è il caso delle lingue aborigene del deserto occidentale dell'Australia, il cui lessico è sottoposto a rapidi cambiamenti, così come sono sottoposti a "distorsioni" gli stessi tabù (Allan, Burridge, 2006, p. 128). In altre realtà, come quella degli Nguni (Sudafrica), la tabuizzazione è resa ancora più gravosa dal fatto che molti dei nomi personali sono presi dal vocabolario del quotidiano. Gli Nguni praticano lo *hlonipha*, una forma di rispetto espresso attraverso l'evitazione di enunciare una vasta gamma di nomi propri: le donne non possono enunciare il nome del padre del marito e degli ascendenti in linea maschile del marito; il nome del capo villaggio è per tutti tabuizzato; i bambini non enunciano il nome dei loro genitori e dei fratelli e sorelle dei loro genitori; il nome di fratelli e sorelle è evitato dopo la pubertà; una donna inoltre evita di enunciare il nome del marito e questo potrebbe essere un comportamento reciproco [28]. Le motivazioni di tanta enfasi sull'evitazione non sono solo riconducibili a motivi socioideologici legati al genere, ma anche all'ideologia [29] della parola e della sua enunciazione e, nello specifico,

---

28. Per la donna sposata, la residenza del padre del marito costituisce un contesto relazionale ancora più complicato: alle evitazioni linguistiche si associano quelle comportamentali degli sguardi rivolti agli affini, dell'obbligo del parlato indiretto verso il suocero e della condivisione di spazi e di attività in presenza degli uomini anziani affini e del suocero. La violazione dello *hlonipha*, in cui può incorrere una donna sposata, può portare alla restituzione della donna a suo padre. Il ritorno nella residenza del marito può avvenire solo dopo molte scuse e il risarcimento di una capra o due sacrifici agli antenati del marito (Allan, Burridge, 2006, p. 128).

29. La nozione di "ideologia" associata a parola o lingua è fonte di discussione (Schieffelin, Woolard, Koskrity, 1998). Alcuni antropologi linguisti preferiscono espri-

dei nomi di persona. Questo è un altro degli aspetti trattati da Monod (2009), ed è probabilmente quello che pervade ogni dimensione del parlato, ma che costituisce soprattutto l'unione tra fatti culturali, prassi dell'uso delle parole e forme di enunciazione. Le rappresentazioni delle parole e dell'atto del parlare, elaborate dai parlanti, condizionano la prassi e i generi del parlato, i suoi aspetti fono-morfologici, limitando l'enunciazione, descrivendo il complesso rapporto tra la parola e il suo enunciatore. Questo è un ulteriore ambito di ricerca che ha precedenti molto noti come lo studio sul *Mondo della parola* dei Dogon (Mali) realizzata durante un ventennio da Calame-Griaule (1965) [30].

La parola, fonte dunque di discorsi e di riflessione su sé stessa, dimostra il suo grande e intrinseco potere anche attraverso le rappresentazioni che le società umane elaborano sulla sua origine. La consapevolezza del suo potere conduce spesso ad associarla all'autorità in quanto tale, e quindi a una diversificata distribuzione di chi ha il diritto di usarla, a calibrarne la sua emissione a seconda del contesto e dei destinatari (cfr. Turchetta, 1997) o a riservarla a chi, dimostrando di essere un abile oratore, è riconosciuto come persona di prestigio e quindi in grado di gestire il potere.

Non si tratta solo del potere politico o religioso o della gerarchia del prestigio che si impone nei confronti di coloro che non rivestono alcun incarico pubblico o non hanno un ruolo politico. Il diritto a prendere la parola riguarda anche minuti fatti del quotidiano, coinvolge il rapporto tra i generi e le generazioni, fa riferimento a con-

mersi in termini di "rappresentazione". Tutte le società e lingue presentano variegate dimensioni riflessive riguardanti le parole, il loro uso consapevole e inconsapevole. Queste dimensioni sono rappresentate dagli strumenti metalinguistici che tutte le lingue hanno (si pensi al lessico legato all'attività di "parlare", "dire", nonché "ascoltare" ecc.). De Mauro (2002) ha proposto alcune riflessioni per il lessico dell'italiano. Gossen (1974) ha stilato una tassonomia "locale" del comportamento verbale del maya di Chamula (Chiapas) che potrebbe servire da schema per altri progetti di ricerca.

30. L'attenzione per la rappresentazione della parola emerge anche in ricerche di etnostoria come quella di Drakard (1999) sulla relazione tra l'autorità reale dei Minangkabau (Sumatra centrale) e la rappresentazione di sé stessa attraverso le sue parole (i cui testi sono riportati in lingua originale) e il potere coloniale (tra XVII e XIX). Tale studio, basato anche su documenti coloniali, mette in luce come l'autorità reale si fondasse su «un linguaggio strutturato del potere» (ivi, p. 267) che ha profonde radici nei significati condivisi all'interno del mondo di Sumatra e della Malesia, mentre il potere coloniale era preoccupato di rappresentare il regno dei Minangkabau come "fittizio", "irrazionale" e "pretestuoso".

venzioni sociali dell'etichetta, ai turni discorsivi. È un'esperienza che tutti viviamo costantemente da quando siamo nati, da quando qualcuno ci ha zittito dicendoci che eravamo troppo piccoli per partecipare a una conversazione tra adulti a quando consideriamo un maleducato chi sovrappone la sua voce alla nostra.

Ulteriori elementi di riflessione ci vengono suggeriti dalle prospettive in cui le parole, per definire la loro comprensione, sono inserite nel contesto d'uso, diventato man mano sempre più ampio, dei discorsi: secondo Scherzer (1987a) il discorso costituisce il nesso della relazione tra lingua, società e cultura. Partendo da una voluta vaghezza definitoria, il discorso costituisce una forma di approccio allo studio di lingua e cultura, proprio perché «è un'area elusiva, imprecisa e costantemente emergente, in quanto tale è interfaccia tra linguaggio e cultura, creato dalle reali istanze della lingua in uso e definito specificamente nei termini di tali istanze» (ivi, p. 286).

Siamo di fronte a un'ulteriore scatola cinese dove l'emergere della consapevolezza dell'esistenza di generi discorsivi e testuali ha avuto una lunga storia che si è intrecciata con le modalità classificatorie della nostra tradizione testuale: dai più conosciuti miti, leggende, narrazioni, proverbi, indovinelli, racconti biografici, poesie, si è passati via via a individuare, valorizzare e analizzare generi che sconfinano nell'evento come discorsi, orazioni cerimoniali (politiche, religiose, dei riti di passaggio, di cura, funerari ecc.), a sfondo pedagogico (Cuturi, 1997b), dialoghi cerimoniali (Gnerre, 1996; Monod, Erikson, 2000; Senft, Basso, 2009); ma anche i molteplici aspetti del parlato quotidiano, come i saluti (Duranti, 2000), le visite (Turchetta, 1997a), le contrattazioni, i pettegolezzi, la comunicazione che avviene nelle aule scolastiche ecc. Lo studio di specifici generi discorsivi e testuali non ha mai tralasciato di considerare la centralità degli elementi fono-morfologici, delle scelte semantiche, degli aspetti extraverbali, tutti insiti in atti che si rifanno a convenzioni comunicative che anzi hanno acquistato ancor più rilievo analitico, dal momento che la loro strategica utilizzazione marca l'appartenenza a uno specifico genere o evento discorsivo e testuale, informano l'audience dell'evento a cui sta assistendo e/o partecipando; di fatto lo creano. Turchetta (1997a) ha messo in luce come il legame tra voce e postura del corpo sia centrale per l'analisi del discorso, sia perché l'una accompagnandosi all'altra sono parte dell'organizzazione degli scambi conversazionali, sia perché marcano contesti e situazioni comunicative in quanto eventi sociali. Per molte realtà dell'Africa occidentale specifici discorsi richiedono posture del corpo e uso della voce appropriati le cui modalità cambiano a seconda dei gruppi [31].

Ogni società ha selezionato dal continuum del vissuto e del parlato strategie convenzionali per delimitare e definire generi ed eventi riconoscibili (Silverstein, Urban, 1996). Spesso sono convenzioni introiettate a tal punto da essere in parte utilizzate inconsapevolmente. Tutti noi, fin dall'infanzia, siamo stati abituati a predisporre il nostro ascolto interpretando come "fiaba", quegli enunciati che avevano per inizio: "C'era una volta...". Se ciò vale per noi, il ricercatore dovrà compiere un grande sforzo per individuare il complesso di tali convenzioni e i relativi strumenti che danno vita a ciascun genere che la società ha "selezionato", o "va selezionando" [32].

Quando le convenzioni discorsive comprendono il genere, è bene predisporsi ad affrontare diversità molto profonde e a prepararsi a individuarle proiettate sul piano del parlato. Basti pensare alle regole di evitazione, appena menzionate, di un evento come una visita, per intuire i punti critici su cui concentrare l'attenzione: dai differenti contesti rituali a quelli del quotidiano possiamo aspettarci che ci siano comportamenti verbali ed extraverbali diversi tra uomini e donne (Violi, 1986; Cameron, 1990; Tannen, 1992; Bucholtz *et al.*, 1999) che possono scontrarsi o essere in linea con le rappresentazioni di genere a seconda della persona da cui sono evocate e/o praticate. In alcune società si sono sviluppate differenziazioni linguistiche tra uomini e donne, come tra i Chiquitanos (Bolivia orientale), percepiti quasi come un ostacolo all'intercomprensione. Si riconosce l'esistenza di una "lingua delle

31. Per alcuni gruppi del Burkina Faso le confidenze, ad esempio, sono scambiate tra persone coricate, i discorsi seri vanno proferiti seduti (Zumthor, 1984, cit. in Turchetta, 1997a, p. 84); presso i parlanti di akan in un contesto formale, la posizione del messaggero deve essere eretta, mentre rimane seduto il ricevente. Quali che siano le variazioni, la violazione di queste convenzioni muta la natura dell'evento o rischia di farlo fallire.

32. Un esempio viene dal vissuto dei missionari protestanti del Summer Institute of Linguistics (SIL o ILV) intenti a tradurre il Nuovo Testamento nello huave di San Mateo del Mar (Oaxaca, Messico) (cfr. Cuturi, 2009a). In una delle prime versioni della traduzione, essi avevano costellato i testi con una marca di dubbio (evidenziale) *chec*, presente nella narrativa, nei miti, nei pettegolezzi. Uno dei collaboratori criticò quella scelta proprio perché *chec* informava che il narratore stava riportando fatti di cui non poteva garantire la veridicità. Se nei testi del Vangelo fosse apparsa tale marca in maniera ricorrente, il lettore li avrebbe interpretati come dei racconti di pura fantasia. Grazie a tali osservazioni, i missionari hanno avuto accesso al significato e al contesto d'uso di *chec* e al suo potere di determinare il genere del discorso e quindi la veridicità dei contenuti persino di un testo non confutabile come i Vangeli.

donne" per i Lakota sioux e nel giapponese, che si connota come ideologia di genere per usare certe strategie fonologiche e morfologiche
rivelatrici di atteggiamenti conoscitivi e affettivi del parlante (Bucholtz,
2001). Tra i gruppi tukano del Nord-Ovest dell'Amazzonia (tra Brasile
e Colombia) specifiche pratiche matrimoniali, conosciute come "eso-
gamia linguistica" (Jackson, 1983; Stenzel, 2005) [33], creano unità residenziali multilingui dove i generi (l'età e la parentela) si contrappon-
gono fortemente a seconda dell'appartenenza linguistica.

Le differenze nelle rappresentazioni di genere presenti in qualsiasi contesto di ricerca si proietteranno in maniera fluida sui ricercatori, donne e uomini, e si attiveranno o disattiveranno a seconda di come
questi verranno man mano percepiti. Gli esiti di tali interpretazioni
non sono sempre prevedibili [34], ma, quali che siano, importanno possibili interdizioni incrociate, limiteranno o daranno il via a frequenta-
zioni e generi discorsivi, riguarderanno i contenuti delle conversazioni, le posizioni del corpo, l'uso della voce ecc. ai quali il ricercatore
dovrà adeguarsi e di volta in volta negoziare a seconda del proprio
interlocutore, del suo genere e della sua età.

Queste riflessioni ci portano a prendere in considerazione altri
aspetti teorici rilevanti e metodologici, già menzionati dalla definizione di parola proposta da Monod (2009): lo studio dei tipi discorsivi e
del genere nel linguaggio è stato possibile a partire da una prospettiva "dialogica", dall'uso della nozione di "performance" e di quella di
"competenza". Ogni scambio comunicativo prevede più di un partec
pante (perfino quando chi parla si rivolge a sé stesso) e più di una

33. Tali pratiche obbligano gli uomini a cercare moglie in villaggi di lingua diversa, creando di fatto un contesto multilingue all'interno delle grandi unità residenziali
virilocali. I bambini/le bambine sono inizialmente esposti alla lingua della madre, ma
dai cinque anni in poi devono pubblicamente esprimersi nella lingua paterna che sarà
quella che li identificherà in termini identitari con la lingua della *maloca* dove risiedono, quindi con la lingua del gruppo a cui appartiene il padre. Le donne sposate, lungi
dall'abbandonare la loro lingua di origine, continuano a identificarsi con essa e, ove vi
fossero, a stringere relazioni con le donne che provengono dal loro stesso gruppo.

34. Il riconoscimento del genere e dell'età del ricercatore da parte degli interlocutori o delle interlocutrici è uno dei primi fattori di impatto con la percezione "altrui"
(se donna o uomo). Le citazioni potrebbero essere molte e soprattutto riguardare le
donne ricercatrici il cui genere ed età in relazione alla "strana" attività svolta (che
spesso implica autonomia, indipendenza e solitudine) sono posti a stretto confronto
con le rappresentazioni locali dell'essere e del fare delle donne in relazione al mondo
maschile (cfr. Franchetto, 1996; Turchetta, 2000). Meno problematico, forse, sembra
essere l'attribuzione del genere ai ricercatori, ma non altrettanto l'individuazione della
loro attività (e ciò vale anche per le ricercatrici): soldato? missionario? agente del
governo? medico? spia?

"voce" (che può essere impersonata anche da uno stesso locutore) [35]. Il parlante attinge alle convenzioni legate agli eventi in corso per consentirne la comprensione e la partecipazione reciproca o la loro negoziazione con l'audience. Chi parla di fatto sta attuando, facendo ricorso alle proprie competenze (sia per farsi capire sia per non farsi capire), sta "mettendo in scena" le parole che usa: parlare, quale che sia il genere, è *un'arte* che non prescinde da un'audience reale o fittizia (e non riduttivamente dei destinatari) e a partire da essa, a seconda del genere, dell'età, dello status di chi ascolta misura le proprie abilità oratorie [36]. Il richiamo all'arte è quanto mai evocativo di una prospettiva in cui l'atto del parlare è inscindibilmente legato agli aspetti extraverbali, come le posture del corpo e l'uso della voce. Figure molto note delle società dell'Africa occidentale possono essere paradigmaticamente esemplificative della nozione di arte verbale: i *griot* e le *griottes*, poeti e poetesse, cantori della tradizione orale (cfr. Hale, 1998; Lelli, 2001), e i portavoce di un capo o di un re (Turchetta, 1997a). Per questi ultimi, il saper «arricchire ed esaltare» (ivi, p. 84) il messaggio del capo e non di ripeterlo in maniera pedissequa si fonda su articolate abilità oratorie e poetiche che non possono essere improvvisate. Infatti quella del portavoce è una carica ereditaria, che ha bisogno della designazione del re o del capo [37].

In molte società l'abilità di condurre e controllare un determinato evento comunicativo può essere un requisito richiesto a tutti, uomini e donne, e può incidere sul prestigio sociale. È il caso (sarebbe meglio volgere al passato tale incipit) dell'abilità oratoria e gestuale, tutta da dimostrare, "richiesta" agli uomini adulti shuar e achuar (alta

---

35. Non potendo entrare in dettaglio nel significato e nella portata teorica della storia del pensiero antropologico linguistico e dell'attualità, rimando a Briggs (1988) e all'esauriente introduzione all'antropologia del linguaggio di Duranti (2000). Per la nozione di "voce" si veda un appassionante saggio di Hill (1995) su un parlante nahuatl.

36. Artefici di tali prospettive sono stati studiosi pionieri dell'analisi del parlato come "arte verbale" e "performance" tra cui Bauman e Scherzer (1974), Bauman (1986), Scherzer (1990), Scherzer e Urban (1986), Hymes (1981), Tedlock (1983), Tedlock e Mannheim (1995), Briggs (1988).

37. Spesso, ancor prima della scomparsa di un portavoce anziano, viene designato un giovane dello stesso lignaggio perché riceva, durante diversi anni, insegnamenti adeguati al ruolo pubblico che rivestirà nelle visite ufficiali, negli incontri politici, nell'amministrazione della giustizia. Nonostante ciò, solo il consiglio degli anziani avallerà tale designazione quando giudicherà positivamente le capacità oratorie acquisite dal giovane, come l'uso della voce, il parlare indiretto (utilizzando pronomi appropriati all'evento, uso di vocabolario "alto" o di "prestigio"), l'abilità di guidare la conversazione e le sue fasi (Turchetta, 1997a, pp. 84-8).

Amazzonia, Ecuador) durante le visite cerimoniali, attività centrali delle relazioni sociali (Gnerre, 1996). Tali visite si avviano con un dialogo cerimoniale che può durare dai 10 ai 50 minuti. Il prestigio del visitatore si misura proprio a partire dalla sua abilità di esecuzione di tale dialogo, tanto temuto dai giovani quando sono ancora inesperti: dalle sue capacità dipende l'esito della visita che è un momento centrale della vita di relazione, per gli scambi commerciali, per mantenere o stabilire alleanze. Le conseguenze del fallimento ricadono soprattutto sul prestigio del visitatore che, oltre a essere interrotto e a non poter portare a termine la sua perfomance, viene deriso dagli uomini e soprattutto dalle donne della casa. Dunque, in un lasso di tempo relativamente breve l'uomo in visita deve essere in grado di dimostrare ciò che vale attraverso la rapidità metrica degli enunciati, il tono della voce, lo sguardo, la prosodia, il ritmo incalzante, che si incrocia con quello di uno o due degli uomini residenti. Il metodo per descrivere e capire le componenti fondamentali su cui si articola l'intero evento è esplicitato da Gnerre (ivi, p. 186):

Per poter descrivere questo evento è necessario considerare l'intero atto sociale della visita. Attraverso l'osservazione di molti casi di visita cerimoniale e con l'aiuto delle interviste ho potuto notare come i molti aspetti linguistici della visita siano significativi e formino un continuum con l'atto verbale centrale, e cioè con il dialogo cerimoniale di visita. Le componenti del continuum sono: 1. la distribuzione del silenzio e del parlato; 2. la posizione del corpo e la direzione dello sguardo; 3. il ritmo e la prosodia del dialogo; 4. la quantità e la qualità dell'informazione comunicata.

Gnerre intreccia tali eventi a dimensioni del reale: i cambiamenti sociali, l'alfabetizzazione e la scolarizzazione che la società shuar e achuar stava e sta attraversando hanno fatto sì che questo tipo di dialoghi sia in pieno declino. L'autore osserva anche il non trascurabile ruolo dei ricercatori che innescano nuove consapevolezze nei confronti del bagaglio retorico-conversazionale e della visione del mondo locali, e che hanno "indotto" a cambiamenti morfologici e nell'esecuzione comunicativa ridimensionandola spesso a manifestazione "folcloristica".

4.8
Oltre la raccolta dei termini della parentela

L'interesse per le terminologie della parentela attraversa tutta la storia della ricerca antropologica fin dalla sua nascita. Tale attenzione non ha coinciso con altrettante riflessioni sui metodi della raccolta dei termini. Sembra allora necessaria qualche considerazione che proviene dagli ambiti di ricerca della pragmatica e dell'etnopragmatica già esplorati. Questo "esercizio applicativo" ci servirà anche per riassumere alcune considerazioni finora elaborate.

Rivers (1900) fu probabilmente il primo ricercatore sul campo che indicò un metodo per la raccolta della terminologia della parentela definito metodo "concreto", e conosciuto come "genealogico". Egli suggeriva di ricavare i termini a partire dalla ricostruzione della genealogia del proprio interlocutore, raccogliendo sia i nomi propri dei suoi parenti, i termini di indirizzo e di riferimento corrispondenti, sia informazioni sulle relazioni matrimoniali dei loro genitori, fratelli e via via parenti più lontani [38]. Dagli anni in cui Rivers proponeva il suo metodo ad oggi, gli antropologi hanno dedicato alla parentela probabilmente il maggior numero di pagine e di sforzi teorico-analitici, ma hanno riservato poche considerazioni agli aspetti metodologici della ricerca.

Un esempio dettagliato di problemi di individuazione dei termini di parentela e del loro significato ci viene invece da una ricerca svolta dai linguisti Vaux e Cooper (1999) sul gujarati (India nord-occidentale), condotta principalmente in inglese e segnata dalle diseguali competenze comunicative degli interlocutori. L'elicitazione [39], secondo gli autori, è un metodo che ha molte limitazioni. Domande del tipo "come

---

38. Negli schemi genealogici comparivano solo cinque termini parentali in inglese, corrispondenti al legame biologico di *father, mother, child, husband, wife*. L'asse lineare discendente e ascendente nato dall'unione matrimoniale tra un uomo e una donna era così privilegiato e Rivers consigliava inoltre di non complicare il quadro con i termini di riferimento per i collaterali come *brother* e *uncle*, considerati problematici (cfr. Stocking, 1996; Piasere, 1998, pp. 99-100). Se Rivers legava l'origine della terminologia della parentela a fattori sociali e alle istituzioni sociali, per Kroeber (1909) i termini di parentela erano "parti del linguaggio" e quindi riflesso di "una logica inconscia" e di "modelli concettuali", e non solo istituzioni sociali. Per questa e altre questioni teoriche e storiche che toccherò a breve, rimando il lettore all'esauriente e acuto lavoro di Piasere (1998).

39. Con il verbo "elicitare", un prestito/adattamento dall'inglese *to elicit*, e con le sue derivazioni nominali (come "elicitazione") o aggettivali (come "elicitato"), si fa riferimento a una modalità di ricerca linguistica e antropologica di campo (e ai dati da essa ottenuti) che prevede un ruolo forte, o dominante, del ricercatore, che "guida" il suo collaboratore attraverso domande specifiche per ottenere le informazione che ritiene rilevanti. I dati ottenuti tramite tale modalità devono essere controllati con due o più collaboratori perché spesso in essi si possono annidare tracce dell'influenza tanto del punto di vista dello studioso quanto della lingua di contatto (spesso di prestigio), quando usata, oppure di versioni "semplificate" della lingua studiata, in caso di "elicitazione" monolingue, specie se il ricercatore non è del tutto fluente in tale lingua.

chiami X?" non solo sono imprecise, ma possono anche prestarsi a frequenti ambiguità (ivi, p. 55):

In una occasione, noi abbiamo domandato al nostro collaboratore come chiamasse il padre della moglie, aspettandoci che ci dicesse come egli si riferisse a lui nella terza persona; invece ha detto di chiamarlo *bapu-dʒi*, che significa "padre" [...] obiettivamente non avevamo ragione di non credere che ciò fosse vero. È certamente possibile che si potesse riferire a lui come padre [...] anche alla terza persona. Successivamente gli abbiamo chiesto come chiamava un altro affine e ha risposto dicendoci il suo nome personale. A questo punto abbiamo capito che il nostro collaboratore aveva frainteso la nostra domanda.

Chiarito l'equivoco, dovuto al fraintendimento tra termini di indirizzo e di riferimento, e ripetuta la domanda, il collaboratore ha poi detto un altro termine specifico per "padre della moglie", *sʌsʌro*, grosso modo corrispondente a "suocero" (*father-in-law*). Le difficoltà, gli errori e le ingenuità riportate hanno l'apposito compito di segnalare che alla base dei problemi di resa semantica ci sono disattenzioni nei confronti delle convenzioni interattive, dei rischi del fraintendimento legato alla diversa interpretazione attribuita al genere di dialogo imbastito dagli studiosi e la sottostima del ruolo del collaboratore [40]. Infatti Vaux e Cooper hanno rivolto inutilmente domande per determinare la corrispondenza con l'inglese di ciascun termine gujarati presente in un albero genealogico. Le risposte cadevano nel vuoto perché molti dei termini di parentela sono utilizzati a seconda di chi parla e non solo per riferirsi a qualcuno in particolare. Entrambi i punti di vista si modificano nel corso della vita di una persona. È il caso della terminologia che una donna utilizza per indirizzarsi ai parenti acquisiti attraverso il matrimonio, ad esempio, cambiando il proprio orizzonte terminologico. Mentre quello dell'uomo non cambia nel corso della vita, anzi lo apre ad ambiti discorsivi specifici, scherzosi o licenziosi con le sorelle

---

40. A questo proposito Vaux e Cooper sottolineano che durante gli incontri è più probabile che il ricercatore rimanga imprigionato nel proprio ruolo di studioso, mentre i nostri "collaboratori", anche durante le interviste, non "rimangono" tali e le loro vite continuano a scorrere normalmente fuori dai dilemmi della linguistica (o dell'antropologia) (Vaux, Cooper, 1999, p. 51). Questa è una verità semplice ma dimenticata sia da chi vede negli interlocutori degli "strumenti" per ottenere informazioni, sia da chi crede che loro possano sottrarsi alle convenzioni comunicative in cui vivono, mentre stanno parlando con lo studioso.

giovani di sua moglie o la moglie del fratello maggiore (Vaux, Cooper, 1999, p. 53) [41].

Nonostante ciò, nel caso si volesse partire proprio dalla composizione dell'albero genealogico del proprio interlocutore, vanno tenuti presenti alcuni limiti intrinseci a tale metodo e alcune cautele da osservare. Segnare, vergare le genealogie su un foglio, innanzitutto intercetta le rappresentazioni dei nomi in relazione ai loro portatori e quindi può generare timori; può essere percepito come pericoloso per le persone vedere il proprio o altrui nome, spesso insieme a quello di persone defunte, scritto o comunque associato a un simbolo a lui sconosciuto (△ per gli uomini, ○ per le donne, □ per gli individui di cui non interessa mettere in evidenza il genere). Quale potrebbe essere la sorte di quei nomi o simboli, corrispondenti a persone reali, in mano a un estraneo, di cui non si sa praticamente nulla, così come non si sa nulla del suo mondo e delle "pratiche" associate alla scrittura di quei nomi?

Prendere in seria considerazione le rappresentazioni dei nomi, delle parole e le relative forme di proibizioni locali, non corrisponde a un atteggiamento "caritatevole" o cinicamente rispettoso delle convenzioni di enunciazione locali, ma ci rende consapevoli di come tali rappresentazioni condizionino la proiezione di tali nomi nel mondo della realizzazione grafica e della scrittura, secondo convenzioni sconosciute all'interlocutore. Prestare attenzione all'impatto che le nostre tecniche di rilevamento suscitano nei nostri collaboratori può di per sé essere fonte di conoscenza anche della nozione locale di persona.

Il problema principale delle impostazioni "tradizionali" risiede, secondo Luong (1990, p. 47) (in un libro sulla concezione della persona in Vietnam), nel fatto che gli studi sulla terminologia della parentela sono stati condotti isolando i termini «dai modelli nativi che uniscono al massimo grado il significato al ruolo della lingua nella riproduzione dell'universo nativo e che definisce le relazioni prototipiche di queste forme linguistiche in termini di altre entità socioculturali, includendo i modelli comportamentali dei referenti». L'altro grande problema è connesso all'assenza della distinzione analitica tra termini di indirizzo e di riferimento: spesso gli studi sulla terminolo-

41. Ciò avviene in molte società del mondo. Non è un caso che determinati rapporti parentali siano marcati da scambi comunicativi specifici in termini sia di licenziosità sia di evitazione, come abbiamo visto, ma raramente testimoniati da dati concreti. Haviland (1979a, 1979b) è tra i pochi ad aver dedicato complesse riflessioni al linguaggio di evitazione degli affini in guugu yimidhirr, lingua aborigena australiana.

gia si basano principalmente proprio su questi ultimi. Come sottolinea Zeitlyn, studioso delle società mambila (Camerun e Nigeria), è come se gli antropologi utilizzassero i termini di parentela a livello della *langue* e non della *parole*, «per giustificare l'analisi dei termini di riferimento in un falso isolamento» (Zeitlyn, 1993, pp. 199-200; cfr. anche Luong, 1984) che gli consente di accedere a una dimensione oggettiva e normativizzante. Nell'uso quotidiano non solo sono molto più utilizzati i termini di indirizzo, ma quelli che stanno a indicare relazioni di parentela non costituiscono neanche il centro dello scambio comunicativo. Carter (1984, p. 198), studiando l'acquisizione della terminologia dravidica dei bambini del Maharashtra, ha evidenziato che i primi termini a essere acquisiti sono quelli di indirizzo, all'interno dei quali la parentela non ha una parte primaria; al tempo stesso maneggiano un incompleto quadro dei termini parentali di riferimento. Questa tendenza, sostiene Zeitlyn, confermata anche da studi condotti sui bambini giapponesi (Fischer, 1964), mette in evidenza che il "linguaggio" della parentela è *una* delle possibili dimensioni di quella che lo studioso chiama *deissi sociale*, ossia «l'intera gamma di mezzi con cui noi possiamo riferirci alle persone» (Zeitlyn, 1993, p. 200). Quindi chi vuole raccogliere dati sulla parentela e sulla terminologia deve porre attenzione all'intero dominio della deissi sociale e a tutti quei modi in cui ci si può indirizzare e riferire alle persone. I termini di parentela devono essere collocati all'interno di questa gamma di strumenti: riconoscendoli come entità del linguaggio, possono essere osservati, analizzati, compresi operativamente all'interno dei contesti comunicativi, in relazione dinamica con i pronomi, spesso svariati per ognuno (cfr. Allan, Burridge, 2006; per i soprannomi cfr. Putzu, 2000), tra titoli e altri termini (compresi quelli che definiscono la propria appartenenza identitaria), nella pratica d'uso concreta. In tale quadro terminologico la "parentela" risulterà avere una veste assai più complessa e al tempo stesso sfumata come parte della rappresentazione della persona, e della "storia di vita" di ciascuno. Dallo spaccato comunicativo delle conversazioni (registrate, trascritte, analizzate, poi commentate con i collaboratori) si otterranno risultati che si completano (anche in maniera contraddittoria) con i discorsi che il ricercatore intavola esplicitamente sulla "parentela" con i suoi collaboratori, quando sarà, è ovvio, in grado di condurre una conversazione nella loro lingua. Il problema risiede nel fatto che il ricercatore deve essere consapevole (come abbiamo detto fin dall'inizio) del tipo di discorso che sta imbastendo, coinvolgendo il suo interlocutore: riflessioni personali? o rappresentative della collettività parziale o totale? o normativizzanti, pedagogizzanti o moraleggianti? Nelle pieghe formali degli enunciati (di cui si compongono i discorsi) troverà elementi per capire dove collocare e come interpretare i discorsi sulla "parentela" nei confronti della deissi sociale colta nel suo vissuto comunicativo.

Immergendosi nel quotidiano delle interazioni dei nostri interlocutori, gli stessi termini di indirizzo e di riferimento parentali saranno inseriti nel flusso comunicativo che è la loro "sede naturale" di parole. Si presenteranno all'ascoltatore nella "normale" realizzazione morfologica (che spesso presenta forme specifiche, ad esempio di tipo inalienabile o vocativo o argomentativo o forme di citazione che vanno dal massimo della genericità e astrattezza all'assolutezza relativa) strettamente connessa con il genere, con l'età del parlante, dei suoi interlocutori e con il contesto situazionale.

4.9
L'attribuzione di significati alle parole

La ricerca di interfacce semantiche in termini di denotazione/connotazione è sempre una inesauribile avventura conoscitiva. Prendendo a prestito il "coniglio" di Quine, quali e quanti valori denotativi/connotativi porta con sé? Il suo nome può essere o no una metafora sessuale, un referente a un trickster? Potrebbe essere al centro di una serie di racconti faceti/moraleggianti? E i nomi di condizioni caratteriali durature o passeggere, come la malinconia o l'euforia, saranno collegati a una rete di connessioni di valori e credenze senza le quali non riusciremmo ad afferrare tanti discorsi, tante caratterizzazioni di persone e dei loro ruoli?

Strettamente connessi sono i temi dell'attribuzione del significato e dell'interpretazione semantica, a partire dalle parole apparentemente più semplici, ad esempio i pronomi personali indipendenti ("parole a sé stanti"): cosa vogliono dire tutti quei pronomi per "io" in giapponese, e *xike*, nello huave di San Mateo del Mar? solo "io"? L'uso delle lingue intermedie necessariamente banalizza la traduzione e l'interpretazione, e la consapevolezza di questo deve essere presente nel ricercatore, quasi ossessiva, fin dal primo giorno di lavoro sul terreno! La "chiave" di cui si può credere di disporre può aprire in realtà solo qualche spiraglio di un mondo semantico, lasciando chiuso e inaccessibile tutto il resto.

Raccogliere "parole" dal punto di vista di un etnografo, e non, ad esempio, di un fonetista, vuol dire in primo luogo attribuire significati a dei significanti, e questa è una sfida notevole, sempre e dovunque, anche nel caso in cui il ricercatore sia un parlante nativo della lingua della comunità linguistico-culturale in cui attua la sua indagine. Questo è un caso limite (che chiameremo caso 1 perché richiede un avvicinamento problematico specifico). I casi più frequenti sono di altri due tipi: quelli in cui il ricercatore (caso 2) ha appreso la lingua usata nella comunità linguistico-culturale a cui dedica i propri interessi di ricerca, oppure (caso 3) usa una lingua intermedia, che per lo meno una parte delle persone con cui svolge la propria ricerca è in grado di usare.

Il problema dell'attribuzione dei significati si pone in modi diversi in ciascuno dei tre casi e si intreccia, inevitabilmente, con gli scarti socioculturali fra le innumerevoli attribuzioni semantiche possibili e le consapevolezze metalinguistiche dei partecipanti al "gioco linguistico" costituito da tali attribuzioni. I significati, sempre e dovunque, vengono costruiti in processi storici e anche ideologici, passano attraverso le interpretazioni più o meno forzate, elaborate nell'ambito di relazioni diseguali fra le società locali e i gruppi detentori di forme diverse di potere.

Molti etnografi hanno affrontato e affrontano forme di comunicazione, linguistica ed extralinguistica, su cui hanno attuato pressioni di poteri coloniali, statali o religiosi. Ciascuno di questi poteri ha agito, in modi diversi e con gradi differenti di elaborazione, per la costruzione di "condizioni di traducibilità" fra lingue locali e lingue di maggiore diffusione, o addirittura lingue di portata istituzionale nel contesto coloniale. È in tale gioco di attribuzioni di significati che l'etnografo si inserisce. Ciò è vero sia nel caso 1, visto che il ricercatore sarà passato attraverso forme di "addomesticamento" conoscitivo e metalinguistico che lo avranno, comunque, distanziato in qualche modo dalla pienezza dell'enunciazione "locale"; sia nel caso 2, perché la versione della lingua locale che avrà acquisito sarà stata filtrata attraverso consapevolezze metalinguistiche, grammaticalizzazioni e "dizionarizzazioni" spesso, ma non necessariamente, costruite a partire da una lingua intermedia. Il caso 3, forse il più frequente, è poi il più problematico, visto che la conoscenza e l'uso di una lingua intermedia da parte del ricercatore potrà essere alquanto divergente, proprio per quello che qui più ci interessa, l'attribuzione dei significati, dalla conoscenza e dall'uso che ne fanno i suoi interlocutori locali. La lingua intermedia per alcuni dei nostri interlocutori può occupare il secondo o il terzo posto nel loro uso. Spesso i nostri collaboratori vivono con maggiore consuetudine il bilinguismo o il multilinguismo in genere. La lingua materna avrà un peso sulla seconda o terza, e questo va tenuto presente; in entrambe possono esservi tracce (lessicali, fono-morfosintattiche ecc.) della reciproca e diversificata presenza, che è bene prendere in considerazione (possono rendere evidenti certe caratteristiche dell'una e dell'altra) piuttosto che ingenuamente giudicarle da un punto di vista della correttezza e purezza. A questo proposito risultano molto interessanti i recenti lavori sul bilinguismo che pervade la ricerca etnografica, su cui ci si sofferma assai poco, quasi mai considerato campo di ricerca a sé, o punto di osservazione (Heller, 2008).

Queste sono solo alcune nozioni di base che marcano il contorno all'interno del quale affrontare il problema dell'attribuzione di significato. Va tenuto presente, come abbiamo finora tentato di dimostrare, che esistono "tipi" di parole, "generi" e "testualità" diverse, inseriti in contesti di enunciazione specifici, che presentano ciascuno sfide differenti: la raccolta e la comprensione di alcune di esse possono richiedere, ad esempio, che il ricercatore sia in possesso di differenziate competenze interdisciplinari (di botanica o di zoologia o di musicologia, ad esempio). Altre conoscenze, per essere acquisite, richiedono una certa resistenza fisica (ad esempio la raccolta dei toponimi) o selezionano il genere (ambiti in cui le donne, oppure gli uomini, non hanno accesso) e in alcuni casi l'età (un giovane potrebbe non ricevere l'attenzione sperata dagli anziani).

L'ambito di ricerca rivolto alla raccolta delle classificazioni tassonomiche o legate a quella che viene definita "visione del mondo" (etnobotanica ed etnozoologia) e alla percezione sensibile (colori, odori, sapori, suoni, forme ecc.) presenta per certi versi un nodo problematico molto stretto tra metodo della raccolta dei dati e attribuzione di significato dei termini raccolti. Per molto tempo hanno prevalso prospettive basate sulla ricerca di tratti oppositivi e definitori propri delle tassonomie fondate sul «processo deduttivo attraverso una categorizzazione binaria, presenza o assenza di un tratto, presenza o assenza di una caratteristica, inclusione o esclusione da una categoria» (Turchetta, 2000, p. 139). Come avverte l'autrice, non sempre questo tipo di procedimento corrisponde alle categorie che stiamo esplorando e non solo per l'assenza di opposizione binaria di tratti. I criteri classificatori che abbiamo in testa potrebbero non corrispondere a quelli che hanno i nostri interlocutori. Questo procedimento non sempre è stato efficace anche per ragioni metodologiche: spesso è stato condotto postulando che si possa giungere all'esperienza conoscitiva al di fuori del contesto e dell'uso di una lingua-cultura. Le ormai storiche ricerche sulle terminologie dei colori condotte da Berlin e Kay (1969), in cui gli stimoli erano stati provocati mostrando agli interlocutori l'asettica tavola di Munsell (più di 320 colori su cartoncino con gradi di brillantezza e gradazioni diverse), hanno cominciato a presentare degli scricchiolii proprio quando i termini sono stati raccolti a partire dalla tinta delle stoffe (cfr. Tornay, 1978), dalle foglie, dalla pelle degli animali ecc., cioè da "oggetti impuri", parte del quotidiano degli intervistati. Come ho avuto modo di discutere con Brent Berlin (Cuturi, 2002), il tipo di approccio "universalistico" escludeva, ad esempio, la raccolta di termini dei sapori, proprio per la mancanza di "ingredienti" che fossero "prototipici" di ciascuno dei sapori fondamentali (dolce, salato, amaro e acido). Ho potuto portare a termine una ricerca sui sapori percepiti dagli Huave/Ikoots, proprio partendo invece dall'esperienza delle pietanze preparate dalle donne del villaggio. Ovviamente i termini sono risultati molto più numerosi (per lo meno 15), i criteri sono legati a un variegato sistema di "classificazione" degli alimenti, delle azioni del mangiare, della percezione tattile nella cavità orale e di altre ancora (Cuturi, 2009b).

Qualcosa di simile è accaduto anche per le classificazioni etnozoologiche. Maranhão (1977, p. 119) ha criticato le tassonomie come modelli sottostanti l'organizzazione dei domini lessicali proprio riflettendo sui tentativi falliti di raccogliere la classificazione dei pesci presso i pescatori del villaggio di Icarai (Ceará, Nordest del Brasile). Lo studioso, a seconda che mostrasse pesci veri o ponesse delle domande in forma di intervista, riceveva termini classificatori differenti (ivi, p. 111). Partire da un oggetto non "puro", inserito nel suo contesto consente, quindi, di determinarne il significato con maggiori sfumature e ampiezza, frutto di riflessioni ragionate, di lunghe interazioni e forse di una maggiore co-partecipazione tra ricercatore e collaboratore. Infatti secondo Amith (2010), etnobiologo specializzato nelle lingue nahuatl (Messico), le conoscenze zoologiche (funzionali o meno alla sussistenza) sedimentate nel modo in cui i nativi osservano la vita e il comportamento degli animali si riflettono su aspetti della semantica locale relativa alle denominazioni e categorizzazioni degli animali stessi. La semantica dei nomi dati a piante e animali non è affrontabile attraverso domande esplicite che non corrispondono ad alcuna pratica di trasmissione ed esplicazione delle conoscenze locali, bensì piuttosto attraverso il parlato quotidiano, dialoghi, conversazioni spesso informali. I significati dei nomi così raggiunti consentono di accumulare conoscenze per la compilazione di una sorta di storia naturale (nel caso di Amith, relativa all'area del Guerrero dove è parlato il nahuatl che egli studia) sulla base di una specifica "lessicografia culturale".

La stessa impostazione metodologica risulta efficace in uno dei campi di maggior interesse per l'antropologia: la metaforizzazione dell'esperienza del corpo in relazione alle sue parti utilizzata per definire lo spazio, luoghi e territori, parti e forme degli oggetti e del corpo stesso (degli esseri umani e degli animali) (Cardona, 1985). Per la maggioranza delle società, il corpo o alcune delle sue parti sono fonte di metafore, e a loro volta sono definiti da metafore extracorporee [42]. In molte ricerche, questo continuo scambio esperienziale si ferma al livello della denominazione. Si raggiungerebbero livelli di significato più profondi anche in senso cognitivo, se tali termini fossero analizzati all'interno dei più vari contesti discorsivi. I riferimenti spaziali metaforizzati in tal senso prenderebbero forma (è il caso di dirlo), organizzerebbero le relazioni tra esseri, tra questi e gli oggetti e i movimenti compiuti al loro interno. La combinazione delle metafore corporee con il sistema delle preposizioni, i verbi di movimento e l'organizzazione dell'*agency*, ci consente di approfondire dimensioni della cognizione e della rappresentazione dello spazio (a volte anche del tempo), dell'orientamento, delle posizioni e dei movimenti e delle loro direzioni, altrimenti poco sondabili.

Menzionavo prima come l'attribuzione di significato dovesse essere messa in connessione con contesti di enunciazione specifici, che presentano tipi di parole e di testualità corrispondenti. Le condizioni della raccolta risultano determinanti e intrecciate con tali contesti e quindi con l'attribuzione del significato, anche quando si tratta ad esempio della raccolta di una narrazione, di un mito, o di una storia di vita. La lunga esperienza di campo di Ruth Finnegan (2008, p. 14) in Africa e in Gran Bretagna ha recentemente portato la studiosa a riflettere sulla limitatezza delle sue prime ricerche quando raccogliere storie, spesso sotto dettatura, era come "catturare" un testo che diventava significativo solo se scritto e presentato in parallelo alla traduzione in inglese. Il modello da lei seguito era quello «del linguaggio come testo scritto» (ivi, p. 16). Gli aspetti intrinseci dell'oralità andavano perduti e con essi molti dei significati della storia: la realizzazione sonora, il timbro, la velocità, i picchi, la melodia, il ritmo, l'onomatopea, gli ideofoni, la qualità della voce, il mescolamento di più voci, insieme ad altri suoni o silenzi, in un ambiente sonoro di contorno dove possono esserci risate, pianti e molto altro (ivi, p. 17).

---

42. Non credo ci sia bisogno di molte esemplificazioni. Ci sono familiari metafore come: "in *capo* al mondo", "ai *piedi* del letto", "di *fronte* a te", "alle *spalle* della stazione", "la *bocca* del tunnel" ecc.

Tutte dimensioni della comunicazione in cui si esplicitano aspetti del-l'organizzazione e gerarchizzazione sociale, politica e religiosa.

Nelle parole di Finnegan percepiamo l'eco di una intensa sensibi-lità che ci fa rivivere l'orizzonte acustico all'interno del quale tutte le ricerche si compiono: la vita non si interrompe (per fortuna!) mentre lo studioso è intento a "catturare" le sue "prede-testi", e questa vita condiziona la performance alla cui condivisione siamo ammessi e inci-de sull'attività interpretativa.

Su una lunghezza d'onda diversa ma di eguale intensità credo di poter accomunare le riflessioni che Gnerre (1997) propone in un sag-gio sull'elaborazione di significati e di testualità a partire da un mito shuar raccolto da un missionario e in seguito pubblicato. L'elaborazione di significato è un processo generalizzato nel quale siamo immersi; la testualizzazione è una delle tappe che incide fino a un certo punto sulla raccolta iniziale, anche quando a renderla possi-bile è stato il nastro magnetico di un registratore. Invece, ciò che con-diziona maggiormente tale elaborazione riguarda l'interazione fra le intenzioni comunicative e le rappresentazioni dei rapporti con le altre persone, con il mondo non-umano e sovraumano, i margini di espres-sione pubblica dei significati consentiti dalla lingua e dal contesto e la loro effettiva resa pubblica (ivi, p. 10). Analizzare l'elaborazione di un testo non ha a che fare solo con l'interpretazione di qualche frase, ma implica prendere in considerazione il processo grazie al quale il narratore giunge a elaborare contestualmente, e per trafila storica, un certo tipo di testo che sarà trascritto, tradotto e pubblicato e con ciò reso pubblico, esposto quindi a ulteriori elaborazioni. Questa visione suggerisce che la raccolta di una narrazione non è mai priva di una qualche storica trafila (diretta o indiretta) di elaborazione testuale e performativa che pre-dispone e pre-condiziona l'elaborazione di signi-ficati, prima di tutto quelli assegnati dal narratore e poi dallo studio-so che l'ha raccolta. Per giungere all'elaborazione di un significato, tutto diventa parte integrante dell'analisi.

Infine una notazione che spero non sia demotivante. L'aspirante ricercatore deve sempre contemplare la possibilità che gli sia preclu-so l'accesso all'attribuzione di significati. Le motivazioni e le condi-zioni per cui ciò accade possono essere moltissime. Ambiti dove vigo-no tabù, vincoli di segretezza, di iniziazione, di evitazione, di genere; o contesti di ricerca dove pesa la rappresentazione che i suoi interlo-cutori avranno costruito attorno al suo curioso lavoro o che gli avran-no costruito addosso in termini caratteriali. Non deve escludere inol-tre che la routinizzazione di alcune formule possa portare con il tempo alla non trasparenza e alla dimenticanza del "significato" o al suo depauperamento in termini connotativi. Ciò non vuol dire che in sé non siano "significative" ma solo che abbiano assunto altri "significati", comunque determinanti per il successo di una performance.

4.10
Fare domande, intervistare o... tacere

Fin dall'inizio abbiamo sottolineato che le parole espletano numerose funzioni nel medesimo tempo, consentendo probabilmente l'accesso a qualsiasi dimensione dell'esistenza. Tra questi molteplici piani della realtà comunicativa spesso si può generare un cortocircuito se non si assumono alcune cautele riguardo al proprio modo di attuare comunicativo. Nella gran parte dei casi, mentre i ricercatori sono attenti, più per buon senso che per meditata consapevolezza, al loro modo di comportarsi e comunicare con i propri collaboratori, difficilmente questa intuizione li spinge a un'accurata indagine sulle convenzioni del parlato e dei generi utilizzati nella comunità studiata. Come ho fatto presente fin dall'inizio, ciò sembra un paradosso ma purtroppo è convinzione comune che il linguaggio sia più uno strumento per raggiungere obiettivi, catturare informazioni al "di fuori" della lingua stessa, di cui sembra dispensabile conoscere gli aspetti formali e i contesti d'uso. Oppure, ancor peggio, non è raro che le lingue indigene siano considerate strategiche per carpire la fiducia dei nativi: secondo Mead (1939) non c'era bisogno di conoscere la lingua per fare etnologia di una società (cit. in Cardona, 1976, p. 61), se mai l'apprendimento poteva essere utile per ingraziarsi la benevolenza dei propri collaboratori e l'accoglienza da parte della comunità.

In ambedue i casi si produce una dicotomia tra lingua e cultura che spesso conduce i ricercatori ad assumere un atteggiamento poco riflessivo nei confronti dei generi discorsivi che ingaggiano con i propri interlocutori, tra questi in primo luogo quelli del domandare e intervistare. Diversi antropologi del linguaggio hanno dedicato da tempo ampio spazio alla riflessione sul ruolo dell'intervista nella ricerca sul campo (Spradley, 1979; Briggs, 1986; Duranti, 2000; Turchetta, 2000). Vorrei cercare di individuare la radice del problema.

Le domande, le interviste, i questionari, i test sono dei generi discorsivi che spesso pensiamo essere "universali" e in quanto tali efficaci per ottenere informazioni, significati, saperi, per accattivarsi amicizie, ottenere confidenze... Fanno parte, a tutti gli effetti, della trasmissione e acquisizione del sapere. Ovviamente niente di più relativisticamente storico e radicato negli strumenti pedagogici e comunicativi di cui ci siamo serviti fin da piccoli. Nel nostro mondo i bimbi che pongono molte domande sono assai apprezzati dai loro genitori: è segno di curiosità, di intelligenza, di estroversione. Cresciamo investiti di continuo da domande poste, come fa notare Briggs (1986), da insegnanti, dottori, impiegati della pubblica amministrazione ecc. Ma come sono percepiti questi strumenti in altre società? Dove ci porterebbero se, anche in questo caso, non valutassimo a dovere che ruolo hanno (nel caso lo abbiano) sia all'interno delle convenzioni comunicative e interattive, sia in relazione alle gerarchie sociali, di età, di genere, sia in riferimento alle modalità della trasmissione dei molti e diversificati saperi (legati alle attività di sopravvivenza, alla produzione artistica, ai saperi esoterici, di cura, di interazione con esseri extraumani, alle abilità oratorie e così via) sia in riferimento ai contenuti che vogliono esplorare o far emergere? Non andremmo molto lontano senza avere una qualche idea riguardo alle ideologie o alle rappresentazioni locali del parlato, delle parole e della trasmissione non solo del sapere ma della propria esperienza di vita.

È ovvio che qualsiasi domanda segmenta e seleziona dimensioni della realtà, tematiche non sempre rilevanti, esistenti o pertinenti per i nostri interlocutori o innesca ragionamenti differenti. I saggi degli antropologi sono pieni di racconti di fraintendimenti (La Cecla, 1997), nati in fin dei conti da quel "principio di cooperazione" caro agli studiosi degli atti linguistici come Grice. I nostri interlocutori rispondono tentando di interpretare ciò che vogliamo dire (piuttosto che sapere... come hanno mostrato Vaux e Cooper) con le domande che facciamo. In questa reciproca attività di scrutamento e interpretazione potrebbe generarsi un cortocircuito. Spesso i collaboratori, anziché rispondere al contenuto della domanda, la traducono "letteralmente" nella propria lingua con grandi sforzi appunto di cooperazione semantica, per venir incontro al modo di interagire dello studioso, interpretandolo attivamente (cfr. Gnerre, 1997) [43].

43. Gnerre ha riflettuto, con sottile autoironia, sui fraintendimenti che possono essere generati "dall'illusione" di condividere specifiche forme di interazione. Quando era un giovane studioso tra gli Shuar (Ecuador), domandò in spagnolo a un suo coetaneo: "Quanti anni hai?". Il ragazzo ci pensò su e rispose in shuar dando una traduzione letterale della domanda posta, interpretando la domanda (che probabilmente non aveva molto senso) come una richiesta metalinguistica. Ma la sorpresa non si limitò a ciò. Infatti la frase risultò costruita da due calchi dallo spagnolo con elementi semantici del tutto innovativi per lo shuar: due delle tre parole «convogliavano infatti significati "nuovi" sotto significanti "vecchi"»; queste «erano state attivate in quel

Ci sono numerosi limiti che dovrebbero portarci a tacere o a evitare di fare domande e soprattutto a non forzare le convenzioni, quali che siano, in nome di un presunto "diritto alla conoscenza scientifica" che altrimenti assomiglierebbero agli atti predatori di cui purtroppo la storia è piena. Ciò riguarda, come abbiamo visto, tabù, interdizioni legate al genere, all'età, allo status sociale, al tipo di argomenti. Se una comunità pone dei limiti, se non dei tabù, alla trasmissione della conoscenza, alla visione di oggetti o di eventi, è bene non convincere nessuno a infrangerli. Anche i limiti imposti, i tabù, di per sé ci "informano", più di quanto non veniamo a conoscenza del loro inaccessibile contenuto e significato.

Un altro aspetto intrinseco al tipo di modalità comunicative che il ricercatore può e/o deve fare proprie riguarda la rappresentazione del suo ruolo o semplicemente la sua presenza in una comunità (cfr. Turchetta, 2000), a quale genere e a quale età viene associato, se agisce da solo o in coppia o all'interno di un gruppo. Tutto ciò determina l'accesso non solo ad ambiti del sapere secondo modalità specifiche, ma anche a sistemi di trasmissione conseguenti.

4.11
Con chi parlare?

Tornando ai momenti iniziali, all'embrione di questo progetto entusiasmante, in potenziale crescita, vi sono comunque passaggi inevitabili, e fondanti, in ogni ricerca sul terreno. In primo luogo scegliere uno o più interlocutori privilegiati? Scegliere o no collaboratori che possano aiutare nella raccolta dei materiali? Quanto tempo (e denaro) investire nella loro preparazione? Per quel che riguarda le scelte linguistiche, ogni ricerca sul terreno è una microazione di "politica linguistica": con quale lingua "presentarsi"? Quella di eredità coloniale? Quella nazionale, nel caso siano diverse? Oppure quella locale? Qui le gradazioni di possibilità sono innumerevoli, come abbiamo visto: se il ricercatore condivide sia pure approssimativamente un codice comunicativo con l'interlocutore dovrà misurarsi con le dimensioni "diatopiche" (ossia quegli elementi del linguaggio che rivelano la diversa origine geografica del parlante) e "diastratiche" (quegli elementi del parlato associati

contesto in quanto i loro significati erano stati torniti da un lavorio di anni di pressioni, in termini di rappresentazioni e di modelli pragmatico-semantici, sui gruppi shuar maggiormente a contatto con i coloni andini, con i missionari e come risultato di processi tropici» (Gnerre, 1997, p. 10).

a differenze sociali) nei quali sono collocati tanto il ricercatore quanto il suo interlocutore. Tali differenze possono determinare posizioni di superiorità o inferiorità relative l'uno all'altro, e richiedono comportamenti interattivi adeguati. Sarebbe un'ingenuità grave credere di trovarsi di fronte a una comunità linguistica omogenea, senza differenze interne, non marcate nel parlato. È bene che il ricercatore alle prime esperienze punti a livelli linguistici verso il "basso" prima di affrontare, se mai ci arriverà, ai livelli "alti" propri dei linguaggi rituali, quelli formali in genere. D'altronde avere accesso, ad esempio, alla competenza linguistico-enunciativa di uno sciamano o di un operatore rituale che ha ereditato o acquisito modalità discorsive specifiche non è semplice né scontato. Non solo perché al ricercatore potrebbe essere negato tale accesso, ma perché le difficoltà di comprensione e interpretazione sono enormi, spesso anche per i parlanti locali non "iniziati" o per un ricercatore già sperimentato [44]. Le limitazioni all'accesso possono essere determinate da tanti altri fattori: l'appartenenza di genere (come abbiamo già messo in luce) e l'età del ricercatore, i tabù e le evitazioni, o più semplicemente l'assenza di pratiche verbali formalizzate connesse con la trasmissione di specifici saperi (non sempre esoterici) legati all'attività di sussistenza (pescare, coltivare, cacciare, allevare ecc.), alla realizzazione di manufatti o di strumenti da lavoro, a costruzioni di case, imbarcazioni ecc., preparazione di cibi e bevande; acquisizioni di abilità come suonare uno strumento, cantare, diventare un oratore o cantore ecc. Spesso la trasmissione delle abilità manuali non passa attraverso le parole, ma richiede piuttosto attenta osservazione ed emulazione.

Una volta accertate le vie d'accesso a diversi tipi di interazione, scegliere uno o più collaboratori locali può aprire certe porte e chiuderne altre. Questo è vero anche in termini linguistici e delle "parole" che intercorrono fra il ricercatore e la popolazione presso cui svolge la ricerca. Infatti, spesso, nelle comunità umane piccole, specie quelle

44. Ogni società presenta numerose stratificazioni linguistiche, sia in termini di elaborazione e ricchezza formale e semantica (più o meno legate allo status sociale) sia in termini di specializzazione "professionale" che va dai linguaggi cerimoniali, esoterici, formulaici, di cura, a quelli legati a una professione, a un ruolo politico, di diplomatico, di portavoce, di intermediario. Ci sono società come quella dei Kuna dove le comunicazioni cantilenate realizzate dai capi nelle case delle riunioni pubbliche (chiamate, tra l'altro, "case dell'ascolto") sono seguite da traduzioni in kuna colloquiale compiute dai portavoce. Tali traduzioni sono vere e proprie perfomance formalmente costitutive dell'intero evento (Scherzer, 1990, p. 36) rivolte al pubblico perché ascolti e comprenda ciò che dice il capo.

(l'assoluta maggioranza del mondo) che parlano una lingua non standardizzata, le idiosincrasie individuali (la "variazione" individuale, come dicono i sociolinguisti) possono essere molte, e riconoscibili dagli altri, e imporre quindi sul ricercatore un "imprinting" comunicativo riconoscibile. Anche questo aspetto presenta vantaggi e svantaggi.

La profondità della conoscenza dovuta anche all'ampiezza della pratica non porta sempre a un tipo di competenza linguistico-culturale prevedibile. Non esiste un collaboratore ideale in cui troviamo sommati in maniera equilibrata questi tre aspetti: conoscenza, pratica e competenza. Ma in ciascun collaboratore è presente un "dosaggio" differente che sarà utile mettere in evidenza come esemplarità in sé, in relazione alla sua età, genere, posizione e ruolo nella società, grado di scolarizzazione (quando ve ne sia uno). Questo insieme di caratteristiche, una volta registrato, va posto in relazione alle specificità degli altri collaboratori e non in una comparazione scalare di saperi e di capacità avendo in mente la possibilità che esista un collaboratore capace di assommarle tutte. Non dovrebbe essere contemplata una meta conoscitiva che sia sintesi di tutti i saperi e abilità incarnate da una singola persona per quanto possa essere eccezionale [45]. Evidenziando le caratteristiche di ciascun collaboratore, possono essere messe in luce modalità di interazione specifiche, a volte espressioni di una minoranza, all'interno di determinate fasce di età come segno di autonomia (slang giovanili ad esempio), o di genere o di persone appartenenti a status sociali diversi. In base a queste considerazioni ogni interlocutore è espressione di un "sapere" in azione, tanto quanto di un esperire significativo per lo studioso. I "saperi", i dati riportati nei nostri lavori sono sempre un collage di frammenti di informazioni, di esperienze che provengono dalle più disparate persone e situazioni di ascolto anche passivo, che noi proponiamo del tutto opachi rispetto ai loro autori. Dietro questa sintesi c'è una "polifonia di interlocutori" (Gnerre, 2008b), le cui voci, sebbene da noi opacizzate, sono le fondamenta della nostra microstoria di ricercatori.

45. Molte etnografie sono costruite a partire da un dialogo preferenziale con un collaboratore con cui si entra in una sintonia speciale (definito tra gli anni sessanta e settanta *chief informant*), che spesso però rimane del tutto ignoto al lettore, quando in una etnografia prevale una visione modellizzata e oggettiva rappresentativa della comunità, a garanzia della scientificità della ricerca. Le riflessioni sulle implicazioni di questa scelta metodologica (cfr. Casagrande, 1966) erano rare; sono diventate numerose nel corso degli anni ottanta con l'avvio delle critiche dell'antropologia interpretativa. Alcune di queste problematiche sono affrontate nel volume curato da Fabietti (1998).

4.12
Acquisizione e trascrizione dei dati

Boas, Radin e Sapir trascrivevano enunciati e narrazioni basandosi sulla sensibilità del proprio orecchio e facendo uso delle convenzioni di trascrizione fonetica e fonemica. Oggi non saremmo altrettanto fiduciosi non solo nelle nostre capacità sensibili, ma anche nei confronti delle modalità di trascrizione che certo allora, ai tempi di Boas, devono aver imposto ritmi di narrazione assai "innaturali". Parlare di fronte a un microfono o a una videocamera non è però certo più "naturale" di una trascrizione contestuale con carta e penna. La familiarità o gli effetti della globalizzazione sulla diffusione di questi strumenti non ci deve far pensare che non possano darsi reazioni contrarie alla loro utilizzazione. Anche le reazioni negative, sebbene rendano difficoltoso il lavoro di raccolta, ci mostrano aspetti dei valori locali attribuiti alle parole e alla loro enunciabilità, al rapporto che intercorre tra le parole e chi le ha enunciate, alle modalità della trasmissione sia di saperi di fronte a terzi sia di eventi (rituali, cerimoniali ecc.) raccolti da un apparecchio fotografico o video. La presenza di tali strumenti può avere effetti non previsti se si innestano dinamiche che variano il comportamento delle persone durante un evento formale regolato da etichette. Sono stati gli scatti di alcune foto che fecero parzialmente fallire una visita a una capo villaggio akan a cui partecipava Barbara Turchetta (1997a, p. 94). Chi stava facendo le foto aveva variato la sua posizione e, circolando liberamente, aveva invaso «gli spazi non riservati ai visitatori in un contesto formale, per i quali è previsto un posto alla sinistra del capo villaggio e in posizione seduta». Per le variazioni nelle posizioni previste dalle convenzioni riservate alle visite formali, i ruoli si scomposero e la visita si trasformò in un incontro meno formale.

Tali aspetti ci introducono nelle tematiche legate all'etica del lavoro sul campo che vanno al di là degli effetti (in questo caso non troppo "gravi") che comportamenti non idonei possono innescare.

La trascrizione fonetica e fonemica [46] rimane un passaggio inevitabile e l'esperienza insegna che è bene non tralasciare mai di glossa-

---

46. A partire dai primi passi della trascrizione di dati linguistici raccolti, la notazione fonetica e fonemica, quando non resa fruibile alla stessa comunità dei parlanti, oggi non è eticamente ben vista proprio perché la scrittura di una lingua tocca aspetti politici molto delicati delle lotte per il riconoscimento e dell'identità di una società. Le trascrizioni fonetiche del passato, ad esempio, sebbene si basassero su alcune convenzioni internazionali ora cadute in disuso, sono accessibili solo agli accademici, tagliando fuori le comunità che le hanno enunciate.

re le proprie trascrizioni, nell'attimo stesso in cui si raggiunge una tappa soddisfacente della resa. Questa raccomandazione ci viene da una importante studiosa, Jane Hill (2007, pp. 150-4), ed è legata a una vicenda assai toccante, avvenuta agli inizi degli anni sessanta. La protagonista, Roscinda Nolasquez, l'ultima parlante del cupeño (una lingua della costa sud della California, ora purtroppo estinta), è stata una collaboratrice della studiosa. Roscinda spesso si soffermava a raccontare le vicende che colpirono tragicamente la sua gente, portandola all'estinzione, dopo essere stata espropriata della propria terra (San Diego) e forzata a vivere in mezzo al deserto. Roscinda aveva intuito il ruolo che la studiosa avrebbe potuto rappresentare per la documentazione della sua lingua-cultura e quindi seppe "approfittare" del lavoro congiunto riuscendo a «plasmare anche il più sottile dei dettagli dei suoi discorsi» perché rimanesse una documentazione della sua lingua e delle sue tradizioni. Con il trascorrere del tempo Hill capì perché la sua collaboratrice definisse il lavoro compiuto insieme "insegnamento": lei «stava costruendo una documentazione, stava mettendo insieme un patrimonio sebbene non lo avesse mai detto esplicitamente» (*ibid.*). Roscinda si era sforzata di parlare alla studiosa utilizzando generi e forme che fossero esaustivi del patrimonio comunicativo e culturale della sua gente, consapevole del destino a cui i Cupeño sarebbero andati incontro! Ma nella velocità delle trascrizioni, Hill, tradita dalla familiarità acquisita, spesso non annotò subito osservazioni e glosse. E quando dopo quarant'anni non ci fu più nessuno in grado di interpretare quei testi trascritti, il cupeño rischiò una seconda "estinzione", se l'accresciuta esperienza della studiosa non le avesse permesso di ricostruire un tipo di comprensione della lingua scoprendo la grandissima ricchezza del parlato di Roscinda.

Gli antropologi linguisti nel corso degli anni hanno formulato teorie, proposte e soluzioni pratiche per risolvere i problemi di trascrizione, elaborando sistemi molto sofisticati in grado di rappresentare sulla pagina la complessità degli elementi che contribuiscono a costruire e determinare gli eventi comunicativi e a darne forza illocutiva: la qualità della voce, la prosodia, i gesti che accompagnano le parole, la posizione dei partecipanti all'evento, lo spazio occupato, il tipo di relazione (sociale, politica o religiosa) che esiste tra di essi, musica e passi di danza nel caso fossero presenti nella scena dell'evento ecc. (cfr. Farnell, 1995) [47]. Una trascrizione, come sostiene

---

47. Esistono convenzioni sempre più raffinate di trascrizione degli elementi che

Ochs (1979), è sempre sostenuta sia da una teoria che interpreta e seleziona ciò che è saliente per lo studioso, sia da un aspetto pratico legato alla leggibilità dell'evento, o da ciò che dell'evento si vuol mettere in luce. Per questo motivo qualsiasi sistema di trascrizione usi, è bene che il ricercatore si domandi quali criteri di lettura degli eventi stia utilizzando e per quali fini di leggibilità.

Senza dubbio il passaggio dalla notazione su carta (ad esempio quelle di Paul Radin sono veramente mirabili... a distanza di un secolo) a quella su registratore e/o videocamera permette la fissazione di eventi che né l'occhio né l'orecchio più attento sono in grado di memorizzare nell'immediato e di mantenere nel tempo. Consente la visione all'infinito di un evento in modo che possa essere analizzato senza l'ansia dell'irripetibilità. Tali strumenti non eliminano il paradosso del punto di vista dell'osservatore, né i limiti culturali e fisiologici dell'osservazione imputati all'occhio e all'orecchio. Anzi, in un certo senso vengono proiettati su scala più ampia ma con aspettative e risultati sostanzialmente diversi. A fronte del rischio che i sistemi divengano obsoleti, è bene infatti assumere oggi i paradigmi e le condizioni di ricerca che abbiamo a nostra portata: registrazioni digitali, video, riversamenti su computer, metodi e tecniche di trascrizione sempre più sofisticate, possibilità di analisi delle immagini e dei suoni, collegamenti Internet nei luoghi più remoti del pianeta, possibilità di inviare quotidianamente quanto raccolto al sicuro di una banca dati "centrale" (cfr. la nota 8), informazione costante su quanto scritto sul territorio, sulla popolazione presso cui si risiede, sulla sua lingua, aggiornamenti informativi e fattuali. Tutto questo consente un "paradigma di ricerca" ben lontano da quello che affrontavano i "padri fondatori" e anche da quello accessibile fino a poco più di una generazione fa. Con tali potenzialità, è chiaro che il ruolo della lingua locale e delle sue parole si accresce, perché la raccolta sul campo non è più solo "controllata" dalle interazioni del ricercatore con una o più persone, ma gli consente di preparare, giorno dopo giorno, la sua "ricerca" e la sua "interpretazione" nel loro divenire. Ancora di più: in ogni ricerca sul terreno è bene che il ricercatore già pensi all'archiviazione "sicura" del materiale audio-sonoro (ma anche scritto) della sua raccolta, nei vari archivi centralizzati esistenti (cfr. nuovamente la nota 8). L'accesso ai dati altrui sarà regolamentato da precisi criteri e, comun-

compongono eventi, compresi musica e passi di danza. Rimando alla sintesi proposta da Duranti (2000, pp. 115-48) che alla trascrizione dedica un capitolo del suo manuale di antropologia del linguaggio.

que, lo scambio con ricercatori presenti in aree contigue, o nel caso delle lingue e delle parole, con popolazioni parlanti lingue affini, può consentire di formare, sia pur faticosamente, una rete di competenze locali [48].

4.13
Vivere con un microfono addosso

Come esempio riassuntivo di quanto detto finora, vorrei proporre una ricerca assai complessa e per certi versi "estrema", per il fine che si poneva e gli strumenti che ha utilizzato: cogliere il lento e graduale processo di apprendimento del linguaggio nell'età dell'infanzia (da zero a sei anni) in una comunità maya tzotzil (Chiapas, Messico). Il fine era giungere a comprendere come i bambini diventino e siano considerati da tutti persone, membri attivi della comunità. La ricerca è stata condotta da Lourdes de León (2005) presso alcune famiglie delle comunità di Zinacantan, dove la studiosa ha vissuto a lungo condividendo «la loro vita e i loro complicati divenire» (ivi, p. 13). Un'indagine del genere, infatti, implica lunghi periodi di assidua presenza per seguire lente trasformazioni, difficili da cogliere quando i bambini (fino agli 8 mesi di età) passano molta parte del tempo in una sorta di marsupio, sulle spalle della madre impegnata nelle attività di lavoro, prima che si affaccino a un'età di incipiente indipendenza (i primi passi, le prime parole). De León descrive con grande dettaglio il metodo a cui è giunta dopo iniziali insuccessi dovuti alla sua presenza: i bambini impauriti si nascondevano o venivano nascosti per timore del malocchio (soprattutto se maschi) o si raccoglievano tutti insieme attorno ai regali portati da lei, fonte infinita di litigi e capricci. Frustrata dall'irraggiungibile ambizione di essere "trasparente", de León scelse un metodo di raccolta dei dati composito condotto tanto tra famiglie "focali", quanto tra famiglie "complementari": osservazione, partecipazione, note *in situ*, ma soprattutto registrazioni compiute dagli stessi genitori, riprese video durante le riunioni familiari o durante la giornata secondo una tempistica perio-

---

48. È sempre più frequente che istituzioni di ricerca o universitarie organizzino corsi di formazione linguistica destinati ai parlanti di lingue native. Così come incominciano a fare una timida comparsa istituzioni governative e universitarie che si occupano della difesa e promozione delle lingue minoritarie del proprio paese (Instituto Nacional de Lenguas Indígenas – INALI, Messico, Institute of Southern Indian Languages di Mysore – Karnataka, India), in nome di diritti costituzionali vigenti.

dica regolata. Come definitivo strumento, «dalla nascita fino a che il bimbo/a ha una mobilità propria (gattonare, camminare eretto) è stato usato il microfono senza fili collocato sulla madre o su chi ne faceva le veci. Quando il bambino/a ha acquisito mobilità ed è stata monitorata la sua attività verbale, è stato utilizzato il microfono senza fili apposto sul bimbo/a» (de León, 2005, pp. 78-9).

Se questa tecnica di rilevamento dei dati ci può sembrare molto invasiva, c'è da tenere presente che de León ha avuto la piena e partecipata collaborazione da parte delle famiglie interessate al progetto. Quando i genitori hanno ritenuto che non fosse opportuno registrare o esporre i bambini a questo tipo di monitoraggio, la studiosa ha ovviamente rispettato il divieto, soprattutto quando si è trattato di seguire bambini maschi, per via del potenziale malocchio che li può colpire quando sono eredi di un terreno. Tale divieto attinente alla sfera sociale e di genere, ha messo in luce che invece le bambine, non ereditando nulla, non potevano correre gli stessi rischi e quindi sarebbero state dei soggetti del tutto accessibili per tale tipo di indagine.

La ricerca di de León il cui fine era la comprensione della "microgenesi della competenza comunicativa" (cfr. Schieffelin, Ochs, 1986), ha avuto il pregio di aver dimostrato l'inadeguatezza di molte teorie sui processi di socializzazione spesso portate a termine a partire dall'osservazione di bambini del nostro mondo [49]. Secondo lo studio di de León i/le bambini/e di Zinacantan diventano "persone" nel graduale dispiegarsi delle loro capacità comunicative e di partecipazione agli eventi, sollecitati costantemente dagli adulti, stimolati ad acquisire e utilizzare in prevalenza verbi e solo in minor numero sostantivi:

Il fatto che i verbi siano più numerosi dei sostantivi è in stretta relazione ai modelli socioculturali della socializzazione. [...] I bambini sono spinti a prestare attenzione, a seguire le attività o gli eventi a cui assistono. Gli oggetti non sono tenuti in quanto tali, ma sono usati, trasformati, e per questa ragione, sono coinvolti negli eventi. D'altro canto, il contesto culturale dell'apprendimento favorisce l'attenzione verso ciò che accade. La maniera in cui sono socializzati i bambini, che avviene a lungo allo stesso livello dello spazio interattivo di chi li segue, insieme alla partecipazione alle loro attività, converge in un input che favorisce i riferimenti all'azione (ivi, p. 222).

49. Tali teorie ipotizzano l'esistenza di "restrizioni cognitive": lo sviluppo del lessico infantile si forma a partire da predisposizioni percettive e cognitive indipendenti dalla lingua da apprendere (Gentner, Boroditski, 2001); l'apprendimento in primo luogo punta a controllare le denominazioni degli oggetti e solo successivamente quello degli eventi e delle azioni attraverso l'uso dei verbi.

Le interazioni comunicative sono tese pertanto a far partecipare i bambini alla vita che li circonda, attraverso la realizzazione di forme verbali complesse piuttosto che a farli "gingillare" con i sostantivi.

Tanto il metodo quanto i risultati raggiunti dalla ricerca di de León possono avere un valore paradigmatico esemplare: una ricerca come questa, che tocca sfere così private e particolari quasi impercettibili all'osservazione, affidata ai tempi della ricerca *in situ* e agli occhi del ricercatore, ha bisogno di un equilibrato concorso fra la tecnologia, un rigoroso sistema della classificazione dei dati (elaborato per l'occasione) [50], la piena compartecipazione tra la ricercatrice/tore e i propri interlocutori, una profonda e reciproca fiducia, e un contesto di ricerca "identitariamente maturo" dove progetti di tale complessità spesso svolgono il ruolo di far affiorare consapevolezze inespresse.

4.14
Le aspettative delle comunità: il principio della "restituzione"

In conclusione, vorrei tornare alla resa alfabetica delle lingue tendenzialmente agrafe: questo lavoro è spesso vissuto come una tappa critica piena di aspettative per le comunità indigene che basano la volontà di riscatto e rivalutazione a partire dalla propria lingua, anch'essa discriminata perché, tra l'altro, "senza scrittura", oppressa dall'alfabetizzazione scolastica impartita nella lingua dello Stato. Spesso vi è una grande partecipazione e attesa da parte delle comunità locali all'elaborazione di alfabeti che siano appropriati alle esigenze della loro comunità. A questi fenomeni bisogna prestare grande attenzione dal momento che aprono le comunità alla produzione di una scrittura propria, sentita come conquista di autonomia e di riconoscimento. Conseguente deve essere la sensibilità dell'etnografo di non produrre sistemi di scrittura troppo divergenti (soprattutto se si tratta di lingue tonali) per non creare confusione e non dare l'impressione di disprezzare gli sforzi di standardizzazione a cui le comunità ambiscono giungere, ma anche per rendere accessibili i propri materiali raccolti e tra-

---

50. Per lungo tempo uno dei più diffusi sistemi di elaborazione e di organizzazione dei dati linguistici è stato lo *Shoèbox*, poi ampliato in *Toolbox*, elaborato dal Summer Institute of Linguistics (SIL). Nell'attualità invece il più utilizzato è *Elan* elaborato dal Max Planck Institute per il programma di documentazione DOBES (cfr. nota 8) ma largamente diffuso anche tra gli studiosi che non partecipano a tale programma. *Elan* è in grado di sistematizzare dati video, sonori, trascrizioni, glosse simultaneamente.

scritti. Spesso l'affermazione e l'appropriazione del sistema di scrittura della propria lingua hanno aperto la strada alla produzione di letterature indigene (ormai sterminata), di riflessioni sulla propria lingua, di vere e proprie etnografie native che aprono scenari sempre più complessi e interessanti per il ricercatore.

Se da un lato la produzione di una letteratura indigena può rappresentare un fecondo e necessario campo di ricerca per l'antropologia, dall'altro la presenza di una produzione autonoma e indipendente di saperi scritti locali può spingere le comunità o settori di esse ad accettare sempre meno la presenza della voce aliena dell'antropologo. Le sue analisi potrebbero essere percepite ancora una volta come simbolo di colonizzazione, "furto" della propria ricchezza culturale ed espressione di punti di vista che non appartengono alla comunità o che per gli abitanti sono irrilevanti o fonte di rischio complessivo.

Non possiamo più far finta di credere di avere l'esclusività e il "predominio" del sapere antropologico né possiamo evitare di porci in un'ottica dialogica non solo dal punto di vista teorico-metodologico dell'interazione, dello scambio tra soggetti, dando "voce all'altro", ma anche dal punto di vista pratico: il confronto con le voci degli antropologi nativi è una realtà con la quale dobbiamo misurarci con saggezza, lasciando del tutto aperta la possibilità che ci vengano indicate vie della conoscenza e della rappresentazione del mondo da noi non elaborate e non immaginate. Sempre più spesso non siamo noi a stabilire quale sia il "punto di vista del nativo", ma questo è rappresentato dalla sua stessa voce quando le condizioni di potere e di diseguaglianza lo consentano e lo favoriscano. Gli antropologi sul campo possono impegnarsi a contribuire al fatto che questi processi si realizzino con successo.

A prescindere da questo scenario in cui la presenza degli antropologi potrebbe anche essere legittimamente "delimitata", si deve comunque prestare grande attenzione alle politiche di "restituzione" e alle esigenze espresse dalla comunità in materia di riscatto e di riconoscimento, elaborando opere che rispondano ai suoi interessi espressi o inespressi. Tra queste sono spesso richieste o apprezzate proprio le stesure di grammatiche, dizionari tematici, come abbiamo potuto far notare, le raccolte e le trascrizioni della narrativa, dei toponimi, della storia coloniale locale, dei giochi, della culinaria, dei saperi biologici ed ergologici ecc. Ma il lavoro dovrà questa volta passare al vaglio della comunità secondo una modalità di stesura tendenzialmente cooperativa che vede la partecipazione esplicita della comunità o di parte di essa. Anche questa è ricerca sul campo... ma in parte è tutta un'altra sfida, che ci riporta alle prime battute di questo lavoro: l'intersezione sempre più stretta fra ricercatore e sinergie locali che possono essere attive o attivate, provenienti e impersonificate dai nostri interlocutori e collaboratori interessati sempre più a riflettere, capire la propria lingua-cultura, alla nostra "stessa" stregua. Anche in questo caso saremo in grado di affrontare questo ulteriore tipo di lavoro di campo solo se dedicheremo molte delle nostre energie allo studio della lingua-cultura dei nostri interlocutori.

Riferimenti bibliografici

ALLAN K., BURRIDGE K. (2006), *Forbidden Words. Taboo and the Censoring of Language*, Cambridge University Press, Cambridge.

AMITH J. D. (2010), *El enfoque lingüístico en la etnobiología. La importancia de una metodología interdisciplinaria*, conferenza magistrale presentata al IV Coloquio Thomas Smith-Stark sobre lenguas otomangues y vecinas, Oaxaca 16-18 aprile 2010.

AUSTIN P. K. (ed.) (2003, 2004, 2005, 2007, 2008), *Language Documentation and Description*, 5 vols., Hans Rausing Endangered Languages Project, SOAS, London.

BANFI E. (2009), *Rappresentare il significato delle parole: la "parola" cinese, tra i livelli fonologico e semantico/cognitivo*, in P. Bertinetto, V. Bambini, I. Ricci et al. (a cura di), *Atti del 42° Congresso Internazionale di Studi della* SLI *"Linguaggio e cervello, semantica"* (Pisa 25-27 settembre 2008), 2 voll. (con CD), Bulzoni, Roma, pp. 1-25.

BAUMAN R. (1986), *Story, Performance, and Event: Contextual Studies of Oral Narrative*, Cambridge University Press, Cambridge.

BAUMAN R., SCHERZER J. (eds.) (1974), *Exploration in the Ethnography of Speaking*, Cambridge University Press, Cambridge.

BERLIN B., KAY P. (1969), *Basic Color Terms. Their Universality and Evolution*, University of California Press, Berkeley.

BOAS F. (1911), *Introduction*, in Id., *Handbook of American Indian Languages*, Smithsonian Institution Press, Washington DC (trad. it. *Introduzione alle lingue indiane d'America*, a cura di G. R. Cardona, Bollati Boringhieri, Torino 1979).

BRIGGS C. J. (1986), *Learning How to Ask. A Sociolinguistic Appraisal of the Role of the Interview in Social Science Research*, Cambridge University Press, Cambridge.

ID. (1988), *Comptence in Performance. The Creativity of Tradition in Mexicano Verbal Art*, University of Pennsylvania Press, Philadelphia.

BROWN P., LEVINSON S. C. (1978), *Politeness. Some Universals in Language Usage*, Cambridge University Press, Cambridge.

BUCHOLTZ M. *et al.* (eds.) (1999), *Reinventing Identies: The Gendered Self in Discourse*, Oxford University Press, New York.

ID. (2001), *Genere/Gender*, in Duranti (2001), pp. 122-6.

CALAME-GRIAULE G. (1965), *Il mondo della parola. Etnologia e linguaggio dei Dogon*, Boringhieri, Torino 1982.

CALVET L.-J. (1977), *Linguistica e colonialismo. Piccolo trattato di glottofagia*, Gabriele Mazzotta Editore, Milano.

CAMERON D. (ed.) (1990), *The Feminist Critique of Language. A Reader*, Routledge, London.

CARDONA G. R. (1976), *Introduzione all'etnolinguistica*, il Mulino, Bologna.

ID. (1985), *I sei lati del mondo. Linguaggio ed esperienza*, Laterza, Roma-Bari.

ID. (1988), *Dizionario di linguistica*, Armando, Roma.

CARTER A. T. (1984), *The Acquisition of Social Deixis: Children's Usages of "Kin" Terms in Maharashtra, India*, in "Journal Children Language", 11, pp. 179-201.

CASAGRANDE J. B. (a cura di) (1966), *La ricerca antropologica. Venti studi sulle società primitive*, 2 voll., Einaudi, Torino.

CHIODI F., LONCON E. (1999), *Crear nuevas palabras. Inovación y expanción de los recursos lexicales del Mapuzugun*, UFRO, CONADI, Temuco.

COHEN A. P. (1994), *Self Consciousness. An Alternative Anthropology of Identity*, Routledge, London.

CUTURI F. (a cura di) (1997a), *Etnografie degli eventi comunicativi. Dialoghi e monologhi fra udibile e visibile*, in "Etnosistemi", 4, 4.

ID. (1997b), *"Proprio ora, qui ti dico cos'è importante che tu faccia". Deissi e autorevolezza nei processi di socializzazione huave*, in "Etnosistemi", 4, 4, pp. 33-60.

ID. (2000), *"Tal vez estamos aquí". Autoridad, responsabilidad y "antideíctico" en las interacciones dialógicas rituales huaves*, in Monod, Erikson (2000), pp. 401-30.

ID. (2002), *Il sapere dei sapori*, in D. Silvestri, A. Marra, I. Pinto (a cura di), *Saperi e sapori Mediterranei. La cultura dell'alimentazione e i suoi riflessi linguistici*, Quaderni di AION, Napoli, vol. I, pp. 245-80.

ID. (2003), *Juan Olivares. Un pescatore scrittore del Messico indigeno*, Meltemi, Roma.

ID. (2007), *Modalità dell'agency nelle pratiche discorsive huave*, in Donzelli, Fasulo (2007), pp. 61-83.

ID. (2009a), *Dogma, traduzione delle Sacre Scritture e alterità linguistico-culturale*, in G. Filoramo, F. Remotti (a cura di), *Pluralismo religioso e modelli di convivenza (Atti del Convegno di Torino, 20-21 settembre 2006)*, Edizioni dell'Orso, Alessandria, pp. 57-111.

ID. (2009b), *Nüeteran ikoots naw San Mateo del Mar. Ngineay majaraw arangüch nüeteran / Comida ikoots de San Mateo del Mar. Conocimientos y preparación* (con CD), Instituto nacional de lenguas indígenas (INALI), México.

CUTURI F., GNERRE M. (2008), *Los ikoots (huaves) de San Mateo del Mar y la escritura: desconfianzas, acercamientos y apropiaciones*, in A. López Cruz, M. Swanton (coords.) *Memorias del Coloquio Francisco Belmar*, vol. II,

Conferencias sobre lenguas otomangues y oaxaqueñas, Biblioteca Francisco de Burgoa, UABJO, CSEIIO, Fundación A. Harp Helú Oaxaca, INALI, Oaxaca, pp. 189-226.

D'ANGELIS W. (2004), *O SIL e a redução da língua kaingang à escrita: um caso de missão "por tradução"*, in R. M. Wright (ed.), *Trasformando os Deuses. Igrejas evangélicas, pentecostais e neopentecostais entre os povos indígenas no Brasil*, 2 voll., Editora da Unicamp, Campinas, pp. 199-217.

DE LEÓN PASQUEL L. (2005), *La llegada del alma. Lenguaje, infancia y socialización entre los mayas de Zinacantan*, CIESAS, CONACULTA, INAH, México.

DE MAURO T. (2002), *Capire le parole*, Laterza, Roma-Bari.

ID. (2009), *In principio c'era la parola?*, il Mulino, Bologna.

DESCOLA P. (2000), *Un dialogue entre lexique. Ethnographies croisée d'un dictionnaire espagnol-shuar*, in Monod, Erikson (2000), pp. 313-27.

DONZELLI A., FASULO A. (a cura di) (2007), *Agency e linguaggio. Etnoteorie della soggettività e della responsabilità nell'azione sociale*, Meltemi, Roma.

DRAKARD J. (1999), *A Kingdom of Words. Language and Power in Sumatra*, Oxford University Press, Oxford.

DURANTI A. (1992), *Etnografia del parlare quotidiano*, Carocci, Roma.

ID. (1994), *From Grammar to Politics: Linguistic Anthropology in a Western Samoan Village*, University of California Press, Berkeley-Los Angeles.

ID. (2000), *Antropologia del linguaggio*, Meltemi, Roma.

ID. (a cura di) (2001), *Culture e discorso. Un lessico per le scienze umane*, Meltemi, Roma.

ID. (ed.) (2006), *A Companion to Linguistic Anthropology*, Blackwell, Oxford.

ID. (2007), *Etnopragmatica. La forza nel parlare*, Carocci, Roma.

FABIAN J. (1986), *Language and Colonial Power*, University of California Press, Berkeley.

FABIETTI U. (a cura di) (1998), *Etnografie e culture. Antropologi, informatori e politiche dell'identità*, Carocci, Roma.

ID. (1999), *Antropologia culturale. L'esperienza e l'interpretazione*, Laterza, Roma-Bari.

FARNELL B. (1995), *Do You See What I Mean? Plains Indian Sign Talk and the Embodiment of Action*, University of Texas Press, Austin.

FINNEGAN R. (1992), *Oral Traditions and the Verbal Arts. A Guide to Research Practices*, Routledge, London.

ID. (2008), *Data – but Data from What?*, in Austin (2008), vol. 5, pp. 13-28.

FISHER J. L. (1964), *Words for Self and Others in Some Japanese Families*, in J. J. Gumperz, D. Hymes (eds.), *The Ethnography of Communication*, American Anthropological Association, Washington DC.

FOLEY W. A. (1997), *Anthropological Linguistics. An Introduction*, Blackwell, Oxford.

FRANCHETTO B. (1996), *Mulheres entre os Kuikuro*, in "Revista estudos feministas", 1-96, pp. 35-54.

ID. (2007), *La etnografia en la documentación lingüística*, in J. B. Haviland, J. A.

Flores Farfán (ed.), *Bases de la documantación lingüística*, Instituto nacional de lenguas indígenas (INALI), México, pp. 219-50.

FRANCIS D. A., LEAVITT R. M. (2008), *A Passamaquoddy-Maliset Dictionary. Peskotomuhkati Wolastoqewi Latuwewakon*, The University of Maine Press, Goose Lane Editions, Orono (ME)-Fredericton (NB, Canada).

GENTNER D., BORODITSKI L. (2001), *Individuation, Relational Relativity and Oraly Word Learning*, in M. Bowerman, S. Levinson (eds.), *Language Aquisition and Conceptual Development*, Cambridge University Press, Cambridge.

GNERRE M. (1996), *Il declino del dialogo*, in Turchetta (1996).

ID. (1997), *Una mezz'oretta nel 1973… dinamiche di elaborazioni di significati e di testualità*, in "Etnosistemi", 4, 4, pp. 9-32.

ID. (2003), *La saggezza dei fiumi*, Meltemi, Roma.

ID. (2008a), *La distribuzione delle principali famiglie linguistiche nello spazio americano*, in E. Banfi, N. Grandi (a cura di), *Le lingue extraeuropee: Americhe, Australia e lingue di contatto*, Carocci, Roma, pp. 69-228.

ID. (2008b), *Linguist's Multi-Layered Data and the Linguistic Community's Polyphony*, in Austin (2008), vol. 5, pp. 29-59.

ID. (in corso di stampa), *La traduzione della "modernità": la sfida linguistica della resa di concetti del mondo occidentale in una lingua di tradizione orale*, in A. De Meo (a cura di), *Traduttori e traduzioni. Nuove sfide della mediazione culturale*, Liguori, Napoli.

GOSSEN G. (1974), *Chamulas in the World of the Sun. Time and Space in a Maya Oral Tradition*, Harvard University Press, Cambridge (MA).

GRENOBLE L. A., WHALEY L. J. (2006), *Saving Languages. An Introduction to Language Revitalization*, Cambridge University Press, Cambridge.

HALE T. A. (1998), *Griots and Griottes: Masters of Words and Music*, Indiana University Press, Idiana.

HANKS W. (1990), *Referential Practice. Language and Lives Space among the Maya*, University of Chicago Press, Chicago.

ID. (1996), *Language and Communicative Practices*, Westview Press, Boulder.

ID. (2001), *Indessicalità/Indexicality*, in Duranti (2001), pp. 168-72.

HAVILAND J. B. (1979a), *Guugu Yimidhirr Brother-in-law Language*, in "Language in Society", 8, 3, pp. 365-93.

ID. (1979b), *How to Talk to Your Bother-in-Law in Guugu Yimidhirr*, in T. Shopen (a cura di), *Language and Their Speakers*, Winthrop, Cambridge, pp. 161-240.

ID. (2001), *Gesto/Gesture*, in Duranti (2001), pp. 132-6.

ID. (2007), *La documentación del conocimiento léxico*, in Haviland, Flores Farfán (2007), pp. 159-96.

HAVILAND J., FLORES FARFÁN J. A. (ed.) (2007), *Bases de la documantación lingüística*, Instituto nacional de lenguas indígenas (INALI), México.

HELLER M. (2008), *Doing Ethnography*, in Li Wei, M. Moyer (eds.), *Research Methods in Bilingualism and Multilingualism*, Blackwell, Oxford.

HILL J. H. (1995), *The Voices of Don Gabriel: Responsability and Self in a Modern Mexicano Narrative*, in Tedlock, Mannheim (1995), pp. 97-147.

ID. (1988), *Lingua, cultura e visione del mondo*, in Turchetta (1996), pp. 25-54.

ID. (2007), *La etnografía del lenguaje y de la documentación lingüística*, in Haviland, Flores Farfán (2007), pp. 140-58.

HILL J. H., IRVINE J. T. (eds.) (1993), *Responsability and Evidence in Oral Discourse*, Cambridge University Press, Cambridge.

HINTON L., HALE K. (eds.) (2001), *Language Revitalization in Practice*, Academic Press, San Diego.

HYMES D. (ed.) (1964), *Language in Culture and Society. A Reader in Linguistics and Anthropology*, Harper and Row, New York.

ID. (1974), *Fondamenti di sociolinguistica. Un approccio etnografico*, Zanichelli, Bologna 1980.

ID. (1981), *"In Vain I Tried to Tell You": Essays in Native American Ethnopoetics*, University of Pennsylviania Press, Philadelphia.

JACKSON J. E. (1983), *The Fish People: Linguistic Exogamy and Tukanoan Identity in Northwest Amazonia*, Cambridge University Press, Cambridge.

KROEBER A. L. (1909), *Sistemi classificatori di parentela*, in Id., *La natura della cultura*, il Mulino, Bologna 1974, pp. 311-22.

LABOV W. (1972), *Sociolinguistic Patterns*, University of Pennsylvania Press, Philadelphia.

LA CECLA F. (1997), *Il malinteso. Antropologia dell'incontro*, Laterza, Roma-Bari.

LAUGHLIN R. M. (1975), *The Great Tzotzil Dictionary of San Lorenzo Zinacantan*, Smithsonian Institution Press, Washington DC.

LELLI S. (2001), *Tra(s)duzioni. Parole e mondi di un migrante griot*, CISU, Roma.

LUONG H. V. (1984), *"Brother" and "Uncle": An Analysis of Rules, Structural Contradictions, and Meaning in Vietnamese Kinship*, in "American Anthropologist", 86, pp. 290-315.

ID. (1990), *Discursive Practices and Linguistic Meanings. The Vietnamese System of Person Reference*, John Benjamins, Amsterdam-Philadelphia.

LYONS J. (1968), *Introduction to Theoretical Linguistics*, Cambridge University Press, Cambridge.

MALINOWSKI B. (1923), *Il problema del significato nei linguaggi primitivi*, in C. K. Ogden, I. A. Richards, *Il significato del significato*, il Saggiatore, Milano 1966, pp. 333-81.

MARANHÃO T. P. (1977), *The Status of Taxonomies in Anthropology and Linguistics*, in "Anthropological Linguistics", 19, 3, pp. 111-22.

MARAZZINI C. (2009), *L'ordine delle parole. Storia di vocabolari italiani*, il Mulino, Bologna.

MEAD M. (1939), *Native Languages as Field Work Tools*, in "American Anthropologist", 41, pp. 181-205.

MELIÁ B. (1995), *Elogio de la Lengua Guaraní*, CEPAG, Asunção.

MONOD A. (2009), *Parola*, in P. Bonte, M. Izard (a cura di), *Dizionario di antropologia e etnologia*, Einaudi, Torino, pp. 626-7.

MONOD A., ERIKSON P. (éds.) (2000), *Les rituels du dialogue. Promenade ethnologiques en terre amérindiennes*, Société d'ethnologie, Nanterre.

NETTLE D., ROMAINE S. (2001), *Le voci del silenzio. Tracce delle lingue in via di estinzione*, Carocci, Roma.

OCHS E. (1979), *Transcription as Theory*, in E. Ochs, B. Schieffelin (eds.), *Developmental Pragmatics*, Academic Press, New York, pp. 43-72.

ID. (1986), *From Feeling to Grammar*, in E. Ochs, B. Schieffelin (eds.), *Language Socialization across Cultures*, Cambridge University Press, Cambridge, pp. 251-72.

ID. (2006), *Linguaggio e cultura. Lo sviluppo delle competenze comunicative*, Carocci, Roma.

OCHS E., SCHIEFFELIN B. (1989), *Language Has a Heart*, in "Text", 9, pp. 7-25.

PIASERE L. (1998), *Le culture della parentela*, CISU, Roma.

PUTZU I. (2000), *Il soprannome. Per uno studio multidisciplinare della nominazione*, CUEC, Cagliari.

RAMAT P. (2005), *Pagine linguistiche. Scritti di linguistica storica e tipologica*, Laterza, Roma-Bari.

REMOTTI F. (2009), *Noi primitivi. Lo specchio dell'antropologia*, n.e., Bollati Boringhieri, Torino.

RIVERS W. H. R. (1900), *A Genealogical Method of Collecting Social and Vital Statistics*, in "Journal of the Royal Anthropological Institute", 30, pp. 74-82.

SALZMANN Z. (1993), *Language, Culture and Society. An Introduction to Linguistic Anthropology*, Westview, Boulder.

SAPIR E. (1921), *Il linguaggio. Introduzione alla linguistica*, Einaudi, Torino 1969.

SAUSSURE F. DE (1915), *Cours de linguistique générale*, Payot, Paris (trad. it. *Corso di linguistica generale*, Laterza, Bari).

SCHERZER J. (1987a), *A Discourse-Centered Approach to Language and Culture*, in "American Anthropology", 89, pp. 295-309.

ID. (1987b), *Linguaggio e cultura. Il caso dei Kuna*, Sellerio, Palermo.

ID. (1990), *Verbal Art in San Blas: Kuna Culture through Its Discours*, Cambridge University Press, Cambridge.

SCHERZER J., URBAN G. (eds.) (1986), *Native South American Discourse*, Mouton de Gruyter, Berlin.

SCHIEFFELIN B., OCHS E. (eds.) (1986), *Language Socialization across Cultures*, Cambridge University Press, Cambridge.

SCHIEFFELIN B., WOOLARD K., KOSKRITY P. (eds.) (1998), *Language Ideologies: Practice and Theory*, Oxford University Press, Oxford.

SENFT G., BASSO E. (2009), *Ritual Communication*, Wenner Gren International Symposium Series, Berg, Oxford.

SILVERSTEIN M., URBAN G. (eds.) (1996), *Natural Histories of Discourse*, Chicago University Press, Chicago.

SOLONTSEV V. M. (1986), *Universals Specials and Typology*, in W. P. Lehmann (ed.), *Linguistic Typology*, Bejamins, Amsterdam, pp. 49-54.

SPERBER D. (1984), *Il sapere degli antropologi*, Feltrinelli, Milano.

SPRADLEY J. P. (1979), *The Ethnographic Interview*, Wardsworth Group, Belmont (CA).

STENZEL K. (2005), *Multilingualism in the Northwest Amazon Revisited*, in *Memorias del Congreso de Idiomas Indígenas de Latino América II*, University of Texas Press, Austin, pp. 1-28.

STOCKING G. W. (1996), *La magia dell'etnografo. La ricerca sul campo nell'antropologia inglese da Tylor a Malinowski*, in "La Ricerca Folklorica", 32, pp. 111-32.

TALLÈ C. (2004), *Observaciones sobre terminología toponímica de los Huave de San Mateo del Mar (Oaxaca)*, in "Cuadernos del Sur", 20, pp. 51-70.

TANNEN D. (1992), *Ma perché non mi capisci? Alla ricerca di un linguaggio comune fra donne e uomini*, Frassinelli, Vicenza.

TEDLOCK D. (1983), *The Spoken Word and the Work of Interpretation*, University of Pennsylvania Press, Philadelphia.

TEDLOCK D., MANNHEIM B. (eds.) (1995), *The Dialogic Emergence of Culture*, University of Illinois Press, Urbana-Chicago.

TORNAY S. (éd.) (1978), *Voir et nommer les couleurs*, Laboratoire d'Ethnologie et de Sociologie comparative, Nanterre.

TURCHETTA B. (a cura di) (1996), *Introduzione alla linguistica antropologica*, Mursia, Milano.

ID. (1997a), *Interpretazione e interpreti di un testo: fenomenologia del parlato presso gli Akan e i Gonja del Ghana*, in "Etnosistemi", 4, 4, pp. 83-99.

ID. (1997b), *Lingua e diversità. Multilinguismo e lingue veicolari in Africa occidentale*, FrancoAngeli, Milano.

ID. (2000), *La ricerca di campo in linguistica. Metodi e tecniche d'indagine*, Carocci, Roma.

VAUX B., COOPER J. (1999), *Introduction to Linguistic Field Method*, Lincom Europa, Munich.

VIOLI P. (1986), *Infinito singolare. Considerazioni sulla differenza sessuale nel linguaggio*, Essedue, Verona.

WITHERSPOON G. (1977), *Language and Art in the Navajo Universe*, University of Michigan Press, Ann Arbor.

ID. (1980), *Language in Culture and Culture in Language*, in "International Journal of American Linguistics", 46, pp. 1-13.

WOODBURY A. C. (2005), *Ancestral Languages and (Imagined) Creolization*, in Austin (2005), vol. 3, pp. 252-62.

ZEITLYN D. (1993), *Reconstructing Kinship or the Pragmatics of Kin Talk*, in "Man", 28, pp. 199-224.

ZUMTHOR P. (1984), *La presenza della voce. Introduzione alla poesia orale*, il Mulino, Bologna.

5

Immagini

di *Cecilia Pennacini*

L'immaginazione al potere!
Slogan del maggio francese

5.1
Premessa

Le immagini, intendendo con questo termine sia le rappresentazioni concrete di percezioni visive (figure o raffigurazioni contenute in disegni, dipinti, sculture, fotografie, film) sia le rappresentazioni mentali individuali e collettive che vanno a costituire i vasti depositi culturali dell'immaginario (nutrito creativamente dalla fantasia, dall'arte e dal sogno), sono centrali nella ricerca etnografica in quanto *oggetti da raccogliere* e allo stesso tempo in quanto *strumenti con cui raccogliere* dati.

In ogni cultura circolano densi flussi di immagini, sotto forma di raffigurazioni di vario tipo prodotte con diverse tecnologie, ciascuna delle quali tende a sviluppare codici semiotici particolari. I media che la contemporaneità sembra prediligere (fotografia, cinema, televisione, Internet) rendono sempre più complesso l'insieme delle interazioni caratteristiche della comunicazione visiva, coinvolgendo massicciamente tutte le società – comprese quelle che un tempo gli antropologi definivano "semplici" – e contribuendo in maniera sostanziale alla globalizzazione culturale, come anche ai processi di etnicizzazione a essa associati [1]. Non è affatto facile affrontare le manifestazioni della comu-

---

1. Il ruolo svolto dalla comunicazione visiva nei fenomeni connessi con la globalizzazione – delineato alcuni decenni fa da Marshall McLuhan (McLuhan, Powers, 1989) – è stato affrontato da una vasta letteratura interdisciplinare che spazia dalla sociologia della comunicazione alla semiologia fino all'antropologia dei media. In quest'ultimo settore si possono segnalare alcune opere introduttive, tra cui Askew e Wilk (2002), Ginsburg, Abu-Lughod e Larkin (2002), oltre alle riflessioni contenute nel noto

nicazione visiva, anche per via di talune ambiguità e sovrapposizioni degli strumenti concettuali utilizzati in quest'ambito dalle discipline che vi si sono dedicate da diverse prospettive. La prospettiva tran-sculturale che è propria dell'antropologia può tuttavia dare un con-tributo originale alla raccolta e all'interpretazione delle immagini, attraverso la comparazione di differenti culture visive e la conseguen-te enucleazione di tratti specifici come di meccanismi generali.

Le immagini sono dapprima percepite e poi trasformate cognitiva-mente ed esteticamente in prodotti culturali, che vengono "archiviati" nell'immaginario per essere successivamente trasmessi attraverso media in continua evoluzione tecnologica. È bene chiarire che, per quanto esistano tradizioni di studi relative alle "immagini" poetiche espresse in forme verbali, mentre alcuni autori parlano persino di immagini sonore, tattili od olfattive riferendosi alle rappresentazioni mentali delle relative percezioni sensoriali (Jedlowski, 2008, p. 231), in questo capi-tolo ci concentreremo specificamente sulla raccolta di rappresentazio-ni visive [2]. La riflessione filosofica ed estetica sui concetti correlati di immagine, immaginario e immaginazione si è concentrata soprattutto sulla dimensione virtuale delle rappresentazioni: l'immagine è qui con-siderata in primo luogo un simulacro della realtà, un prodotto della fantasia frutto di un'attività poietica di natura selettiva e creativa [3]. In effetti, anche a livello etimologico, la parola "immagine", dal latino *imago*, rinvia all'idea dell'imitazione di una percezione: le radici *im-*, da cui anche "imitare", o *sim-*, da cui *similis, similitudo, simulacrum*, indicano la rappresentazione verosimile di qualcosa.

Tuttavia già per Cicerone [4], le immagini «che [i filosofi atomisti seguaci di Democrito] chiamano *eidola*, la cui irruzione nel nostro corpo non solo ci fa vedere, ma anche pensare», producono cono-scenza *a partire* dalla percezione del mondo esterno [5]. È dunque fon-

volume di Appadurai (1996) e alle illuminanti considerazioni sulla "surmodernità" introdotte da Augé (1992). In ambito italiano un'utile raccolta di articoli in traduzio-ne si trova in Fagioli e Zambotti (2005).

2. Con l'eccezione delle rappresentazioni cinematografiche, che a partire dal 1927 – anno in cui fu realizzato il primo film sonoro – utilizzano modalità di rappresentazio-ne audiovisive, che comprendono cioè immagini e suoni.

3. Per approfondire i concetti di "immaginario" e "immaginazione" un'utile pano-ramica interdisciplinare è contenuta nell'antologia curata da Carmagnola e Matera (2008). Inoltre su questi temi cfr. anche i classici Durand (1963), Anderson (1983) e Taylor (2004).

4. *De finibus* I.6.21.

5. «Imagines, quae eidola nominant, quorum incursione non solum videamus, sed etiam cogiteamus». D'altronde la stretta relazione tra il vedere e il pensare ritorna

damentale tenere presente – soprattutto ai fini dell'utilizzo delle immagini come metodo di ricerca – anche l'altro versante della rappresentazione, cioè l'ancoraggio (che può in certi casi risultare solo un'ispirazione) alla percezione visiva. Se infatti le immagini possono giungere a costruire veri e propri universi fittizi, cosmologie e mondi immaginari [6] o addirittura utopie di cambiamento sociale, è importante sottolineare la sorgente visiva che caratterizza l'immaginazione, definita da Jedlowski (2008, p. 225) «un sapere *tacito* e in larga misura non strutturato, un insieme di presupposti impliciti e dati per scontati all'interno delle nostre pratiche».

La natura non verbale dell'immaginazione era stata messa in luce in ambito psicoanalitico da Lacan, che considerava la capacità di riconoscere la propria immagine allo specchio come uno stadio fondamentale del processo ontogenetico di identificazione del soggetto, in contrapposizione alla fase successiva contraddistinta dal registro simbolico e dalla centralità della parola (Recalcati, 2008). D'altro canto a livello filogenetico, il paleoantropologo Leroi-Gourhan (1965) aveva a sua volta messo in luce come l'estetica, qui intesa nel senso ampio di insieme delle percezioni sensoriali e delle loro rappresentazioni, nasca e si sviluppi parallelamente al linguaggio verbale. In questa prospettiva possiamo allora considerare l'immaginazione come il processo di costruzione intellettuale di immagini, successivamente oggettivate in raffigurazioni collettivamente condivise. Si tratta di un processo che occupa certamente un posto fondamentale nel funzionamento culturale. In questo senso, come afferma Jedlowski (2008, p. 227) citando il famoso slogan del maggio francese, «l'immaginazione è da sempre al potere» dal momento che le rappresentazioni sedimentate negli immaginari collettivi esercitano un innegabile controllo culturale sugli

anche nell'etmologia di "idea", che rinvia al latino *eidos* derivante da una radice che significa "vedere", come ricorda Francesco Remotti nel CAP. 8. Ringrazio Adriano Pennacini per le indicazioni etimologiche contenute in questo capitolo.

6. In diverse culture l'arte figurativa fornisce rappresentazioni visive dell'universo in cui gli esseri umani immaginano di vivere oppure di quello in cui vorrebbero vivere. Raffigurazioni ordinate di universi cosmologici appaiono di frequente nelle rappresentazioni figurate degli indiani del Nord America (Descola, 2010) come di moltissime altre culture indigene, si pensi ad esempio alla pittura balinese magistralmente analizzata da Gregory Bateson (1973). Per restare in Europa, Il *Trittico del giardino delle delizie* dipinto da Hyeronimus Bosch tra il 1490 e il 1505 ricrea una visione inquietante della storia dell'umanità e del suo destino, mentre quadri come *La città ideale* attribuito a un Anonimo Fiorentino (fine XV secolo) o il famoso *Quarto stato* di Giuseppe Pellizza da Volpedo (1901) potrebbero fornire buoni esempi di utopie socioculturali espresse in forme visive.

individui. Si pensi a questo proposito al potere persuasivo esercitato dalla pubblicità, che propone modelli sociali e culturali espressi fondamentalmente in forme visive. È dunque vero, come ha osservato Augé (1992, trad. it. p. 34), che «l'immagine esercita un'influenza, possiede una forza che eccede di molto l'informazione obiettiva di cui è portatrice». Allo stesso tempo, tuttavia, l'immaginazione mantiene – sia a livello individuale che collettivo – un potenziale di libertà creativa in grado di produrre cambiamento, cui l'antropologia spesso si riferisce con il termine *agency*.

In questo capitolo passerò sinteticamente in rassegna (vista la brevità dello spazio a disposizione) alcuni dei processi che consentono agli esseri umani di percepire visivamente la realtà esterna, per poi rielaborarla mentalmente in forme creative, che vengono comunicate e condivise attraverso vari sistemi di rappresentazione figurata. Si tratta di una premessa necessaria per poter poi passare alla presentazione dei metodi di ricerca che sfruttano la capacità delle immagini (fisse e in movimento) di catturare e trasmettere gli aspetti della vita culturale più refrattari alla rappresentazione verbale. L'antropologia visiva [7], branca della disciplina che si è concentrata sull'uso e sullo studio delle immagini nella ricerca, ha per molto tempo concentrato i suoi sforzi nella realizzazione da parte degli etnografi di immagini fotografiche e cinematografiche. Tuttavia, a partire dagli anni novanta del Novecento, essa ha progressivamente allargato i suoi orizzonti fino a includere anche lo studio delle immagini prodotte dagli altri, cioè dei variegati insiemi

---

7. L'antropologia visiva ha ormai alle spalle diversi decenni di storia e ha dunque prodotto una letteratura piuttosto abbondante, che non è possibile presentare in queste pagine. Mi limito dunque a segnalare pochi testi di riferimento per una prima introduzione alla disciplina. Anche se la realizzazione di fotografie e film etnografici risale alle origini stesse dell'antropologia, soltanto negli anni quaranta del Novecento si iniziano a produrre alcune riflessioni teoriche sulla dimensione non verbale delle culture e l'esigenza di sperimentare i linguaggi audiovisivi (Bateson, 1936; Bateson, Mead, 1942). Il volume che ha sancito l'entrata ufficiale dell'antropologia visiva sulla scena antropologica è costituito dagli atti della Conferenza di Chicago del 1973, pubblicati due anni dopo con il titolo *Principles of Visual Anthropology* (Hockings, 1975). Seguendo l'evoluzione degli studi si assiste a un progressivo allargamento di interessi che trova un punto di svolta con la pubblicazione di *Rethinking Visual Anthropology* (Banks, Morphy, 1997). Proposte metodologiche concrete relative all'uso del video nella ricerca sono formulate tra gli altri nei lavori di Sarah Pink (2007) così come nel vasto manuale di Barbash e Taylor (1997) per la produzione di film etnografici, mentre per quel che riguarda la fotografia etnografica resta valido il testo di Collier e Collier (1967). In ambito italiano sono usciti negli ultimi anni diversi testi di riferimento, tra cui Chiozzi (1993), Faeta (2003, 2006), Grasseni (2003, 2007), Pennacini (2005), Marano (2007), Resta (2010).

di rappresentazioni visive presenti in ogni cultura. Nelle prospettive più recenti si è giunti inoltre a teorizzare la realizzazione condivisa di rappresentazioni visive, in particolare di film o video, prodotte grazie a una collaborazione stretta e possibilmente paritaria tra antropologo e comunità [8]. In via preliminare, per poterle correttamente utilizzare a vario titolo in quanto strumenti della raccolta etnografica, è necessario dunque interrogarsi sulla natura delle immagini (e dei processi deputati a costruirle) da una prospettiva transculturale che tenga conto dei loro diversi usi.

5.2
Osservazione (partecipante)

Per la gran parte degli antropologi l'osservazione costituisce il cuore pulsante della ricerca etnografica. Con il passare del tempo al semplice atto dell'osservare possono essere progressivamente affiancate altre pratiche di ricerca (e di raccolta), come interviste, conversazioni, partecipazione a eventi, rituali o alle più varie attività della vita quotidiana, disamina di documenti di varia natura ecc. Tuttavia un'attitudine caratterizzata dall'osservazione resta in genere costante durante tutto il corso della ricerca, poiché l'esperienza imprevedibile e quotidiana dell'essere là, l'immersione nel flusso degli eventi – spesso spaesanti – che circondano il ricercatore, costituiscono un aspetto fondamentale della riflessione antropologica. Osservare significa letteralmente accogliere, per poi raccoglierle e immagazzinarle, immagini "di prima mano", cioè percezioni visive della realtà che ci circonda. È evidente che quando gli antropologi indicano nell'osservazione il metodo principe della ricerca etnografica stanno in realtà utilizzando una sineddoche: l'atto del guardare, cioè la percezione visiva, è solo una parte della prassi etnografica, che comporta l'esposizione a una complessa molteplicità di stimoli sensoriali e intellettuali di varia natura. Tuttavia l'osservare in senso proprio resta l'aspetto centrale del metodo antropologico e della sua stessa concezione.

Bronislav Malinowski, nell'introduzione ad *Argonauti del Pacifico occidentale* (1922, trad. it. 1978, p. 43), aveva in effetti indicato nell'os-

---

8. La proposta di un'antropologia visiva condivisa fu formulata esplicitamente per la prima volta da Jean Rouch (1979) per poi essere sviluppata all'interno delle pratiche di ricerca di diversi antropologi visivi. Sull'argomento cfr. White (2003) e Balma Tivola (2004).

servazione diretta e sistematica dei comportamenti uno degli ingredienti base del metodo etnografico: «C'è tutta una serie di fenomeni di grande importanza che non può assolutamente essere registrata consultando o vagliando documenti ma deve essere osservata nella sua piena realtà». Malinowski si riferiva a quelli che subito dopo definirà gli «*imponderabilia* della vita reale», cioè le azioni e i comportamenti tipici della vita quotidiana che raramente sono oggetto di pensieri o di discorsi, un aspetto questo il cui studio «produrrà risultati di incomparabile valore» se indagato grazie al lavoro di «osservatori scientificamente preparati» (ivi, p. 44).

Se presa alla lettera, l'indicazione di Malinowski suscita non pochi interrogativi. In che modo dobbiamo infatti prepararci all'"osservazione scientifica" del comportamento umano, e in cosa consiste, nello specifico, tale osservazione? Che tipo di visione gli antropologi perseguirebbero e cosa spererebbero di ottenere con essa? Quali sono, in definitiva, gli "oggetti" e i metodi favoriti dello sguardo antropologico? Per tentare di rispondere a queste domande è necessario in via preliminare accennare, anche se in maniera estremamente sintetica, al problema della natura stessa dell'osservazione e più in generale della visione. Affermare che esiste un'"osservazione scientifica" significa implicitamente riconoscere l'esistenza di vari tipi di osservazione (o di sguardo), alcuni più scientifici e altri meno, o anche – in altre parole – di varie "culture dello sguardo". Il guardare, il vedere e l'osservare non sarebbero dunque attività del tutto "naturali" e universali, ma dovrebbero piuttosto venir considerate almeno in parte il risultato di uno specifico addestramento, professionale o culturale che sia. Seguendo questo ragionamento emerge l'idea, dimostrata da alcune teorie della percezione visiva, che la visione sia un fenomeno dotato di una certa plasticità e soggetto all'intervento culturale. Un'"educazione visiva" è dunque possibile e forse anche necessaria.

La storia degli studi relativi alla visione è lunga e complessa e non è certo possibile ripercorrerla qui [9]. Varie tradizioni disciplinari hanno affrontato, ciascuna dal suo particolare punto di vista, il problema delle determinanti fisiologiche, psicologiche e culturali che investono un atto apparentemente così "spontaneo" come il vedere. Nelle teorie tradizionali, la visione viene descritta come un processo psico-fisio-

9. Vari lavori hanno affrontato in ambito antropologico il tema della visione e delle sue implicazioni culturali. Tra gli altri ricordo il volume pionieristico di Segall, Campbell e Herskovits del 1966, mentre in ambito italiano cfr. Faeta (2003), Grasseni (2003, 2007), Marazzi (2002), Pennacini (2005).

logico già di per sé selettivo, che consente all'occhio di ricevere una gamma definita di stimoli luminosi provenienti dagli oggetti esterni, i quali verranno poi inviati al cervello per essere rielaborati in termini cognitivi. Tuttavia questo tipo di descrizione non sembra rendere conto in maniera adeguata delle complesse interazioni e delle dinamiche che connettono percettivamente il soggetto con l'ambiente naturale e culturale in cui vive. Lo psicologo statunitense James Gibson (1986) ha dunque proposto una teoria rivoluzionaria che suggerisce di considerare la visione come un sistema "ecologico", centrale nei processi di adattamento.

Sforzandosi di abbandonare le dicotomie che separano arbitrariamente la mente dal corpo e gli esseri viventi dal mondo in cui vivono, Gibson elabora una concezione profondamente interattiva della visione. L'individuo percepisce le "superfici" visibili che lo circondano tramite un sistema sensoriale integrato, dove non sembra corretto separare aristotelicamente i cinque sensi tra loro né il soggetto dall'ambiente (una concezione questa particolarmente pertinente all'osservazione etnografica e alla sua complessità) (cfr. CAP. I). La percezione è la facoltà che ci garantisce il contatto con il mondo e allo stesso tempo la consapevolezza di noi stessi e dello spazio che nel mondo occupiamo. Una consapevolezza che non è né della mente né del corpo e deve essere analizzata fin dall'inizio come un atto psicosomatico (Gibson, 1986, trad. it. p. 364) che si svolge tutto nel presente. Ciò non significa ovviamente che gli esseri umani non conservino la consapevolezza (anche visiva) del passato, o che non siano in grado di proiettare tale consapevolezza verso il futuro o anche di creare, partendo da essa, mondi fittizi e immaginari. Tuttavia si tratta in questi casi di consapevolezze che Gibson definisce "non percettive", svincolate dagli stimoli e fondate su immagini mentali (ivi, p. 387). La percezione visiva è invece chiaramente descritta come la relazione che un soggetto stabilisce *nel presente* con l'ambiente in cui si trova.

La relazione visiva che intercorre tra gli esseri umani e il mondo che li circonda è descritta da Gibson in termini ecologici: l'ambiente è tale in quanto abitato, percepito e modificato dagli esseri umani che vi appartengono e ne sono a loro volta modificati. Gibson (ivi, p. 209) afferma inoltre che «è un errore separare l'ambiente culturale da quello naturale come se ci fosse un mondo di prodotti mentali e un mondo di prodotti materiali. C'è un solo mondo, comunque diversificato, e tutti gli animali vivono in esso, anche se gli esseri umani lo hanno modificato per renderselo più adatto». Una delle modalità di adattamento tipica della nostra specie consiste precisamente nelle forme visibili con cui l'essere umano plasma l'ambiente: il paesaggio, lo spazio abitato, gli oggetti, i corpi stessi vengono modellati, decorati, "informati" in modo da veicolare significati culturali specifici.

La percezione visiva consente dunque al soggetto di orientarsi in un ambiente ricco di forme, che possono essere estratte dal flusso degli stimoli visivi per trasformarsi in informazioni utili a costruire conoscenze. Ciò è vero per coloro che vivono abitualmente in un dato ambiente (gli "indigeni") come per coloro che vi si accostano per la prima volta, e che dovranno compiere un percorso di adattamento e di avvicinamento che consenta loro di comprenderlo. L'etnografo si trova proprio in questa condizione: l'osservazione di ciò che si offre direttamente al suo sguardo gli consentirà in primo luogo di iniziare a decodificare la realtà in cui si è ritrovato e successivamente di desumerne quelle informazioni che costituiranno le fonti primarie della sua ricerca.

Tuttavia, se la visione è un processo interattivo all'interno del quale soggetto e ambiente si modificano a vicenda, ne consegue che esso risulta differente nei diversi soggetti con il variare dell'ambiente naturale e culturale. Questa affermazione è dimostrata anche da indagini antropologiche svolte nel campo della percezione visiva: una nutrita tradizione di studi relativi alla percezione dei colori ha dimostrato come essa risulti almeno in parte connessa alle specificità dell'ambiente socioculturale e anche delle strutture linguistiche utilizzate per descriverlo. Analogamente, l'illusione della tridimensionalità percepita di fronte a immagini bidimensionali grazie alla tecnica della prospettiva lineare è stata messa in connessione con l'esperienza prevalente in Occidente di un ambiente "intagliato nel legno" (Segall, Campbell, Herskovits, 1966, pp. 83 ss.), cioè di un mondo in cui prevalgono linee rette e longitudinali, oltre che con una tradizione pittorica che fa uso sistematico (dal Rinascimento in avanti) del calcolo prospettico. Tale illusione sembra assente presso gruppi abituati ad ambienti in cui prevalgono invece spazi aperti e linee curve (come avviene presso molte popolazioni rurali extraeuropee). Tenuto conto degli esiti complessi dell'interazione tra percezione visiva e ambiente resta almeno in parte valida la famosa affermazione attribuita a Franz Boas secondo la quale l'occhio che vede è un organo della tradizione (cit. in Price, 1989, trad. it. p. 32). Tuttavia è altrettanto importante tener conto del fatto che la percezione visiva resta pur sempre un sistema aperto e dinamico, in grado di riadattarsi continuamente ad ambienti nuovi.

Se la capacità di osservare si sviluppa e si apprende in relazione a un dato ambiente (naturale e culturale), l'etnografo straniero, catapultato in un contesto percettivamente diverso da quello cui è abituato, dovrà dunque, in un certo senso, apprendere nuovamente a guardare, per perseguire «L'obiettivo finale che un etnografo non dovrà mai perdere di vista. Questo obiettivo è, in breve, quello di *afferrare il punto di vista dell'indigeno*, il suo rapporto con la vita, di rendersi conto *della sua visione del suo mondo*» (Malinowski, 1922, trad. it. p. 49; corsivi miei).

Cogliere il "punto di vista del nativo" costituisce quindi l'esito di un processo di avvicinamento di prospettive e di percezioni visive. Un traguardo certamente molto impegnativo, e tuttavia raggiungibile anche in senso concreto: se ogni punto di osservazione è particolare e soggettivo, è anche vero – come afferma Gibson – che «gli osservatori si muovono e la stessa via può essere percorsa da qualsiasi osservatore» (Gibson, 1986, trad. it. pp. 308-9). E dal momento che, pur riconoscendo abitudini e consapevolezze acquisite, la percezione avviene tutta nel presente e in un ambiente dato, chiunque può mettersi nella posizione di qualcun altro, ricevendo così gli stessi stimoli. Se dunque riusciamo ad assumere, fisicamente e metaforicamente, la posizione occupata da qualcun altro nell'ambiente, allora «noi possiamo percepire entrambi lo stesso mondo» (ivi, p. 308).

5.3
Produrre immagini

Le immagini, per Gibson, sono tracce interiorizzate di percezioni visive, prodotte da stimoli sensoriali che si sono ormai esauriti. Si tratta in altre parole di consapevolezze di un ambiente che ha cessato di esistere, ma permane dentro di noi in una forma immaginaria. In effetti, l'immagine vive e comunica laddove non esiste più l'oggetto che essa rappresenta né il nostro rapporto percettivo con esso. Dunque le immagini riguardano *in primis* il passato, ma vengono utilizzate anche per pensare ambienti o eventi futuri. Inoltre queste tracce costituiscono la base dell'esperienza onirica e allucinatoria, o anche della creazione artistica di mondi fittizi. Le raffigurazioni artistiche si allontanano dalla percezione della realtà in modi e misure diverse a seconda della particolare modalità di rappresentazione adottata (Descola, 2010). In questo senso l'immaginario può anche giungere a contrapporsi al reale, pur mantenendo con esso relazioni fondamentali, selezionando per la rappresentazione solo determinate caratteristiche dell'oggetto originale e istituendo in questo modo specifiche gerarchie di relazioni tra persone e cose. Ancor prima di essere fissate su diversi tipi di supporti per mezzo di tecniche differenti (disegni, dipinti, fotografie, filmati ecc.), che le trasformeranno in rappresentazioni visive concrete (chiamate da Gibson "figure"), le immagini vivono dunque nella mente di un soggetto come persistenze virtuali, tracce mnemoniche e astrazioni di percezioni visive, informate da una particolare ontologia (ivi, p. 12).

Tra la percezione in presa diretta di un ambiente dato, che corrisponde all'atto dell'osservazione, e la produzione di raffigurazioni in grado di fissare tale percezione esiste una dimensione intermedia, che risulta fondamentale nella trasformazione delle percezioni visive in figure: l'immaginazione. Entriamo qui in un terreno complesso, di cui si occupano gli psicologi, gli psicoanalisti, talvolta i semiologi, più che gli antropologi. Tuttavia l'immaginazione presenta anche un'importante dimensione antropologica, dal momento che essa è certamente un fatto sociale oltre che individuale: le immagini circolano e vengono condivise tra gli individui, dando vita a immaginari collettivi i quali svolgono un ruolo di grande importanza nelle dinamiche culturali. «L'immaginazione è la fabbrica delle immagini, l'immaginario ne è il repertorio (magazzino o museo)» (Ferrara, 1999, cit. in Carmagnola, Matera, 2008, p. XIII). L'immaginario è dunque una sorta di serbatoio di immagini da cui si attinge per produrre raffigurazioni di varia natura, risultanti dalla trasformazione mentale delle percezioni. Tutte le raffigurazioni (anche quelle ottenute con mezzi tecnici di riproduzione, come la fotografia e la cinematografia) si situano dunque a metà strada tra la percezione del reale e l'immaginazione, e la distanza variabile che le separa da ciascuna di queste due dimensioni darà la misura del loro grado di realismo o di finzione.

Se possiamo identificare nell'immaginario una sorta di riserva mentale di immagini, prodotte dagli individui per poi essere socializzate in forme di comunicazione visiva, dobbiamo domandarci come funziona tale dimensione specificamente visuale dell'attività intellettiva. Lo storico dell'arte tedesco Rudolf Arnheim (1969) ha parlato, a proposito di questa complessa attività della mente, di un "pensiero visivo" dotato di importanti funzioni conoscitive. Arnheim sostiene infatti che sia necessario tentare di superare la dicotomia che separa ragionamento e percezione, poiché la nostra attività intellettuale non può che prendere le mosse dalla percezione dell'ambiente. La mente immagazzina percetti trasformandoli in immagini mnemoniche per poi produrre forme e immagini mentali, che costituiscono i contenuti fondamentali del pensiero. Arnheim sostiene addirittura che non si possa in realtà pensare senza immagini (ivi, trad. it. pp. 119 ss.), dal momento che la nostra comprensione del linguaggio passa in gran parte attraverso la raffigurazione mentale di referenti concreti (gatti, alberi, case ecc., cioè forme visive), sulla cui base si dà vita a operazioni mentali complesse, come l'astrazione, la generalizzazione, la classificazione ecc. Tuttavia, se tradizionalmente queste operazioni sono concepite come un distacco dall'esperienza concreta (un processo che i filosofi definiscono "induzione"), Arnheim insiste invece sulle connessioni che non possono che ricondurci costantemente alla percezione del mondo. La tesi di Arnheim è che la nostra specie non debba unicamente al linguaggio la capacità di astrazione, poiché quest'ultima agisce anche a monte del linguaggio, nelle forme visive cui esso si riferisce: «La mente, giungendo ben al di là degli stimoli ricevuti dagli occhi direttamente e transitoriamente, opera con la vasta gamma di immagini disponibili attraverso la memoria e organizza l'esperienza di tutta un'esistenza entro un sistema di concetti visuali» (ivi, p. 345).

Se dunque la percezione visiva si colloca al centro dei meccanismi culturali di adattamento all'ambiente, la costruzione di immaginari collettivi sviluppa e al tempo stesso supera i processi della percezione visiva in una dimensione intellettuale che risulta fondamentale nei processi cognitivi. In altri termini, ciascuna cultura produce e rielabora costantemente i suoi immaginari, che costituiscono una delle sorgenti primarie del pensiero stesso. Le immagini, in questo senso, sono una fonte imprescindibile dell'etnografia, prima ancora di essere un suo strumento. Le immagini prodotte dalle culture (e fissate nei diversi tipi di raffigurazioni usate per condividerle) possono quindi essere raccolte e analizzate ai fini della ricerca etnografica.

5.4
Le immagini degli altri

Attraverso la mediazione delle figure, che circolano tramite vari canali comunicativi, l'immaginario individuale viene condiviso in forme che divengono collettive. Si creano così vasti repertori di immagini, che costituiscono certamente uno degli aspetti più importanti della vita culturale. Non sono molti gli studiosi che hanno avuto il coraggio di cimentarsi con lo studio sistematico di questi sterminati repertori, i quali tendono ad agire in maniera sottile e omnipervasiva. Tra questi, Aby Warburg e gli storici dell'arte che fanno riferimento alla corrente cosiddetta "iconologica" hanno a più riprese affrontato la produzione e la circolazione delle immagini in diversi contesti culturali [10], mentre in ambito più strettamente antropologico, Serge Gruzinski (1988,

---

10. Tra le analisi dell'iconografia dell'Europa rinascimentale cfr. Panofsky (2009) e Warburg (1998, 2003).

1990) ha a lungo studiato le caratteristiche dell'immaginario messicano e dell'impatto che su di esso ha avuto il sopraggiungere di un'altra grande tradizione che si è sempre avvalsa di un uso massiccio di immagini: il cattolicesimo. L'etnografo in questo caso ha raccolto l'iconografia "trovata" sul campo, mostrandone gli usi, le diverse origini, i processi di cambiamento, per leggervi i significati da essa veicolati.

Una delle caratteristiche più notevoli dell'universo culturale che caratterizza il Messico prima della conquista spagnola è il largo impiego di una forma di espressione figurata, la pittografia, che insieme con le tradizioni orali ha contribuito a trasmettere per secoli le informazioni, i sistemi di valori e i mondi immaginari prodotti dalle popolazioni di quest'area. Vari tipi di glifi venivano fissati su diversi supporti (carta di *amate* e di agave, pelle di cervo), creando opere complesse in grado di narrare cronache di guerra, repertori di prodigi, divinazioni, eventi climatici, racconti mitologici, ma anche di riprodurre cartografie o transazioni economiche e fiscali (Gruzinski, 1988, trad. it. pp. 17 ss.). In altre parole, le pittografie del Messico preispanico costituiscono una straordinaria testimonianza, in forma figurata, di molti aspetti della vita e dell'immaginario locale nei secoli che precedono la conquista.

Accanto alle pittografie, altri sistemi di espressione visiva erano presenti nel Messico preispanico. In particolare esistevano forme pittoriche e scultoree di rappresentazione delle divinità e degli spiriti ancestrali, che dopo la conquista divennero immediatamente il bersaglio di violenti attacchi cristiani. La predicazione cattolica, per parte sua, aveva alle spalle una lunga tradizione pedagogica e mnemotecnica basata sulle immagini, indispensabili per diffondere il Verbo presso i contadini europei analfabeti. La stessa strategia fu utilizzata dai missionari con gli indios, cui vennero sistematicamente proposte immagini della divinità cristiana, della Madonna e dei Santi. Tuttavia, per poter procedere in questo senso, fu prima necessario tentare di distruggere gli "idoli", le raffigurazioni pittoriche e scultoree delle divinità locali, per potervi poi sostituire le immagini cattoliche. Da un lato si contrastava dunque con violenza l'idolatria, mentre dall'altro si proponevano nuove immagini relative ad altre divinità [11].

---

11. La contraddizione tra un generale divieto a venerare le rappresentazioni visive della divinità e l'uso massiccio di immagini nella catechesi cristiana non passò inosservata agli indigeni: «Discepolo: Ebbene, Signore, perché ora dipingiamo l'immagine di Nostra Signora e dei Santi, dal momento che Dio ci ha ordinato di non adorare alcuna immagine? Maestro: Figlio mio, non bisogna adorare immagine alcuna, che sia il crocifisso, Maria o i Santi... Anche se di fronte al crocifisso si prega inginocchiati, non è il crocifisso che si prega, poiché esso non è che un pezzo di legno, ma è Dio stesso Nostro Signore che è nel cielo» (Gilbert, cit. in Gruzinski, 1990, p. 110).

FIGURA 5.1
Codice Zouche-Nuttal, Londra, British Museum

Fonte: Gruzinski (1988).

La conquista significò dunque, tra le altre cose, l'incontro/scontro tra due potenti immaginari, quello del Messico preispanico e quello dell'Europa cristiana. Gruzinski sottolinea come l'occhio dei conquistatori doveva essere particolarmente sensibile alle rappresentazioni visive, essendosi formato nella civiltà rinascimentale del Quattrocento e poi nel Cinquecento barocco (due secoli contraddistinti in Europa dalla centralità dell'espressione pittorica, scultorea e architettonica), un'attenzione che non tardò a far scoppiare nelle Americhe conquistate una vera e propria guerra di immagini. Tuttavia, nonostante la disparità di mezzi e la superiorità tecnologica, politica e militare degli spagnoli, la guerra non terminerà, almeno da questo punto di vista, con una facile vittoria del cattolicesimo. La "colonizzazione dell'immaginario" si rivelerà essere invece un processo lento e parziale, che non arriverà mai a cancellare del tutto la tradizione visiva preesistente.

I corpus visivi che un ricercatore può "trovare" sul campo sono di molteplici tipi e si prestano a diverse possibilità di analisi: dallo studio dei repertori pittorici, scultorei, decorativi, illustrativi, alle tradizioni di motivi visuali e forme rinvenibili su diversi supporti (oggetti, corpi, paesaggi, strutture architettoniche ecc.). La loro analisi consente non solo di affrontare i temi presenti negli immaginari collettivi, ma anche di render conto delle loro dinamiche storiche, che in generale si sviluppano all'interno di reti di connessioni interculturali o come conseguenza di conflitti tra sistemi diversi.

5.5
Quando gli altri fotografano

L'antropologia visiva si è però concentrata soprattutto sulla fotografia e sulla cinematografia, anche per via della rilevanza che queste due tecniche hanno progressivamente conquistato a partire dal XIX secolo. Da quando comparve in Occidente, nella prima metà del XIX secolo, la fotografia divenne rapidamente uno dei principali veicoli degli immaginari collettivi, funzione che in precedenza era stata svolta prevalentemente dal disegno e dalla pittura. In generale, la rapida diffusione delle tecniche fotografiche avrà ricadute sociali e antropologiche molto importanti, come aveva preconizzato Walter Benjamin in un suo famoso saggio del 1936. Se con questi mezzi tecnici l'arte perde quella che Benjamin definisce la sua "aura", cioè quell'idea di autenticità, unicità e irripetibilità che conferisce valore e autorità all'opera di un artista, le rappresentazioni visive diventano però fruibili a un pubblico vastissimo, che potrà entrare anche fisicamente in loro possesso: «La riproducibilità tecnica dell'opera modifica il rapporto delle masse con l'arte» (Benjamin, 1936, trad. it. p. 38). Tuttavia Benjamin non era giunto a prevedere gli effetti transculturali dell'appropriazione delle tecnologie di riproduzione visiva da parte delle "masse" di

ogni angolo del globo, che le declineranno secondo usi locali particolari (su questo tema cfr. Pinney, Peterson, 2003).

Il colonialismo raggiunge il suo apogeo negli stessi anni in cui la
fotografia prende il sopravvento sulle altre tecniche di raffigurazione.
Anche per questo essa verrà usata massicciamente nelle rappresentazioni europee dell'alterità che si andava conquistando. Come vedremo nel prossimo paragrafo, per tutto il corso del XIX secolo gli europei si sforzarono di ritrarre i loro "soggetti" e più in generale l'umanità
intera utilizzando le forme della rappresentazione visiva come strategia di controllo politico e cognitivo (Edwards, 1992). I ritratti fotografici degli altri furono concepiti come tasselli di una classificazione di
tipi umani, secondo un progetto diffuso, come vedremo, nell'antropologia positivistica ottocentesca. Allo stesso tempo, però, le popolazioni soggette si approprieranno molto presto del mezzo tecnico, utilizzandolo a loro uso e consumo.

Un esempio autorevole di ricerca visiva condotta interamente a
partire dall'analisi diacronica di un vastissimo repertorio fotografico è
contenuto nell'opera di Christopher Pinney (1997) dedicata alla storia
della fotografia in India. Dalla seconda metà del XIX secolo, molti
indiani iniziarono ad aprire studi fotografici rivolti a un pubblico
indiano. Ben presto, le élite locali si appassionarono a questo genere
di rappresentazione, che consentiva loro di scimmiottare le usanze
della borghesia inglese. Così, mentre gli europei consolidavano uno
stile di rappresentazione dell'altro ispirato soprattutto alla fotografia
antropometrica di "tipi etnici", gli indiani fotografavano sé stessi
seguendo più da vicino i canoni della ritrattistica europea. La produzione di ritratti si diffuse capillarmente nella società, entrando a far
parte di una sorta di "costruzione della persona" ottenuta tramite la
messa in scena di ruoli sociali contraddistinti da un particolare abbigliamento, dalla postura, dagli oggetti decorativi e dalla scelta dei fon-
dali (ivi, p. 91).

A partire dalla metà del XIX secolo la fotografia penetrò progressivamente in ogni angolo della vita sociale, in Occidente come altrove: nella dimensione familiare, nell'informazione, nell'educazione, nel-
l'intrattenimento, nella moda, in pubblicità, nel commercio,
nell'educazione, il medium fotografico è utilizzato per veicolare modelli sociali e sistemi di valori di una data cultura. Fissate su supporti
che ne consentono la circolazione ma al tempo stesso l'archiviazione,
queste rappresentazioni visive di persone, famiglie, gruppi sociali, attività, luoghi, rituali ecc. vengono di norma conservate andando a costituire testimonianze preziose del passato. Si tratta dunque di documen-

FIGURA 5.2
Il fotografo bengalese, tardo XIX secolo

Fonte: Pinney (1997, p. 73).

ti visivi che possono essere "letti" e interpretati analogamente a quanto si fa con i documenti scritti o sonori, per ricavarne informazioni sulla vita delle culture e sulla loro storia.

L'analisi dei repertori fotografici può focalizzarsi su tipi particolari di fotografie, consentendo di concentrare l'attenzione su temi specifici. Le fotografie di famiglia, ad esempio, possono dire molto sulla storia familiare ma anche, più in generale, sui ruoli e sulle relazioni di parentela in un dato contesto sociale, nonché sui modelli stessi di famiglia e sui loro cambiamenti. Già Roland Barthes (1980) aveva osservato come le fotografie degli avi e dei parenti defunti costituissero, a partire dal XIX secolo, una sorta di altare degli antenati in grado di mantenere viva la memoria delle generazioni passate. Oltre all'analisi diretta delle fotografie familiari, l'etnografia visiva ricorre talvolta al metodo della foto-elicitazione [12], che consiste nel condurre interviste a partire dalla visione di fotografie. France Widdance Twine (2006), ad esempio, ha applicato questo metodo per raccogliere interviste condotte a partire dalla visione di fotografie di famiglie interetniche. Qui madri bianche di figli di origine africana prendono spunto dalle fotografie delle loro famiglie per raccontare alla ricercatrice come esse arrivano a negoziare, nelle arene pubbliche e private, ciò che viene definito il loro "profilo razziale".

Naturalmente anche le immagini cinematografiche prodotte dagli altri costituiscono documenti altrettanto significativi per l'etnografo. Tuttavia diversi fattori fanno sì che in antropologia le fonti cinematografiche preesistenti alla ricerca vengano utilizzate meno di quelle fotografiche. La tecnica cinematografica si sviluppò alcuni decenni dopo quella fotografica, restando a lungo complessa e costosa per quel che riguarda le apparecchiature, i supporti e i trattamenti di lavorazione, nonché le competenze professionali necessarie a utilizzarla. Per questo motivo la produzione di film è stata per molto tempo prerogativa quasi esclusiva di professionisti, regolata dal mercato e dall'industria cinematografica. Lo sviluppo di formati amatoriali (dapprima il 16mm, poi l'8mm e il Super8) ha consentito un utilizzo non professionale della tecnica cinematografica, che tuttavia non ha raggiunto neanche lontanamente la diffusione della fotografia a uso privato. Negli ultimi decenni, tuttavia, stiamo assistendo a una nuova rivoluzione tecnologica avviata dall'elettronica finalizzata alle riprese video, che trova oggi nella tecnologia digitale applicazioni di grande qualità tecnica a spese estremamente contenute. Questa rivoluzione ha contribuito a "democratizzare" anche la ripresa di immagini in movimento, che si sta avviando a raggiungere una diffusione capillare analoga a quella della fotografia [13].

---

12. Il metodo dell'elicitazione è comunemente utilizzato in linguistica e in etnolinguistica (cfr. CAP. 4).

13. Questa "democratizzazione" delle tecniche di ripresa ha consentito anche

Per parte sua la storia del cinema e, più specificatamente, la storia delle varie cinematografie nazionali, costituisce anch'essa una ricca fonte di riflessione antropologica. Tra i primi antropologi ad aver utilizzato il cinema professionale come documentazione per l'analisi antropologica troviamo Gregory Bateson, che fece emergere temi e modi della cultura nazista a partire dall'analisi del film *Hitlerjunge Quex*, diretto da Hans Steinhoff nel 1933 (Bateson in Mead, Métraux, 1953). L'analisi di Bateson rientrava in un vasto progetto di "studio di culture a distanza" coordinato da Margaret Mead e Rhoda Métraux. Il cinema in effetti, come ogni altra raffigurazione, produce documenti visivi in grado di veicolare i suoi contenuti nel tempo e nello spazio. Come si è detto le immagini e gli immaginari, fissati su supporti che ne consentono la circolazione, sopravvivono al momento in cui sono stati prodotti e ci consentono di avvicinarci a culture lontane o anche scomparse. Ciò può rivestire un interesse particolare nel caso di culture illetterate, come si è visto per il Messico preispanico studiato da Gruzinski. Tuttavia, anche laddove sono presenti documenti scritti, la documentazione visiva nelle sue varie forme consente l'analisi di particolari sistemi di rappresentazione, integrando (o addirittura in taluni casi sostituendo) l'osservazione diretta sul campo. Inoltre lo sviluppo di alcune cinematografie nazionali sta assumendo caratteristiche particolarmente originali, in grado di veicolare contenuti culturali molto specifici: si pensi al fenomeno del cinema popolare indiano (detto Bollywood) e a quello nigeriano (soprannominato Nollywood) che si è conquistato un mercato vastissimo e fiorente in tutto il continente africano e tra gli emigrati della diaspora (Santanera, 2009-10).

5.6
Archivi visivi

Analogamente a quanto avviene per i documenti scritti, vari tipi di documenti visivi sono stati archiviati con l'esplicito obiettivo di costituire una memoria visiva della storia sociale e culturale. Gli "archivi" fotografici familiari, come quelli utilizzati da Twine, costituiscono probabilmente la forma più semplice e popolare di raccolta di "documentazione" visiva. Generazione dopo generazione queste testimonianze conservano nel tempo la storia familiare e forniscono

l'emergere di "media nativi" e in particolare di canali radiofonici e televisivi realizzati direttamente da comunità indigene (Ginsburg, 1991, 1993, 1995, 2002; Deger, 2006).

all'etnografo una molteplicità di informazioni sulla rappresentazione degli individui e delle loro relazioni sociali. Esistono poi archivi visivi conservati da enti pubblici o privati (musei, fondazioni, associazioni, industrie, imprese, istituzioni ecclesiastiche e congregazioni missionarie ecc.) impegnati a conservare testimonianze fotografiche o cinematografiche del passato. L'archivio dei fratelli Alinari di Firenze (http://www.alinari.it) conserva, ad esempio, una straordinaria raccolta di fotografie di interesse storico costituitasi grazie all'impegno professionale degli Alinari e dei loro eredi. Anche in ambiti maggiormente settoriali è possibile rinvenire raccolte fotografiche preziose per la ricostruzione di ambienti e contesti di interesse antropologico. Un caso che ho potuto studiare direttamente è quello della fondazione Sella di Biella, che custodisce le fotografie di esplorazione e di montagna realizzate da Vittorio Sella tra gli ultimi decenni del XIX secolo e l'inizio del XX. Tra le varie raccolte si trova il corpus fotografico completo, di cui più della metà costituito da immagini inedite, realizzato in Uganda durante la spedizione del Duca degli Abruzzi al Rwenzori nel 1906. Queste immagini [14], splendide nello stile pittorico e nella realizzazione tecnica, costituiscono una rarissima documentazione visiva dell'Uganda a pochi anni dalla costituzione del protettorato inglese. Il progetto ha consentito di riportare in Uganda questo corpus fotografico, utilizzandolo come base per un'indagine storico-etnografica relativa all'area del Rwenzori. L'esposizione locale di queste antiche fotografie, in un contesto in cui la memoria storica avviene di norma soltanto in forma orale, è stata lo spunto per interviste mirate a ricostruire le vicende storiche della società dei Bakonzo (Pennacini, 2006b, 2008).

In ambito cinematografico, la messa a punto delle tecniche di registrazione filmica, alla fine del XIX secolo, diede luogo ben presto a progetti di archiviazione della memoria visiva relativa a gruppi umani in via di rapido cambiamento o addirittura a rischio di estinzione. Tra i primi progetti di "salvataggio visivo", Paolo Chiozzi (1993, pp. 65-6) cita gli Archives de la planète costituiti a Parigi, alla vigilia della Prima guerra mondiale, dal banchiere Albert Kahn in collaborazione con il geografo Jean Brunhes. Il programma prevedeva una serie di rilevamenti fotografici e cinematografici realizzati in varie parti del mondo,

14. Molte delle quali pubblicate nel catalogo della mostra *I popoli della luna. Rwenzori 1906-2006*, a cura di Cecilia Pennacini (2006b). Per i risultati dell'indagine etnografica sulla regione del Rwenzori e le relazioni interetniche tra i gruppi dell'area si veda inoltre Pennacini e Wittenberg (2008).

per documentare gli usi, i costumi e le principali caratteristiche socio-culturali di gruppi umani. Fino al 1929 – l'anno della grande crisi finanziaria che mandò in rovina Kahn – gli Archives de la planète realizzarono in Mongolia, Italia, Russia, Africa e America circa 140.000 metri di pellicola cinematografica e 72.000 fotografie.

Un progetto per alcuni versi simile è quello dell'Encyclopaedia Cinematographica, avviata negli anni cinquanta del Novecento presso l'Institut für Wissenchaftlichen Film di Göttingen (ivi, pp. 68-9). Si tratta di un vasto archivio di filmati che documentano comportamenti motori e rituali di varie culture, realizzati secondo un metodo di ripresa fisso e rigido, che avrebbe dovuto consentire la comparazione scientifica dei materiali. Qui, come in altri analoghi progetti antropologici fondati su vastissime rilevazioni sistematiche delle culture umane [15], ha trovato espressione l'illusione di origine illuministica della costruzione di un sapere enciclopedico, in grado di raccogliere, documentare e conservare in forme tangibili i più diversi aspetti delle culture umane.

Se tale progetto è naturalmente tramontato, bisogna tuttavia rilevare che grazie alla Rete ciascuno ormai ha facile e immediato accesso a un archivio globale, sterminato e continuamente rinnovato di immagini provenienti da ogni parte del pianeta [16]. Nonostante l'assenza di controllo e la scarsa affidabilità delle fonti, la circolazione capillare e profondamente democratica di informazioni attraverso questo canale mette di fatto a disposizione di chiunque un enorme calderone di immagini di ogni tipo. Questa innegabile «moltiplicazione dei riferimenti immaginifici e immaginari» (Augé, 1992, trad. it. 1993, p. 36) sfida la nostra stessa nozione di spazio, mettendo tutti a contatto – seppure in forma virtuale – con luoghi lontani. Non si sta a questo punto proponendo di rinunciare all'osservazione diretta di contesti locali, che resta imprescindibile per la riflessione antropologica. Tuttavia altrettanto imprescindibile appare oggi la sfida costituita dai nuovi contesti di raccolta di dati: la Rete, i media e le comunicazioni a distanza. Una sfida che può trasformarsi in nuove opportunità per l'antropologia: inseguendo i percorsi su cui viaggiano individui, informazioni, oggetti e immagini, l'etnografo-raccoglitore può così dar luogo alle cosiddette ricerche multisituate o delocalizzate.

---

15. Ad esempio il progetto di archiviazione di documenti filmici relativi alla danza realizzato da Alan Lomax, sfruttando la classificazione delle culture avviata da Murdock con gli Human Relations Area Files (Lomax, 1971).

16. Penso in particolare al canale YouTube.

5.7
Fotografie etnografiche

Fin dall'inizio della storia dell'antropologia gli etnografi hanno essi stessi prodotto immagini sul campo. Anzi, per molto tempo l'antropologia visiva si è identificata unicamente con la produzione di fotografie e film etnografici. Tuttavia la pratica della fotografia e della cinematografia etnografiche ha a lungo sofferto di un certo riduzionismo: la maggior parte degli antropologi vedeva in esse semplicemente uno strumento tecnico in grado di registrare oggettivamente le osservazioni etnografiche. Nella cosiddetta "epoca dei musei" (Stocking, 1985), la raccolta di immagini sul campo era infatti finalizzata alla costruzione di una documentazione di fenomeni che non sarebbe stato possibile registrare altrimenti: comportamenti, rituali, performance musicali, coreutiche o teatrali, tecnologie ecc. L'antropologia di epoca positivistica aspirava a collezionare *specimina* provenienti da culture altre che si ritenevano a rischio di estinzione (oggetti ma anche registrazioni sonore, fotografie e filmati), i quali sarebbero andati ad arricchire in una prospettiva enciclopedica gli archivi e le collezioni museali.

Più in generale questa appropriazione di "esemplari" culturali, spesso priva di approfondimenti adeguati sui significati e sugli usi locali, si inquadrava in una concezione dell'antropologia come "scienza naturale dell'uomo" che, in quanto tale, adottava i procedimenti tipici delle scienze naturali: osservazione, raccolta di reperti, classificazione, comparazione, elaborazione di teorie. In questa prospettiva va intesa ad esempio la vastissima raccolta di fotografie antropometriche che, tra Ottocento e Novecento, impegnò le energie di molti antropologi. I soggetti studiati venivano spesso fotografati con l'ausilio di scale centimetrate e griglie che ne facilitavano le misurazioni. In questo modo si contribuiva all'elaborazione di un catalogo di tipi umani, o "razze", individuati attraverso la classificazione dei loro aspetti somatici. Inoltre, accanto alle fotografie di tipi umani, i musei e le collezioni etnografiche conservano fotografie che illustrano tecniche di cultura materiale, performance rituali ed espressioni artistiche. Come nel caso degli oggetti, l'appropriazione e la conservazione di "reperti" visivi tangibili e musealizzabili sembrava di fatto finire con il prevalere sugli obiettivi di studio e comprensione dell'altro.

Soltanto intorno agli anni trenta del Novecento gli antropologi iniziano a interrogarsi sulle potenzialità euristiche ed epistemologiche che la fotografia e la cinematografia possono offrire alla teoria antropolo-

FIGURA 5.3
Fotografia antropometrica di donna aborigena, Australia del Nord

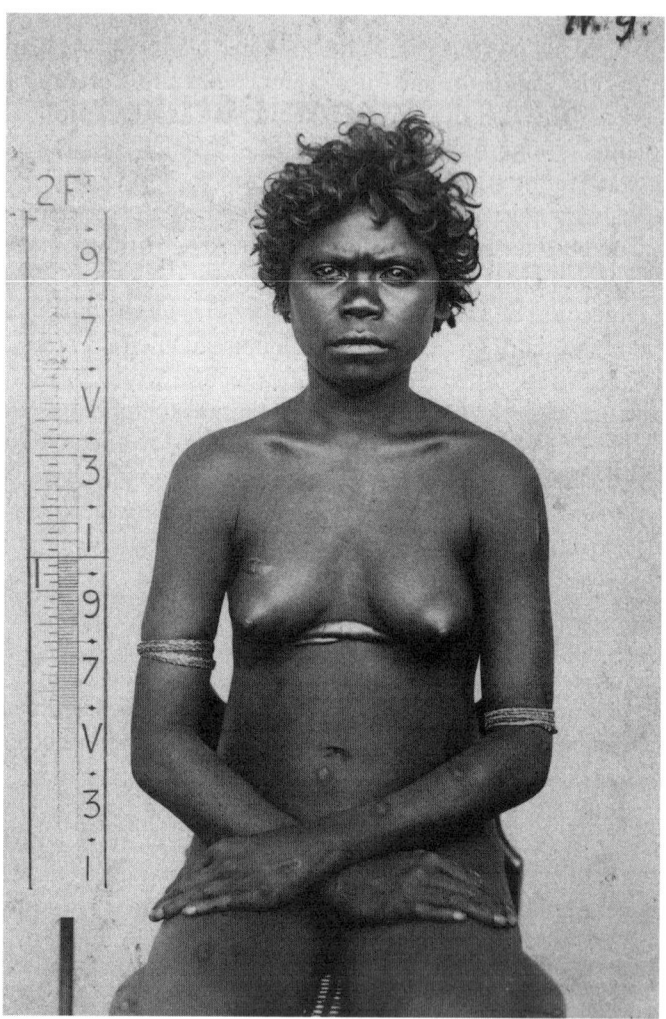

Fonte: Roodenburg (2002, p. 127).

gica. Gregory Bateson e Margaret Mead furono tra i primi a lavorare in questa direzione. A Bali, Bateson e Mead (1942) raccolsero diverse migliaia di fotografie e un certo quantitativo di riprese cinematografiche finalizzate a un vasto progetto di studio dell'ethos balinese. L'ethos, definito come retroterra emotivo della cultura, si esprime per lo più in comportamenti ineffabili, espressioni del volto e del corpo acquisite nella primissima infanzia all'interno della relazione tra il bambino, la madre e le altre figure della ristretta cerchia familiare. Le immagini raccolte da Bateson e Mead a Bali, come quelle precedentemente prodotte tra gli Iatmul della Nuova Guinea, intendono indagare da vicino la comunicazione non verbale su cui verte l'educazione dei bambini nella fase che precede l'emergere del linguaggio, fondamentale nel processo di inculturazione. La documentazione visiva (fotografica e cinematografica) risulta qui indispensabile all'analisi stessa del fenomeno indagato. La fotografia non è in questo caso finalizzata a produrre una documentazione da archiviare, bensì si configura come uno strumento di analisi di fenomeni che necessitano di osservazioni ripetute e dettagliate, impraticabili dal vivo. Inoltre Bateson e Mead sembrano utilizzare la fotografia per educare il loro stesso sguardo a taluni microfenomeni in cui si manifestano le relazioni sociali. Registrare il proprio sguardo per mezzo della tecnica fotografica consente in effetti di oggettivarlo, analizzarlo ed eventualmente ri-orientarlo verso nuovi obiettivi, tentando così di avvicinarlo il più possibile al "punto di vista dell'indigeno", secondo l'indicazione di Malinowski (1922, trad. it. p. 49).

Si avvia con queste ricerche una nuova concezione della fotografia etnografica, intesa non più come collezione di impressioni visive, bensì come strumento di indagine di fenomeni che, per loro natura, sfuggono alla semplice osservazione e descrizione. Negli anni settanta del Novecento John e Malcolm Collier estendono e sistematizzano la proposta di Mead e Bateson in un progetto che colloca la fotografia al centro della pratica etnografica (Collier, Collier, 1967). La fotografia viene qui concepita come una sorta di "apriscatole" (ivi, p. 23), che consente tra l'altro di condividere con i membri della comunità studiata alcune fasi della ricerca. Essa costituisce di fatto una forma di comunicazione tra l'etnografo e le persone da lui studiate, le quali partecipano al processo di costruzione della rappresentazione etnografica attraverso la visione e la discussione delle immagini prodotte dall'antropologo. Una dimensione, quella della condivisione, che riemergerà in maniera ancora più importante nella produzione di film etnografici e video documentari.

Ogni fotografia è il prodotto di una prospettiva particolare, di una specifica cultura visiva, che rimane leggibile in essa. Le fotografie antropometriche scaturivano da una rappresentazione coloniale dell'alterità dove i soggetti venivano ridotti a tipi umani comparabili e classificabili. Per fare questo era necessario renderli il più possibile neutri e simili nella postura e nell'abbigliamento (spesso del tutto assente). Paradigmi teorici differenti hanno prodotto rappresentazioni visive marcatamente diverse, come nel caso di Bateson e Mead o dei Collier. Inoltre, se la fotografia funziona come medium di comunicazione attivo anche nei confronti delle comunità con cui si lavora, è fondamentale tener conto della cultura visiva locale, che determinerà la percezione della fotografia. Come osserva Sarah Pink (2007, pp. 66 ss.), la fotografia etnografica è in qualche misura il risultato del confronto tra la cultura visiva dell'etnografo (finalizzata a un particolare progetto scientifico) e quella del gruppo studiato.

5.8
Produrre immagini con gli altri:
dal film etnografico al video digitale

> The *aggie* will come first [17].
> *Nanook*, diario di lavorazione
> (cit. in Ruby, 2000, p. 67)

Fin dalle primissime spedizioni etnografiche il cinema fu utilizzato entusiasticamente dagli antropologi, anche se in maniera piuttosto ingenua. Alfred Cort Haddon, il promotore della spedizione allo stretto di Torres (1898-99), realizzerà personalmente alcune riprese cinematografiche, nonostante le difficoltà tecniche imposte dalle tecnologie allora disponibili [18]. Lo stesso Haddon si farà poi promotore della diffusione della fotografia e del cinema tra gli antropologi [19], convincendo tra gli altri Baldwin Spencer a realizzare alcune riprese nel corso della ricerca condotta con Francis James Gillen tra gli aborigeni australiani all'inizio del Novecento. Si tratta di brevissimi spezzoni di danze aborigene, sonorizzate con registrazioni asincrone effettuate su rulli di cera.

Si potrebbero citare molti altri esempi di antropologi che si misu-

17. «Il film [*aggie* in lingua inuit] viene prima di ogni altra cosa».
18. Il formato in uso all'epoca era il 35mm (bianco e nero), che comportava cineprese di grandi dimensioni. Le riprese erano inoltre mute, poiché la tecnica che consentiva la registrazione sincronica del suono giungerà solo molto più tardi. Sull'esperienza cinematografica di Haddon pagine molto significative si trovano in Grimshaw (2001), che ripercorre la storia dei rapporti tra cinema ed etnografia facendo emergere l'evoluzione dello sguardo antropologico.
19. A questo proposito è interessante ricordare che *Naven* – la tesi di dottorato di Bateson (1936) che contiene un primo cenno dell'interesse dell'autore per la fotografia e le arti visive – è dedicato proprio alla memoria di Haddon.

rarono (per lo più da neofiti) con le tecniche cinematografiche nei primi decenni del Novecento. Generalmente i risultati di questi esperimenti non appaiono particolarmente significativi, soprattutto se si confrontano con i traguardi espressivi raggiunti nello stesso periodo dall'industria cinematografica. Non è un caso se il primo documentario citato nelle storie dell'antropologia visiva come il prototipo del film etnografico è *Nanook of the North*, diretto nel 1922 da Robert Flaherty, un esploratore-geologo privo di qualunque formazione antropologica ma dotato di una straordinaria creatività cinematografica. Questo film, realizzato tra gli Inuit della baia dello Hudson, nel Canada settentrionale, deve la sua fortuna oltre che alle doti registiche di Flaherty alla formula profondamente collaborativa su cui si basa. Il cacciatore Nanook ("Orso", in lingua inuit) insieme con la sua famigliola poligama non solo accettò di recitare come "attore non professionista" (in un'impresa cui si stava avvicinando per la prima volta), ma abbracciò integralmente il progetto di Flaherty tanto da divenirne in qualche misura coautore. Il film ebbe un grande successo di pubblico e venne distribuito in diversi paesi, contribuendo a far conoscere al mondo la cultura, l'ambiente e i problemi degli Inuit, oltre che a diffondere il genere documentario.

Quando Flaherty realizzò *Nanook*, il cinema era già un'arte consolidata, orientata in primo luogo alla produzione di film di finzione per l'intrattenimento in sala. Fin dall'inizio, accanto ai film di finzione, si proiettavano nelle sale brevi "attualità" su fatti realmente accaduti. Tuttavia sarà Flaherty il primo a sperimentare un nuovo linguaggio cinematografico, quello documentaristico, per realizzare un lungometraggio incentrato sulle vicende di persone vere ambientate nel loro contesto abituale. La differenza fondamentale che distingue *Nanook* dalle riprese cinematografiche realizzate nello stesso periodo dagli antropologi rinvia alla capacità di Flaherty di articolare un discorso cinematografico complesso, basato sulla sapiente costruzione delle inquadrature, sul montaggio, sul ritmo e sulla narrazione visiva. Già allora il cinema era molto più di una semplice tecnica in grado di registrare immagini in movimento. Esso aveva acquisito tutte le caratteristiche di un "linguaggio", un sistema di rappresentazione visiva fondato su codici specifici, capace di veicolare in maniera unica i significati e le emozioni di intricate vicende umane. Analogamente alla fotografia, anche se in forma diversa, il cinema documentario non ha mai costituito un documento fedele della realtà che rappresentava: esso era (e continua a essere) piuttosto il prodotto dell'immaginazione di un autore, che costruisce un certo "discorso" visivo, utilizzan-

FIGURA 5.4
Nanook of the North di Robert Flaherty (fotogramma tratto dal film)

do l'inquadratura, il formato, il bianco e nero o il colore, la composizione, l'illuminazione e gli altri parametri che limitano e al tempo stesso permettono l'espressione cinematografica. Se dunque la tecnica cinematografica fa la sua comparsa in antropologia come metodo di raccolta di una documentazione visiva che il ricercatore potrà poi in vari modi rielaborare [20], il film etnografico assume presto le caratteristiche di un prodotto a sé stante, in grado di comunicare autonomamente un "discorso" antropologico. Molti antropologi scelgono questa forma di rappresentazione etnografica in aggiunta o anche in alternativa alla scrittura: il film può costituire di per sé un "testo" antropologico, espresso in una forma estetica capace di rappresentare le emozioni e le sensazioni che spesso le parole faticano a rendere (Pennacini, 2006a).

20. La tecnica di ripresa video può ovviamente essere utilizzata anche come pura e semplice raccolta di documentazione visiva a uso del ricercatore, senza in questo caso essere rielaborata in sede di montaggio e postproduzione per dar luogo alla produzione di un film finito e fruibile dal pubblico.

A partire dalla lezione di Flaherty, il cinema etnografico si consolidò dando vita a una nutrita tradizione di autori e di film. È impossibile qui ripercorrere le tappe e le figure principali di questa storia, che si snoda tra scuole e prospettive in continua evoluzione anche in relazione con le innovazioni della tecnica [21]. A partire dagli anni cinquanta del Novecento, in Europa, negli Stati Uniti e in Australia, si consoliderà una produzione sistematica di film antropologici, stilisticamente disposti tra i due poli del "cinema d'osservazione" da un lato e del "cinema partecipativo" dall'altro. La prima tendenza sperimenta un linguaggio cinematografico che lascia il più possibile "parlare la realtà", tentando di ridurre al minimo (senza però occultarli) la presenza e l'intervento del regista, grazie al ricorso a lunghi piani sequenza, al suono in presa diretta, a ritmi distesi, ed evitando l'aggiunta di un commento fuori campo. Di particolare interesse in quest'ambito i lavori di John Marshall, Robert Gardner, Judith e David MacDougall, impegnati a partire dagli anni sessanta del Novecento a sperimentare e sviluppare lo stile osservazionale (cfr. MacDougall, 1998; Pennacini, 2005, cap. 5). La seconda tendenza, prevalente negli ultimi decenni, è incentrata sulla collaborazione tra il regista-antropologo e il gruppo studiato, secondo lo stile inaugurato da Flaherty. Etnografi e informatori si impegnano in questo caso in un dialogo serrato sulla cui base decidono insieme cosa e come filmare. Possono così persino ricostruire determinate situazioni a beneficio della macchina da presa, giungendo in alcuni casi a realizzare le cosiddette *etnofiction* [22].

Maestro indiscusso dell'approccio partecipativo fu Jean Rouch, antropologo africanista, allievo di Marcel Griaule, il quale in un certo senso portò l'attenzione per la realtà etnografica dentro alla storia del cinema, rivoluzionandola con la sua teoria del "cinéma-verité" [23]. Etnografo dei Songhai e dei Dogon, Rouch abbandonerà progressivamente la scrittura etnografica [24] per volgersi al cinema. La prima fase della produzione di Rouch si colloca appieno nella tradizione documentaristica inaugurata da Flaherty, che Rouch riconosce come suo

---

21. Per una storia del film etnografico si possono consultare, tra gli altri, Heider (1976), Loizos (1993), Piault (2000).

22. Tecnica filmica introdotta da Jean Rouch, che consiste in una vera e propria *mise en scène* di una storia, ricostruita insieme ai collaboratori nativi che si prestano a diventare attori.

23. Che influenzò profondamente gli autori della Nouvelle Vague.

24. Tuttavia l'abbandono dell'etnografia scritta avverrà per Rouch solo dopo aver pubblicato alcuni testi fondamentali per l'antropologia dell'Africa occidentale (Rouch, 1953, 1954, 1956; Stoller, 1992).

"antenato totemico". Rientrano in questo periodo i classici *Au pays des mages noirs* (1947), *Les maîtres fous* (1955), *La chasse au lion à l'arc* (1957). Contemporaneamente, però, Rouch inaugura un nuovo genere, che lui stesso definirà "etnofiction" (*Jaguar*, 1957; *Moi un noir*, 1957; *La Pyramide humaine*, 1961; *Petit à petit*, 1969; *Cocorico Monsieur Poulet*, 1974). Senza mai trascurare l'Africa, Rouch realizzerà poi – a partire dal famosissimo *Chronique d'un été* (co-diretto assieme a Edgar Morin nel 1961) – una serie di cine-etnografie della società europea.

Lo sviluppo del film etnografico e la partecipazione produttiva delle comunità indigene sono stati favoriti, negli ultimi decenni, dall'introduzione delle tecnologie elettroniche prima e digitali poi, che hanno notevolmente abbassato i costi di produzione. La diffusione popolare del video ha completamente rivoluzionato lo scenario della comunicazione visiva, rendendo possibili varie sperimentazioni. Due sono le direzioni verso cui tendono oggi le rappresentazioni etnovisive. La prima riguarda il trasferimento delle tecnologie audiovisive alle stesse comunità studiate dagli antropologi [25]. Vari esperimenti si sono susseguiti a questo scopo, a partire dal progetto pionieristico sviluppato da Sol Worth e John Adair negli anni settanta, quando venne insegnato l'uso della cinepresa a un gruppo di indiani navahos, i quali fissarono in alcuni brevi filmati «la loro visione del loro mondo» (Worth, Adair, 1972). Una ventina d'anni dopo Terence Turner coordinerà un gruppo di Kayapo della foresta amazzonica, che si approprieranno della tecnica video per utilizzarla in particolare nella lotta contro la deforestazione ("Kayapo video project", Turner, 1992). In questo modo alcuni antropologi hanno contribuito alla produzione di "immagini altrui" offrendo il know how e il sostegno produttivo, senza però interferire con le scelte registiche dei "nativi".

La seconda tendenza rinvia invece alla collaborazione produttiva di etnografi e popolazioni locali, che negoziano progetti su cui lavorare insieme. In realtà questa opzione è presente come si è visto fin dai tempi di *Nanook of the North*, ed è alla base della cinematografia etnografica di Jean Rouch e di molti altri autori, tra cui spiccano le produzioni firmate da Judith e David MacDougall, realizzate insieme a comunità aborigene australiane nell'ambito delle attività dell'Australian Institute of Aboriginal and Torres Strait Islanders Studies (AIATSIS). In anni più recenti la disponibilità di apparecchiature a basso costo ha potenziato tale possibilità, rendendola virtualmen-

25. Alcuni sviluppi recenti di questo scenario sono discussi in Balma Tivola (2004).

te alla portata di qualunque etnografo che possieda i rudimenti del linguaggio cinematografico. Ho personalmente sperimentato una forma di produzione collaborativa nel mio film *Kampala Babel* (2008), realizzato insieme allo scrittore ugandese Moses Isegawa [26]. Isegawa, intellettuale baganda che ha vissuto una ventina d'anni in Europa prima di tornare a vivere in Uganda, ha collaborato alla realizzazione del film a vari livelli. La progettazione e la messa a punto del tema – la complessità della vita religiosa nella metropoli contemporanea di Kampala e il processo storico che ha prodotto questo scenario – è avvenuta grazie al dialogo con Isegawa, che ha accettato di svolgere il ruolo di mediatore tra la sua cultura e la mia, assumendo anche nel corso delle riprese la funzione di una sorta di Virgilio che accompagna lo spettatore in un viaggio – talvolta inquietante – tra le manifestazioni della spiritualità ugandese: i rituali del culto di possessione ancora diffusamente praticati si fondono e si sincretizzano oggi con gli influssi delle religioni "universali" (islam, protestantesimo e cattolicesimo), cui si aggiunge l'ascesa costante e massiccia del Pentecostalismo. La struttura narrativa scelta nel film è quella del dialogo e del confronto con Isegawa, che ci accompagna nei templi delle diverse confessioni religiose fornendoci con la sua presenza e la sua voce una guida preziosa per orientarci nella selva delle pratiche religiose.

La collaborazione con Isegawa e con le altre persone che hanno accettato di partecipare alle riprese si è sviluppata nelle diverse fasi di produzione, dalla preparazione e stesura del progetto alle riprese, al montaggio e alla postproduzione. Particolarmente interessante, a fini antropologici, si è rivelata essere la possibilità di rivedere insieme ai collaboratori locali i "giornalieri" [27] e successivamente il montato "elicitando" significati non ancora emersi e rielaborando il montaggio alla luce di queste nuove indicazioni. Questo processo, ispirato a uno spirito di "restituzione" delle immagini prodotte sul campo nella prospettiva di un risultato filmico in cui i collaboratori locali possano infine riconoscersi, era stato sperimentato da Flaherty e poi da Rouch,

26. Moses Isegawa è attualmente uno dei più conosciuti romanzieri africani. Il suo romanzo d'esordio (1998) si svolge sullo sfondo della difficile transizione dell'Uganda dal caos della dittatura di Amin, attraverso la guerra civile e il ristabilirsi di un ordine sotto Museveni. È un romanzo autobiografico che affronta magistralmente il contraddittorio intreccio di influssi culturali e religiosi occidentali sulla società ugandese. È stato tradotto in numerose lingue, tra cui l'italiano con il titolo *Cronache africane* (1998); a esso è seguita un'opera seconda intitolata nella traduzione italiana *La fossa dei serpenti* (1999).
27. Viene così definito nel cinema professionale il materiale grezzo filmato durante una giornata di lavoro.

che usava tornare nei villaggi dove aveva lavorato per proiettare i suoi film e raccogliere le opinioni e le indicazioni dei protagonisti.

Quella che Rouch aveva definito un'«anthropologie partagée» (Rouch, 1979, p. 71), una metodologia di ricerca fondata sulla condivisione di obiettivi e risultati, si è trasformata oggi in una molteplicità di progetti che utilizzano il video come terreno comune su cui antropologi e "nativi" si confrontano cercando fruttuose collaborazioni. Se le ragioni e gli obiettivi di studio e di ricerca dell'etnografo restano fondamentalmente distinti da quelli che spingono comunità o individui a realizzare rappresentazioni della loro cultura, è proprio il confronto, lo scambio, e talvolta anche le discordanze tra questi diversi punti di vista, a risultare fruttuosi. Tale diversità può utilmente entrare a far parte di una rappresentazione etnografica comune (scritta, audiovisiva, espositiva ecc.), frutto e prodotto della collaborazione tra comunità locali e studiosi stranieri, in grado di presentare una molteplicità di voci e di visioni senza necessariamente disciplinarle, addomesticarle e ridurle a un punto di vista uniforme. La decolonizzazione delle metodologie etnografiche (Smith, 1999) significa non certo abbandonare il confronto con l'altro, delegandogli interamente la responsabilità della rappresentazione di sé, quanto l'emergere e anche la tematizzazione di una forma di dialogo paritario, che, tenendo conto delle ineludibili responsabilità che la storia ha assegnato alle nostre rispettive appartenenze culturali e nazionali, dia luogo a una riflessione comune.

Riferimenti bibliografici

ANDERSON B. (1983), *Imagined Communities*, Verso, London-New York (trad. it. *Comunità immaginate. Origine e diffusione dei nazionalismi*, manifestolibri, Roma 1996).

APPADURAI A. (1996), *Modernity at Large: Cultural Dimension of Globalization*, University of Minnesota Press, Minneapolis-London (trad. it. *Modernità in polvere. Dimensioni culturali della globalizzazione*, Meltemi, Roma 2001).

ARNHEIM R. (1969), *Visual Thinking*, University of California, Berkeley-Los Angeles (trad. it. *Il pensiero visivo*, Einaudi, Torino 1974).

ASKEW K., WILK R. R. (2002), *The Anthropology of Media. A Reader*, Blackwell, Malden (MA)-Oxford-Carlton.

AUGÉ M. (1992), *Non-lieux*, Seuil, Paris (trad. it. *Non luoghi. Introduzione a una antropologia della surmodernità*, Elèuthera, Milano 1993).

BALMA TIVOLA C. (a cura di) (2004), *Visioni del mondo. Rappresentazioni dell'altro, autodocumentazione di minoranze, produzioni collaborative*, Edizioni Goliardiche, Trieste.

BANKS M., MORPHY H. (eds.) (1997), *Rethinking Visual Anthropology*, Yale University Press, New Haven-London.

BARBASH I., TAYLOR L. (1997), *Cross-Cultural Filmmaking. A Handbook for Making Documentary and Ethnographic Films and Videos*, University of California Press, Berkley-Los Angeles.

BARTHES R. (1980), *La chambre claire*, Gallimard, Paris.

BATESON G. (1936), *Naven: A Survey of the Problems Suggested by a Composite Picture of the Culture of a New Guinea Tribe Drawn from Three Points of View*, Stanford University Press, Stanford (trad. it. *Naven. Un rituale di travestimento in Nuova Guinea*, Einaudi, Torino 1988).

ID. (1973), *Style, Grace and Information in Primitive Art*, in A. Forge (ed.), *Primitive Art and Society*, The Wenner-Gren Foundation for Anthropological Research, New York, pp. 235-65 (trad. it. *Stile, grazia e informazione nell'arte primitiva*, in Id., *Verso un'ecologia della mente*, Adelphi, Milano 1976, pp. 160-88).

BATESON G., MEAD M. (1942), *Balinese Character. A Photographic Analysis*, New York Academy of Sciences, New York.

BENJAMIN W. (1936), *Das Kunstwerk im Zeitalter seiner technischen Reproduzierbarkeit* (trad. it. *L'opera d'arte nell'epoca della sua riproducibilità tecnica*, Einaudi, Torino 1966).

CARMAGNOLA F., MATERA V. (a cura di) (2008), *Genealogie dell'immaginario*, UTET, Torino.

CHIOZZI P. (1993), *Manuale di antropologia visuale*, UNICOPLI, Milano.

COLLIER J., COLLIER M. (1967), *Visual Anthropology. Photography as a Research Method*, The University of New Mexico Press, Albuquerque 1986.

DEGER J. (2006), *Shimmering Screens. Making Media in an Aboriginal Community*, University of Minnesota, Minneapolis-London.

DESCOLA P. (sous la direction de) (2010), *La fabrique des images. Visions du monde et formes de la rapresentation*, Musée du Quai Branly, Somogy Editions d'Art, Paris.

DURAND G. (1963), *Les structures anthropologiques de l'imaginaire*, PUF, Paris (trad. it. *Le strutture antropologiche dell'immaginario. Introduzione all'archetipica generale*, Dedalo, Bari 2009).

EDWARDS E. (1992), *Anthropology and Photography, 1860-1920*, New Haven, Yale University Press in association with the Royal Anthropological Institute, London.

FAGIOLI M., ZAMBOTTI S. (a cura di) (2005), *Antropologia e media. Tecnologie, etnografie e critica culturale*, Ibis, Pavia.

FAETA F. (2003), *Strategie dell'occhio. Saggi di etnografia visiva*, FrancoAngeli, Milano.

ID. (2006), *Fotografi e fotografie. Uno sguardo antropologico*, FrancoAngeli, Milano.

GIBSON J. J. (1986), *The Ecological Approach to Visual Perception*, Erlbaum, London (trad. it. *Un approccio ecologico alla percezione visiva*, il Mulino, Bologna 1999).

GINSBURG F. D. (1991), *Indigenous media: Faustian contract or Global Village?*, in "Cultural Anthropology", 6, pp. 92-112.

ID. (1993), *Aboriginal Media and the Australian Imaginary*, in "Public Culture", 5, 3, pp. 557-78.

ID. (1995), *Mediating Culture: Indigenous Media, Ethnographic Film, and the Production of Identity*, in L. Devereux, R. Hillman, *Fields of Vision: Essays in Film Studies, Visual Anthropology and Photography*, University of California Press, Berkley, pp. 256-91.

ID. (2002), *Screen memories. Resignifying the Traditional in Indigenous Media*, in Ginsburg, Abu-Lughod, Larkin (2002), pp. 39-57.

GINSBURG F. D., ABU-LUGHOD L., LARKIN B. (2002), *Media Worlds. Anthropology on New Terrain*, University of California, Berkley-Los Angeles-London.

GRASSENI C. (2003), *Lo sguardo della mano. Pratiche della località e antropologia della visione in una comunità montana lombarda*, Bergamo University Press-Il Sestante, Bergamo.

ID. (ed.) (2007), *Skilled Visions: Between Apprenticeship and Standards*, Bergham Books, London.

GRIMSHAW A. (2001), *The Ethnographer's Eye. Way of Seeing in Modern Anthropology*, Cambridge University Press, Cambridge.

GRUZINSKI S. (1988), *La colonisation de l'imaginaire. Sociétés indigenes et occidentalisation dans le Mexique espagnol (XVI-XVIII siècle)*, Gallimard, Paris (trad. it. *La colonizzazione dell'immaginario. Società indigene e occidentalizzazione nel Messico spagnolo*, Einaudi, Torino 1994).

ID. (1990), *La guerre des images de Christophe Colomb à "Blade Runner" (1492-2019)*, Fayard, Paris.

HEIDER K. (1976), *Ethnographic Film*, University of Texas Press, Austin.

HOCKINGS P. (ed.) (1975), *Principles of Visual Anthropology*, Mouton, Paris.

ISEGAWA M. (1998), *Abessijinse kronieken*, De Bezige Bij, Amsterdam (trad. it. *Cronache africane*, Frassinelli, Treviso 2000).

ID. (1999), *Slangenkuil*, De Bezige Bij, Amsterdam (trad. it. *La Fossa dei serpenti*, Frassinelli, Treviso 2002).

JEDLOWSKI P. (2008), *Immaginario e senso comune*, in Carmagnola, Matera (2008), pp. 222-38.

LEROI-GOURHAN A. (1965), *Le geste et la parole. La mémoire et les rythmes*, Edition Albin Michel, Paris (trad. it. *Il gesto e la parola. La memoria e i ritmi*, Einaudi, Torino 1977).

LOIZOS P. (1993), *Innovation in Ethnographic Film. From Innocence to Self-Consciousness 1955-1985*, Manchester University Press, Manchester.

LOMAX A. (1971), *Toward an Ethnographic Film Archive*, in "Filmmakers Newsletter", 4, 4, February.

MACDOUGALL D. (1998), *Transcultural Cinema*, Princeton University Press, Princeton.

MALINOWSKI B. (1922), *Argonauts of The Western Pacific. An Account of Native*

Enterprise and Adventure in the Archipelagoes of Melanesian New Guinea, Routledge & Kegan Paul, London (trad. it. *Argonauti del Pacifico occidentale. Riti magici e vita quotidiana nella società primitiva*, Newton Compton, Roma 1978).

MARANO F. (2007), *Il film etnografico in Italia*, Edizioni di Pagina, Bari.

MARAZZI A. (2002), *Antropologia della visione*, Carocci, Roma.

MCLUHAN M., POWERS B. R. (1989), *The Global Village*, Oxford University Press, Oxford (trad. it. *Il villaggio globale. XXI secolo: trasformazioni nella vita e nei media*, SugarCo, Milano 1992).

MEAD M., METRAUX R. (eds.) (1953), *The Study of Culture at a Distance*, Bergham Books, New York 2001 (1st ed. University of Chicago Press, Chicago).

PANOFSKY E. (2009), *Rinascimento e rinascenze nell'arte occidentale*, Feltrinelli, Milano.

PENNACINI C. (2005), *Filmare le culture. Un'introduzione all'antropologia visiva*, Carocci, Roma.

ID. (2006a), *Film*, in "Antropologia Museale", 14, pp. 30-2.

ID. (a cura di) (2006b), *I popoli della luna. Rwenzori 1906-2006*, Catalogo della mostra, Cahier MuseoMontagna, Torino.

ID. (2008), *Etnocinematografia. Fare ricerca con il video*, in "La Ricerca Folklorica", 57, pp. 55-62.

PENNACINI C., WITTENBERG H. (eds.) (2008), *Rwenzori. Histories and Cultures of an African Mountain*, Fountain, Kampala.

PIAULT M. (2000), *Anthropologie et cinema*, Téraèdre, Paris.

PINK S. (2007), *Doing Visual Ethnography*, Sage, Los Angeles-London-New Delhi-Singapore.

PINNEY C. (1997), *Camera Indica. The Social Life of Indian Photographs*, Reaction Books, London.

PINNEY C., PETERSON N. (eds.) (2003), *Photography's Other Histories*, Duke University Press, Durham-London.

PRICE S. (1989), *Primitive Art in Civilized Places*, The University of Chicago, Chicago (trad. it. *I primitivi traditi. L'arte dei selvaggi e la presunzione occidentale*, Einaudi, Torino 1992).

RECALCATI M. (2008), *Lacan e l'inconscio strutturato come un'imago*, in Carmagnola, Matera (2008), pp. 177-202.

RESTA P. (a cura di) (2010), *Belle da vedere. Immagini etnografiche dei patrimoni festivi locali*, FrancoAngeli, Milano.

RODENBURG L. (2002), *De Bril van Anceaux – Anceaux's Glasses*, Rijksmuseum voor Volkenkunde, Leiden.

ROUCH J. (1953), *Contribution à l'histoire des Songhai*, in "Memoires", 29, Ifan, Dakar.

ID. (1954), *Les Songhai*, PUF, Paris.

ID. (1956), *Migrations au Ghana*, in "Journal de la Société des Africanistes", 26, 1-2, pp. 33-196.

ID. (1960), *La religion et la magie Songhai*, PUF, Paris.

ID. (1979), *La caméra et les hommes*, in C. De France (sous la direction de), *Pour une anthropologie visuelle*, Cahiers de l'Homme, Paris, pp. 53-71.

RUBY J. (1996), *Visual Anthropology*, in D. Levinson, M. Ember (eds.), *Encyclopedia of Cultural Anthropology*, Henry Holt, New York, vol. 4, pp. 1345-51.

ID. (2000), *Picturing Culture. Explorations of Film and Anthropology*, The University of Chicago Press, Chicago-London.

SANTANERA G. (2009-10), *Nollywood a Torino. Una ricerca fra gli immigrati nigeriani*, tesi di laurea magistrale, Università di Torino.

SEGALL M. H., CAMPBELL D. T., HERSKOVITS M. J. (1966), *The Influence of Culture on Visual perception*, Bobbs-Merril, Indianapolis-New York-Kansas City.

SMITH L. T. (1999), *Decolonising Methodologies: Research and Indigenous People*, Zed Books, London.

STOCKING G. W. JR. (1985), *Objects and Others. Essay on Museum and Material Culture*, University of Wisconsin Press, Madison.

STOLLER P. (1992), *The Cinematic Griot. The Ethnography of Jean Rouch*, The University of Chicago Press, Chicago-London.

TAYLOR C. (2004), *Modern Social Imageries*, Duke University Press, Durham-London (trad. it. *Gli immaginari sociali moderni*, Meltemi, Roma 2005).

TURNER T. (1992), *Defiant Images: The Kayapo Appropriation of Video*, in "Anthropology Today", 8, 6, pp. 5-16.

TWINE F. W. (2006), *Visual Ethnography and Racial Theory: Family Photographs as Archives of Interracial Intimacies*, in "Ethnic and Racial Studies", 29, 3, pp. 487-511.

VERENI P. (2008), *Identità catodiche*, Meltemi, Roma.

WARBURG A. (1998), *Il rituale del serpente*, Adelphi, Milano.

ID. (2003), *La "Nascita di Venere" e la "Primavera" di Sandro Botticelli. Ricerche sull'immagine dell'antichità nel primo Rinascimento italiano*, Abscondita, Milano.

WHITE S. A. (ed.) (2003), *Participatory Video. Images that Transform and Empower*, Sage, New Delhi-Thousand Oaks-London.

WORTH S., ADAIR J. (1972), *Through Navaio Eyes. An Exploration in Film Communication and Anthropology*, Indiana University Press, Bloomington-London.

Filmografia

Au pays des mages noirs, Jean Rouch, 15', Francia 1947.

Bitter Melons, John Marshall, 28', Film Study Center, Harvard University, USA 1968.

La chasse au lion à l'arc, Jean Rouch, 88', Les films de la Pléiade, Francia 1957.

Chronique d'un été, Jean Rouch, Edgar Morin, 90', Argos Film, Francia1961.

Cocorico Monsieur Poulet, Jean Rouch, 94', Musée de l'Homme/CNRS, Francia 1974.

Good-bye Old Man, David MacDougall, Judith MacDougall, 70', Australian Institute of Aboriginal Studies, Australia 1975-77.

Hitlerjunge Quex, Hans Steinhoff, 95', UFA, Germania 1933.
The Hunters, John Marshall, 72', Film Study Center, Harvard University, USA 1957.
Jaguar, Jean Rouch, 70', Les films de la Pléiade, Francia 1957.
Kampala Babel, Cecilia Pennacini, 54', Archivio Nazionale Cinematografico della Resistenza, Italia 2008.
La pyramide humaine, Jean Rouch, 90', Francia 1961.
Lorang's way, David MacDougall, Judith MacDougall, 70', Rice University Media Center, USA 1979.
Les maîtres fous, Jean Rouch, 36', Les films de la Pléiade, Francia 1955.
Moi un noir, Jean Rouch, 70', Les films de la Pléiade, Francia 1957.
Nanook from the North, Robert J. Flaherty, 79', Revillon Frères, USA 1922.
Petit à petit, J Jean Rouch, 90', Les films de la Pléiade, Francia 1969.
Photo Wallahs, David MacDougall, Judith MacDougall, 59', Fieldwork Films, Australia 1991.
To Live with Herds, David MacDougall, Judith MacDougall, 70', University of California, USA 1972.
The Wedding Camels, David MacDougall, Judith MacDougall, 108', Rice University Media Center, USA 1977.
A Wife among Wives, David MacDougall, Judith MacDougall, 75', Rice University Media Center, USA 1981.

6

Suoni

di *Serena Facci*

6.1
Raccogliere suoni

Il campo di indagine etnoantropologico dedicato ai suoni ha generato una disciplina autonoma, con un proprio statuto scientifico e accademico in molti paesi del mondo. Il termine più frequente per definirla è "etnomusicologia" (Kunst, 1955), ma altre definizioni lo hanno preceduto, seguito e/o affiancato: musicologia comparata (Adler, 1885), etnografia musicale (Tiersot, 1905), antropologia della musica (Merriam, 1964), musicologia più una definizione areale, ad esempio "musicologia dell'Africa" (Nketia, 1998; Agawu, 2003), antropologia del suono (Feld, 1990).

Queste etichette sono il sintomo di un'evoluzione di metodi e obiettivi che ha coinvolto intimamente anche i modi con cui sono state svolte le ricerche sul campo. Rivelano come sia stata variamente presente nella collocazione scientifica della disciplina un'oscillazione tra l'ambito più strettamente "musicologico", nel quale l'oggetto di studio prioritario sono i prodotti sonori delle culture (brani, repertori e generi musicali), e quello definito "antropologico", per il quale sono maggiormente significativi gli atteggiamenti degli uomini in quanto produttori e fruitori di tali suoni. Un'altra sfumatura riguarda l'oggetto da studiare: la musica oppure i soundscape, ovvero i più vasti scenari sonori, comprendenti anche la musica, nei quali siamo immersi (antropologia del suono).

Dal punto di vista fisico il suono è il risultato delle vibrazioni dei corpi in movimento, vibrazioni che si propagano con moto ondulatorio attraverso l'aria o altro mezzo (acqua, corpi solidi). Le onde generate dal movimento vibratorio hanno un loro tempo d'avvio, di tenuta e di decadimento, una loro frequenza, ampiezza e forma. Queste caratteristiche originano quelli che in genere chiamiamo "parametri" del suono: durata, altezza, intensità e timbro, modalità dell'attacco e del decadimento. Sono tutti misurabili e osservabili. La misurabilità dei suoni è uno dei punti forti di tutte le tendenze dell'etnomusicologia maggiormente basate su paradigmi di scientificità, talora criticate per una eccessiva presunzione di oggettività. In realtà, qualunque sia l'approccio metodologico o ideologico che si vuole avere con lo studio delle esperienze sonore, l'opportunità di procedere a misurazioni, da usare con la dovuta cautela, rappresenta un utile strumento per la comprensione, la comparazione e la traduzione in senso interculturale.

Pur se il corpo umano nella sua interezza è percettivamente reattivo rispetto alla trasmissione delle vibrazioni sonore, disponiamo di un organo di senso appositamente dedicato alla loro ricezione: l'orecchio. Dunque, durante i processi evolutivi che hanno interessato molte specie viventi, la percezione dei suoni al pari di quella delle immagini, degli odori, dei sapori e delle qualità delle superfici con cui entriamo in contatto (cfr. CAPP. 1 e 5) è stata individuata come essenziale. Essa infatti serve a definire la nostra relazione con il resto della realtà, praticamente durante la totalità della nostra vita. L'apparato uditivo, al pari ad esempio di quello visivo, dispone di ricettori e trasmettitori (quali il timpano, gli ossicini e il nervo acustico posti nell'orecchio medio e interno), in grado di attivare zone specifiche del cervello atte a discriminare i suoni, analizzarli e metterli in relazione tra loro e con precedenti esperienze, indirizzarli verso i centri del linguaggio o quelli della musica (che come vedremo sono tendenzialmente distinti), connetterli con altri centri quali quelli della memoria, delle emozioni, dell'attivazione di reazioni motorie. Inoltre il cervello è anche in grado di concepire i suoni e mettere in atto le procedure utili a riprodurli.

Il funzionamento di questi processi è oggetto di studio da parte delle scienze neurologiche e psicologiche, applicate prevalentemente alla psicoacustica e alla musicoterapia. Non di rado gli etnomusicologi si sono avvicinati a questi ambiti scientifici per trovare possibili risposte alle loro domande. Proprio in un ambiente di studi psicoacustici si sviluppò in Germania la più importante scuola di musicologia comparata [1].

1. A partire dagli anni ottanta sono state particolarmente seguite le applicazioni in ambito musicale della cosiddetta "psicologia cognitiva" fondata sull'idea che le capacità cerebrali siano fortemente condizionate dall'esperienza (Sloboda, 1985). Più recentemente le ricerche sul funzionamento del cervello favorite dalle nuove tecniche di produzione di immagini cerebrali (attraverso le risonanze e le tomografie) si stanno occupando con più determinazione di definire quali siano le aree e i nessi neurologici attivati durante le esperienze sonore (Peretz, 2002; Levitin, 2007).

Ognuno di noi è però perfettamente in grado di comprendere, se non *come*, almeno *che* ogni esperienza sonora è oltremodo complessa e coinvolge sia le nostre capacità di ascolto e discriminazione dei suoni, sia quelle atte ad attribuirle motivi e significati.

Dal punto di vista antropologico una prima distinzione va fatta tra suoni prodotti volontariamente dagli uomini, "umanamente organizzati" (Blacking, 1973), e suoni prodotti dal mondo esterno (altri animali, natura ecc.), che rientrano comunque nell'universo percettivo e simbolico umano. I suoni prodotti volontariamente dagli esseri umani sono di varie tipologie. Le più comuni sono: i suoni del linguaggio parlato o altrimenti espresso, le locuzioni emozionali, i segnali sonori, i suoni musicali.

L'etnomusicologia si occupa tendenzialmente di questi ultimi, anche se il problema che i ricercatori si trovano ad affrontare sul campo è sovente proprio la discriminazione tra i vari tipi di espressione sonora, che presentano spesso ampie zone di confine in comune, oppure stabili reciproche influenze od occasionali intrecci e convergenze. La musica inoltre è un'attività antichissima e universalmente diffusa ma eterogenea nelle forme e nelle motivazioni. Per fare un esempio, oggi in Italia definiamo parimenti musicali un concerto in auditorium, un canto eseguito nella foresta equatoriale durante la raccolta del miele, le sonorità elettroniche ritmate che accompagnano gli esercizi in una palestra e così via.

Una definizione molto nota della musica in quanto oggetto di indagine scientifica è di Jean-Jacques Rousseau nel *Dictionnaire de la Musique*: «Arte di combinare i suoni in modo piacevole all'orecchio. Questa Arte diviene una scienza e anche molto profonda, quando si vogliono trovare i principi di queste combinazioni e le ragioni delle emozioni che essa ci provoca» (Rousseau, 1775, p. 485) [2]. La definizione, figlia dei suoi tempi, è stata criticata soprattutto a causa dell'associazione meccanica tra i suoni musicali e il concetto di "piacevolezza", rispondente a concezioni estetiche che nel corso dell'Ottocento e del Novecento sono profondamente mutate in seno alla musica d'arte europea (Garda, 2007). Inoltre, la relazione con le musiche extraeuropee, divenuta sempre più assidua durante il XX secolo, ha via via posto il problema di relativizzare, quanto meno, il concetto di piacevolezza (ogni gruppo ha i propri codici estetici e trova bello ed effi-

2. «Art de combiner les Sons d'une manière agréable à l'oreille. Cet Art devient une science et même tres profonde, quand on veut trouver les principes de ces combinations et les raisons des affections qu'elles nous cause».

cace ciò che per altri può non esserlo affatto) e di comprendere come la discriminazione tra i concetti di suono (gradevole o controllato) e rumore (sgradevole o fuori controllo) sia presente in molte culture per connotare fenomeni estremamente diversi dal punto di vista fisico-acustico, e come essa sia infine decisamente mutevole nel tempo (Giannattasio, 2003).

L'idea della "piacevolezza", a questo punto relativizzata e ridimensionata, può però essere ancora utile a identificare nell'attività degli uomini organizzatori dei suoni quell'investimento di creatività e competenza atto a perseguire una specifica e voluta qualità, modificando i materiali fino a trasformare il rumore in suono musicalmente efficace. Gli strumenti musicali sono l'esempio più evidente di questo processo.

Durante una ricerca tra i Banande del Congo ho potuto osservare come i fabbri intonino con estrema cura, attraverso limature graduali, le campanelle di ferro che vengono legate alle caviglie dei ballerini. Per quella cultura è importante che il movimento dei piedi durante la danza sia accompagnato da quella specifica sonorità, di cui solo i fabbri conoscono il segreto, adatta a far suonare "piacevolmente" le campanelle tra loro. Non si usa la stessa cura nel trattare il metallo durante la fabbricazione di altri oggetti, ad esempio zappe o coltelli [3].

Per i Banande le cavigliere di campanelle utilizzate esclusivamente durante le danze amplificano la prestanza della gestualità dei danzatori e si sommano alle parti dei tamburi arricchendo la già complessa tessitura sonora. Hanno un valore che possiamo definire "musicale".

Gli strumenti musicali offrono un vastissimo campo di ricerca. L'intreccio tra la sapienza tecnologica e le qualità del suono è messo in luce dagli studi organologici, che si occupano specificamente della fattura e delle tecniche di costruzione. Per molti secoli gli strumenti sono stati l'unica testimonianza facilmente trasportabile e collezionabile delle musiche del mondo e lo sfoggio di fantasia con la quale gli uomini si sono dedicati a costruire apparecchi utili alla produzione sonora ha sollecitato da sempre la curiosità di viaggiatori e collezionisti. I documenti e gli studi sei-settecenteschi di musicologi-organologi come Attanasius Kirker o Filippo Bonanni offrono, ad esempio, preziose informazioni sulle musiche popolari ed extraeuropee del passato [4].

---

3. Queste considerazioni sono il risultato di un'osservazione diretta, durante una ricerca sul campo condotta con Cecilia Pennacini nel 1988.

4. Tra i manuali di etnomusicologia uno che dedica un buon approfondimento

Raccogliere informazioni sugli strumenti musicali fa parte del mestiere di qualunque etnomusicologo, che non può prescindere dalla conoscenza delle modalità con cui i suoni sono prodotti grazie alla combinazione tra la gestualità del suonatore e le potenzialità dello strumento. La raccolta degli strumenti in quanto oggetti, invece, ha bisogno di particolari metodologie, quali sistemi di schedatura e classificazione, soprattutto quando essa è finalizzata alla musealizzazione. Il sistema di classificazione più utilizzato, a seguito anche di diversi adattamenti, è quello messo a punto da Curt Sachs ed Eric von Hornbostel agli inizi del Novecento, basato in prima istanza sulla qualità della vibrazione. Gli oggetti sonori sono distinti in idiofoni, membranofoni, cordofoni, aerofoni (negli anni quaranta fu aggiunta la classe degli elettrofoni). Per quanto riguarda i problemi della raccolta e della conservazione della cultura materiale, che accomuna gli strumenti musicali ad altri dati rilevabili sul campo, rimandiamo al CAP. 3.

6.2
Suoni-segnali

Le ricerche etnomusicologiche e demoantropologiche hanno testimoniato come la dimensione del godimento estetico della musica, oltre a essere applicabile a forme musicali completamente differenti tra loro, sia solo uno tra i tanti esiti delle pratiche musicali, capaci di mettere in campo un ampio ventaglio di dinamiche relazionali e connotazioni simboliche (Merriam, 1964).

Nella stessa area culturale dei Banande, l'Africa centro-orientale, le campane di ferro sono utilizzate anche durante i riti di possessione. I medium impugnano direttamente le campane e le scuotono ritmicamente per autoindursi la trance, affinché gli spiriti entrino nel loro corpo impossessandosi delle loro facoltà, per comunicare con i viventi (Pennacini, 1998). Come dobbiamo intendere, in questo caso, i suoni delle campane? Come segnali di richiamo per lo spirito, come sostengono alcuni medium? Come suoni le cui qualità, ad esempio quelle timbriche, hanno un'influenza sul sistema nervoso centrale tanto da indurre la trance, come si domandano gli etnopsichiatri? Come musica, secondo i criteri di Rousseau, visto che i medium sostengono che quella sonorità piace agli spiriti? Come parti del costrutto musi-

all'organologia è quello curato da Helen Myers (1992). Per la catalogazione e schedatura degli strumenti folklorici in Italia si veda Leydi, Guizzi (1985).

cale, in quanto accompagnamento dei canti? Crediamo che tutte queste ipotesi siano plausibili e inglobate nell'unitarietà di questa pratica sonora che, pur nella sua elementarità musicale in quanto le campane si limitano a eseguire una pulsazione regolare, è in grado di attivare una rete di significati di grande rilevanza.

Nei paesi europei le campane hanno un larghissimo uso, sia nella forma cosiddetta "alta" (in torri e campanili) sia in quella "bassa" (campane e campanacci utilizzati nel lavoro) (Guizzi, 2005). Nel suo ampio progetto di ricerca intitolato *The Time of Bells* [5], Steven Feld ha messo in luce l'intreccio di significati attivato dalle campane in diversi paesi europei, dove esse sono usate per definire lo spazio, scandire il tempo e comunicare eventi, sollecitando inoltre diverse reazioni affettive. Per definizione in Europa i suoni prodotti dalle campane non sono "musicali", rispondono piuttosto alla categoria dei segnali sonori. Ma l'ipotesi di ricerca di Feld si basa proprio sulla non isolabilità dei suoni musicali, né sul piano fisico, in quanto le musiche sono comunque immerse in ambienti sonori più ampi, né su quello concettuale, in quanto la discriminazione tra musica e non musica non è un paradigma scientifico così pregnante per comprendere il ruolo del suono nella vita degli uomini. L'etnomusicologo americano deve questa sua posizione radicale all'esperienza di ricerca tra i Kaluli del Bosavi (Papua Nuova Guinea) condotta a partire dagli anni settanta. Nel suo libro *Sound and Sentiment* (Feld, 1990) le pratiche canore e coreutiche dei Kaluli sono, anche narrativamente, inquadrate nel sistema naturale e mitico in cui essi vivono, in quanto il canto degli uccelli e il comportamento dei corsi d'acqua sono costanti metafore delle realizzazioni musicali.

6.3
Suoni parlati, suoni cantati, suoni danzati

In molte lingue, anche nelle molte in cui non esiste un termine onnicomprensivo per tradurre il nostro "musica", ci sono verbi specifici per indicare gli atti del cantare e del danzare, che vengono così consapevolmente distinti dal parlare o, nel caso delle danze, dal muoversi per altre finalità. L'individuazione di questi termini è di primaria importanza per il ricercatore. Se possibile, laddove esistano dizionari o studi precedenti, è bene conoscerli anche prima di iniziare la ricerca, come un prerequisito.

5. Il progetto ha prodotto una serie di CD, *The Time of Bells 1-5*, VoxLox.

A proposito dell'uso della voce, Francesco Giannattasio riferisce che nel somalo c'è una differenza tra *gabyid*, "cantare poesia", e *hee-sid*, "cantare canzoni" (Giannattasio, 2003, p. 987). Lo studioso, a partire proprio dalle sue ricerche in Somalia, ha approfondito particolarmente la riflessione sulla differenza tra il parlare e il cantare, cosciente che in molti ambiti, quali quelli appunto della poesia, della preghiera e del discorso pubblico (potremmo aggiungere: del gioco o del saluto), essi sconfinino uno nell'altro. Queste forme intermedie tra il cantato e il parlato sono interessanti ambiti di ricerca. Giannattasio, ad esempio, applica i metodi dell'analisi musicologica ai discorsi di uomini politici come Benito Mussolini e Silvio Berlusconi, dimostrando come gli elementi prosodici del linguaggio, ovvero le sue componenti sonore, nella retorica del comizio pubblico vengano modellati in modo utile al convincimento emotivo degli ascoltatori, indipendentemente dal contenuto verbale del messaggio (Giannattasio, 2005). Il fatto che la lingua e il canto utilizzino lo stesso materiale sonoro (la voce con i suoi fonemi, timbri, accenti, profili intonativi particolarmente importanti nelle lingue tonali) rende necessariamente incrociabili queste forme di espressione anche nei casi di repertori dichiaratamente musicali: se il linguaggio parlato mantiene una dimensione sonora di tipo emotivo che rimanda alle caratteristiche musicali del suono, la parola cantata a sua volta non smette di essere parola [6]. Nel raccogliere i canti non si può prescindere da un'accurata notazione dei testi verbali che renda possibile un'analisi incrociata musicale e linguistica, condotta possibilmente in modo interdisciplinare con uno specialista linguista o glottologo [7].

6. Alcune teorie paleoantropologiche, basate anche sulle recenti acquisizioni della genetica e dell'analisi del DNA, sostengono che la distinzione tra le facoltà musicali e quelle linguistiche nell'uomo sia stata il risultato del processo evolutivo. Nei primitivi stadi della comunicazione gli ominidi utilizzavano un codice unitario per l'espressione di messaggi, segnali ed emozioni. Quando alcune aree del cervello si sono specializzate nella codificazione del linguaggio parlato, altri ambiti, quali quello dell'espressione emozionale, sono rimasti isolati e hanno utilizzato le antiche facoltà per l'elaborazione delle esperienze musicali, per questo universalmente conosciute dagli uomini di ogni tempo e cultura. L'attuale difficoltà nella scissione netta tra le funzioni della voce parlata e quelle della voce cantata deriverebbe dunque da questa origine comune (Mithen, 2006).

7. Questa non è che una delle occasioni nelle quali il lavoro dell'etnomusicologo dovrebbe essere inserito in una rete di collaborazioni interdisciplinari. La sostanziale inscindibilità dei suoni musicali dalle reti di significati in cui sono immersi e la loro importanza nella tessitura di tali reti richiede un atto di umiltà e furbizia da parte dei ricercatori. Lo capirono bene Ernesto De Martino e Diego Carpitella nelle loro cam-

Nella danza l'organizzazione ritmica è il ponte di collegamento tra la musica e i movimenti. Questi in genere sono resi musicali proprio per la presenza dei suoni, anche se forme intermedie tra danza e teatro, quali il mimo, sono talvolta regolate da principi ritmici non sempre espressi attraverso i suoni. D'altra parte molte attività motorie accompagnate da brani musicali si collocano in una posizione intermedia tra la danza e lo sport. Il suono danzato, come vedremo più avanti, richiede specifiche tecniche di indagine volte a definire la relazione tra gli impulsi sonori e i movimenti. La relazione tra la danza e la musica è in genere lo specchio di concezioni ritmiche profonde fissate a livello culturale e individuale. Gia all'inizio del XX secolo, Curt Sachs aveva affermato che spesso le configurazioni ritmiche dei ballerini non corrispondono meccanicamente a quelle prodotte dai musicisti (Sachs, 1933). Un esperimento condotto di recente da Sylvia Nannyonga in Uganda ha suggerito come, applicando sonagli a differenti parti del corpo dei ballerini durante una danza, vengano prodotte sequenze sonore aggiuntive rispetto a quelle dei tamburi, rispondenti comunque ai principi tipici della poliritmia centroafricana [8]. Un altro elemento della danza da tenere presente nella ricerca è il possibile valore simbolico di gesti e movimenti. In questo caso la ricerca è finalizzata a ricostruire i codici comunicativi ed espressivi che fanno del ballo una forma di rappresentazione confinante con il teatro.

6.4
Nuovi campi di ricerca

La mobilità accelerata di uomini e suoni negli ultimi decenni ha notevolmente modificato il campo di indagine sulle musiche. I repertori delle cosiddette "diaspore", coltivati nelle comunità di immigrati (Reyes, 1999), e i progetti interculturali che vedono impegnati musicisti di varia provenienza geografica in dischi e concerti sono diventati altrettanti terreni di ricerca.

La circolazione delle musiche crea comunità estremamente allar-

pagne di ricerca sul campo in Basilicata e Salento durante gli anni cinquanta, a proposito del lamento funebre e del tarantismo. Le osservazioni di Carpitella, lungi dall'essere costrutti isolabili dal contesto delle interpretazioni di De Martino, ne costituiscono l'impianto, riproducendo la stessa relazione di inscindibilità che c'era tra i suoni e la complessità dei fenomeni osservati. Questo risultato fu ottenuto attraverso la condivisione dell'esperienza di ricerca sul campo, esperienza, come si sa, umana e scientifica contemporaneamente.

8. Comunicazione presentata al III International Symposium on the Music of Africa, Princeton University, aprile 2009.

gate di fruitori non più collegabili a determinati territori. Questo è soprattutto vero per i generi musicali di particolare successo internazionale (dal rock alle musiche latine, all'hip hop). Fino a un paio di decenni fa, sia questi repertori, organizzati secondo logiche di mercato, sia le attuali pratiche della musica d'arte europea esulavano dalle competenze dell'etnomusicologia, vincolata ai criteri della tradizione orale e del legame stretto tra le musiche oggetto di studio e i loro territori di produzione-fruizione. Ma recentemente la divisione scientifica fra i tre macrogeneri (musica colta, musiche etniche, popular music) è stata messa in discussione per molte ragioni: la maggiore diffusione mondiale di tutte le musiche e la nascita di repertori di "frontiera"; la sempre più frequente scissione tra i luoghi di produzione e quelli di fruizione, fenomeno definito "schizofonia" (Schafer, 1969); il diffondersi anche in etnomusicologia delle tendenze dell'antropologia del "noi" e "a casa", con il conseguente interesse verso repertori musicali urbani.

In particolare, il confine tra gli studi sulla popular music e l'etnomusicologia è sempre più sfumato. Nell'invasivo ambito urbano nella nostra epoca le band di pop, rock, metal, reggae ecc. sono unità creative e produttive di musica, con specifici gruppi di riferimento, e mettono in moto dinamiche di produzione musicale e di relazione sociale analizzabili con gli strumenti dell'etnomusicologia (Berger, 1999). L'applicazione dei metodi etnografici ha anche raggiunto le attuali performance di musica d'arte europea. Ricordiamo che a partire dagli anni novanta, nella corrente della *new musicology* inaugurata in particolare da Susan McClary (1991) si sono diffusi significativamente sia gli apparati concettuali della coeva antropologia culturale, quali gli studi di genere e le questioni del soggettivismo, sia i metodi della ricerca etnografica. Si veda ad esempio, in quegli anni, l'indagine di Georgina Born presso l'IRCAM (Institut de Recherche et Coordination Acoustique/Musique) di Parigi (Born, 1995). Contemporaneamente il campo delle indagini musicali storiografiche si è allargato anche alle musiche di interesse etnomusicologico, per la ricostruzione delle esperienze del passato anche nelle realtà un tempo inchiodate al presente etnografico (Bohlman, 2008).

A causa dell'attuale sconfinamento tra loro sia dei generi musicali sia delle tendenze musicologiche, Jeff Titon propone di usare, per comprendere gli scenari musicali attuali, il concetto di "orizzonte" (mutuato dalle tendenze ermeneutiche) piuttosto che quello di "confine" (Titon, 2008). Infine, per comprendere cosa ci sia dentro e dietro i brani musicali che ascoltiamo e usiamo quotidianamente negli iPod, in automobile, nei negozi o nelle nostre suonerie telefoniche, si sente l'esigenza di usare contemporaneamente e con una certa elasticità i metodi musicologici e quelli antropologici (De Nora, 2000; Bull, Back, 2003; Facci, 2005).

L'ambiente più recente e problematico della ricerca etnomusicologica è Internet, divenuta sia strumento sia oggetto di studio. I soggiorni in paesi lontani da casa per condurre le ricerche sul campo sono recentemente diventati più brevi e frequenti (Barz, Cooley, 2008) e gli etnomusicologi ormai utilizzano comunemente Internet per tenersi in contatto con i loro informatori, per avere feedback o aggiornamenti utili ai loro studi. Ma la rete è divenuta anche un possibile "campo" per la ricerca su nuovi tipi di esperienza musicale, quali sono le comunità virtuali di fruitori di determinati generi, i sistemi attraverso i quali i musicisti si presentano e promuovono nei loro siti o nei social network, l'ampia circolazione dei videoclip musicali e di file sonori (Cooley, Meize, Syed, 2008). Le metodologie necessarie per affrontare questi nuovi terreni sono ancora un po' embrionali, a mio avviso. Se la ricerca sul campo, come da più parti è stato messo in rilievo, è prima di tutto un'esperienza di relazione interpersonale, gli antropologi che vedono nella Rete il loro terreno di indagine devono probabilmente porsi le domande, ormai fondamentali per comprendere la nostra società, a proposito della qualità e del significato dei rapporti virtuali attraverso Internet.

6.5
I suoni profondi e quelli utili.
La delicata questione dell'autenticità e del valore

Negli anni settanta, in un seminario di analisi su scale e modi dei canti siciliani al quale partecipavo durante gli studi presso la cattedra di Etnomusicologia all'Università "Sapienza" di Roma, i miei colleghi e io ci imbattemmo in un canto, molto diverso dagli altri, per il quale non riuscivamo a trovare una chiave di interpretazione. Diego Carpitella pose fine alle nostre contorte discussioni osservando, incredulo di fronte alla nostra ingenuità: "Ma questa è una patacca". Si trattava, in effetti, di una canzone d'autore, di incerta provenienza, che il cantore registrato doveva aver appreso attraverso la radio. Qualcosa di estraneo alla cultura musicale della sua zona, ancora non assorbito e rielaborato secondo i canoni locali, che risultava dunque posticcio.

Ai rapporti tra musica popolare e musica di consumo Carpitella dedicò nel 1955 una conferenza che, ripubblicata nel 1991, mantiene ancora una sua validità. Lo studioso osservava quel che stava succedendo con il passaggio dalle musiche della tradizione, immerse in processi di continua rielaborazione e funzionali alla vita e alle concezioni delle comunità che ne fruivano, alle canzoni folkloristiche regionali, congelate in forme chiuse, edulcorate nei contenuti e nel sound, prive di mordente e di reale rappresentatività (Carpitella, 1991). La sua attività di ricercatore, nel periodo dell'etnomusicologia dell'urgenza, fu interamente volta a far emergere gli strati più arcaici delle musiche rurali italiane, e in questo senso le "patacche", intese come recenti inclusioni esterne nelle musiche di tradizione orale, e i "falsi", intesi appunto come prodotti folkloristici, non rientrarono nei suoi interessi. Più mediata da considerazioni di tipo storiografico, ma non del tutto dissimile, fu la posizione di Roberto Leydi (2008).

La questione dell'"autenticità" dei suoni da raccogliere ha subito molti aggiustamenti nel corso degli ultimi cinquant'anni. La maggiore sensibilità verso i processi di cambiamento ha favorito una concezione della tradizione come un flusso in grado di modificarsi, piuttosto che come un complesso di norme autoconservative. Le "patacche" e i "falsi", se intesi come testimonianza di processi in atto, diventano dunque anch'essi oggetto di studio.

Ma intorno al concetto del suono "autentico" si coagulano differenti chiavi di interpretazione sul ruolo della musica oggi. Per molte comunità locali i suoni dell'"autentica tradizione" diventano bandiere per istanze politico-identitarie, non necessariamente condivise dagli studiosi esterni che vi si trovano comunque coinvolti pur non avendolo previsto [9]. Dai *popular music studies* viene invece la riflessione sulle musiche "vere", rappresentative a livello sia collettivo sia individuale di un sentire autentico e profondo, e "false", ovvero prive di rappresentatività e costruite a soli fini commerciali (Frith, 1978; Barker, Taylor, 2007). La questione è molto delicata e addirittura scivolosa, il pericolo di ricadere in criteri estetici pregiudiziali ed etno- (o addirittura ego-) centrici è in agguato. Una seria ricerca sulle estetiche musicali, che parta da concetti interni alle diverse culture per definire il rapporto profondo con i suoni, è la strada per affrontare questi problemi. I con-

---

9. Nel 2007 Bernard Lortat-Jacob si è trovato al centro di una delicata disputa di rivendicazione territoriale, realizzando un film che vedeva protagonista un cantore appartenente a una comunità albanese, espulsa dalla Grecia dopo la Seconda guerra mondiale. Il film, *Song for a Lost Country* di Bernard Lortat-Jacob e Hélène Delaporte (Francia, 2006), era incentrato in realtà sull'espressione della nostalgia attraverso il canto.

cetti di *duende* nel flamenco, di *tarab* nella musica araba, di *soul* nelle musiche afroamericane sono solo alcuni esempi della connessione emozionale e ideale tra suoni e culture. Queste definizioni, molto diffuse, sono il nucleo delle ricerche volte a definire, con criteri comunque dall'interno e senza pretese di universalità, il "valore" dei suoni.

Parimenti importante, però, è non perdere di vista le applicazioni funzionali della musica, un'arte in grado di sollecitare un ampio ventaglio di reazioni anche contrastanti (rilassamento-eccitazione, allegria-tristezza, coordinamento relazionale-isolamento). Se una musica "funziona" in una determinata circostanza, questo le attribuisce un particolare valore, da leggere non attraverso opinabili chiavi di giudizio estetico, ma nella relazione tra le caratteristiche formali e la funzionalità (Giannattasio, 1992, p. 207; Facci, 2009). Finché gli etnomusicologi hanno lavorato in società in cui i repertori finalizzati a circostanze cerimoniali o lavorative erano prodotti localmente e sedimentati nelle pratiche tradizionali, la ricerca ha puntato a definirne le regole, prendendo atto della loro pertinenza rispetto al contesto d'uso. La maggiore circolazione delle musiche riprodotte ha però introdotto significative innovazioni nella scelta e nella diffusione dei repertori funzionali. Come si deve studiare musicologicamente e/o antropologicamente l'ultimo prodotto del mercato discografico di massa, o un suo ricalco, quando viene "sparato a palla" durante un carnevale o un rito di possessione? Anche questo dibattito è aperto tra gli studiosi. Giovanni Giuriati si è trovato ad affrontare questo problema a proposito delle musiche utilizzate durante la festa dei Gigli a Nola (NA), un rito molto vitale che, proprio per la qualità (o la non qualità) delle sue musiche, si è vista negare il riconoscimento UNESCO come patrimonio dell'umanità. Le conclusioni del suo lavoro riconducono comunque a un orizzonte sedimentato di pratiche di ricerca: le motivazioni dei protagonisti della performance, desunte attraverso interviste o dall'osservazione diretta, vengono incrociate con elementi di analisi delle musiche per ricostruire un quadro articolato che comprende e connette sia i significati sia le forme (Giuriati, 2007).

6.6
Più di un secolo di registrazioni:
motivazioni e metodi della documentazione

La spinta per questo studio è venuta dalla presenza di un gruppo teatrale siamese a Berlino nel settembre 1900. Il direttore, Borra Mahin, un nativo altamente europeizzato, mi ha concesso di studiare gli strumenti dell'orchestra e di fare registrazioni fonografiche, e inoltre ha inviato uno dei musicisti più esperti a casa mia. In più, ero anche frequentemente presente agli spettacoli, nei quali erano ripetuti sempre gli stessi pezzi, e così ho potuto in qualche modo adattarmi alle particolarità della musica siamese, così come prendere nota durante lo svolgimento (Stumpf, 1901, p. 69) [10].

Sono parole di Carl Stumpf, filosofo e psicologo, fondatore dell'Istituto di psicologia dell'Università di Berlino. Una personalità cruciale nella realtà culturale tedesca al momento della nascita sia delle teorie della Gestalt sia della fenomenologia. Come molti intellettuali suoi contemporanei era anche musicista e partecipò con diverse pubblicazioni ai dibattiti dell'epoca sulle origini della musica, sulla psicologia del suono, sulla relazione tra la percezione e la selezione delle altezze, sulla questione della consonanza.

Gli anni della sua attività didattica e di ricerca a Berlino coincisero con l'invenzione e la diffusione del fonografo, ovvero il primo apparecchio in grado di registrare i suoni, conservarli e renderli riascoltabili lontano dalla loro fonte (ad esempio il suonatore) e innumerevoli volte. Un'invenzione che ha rivoluzionato completamente il nostro rapporto con i suoni e che fu utilizzata immediatamente in ambito etnografico. Le prime registrazioni di Fewkes e di Boas di canti dei nativi americani risalgono alla fine del XIX secolo. Le registrazioni di Stumpf dell'orchestra siamese costituiscono il nucleo originario di quello che, all'interno dell'Istituto di psicologia, diventò il Berliner Phonogrammarchiv, uno dei più importanti archivi sonori del primo Novecento. Intorno a questo centro si coagulò e si formò un gruppo di studiosi che in tutte le storie dell'etnomusicologia è considerato fondante della musicologia comparata e dunque della disciplina stessa.

La testimonianza di Stumpf è un primissimo telegrafico resoconto di una ricerca sul campo con finalità musicologiche. Le sue paro-

---

10. Citazione tratta dalla versione inglese pubblicata parzialmente nell'opuscolo allegato ai CD *Music! 100 recordings. 100 years of the Berlin Phonogramm-Archiv*, a cura di Artur Simon e Ulrich Wegner, Museum Collection Berlin, Wergo, 2000: «The impetus for this study came from the presence of a Siamese thater group in Berlin in September 1900. The director, Bossa Mahin, a European-raised native, allowed me to study the orchestral instrument and make phonographical recordings, and once sent one of the most talented musicians to my home. In addition, I was also frequently present at the performance, in which the same pieces were always repeated, and so I could somewhat adjust to the particularities of the Siamese music as well as take notes on a running basis».

le definiscono una serie di azioni che, in modo ben più circostanziato, sono state poi descritte nei vari manuali di etnomusicologia [11]. In primo luogo lui si recò nel luogo in cui si stava svolgendo un evento musicale [12]. Quindi individuò nel direttore del gruppo il mediatore. Non avrebbe potuto fare altrimenti: i musicisti probabilmente erano organizzati e, diremmo oggi, prodotti da lui. Il contatto tra un etnomusicologo e un gruppo di musicisti, sia esso un ensemble di tamburi centroafricano o un gruppo rock, avviene spesso attraverso la mediazione, in prima battuta, del leader del gruppo (talvolta sono i capi villaggio o gli anziani attraverso i quali bisogna passare per poter accedere ai musicisti). In ogni caso occorre un permesso per avvicinarsi alle musiche ed entrarne in possesso attraverso la registrazione: Bossra Mahin concede a Stumpf «di studiare gli strumenti dell'orchestra e di fare registrazioni fonografiche». Forse fu obbligato o remunerato, forse era semplicemente contento e onorato, oppure comprese le motivazioni della curiosità scientifica di Stumpf. Non lo sappiamo, ma è evidente come nella dinamica tra lo studioso e il leader del gruppo fosse ben chiaro chi fosse il padrone dei suoni e come, per accedere a essi, il ricercatore dovesse essere autorizzato.

Il direttore "nativo altamente europeizzato" dovette avere anche la funzione di interprete linguistico tra i musicisti thailandesi e lo studioso tedesco. Il ruolo degli interpreti è variamente affrontato nella letteratura antropologica. In questo caso, mi limiterei a osservare la rapida complicità che si creò tra i due parlanti la stessa lingua. Bossra Mahin era in grado di comprendere le esigenze di Stumpf, la sua cultura europea ne faceva un mediatore culturale oltre che un interprete, dunque «ha inviato uno dei musicisti più esperti» a casa dello studioso. Qualunque etnomusicologo sente il bisogno, dopo una performance, di intervistare i musicisti, di vederli suonare da vicino, avendo la possibilità di interromperli e chiedere spiegazioni. Probabilmente fu quello che fece Stumpf sfruttando la collaborazione del direttore e del musicista, del quale, però, non ci dice il nome.

Lo studioso si recò anche più volte ad ascoltare gli spettacoli, durante i quali «erano ripetuti sempre gli stessi pezzi». La ripetizio-

---

11. Ricordiamo in particolare i manuali di Hood (1981), Myers (1992), Magrini (2002), Nettl (2005) e il recente testo, specificamente dedicato alla ricerca sul campo, di Barz e Cooley (2008).

12. Tralasciamo per il momento il particolare, non indifferente ovviamente, che il luogo era poco distante da casa sua e che, nel pieno del periodo coloniale e delle tendenze dell'esotismo, erano i musicisti a essere in trasferta.

ne di uno stesso repertorio è utilissima per comprenderne le regole e verificare, ad esempio, l'esistenza di varianti. Molti etnomusicologi chiedono ai musicisti di ripetere diverse volte i pezzi del loro repertorio. Nei contesti di tradizione orale però non è così frequente che gli eventi, ad esempio rituali o festivi, presentino una stessa sequenza di brani, sottoposti come sono a estemporanee rimodulazioni. Ma il gruppo incontrato da Stumpf era costituito da professionisti che provenivano dal teatro di Bangkok. Dovevano essere avvezzi a presentare spettacoli ben codificati e fissati. Stumpf annota la particolarità della ripetizione del repertorio perché per lui fu evidentemente utile. Le registrazioni avvenivano su rulli di cera di pochi minuti e probabilmente lui non poté registrare l'intero spettacolo. Inoltre egli stesso si rendeva probabilmente conto che una copia registrata non era che una parte dell'esperienza dal vivo. Quest'ultima del resto era la norma per gli uomini della sua generazione che erano ben più allenati di noi ad assorbire in tempo reale tutto quel che veniva loro offerto dalle musiche e dalle danze a cui assistevano. La ripetizione gli consentì dunque, come lui stesso afferma, di entrare maggiormente in confidenza, nella dimensione completa della performance dal vivo, con quel repertorio esotico. Egli riuscì ad "adattarsi" alla musica thai, rendendola, pur minimamente, parte di sé.

Infine, prese nota di quel che accadeva, pur se "al volo". Anche questo particolare è interessante. Lo spettacolo era un insieme di strumenti, sonorità, melodie, ritmi, danze e movenze, costumi, significati, tutti estranei alla cultura europea. Reportage coevi relativi ad analoghi spettacoli orientali presentati in Europa sono testimonianza del fascino esotico che queste esperienze esercitavano, al punto che esse hanno dato vita a specifiche correnti artistiche e musicali. Stumpf sottolinea l'approccio intellettuale della sua osservazione, con l'atteggiamento tipico dell'occhio esterno dell'etnografo.

A dispetto di quanto abbiamo potuto interpretare dalle sue parole, Stumpf però non era un etnografo. La musicologia comparata, alla quale aderiva, non era nata in ambiente etnologico, bensì musicologico. Le norme per la combinazione dei suoni musicali erano il focus delle ricerche, ben più dei popoli e degli uomini. L'articolo che seguì l'esperienza di ricerca di Stumpf fu interamente dedicato a spiegare le leggi del sistema scalare e dell'intonazione degli strumenti tailandesi e si inquadrò in un discorso di comparazione delle forme musicali e della loro relazione con i sistemi psicopercettivi dell'uomo. Nei lavori successivi dei musicologi di questa scuola, la ricerca sul campo fu solo il tramite grazie al quale la musica, reificata in registrazioni fatte da viaggiatori, missionari, diplomatici, studiosi di altre discipline ai quali veniva affidato un fonografo portatile, poteva arrivare da dovunque nel mondo fino a Berlino.

Erich von Hornbostel, che diresse l'archivio per diversi anni, si guadagnò l'appellativo di "etnomusicologo da poltrona" per aver esplicitamente elogiato la registrazione fonografica, che permetteva di trascrivere i canti, riascoltando più volte, interrompendo il lavoro quando si voleva, senza che il suonatore facesse cambiamenti, e tutto questo nel conforto del proprio studio (Hornbostel, 1928). Queste affermazioni risentono in realtà del malessere dei musicologi-musicisti preregistrazione sonora, che per fissare le musiche esotiche o popolari di tradizione orale dovevano trascriverle su pentagramma dal vivo, da musicisti che, come spesso succede, non rieseguivano mai in maniera identica uno stesso canto o brano strumentale, praticando una continua ridefinizione di quanto memorizzato.

Il vero problema nell'affermazione di Hornbostel è la sopravvalutazione della registrazione come strumento di conoscenza delle musiche del mondo. Oggi che siamo abituati al veicolare rapidissimo di esempi sonori della più varia provenienza, sappiamo che le musiche vengono fruite e comprese secondo criteri diversi, talvolta lontani e difformi rispetto a quelli per i quali erano state create. Si pensi solo all'uso della musica dei secoli passati o delle musiche di varia origine geografica nella pubblicità di prodotti di uso quotidiano oggi in Italia.

In realtà Hornbostel era cosciente di quanto fosse parziale la sua ricerca. Si cimentò in uno studio basato sulla trascrizione e sull'analisi dei parametri musicali (scale, ritmo, forma melodica), ovvero nella traduzione degli "altri" suoni in un linguaggio musicale europeo. Gli fu possibile grazie alla già citata misurabilità dei parametri del suono, ma talvolta, nei suoi scritti, ammise di essere arrivato in un punto oltre il quale le ipotesi e le traduzioni diventavano impossibili. Infatti non tutto ciò che pertiene ai suoni è inscritto o è deducibile dai suoni stessi, ma va rintracciato anche nei contesti nei quali i suoni sono immersi. Per comprendere i contesti è in primo luogo necessario recarsi sui luoghi nei quali quei suoni sono prodotti.

Quando gli etnomusicologi, a partire dagli anni trenta-quaranta del secolo scorso, cominciarono a fare vere ricerche sul campo, il registratore divenne comunque lo strumento *sine qua non*, e lo è tuttora insieme alle telecamere. Registrare vuol dire infatti creare i testi, pur parziali come abbiamo detto, su cui elaborare analisi o interpretazioni.

Contemporaneamente, attraverso le loro registrazioni, gli etnomusicologi si sono attribuiti il compito di salvare dall'oblio le tradizioni musicali orali a partire dal xx secolo. L'etnomusicologia dell'urgenza, al pari dell'antropologia dell'urgenza, risentiva dell'idea che le innovazioni del Novecento avrebbero avuto un impatto distruttivo sulle culture più deboli e tecnologicamente arretrate, costringendole a mutare in nome della modernizzazione. Gli archivi sonori, nati già all'inizio del secolo (oltre Berlino ce ne erano diversi altri in Europa: a Vienna, San Pietroburgo, Parigi e dopo la Seconda guerra mondiale a Roma, solo per citarne alcuni), sono stati almeno fino agli anni ottanta il punto di riferimento per campagne di ricerca, in parte da essi stessi promosse. Il risultato migliore di questa attività è che effettivamente molti documenti sono oggi pubblicamente disponibili per la ricostruzione anche storica dell'evoluzione della musica nel xx secolo e che, grazie alle schede da campo e ai questionari che gli archivi richiedevano ai ricercatori, essi sono corredati da informazioni assolutamente necessarie a proposito dell'identità degli interpreti, delle formazioni strumentali o vocali di ogni brano, dei contesti di esecuzione e delle funzioni, dei titoli e dei nomi dei generi musicali nelle lingue vocali.

Nonostante le critiche rivolte dalle *new-anthropology* e *new-ethnomusicology* al processo di monumentalizzazione della cultura, alcuni studiosi affermano, acutamente, che la documentazione seria è forse il contributo più duraturo che gli etnomusicologi hanno dato alla loro disciplina, visto quanto caduche, in base alle mode, si sono invece rivelate molte interpretazioni (Giannattasio, 2002).

Bisogna considerare però quali sono state le ricadute del lavoro di registrazione proprio sulle culture osservate. La fissazione di musiche un tempo trasmesse solo da bocca a orecchio ha creato un corpus di riferimento anche per i musicisti più giovani che si avvicinano ai documenti registrati dagli etnomusicologi con atteggiamento filologico. Le registrazioni di Carpitella e De Martino delle pizziche tarantate salentine sono diventate un testo imprescindibile di riferimento per gli innumerevoli gruppi musicali del cosiddetto neotarantismo. Quelle registrazioni sono state effettivamente monumentalizzate e congelate quasi in una dimensione mitica (Agamennone, 2006), pur non essendo in realtà che una delle possibili testimonianze di una pratica musicale ben più vasta e, nella sua vitalità, aliena dalle fissazioni (sia formali sia ideali) [13]. Talvolta gli etnomusicologi che hanno prodotto,

13. L'attuale panorama musicale offre diversi esempi di revival con intenti talvolta identitari e antiglobali, talaltra storico-filologici, nei quali si fa uso delle documentazioni discografiche e di archivio, originando nuove forme e contesti musicali che

nel passato più o meno recente, la documentazione sonora di un determinato repertorio si trovano, come afferma Kay Kaufmann Shelemay, caricati da parte degli informatori della «responsabilità di trasmettere la tradizione», coinvolti in un «implicito contratto» con le tradizioni di cui ci si è presi cura (Shelemay, 2008, p. 150). Non sempre gli studiosi si trovano a proprio agio in questa situazione.

Negli ultimi trent'anni sono infine aumentate le registrazioni autoprodotte dai musicisti, favorite dal più facile accesso ai mezzi tecnici, dalla maggiore autoconsapevolezza dell'importanza della propria attività, nonché dall'esistenza di un commercio locale. Esse hanno ridimensionato il ruolo di documentatore dell'etnomusicologo (Giuriati, 2004), ma d'altra parte hanno creato uno dei tanti nuovi oggetti di studio a cavallo tra l'etnomusicologia e i *popular music studies* (Manuel, 1993).

6.7
Stereofonica, multitraccia, biauricolare, video: la tecnica di registrazione e le finalità della ricerca

Gli strumenti e le tecniche di registrazione e documentazione sono cambiati molto nel corso dell'ultimo secolo. Dai rulli di cera si è passati ai supporti magnetici e quindi a quelli digitali. I registratori sono diventati sempre più piccoli e maneggevoli, particolare non indifferente perché la prima esigenza del lavoro sul campo è stata da sempre la portabilità degli apparecchi e la loro autonomia nell'alimentazione, in quanto generalmente non ci si può collegare a una rete elettrica.

La facilità nel trasporto deve però sempre venire a compromessi con la qualità, in quanto è necessario garantire la creazione di documenti affidabili sia per l'archiviazione sia per l'analisi.

Per questo la scelta dell'apparecchiatura è una vera ossessione degli etnomusicologi, in particolare i microfoni, che, essendo il sostituto dell'orecchio, devono essere sensibili il necessario per garantire la maggiore fedeltà possibile. Il raggio di copertura (si va dai panoramici agli ultradirezionali) e la disposizione rispetto alle fonti sonore hanno esiti molto diversi sulle registrazioni e spesso rispondono a scelte dettate da motivazioni scientifiche.

Attualmente i due metodi base per le registrazioni sonore sono la

---

costituiscono a loro volta ulteriori campi di indagine. In particolare le musiche folkloriche europee, e i relativi studi, hanno vissuto questo particolare iter. Si vedano ad esempio gli studi di Dan Lundberg a proposito del folklore musicale svedese. Una sintesi in italiano è in Lundberg (2009).

stereofonia e il multitraccia. La prima imita la nostra percezione biauricolare per fissare nel modo più realistico possibile l'immagine della scena sonora. Si realizza grazie all'uso di due microfoni disposti secondo un'angolazione adeguata rispetto alla fonte. Recentemente anche alcuni maneggevoli registratori digitali portatili sono dotati di due microfoni disposti secondo la tecnica X-Y che in genere garantisce una buona ricostruzione della stereofonia.

Non sempre però questa modalità di registrazione soddisfa le esigenze della ricerca. Durante il mio lavoro tra i Banande del Congo negli anni ottanta ho avuto non pochi problemi perché gli strumenti solisti, flauti, lamellofoni o arpe, erano sempre accompagnati da un bastone percosso, che nella registrazione aveva una resa estremamente più alta. Avevo allora due microfoni semidirezionali collegati a un registratore stereofonico nel quale potevo regolare indipendentemente i livelli di entrata sulle due piste. Utilizzando questo mio sistema come un rudimentale multitraccia, registrai i due strumenti su piste diverse. Era una soluzione banale e una forzatura, in quanto le mie registrazioni non rispondevano alla realtà sonora, ma mi consentì di analizzare e trascrivere le parti melodiche. Recentemente, tra i Bakonzo dell'Uganda, con un registratore digitale e un solo microfono stereofonico ho scelto nuovamente di sacrificare la fedeltà alla scena sonora avvicinando il più possibile il microfono ai flauti, quando erano accompagnati da insiemi di tamburi.

Gli studiosi che hanno un forte interesse di tipo musicologico preferiscono tecniche di registrazione in grado di mettere in chiaro tutti i dettagli di una performance: per loro, quando possibile, la soluzione del multitraccia che prevede l'uso di più microfoni collegati a un mixer è la migliore [14]. Simha Arom è stato il vero pioniere di questi metodi. Negli anni sessanta ideò un sistema finalizzato a comprendere le complesse polifonie centroafricane. Durante la ricerca sul campo si rese conto che i musicisti che partecipavano all'insieme non erano in grado di eseguire isolatamente la loro parte e che, d'altronde, era impossibile per un orecchio esterno comprendere l'intreccio delle parti a partire dalla sola registrazione dell'insieme. Quindi, utilizzando due registratori e microfoni direzionali ideò un sistema di *re-recording*: facendo ascoltare in cuffia ai musicisti uno alla volta la registrazione

14. Polo Valleho, ad esempio, ha mostrato la sua apparecchiatura tascabile per la registrazione multitraccia, durante il III International Symposium on the Music of Africa presso l'Università di Princeton nel 2009, utilizzata per le ricerche sulla polifonia dei Wagogo della Tanzania.

dell'insieme, li invitava a eseguire la loro parte che veniva registrata su una delle piste di un secondo registratore, con accorgimenti in grado di renderla sovrapponibile, però, alle altre parti (Arom, 1976). Arom ha fatto ricorso più volte ad apparecchiature sofisticate per operare una mediazione tra sé stesso e i musicisti africani, dei quali voleva comprendere le procedure compositive: ad esempio xilofoni e flauti collegati a sintetizzatori e computer in modo da poter controllare direttamente sul campo la selezione delle altezze, durante l'accordatura degli strumenti e la produzione delle melodie, e dunque delle scale utilizzate. Il suo metodo di ricerca prevedeva una collaborazione profonda dei musicisti, complici in esperimenti che modificavano le loro abitudini. Un resoconto di queste esperienze è stato recentemente raccontato in un libro autobiografico (Arom, 2009).

All'estremo opposto rispetto ad Arom si collocano le tecniche di registrazione inaugurate negli ultimi anni da Steven Feld. Quel che l'antropologo del suono vuole fissare è infatti la complessità dell'esperienza di ascolto. Fedele dunque al sistema della registrazione stereofonica, ne ha ampliato le potenzialità attraverso l'uso di microfoni sensibilissimi e biauricolari, ovvero posti direttamente all'altezza delle orecchie. Ecco le sue considerazioni sulle rilevazioni sonore effettuate durante le feste di Sant'Antonio Abate a Tricarico e San Mauro Forte in Basilicata, durante le quali gruppi di persone si muovono indossando campanacci:

L'aspetto di gran lunga più difficile da attuare era captare la sensazione dello spazio acustico creato dal movimento dei campanacci e di altri strumenti per le vie del paese e che si può sperimentare con la partecipazione diretta ai due eventi. I suoni, con la luce del giorno o con l'aria fredda della notte, sono riflessi sulle superfici e viaggiano in maniera diversa, venendo così assorbiti in modo diverso dagli ascoltatori. […] La loro presenza viene percepita in maniera diversa a seconda se li si approccia frontalmente, di spalle, da dietro un angolo, salendo o scendendo per una collina o per una strada.

Per restituire all'ascoltatore la complessità di questa esperienza percettiva, Feld ha utilizzato un tipo speciale di microfoni DSM, sensibilissimi e biauricolari, che consentono molto meglio di altri di captare le relazioni di altezza e profondità dei suoni, restituendo un'immagine sonora simile a quella che lo studioso aveva avuto sul campo (Feld, 2005, p. 61).

Pur avendo questo libro un contributo specificamente dedicato alla raccolta delle immagini al quale rimandiamo per le problematiche teoriche, è necessario concludere il discorso sulla documentazione etnomusicologica sottolineando il ruolo talvolta insostituibile della fotografia e della videoregistrazione. Diego Carpitella, che fu in Italia uno dei pionieri nella documentazione visiva in ambito etnomusicologico, sosteneva che essa sola era in grado di restituire alla musica l'unitarietà immagine-suono distrutta dalla registrazione sonora.

In alcuni ambiti della disciplina, come lo studio degli strumenti musicali, delle danze, di eventi complessi quali riti e cerimonie nei quali la musica gioca un ruolo importante, la documentazione visiva è sempre stata imprescindibile, ma più di recente, grazie alla disponibilità di apparecchi maneggevoli, economicamente sostenibili e che garantiscono una discreta qualità nella registrazione audio, molti studiosi preferiscono videodocumentare piuttosto che audiodocumentare qualunque evento musicale.

I filmati sono necessari anche agli studi più prettamente musicologici, che se ne avvalgono da molti anni come valido aiuto analitico da quando Gerhard Kubik fece l'esperienza di trascrivere i pattern ritmici di tamburi africani attraverso film muti, comprendendo così quanto la complessità del gesto fosse essenziale nella concezione ritmica profonda (Kubik, 1972).

Lo spazio che l'atto della registrazione occupa tuttora nel lavoro dell'etnomusicologo non è esente da critiche. Ruth Stone (2007a), fautrice delle teorie fenomenologiche, ha così demistificato la centralità della registrazione:

Per registrare, sia con un fonografo a cilindri, sia con un registratore digitale, molti studiosi hanno isolato e cristallizzato la performance. [...] In modi di cui difficilmente abbiamo preso atto, abbiamo isolato il canto dalla danza, il teatro dalle esecuzioni strumentali, per applicare le nostre idee su cosa debba essere il fare musica. In questo modo spesso abbiamo mancato di riconoscere gli onnipresenti moto e azione (*motion and action*) che alimentavano il constante sforzo di cambiamento durante la performance [15].

Recentemente sono soprattutto le indagini sulla performance a richiedere raffinate riprese video, che cercano di ovviare ai limiti evidenzia-

---

15. «For in recording, whether it is on a cylinder phonograph or a digital tape recorder, many scholars have isolated and crystallized the performance. [...] In ways that we hardly noticed, we isolated song from dance, theater from instrument playing to fit our ideas of what musicmaking should be. Beyond that we often failed to recognize the ubiquitous motion and action that fueled the constant drive for change in performance».

ti da Stone. Alcuni filoni di ricerca, quali quello sull'interrelazione tra i musicisti e sulle dinamiche che si creano tra i musicisti e il pubblico, tra i musicisti e i ballerini, tra i musicisti e i partecipanti a un rito, si giovano dell'uso di più telecamere in contemporanea e di complessi software di analisi delle immagini e della loro relazione con i suoni anche in tempo reale (Clayton, 2005) [16]. Analisi *frame by frame* sono state utilizzate da Giorgio Adamo per ricostruire la relazione tra i gesti dei suonatori di tamburello e le forme d'onda dei ritmi di tarantella del Sud Italia. Lo studioso ne parla nel suo manuale *Vedere la musica*, che offre una panoramica sull'uso del video in etnomusicologia (Adamo, 2010).

6.8
Le parole dei/ai musicisti: dagli approcci emici all'etica nei comportamenti

La *tshikona* permette di sperimentare il migliore di tutti i mondi possibili e i Venda sono pienamente consci del suo valore. La *tshikona* è, come dicono, *lwa-ha-masia-khali-i-tshivila*, "il momento in cui la gente irrompe sulla scena della danza e dimentica le pentole sul fuoco". La *tshikona* "fa stare meglio gli ammalati e i vecchi gettano via i bastoni per danzare", "porta pace nel paese". Di tutte le esperienze comunitarie della società venda, l'esecuzione della *tshikona* sembra essere la più importante: la danza è connessa al culto degli antenati e alle grandi occasioni, mette in contatto i vivi con i morti ed è, tra le musiche venda, quella maggiormente condivisa (Blacking, 1973, trad. it. p. 69).

John Blacking condusse tra i Venda del Sudafrica una lunga e approfondita ricerca, condividendo spazi e tempi di vita, suonando e partecipando alle feste. Le sue considerazioni sulla danza di iniziazione *tshikona* sono dunque il risultato di un lungo studio di carattere sia musicologico sia antropologico. Per confortare le sue argomentazioni egli riferisce alcuni modi di dire dei Venda, che definiscono la quantità e la qualità dell'importanza della *tshikona* nel loro sistema di valori.
   La musica attiene alla sfera non verbale dell'espressione e dunque parlare di musica non è facile. Molte culture scritte, come quella araba, cinese, europea, induista, persiana, hanno elaborato un'ampia trattatistica sulle teorie e sulle estetiche musicali. Parimenti anche le culture orali hanno proprie teorie ed estetiche musicali, in parte inscritte

16. Un programma che consente di visualizzare immagini dell'onda sonora direttamente durante le riprese video è ad esempio Jensenius.

nella prassi, in parte espresse verbalmente. John Blacking e in genere tutta la corrente dell'antropologia della musica dimostrarono che
la sola analisi dei brani non era sufficiente a comprendere i sistemi
musicali e che anzi, a volte, essa poteva condurre su percorsi ingan-
nevoli. Anche per comprendere le strutture sonore, i metodi compo-
sitivi, i sistemi di giudizio nei confronti dell'efficacia delle esecuzioni
musicali era necessario assumere un punto di vista il più possibile
"interno" alla cultura.

Le indagini sulle terminologie locali di carattere scientifico che si
diffusero negli anni settanta nell'antropologia, quali l'etnolinguistica e
l'etnosemantica insieme alla discriminazione emico/etico, con il privilegio accordato essenzialmente agli approcci emici, diventarono molto
popolari tra gli etnomusicologi [17]. Esse sembrarono offrire una chiave per penetrare nel pensiero musicale, per porsi nei panni dei musicisti usando il loro stesso modo di esprimersi. Il "vocabolario di interesse musicale" raccolto ed elaborato da Hugo Zemp per i Dan della
Costa d'Avorio diventò un modello per molti anche in Italia (Zemp,
1971).

La raccolta del lessico (nome di strumenti e delle loro parti, nomi
di forme e generi di musica e danza, termini che denotino una finalità estetica, parole usate dai musicisti per mettersi d'accordo durante una performance, possibili traduzioni di parole come melodia,
tempo, intonato, stonato, suono, alto, basso, lento, veloce ecc.) è uno
degli obblighi nelle raccolte sul campo etnomusicologiche, anche se
costituisce solo una parte dell'acquisizione della lingua musicale che
per molti etnomusicologi procede di pari passo con l'apprendimento
della lingua *tout court*. Infatti la terminologia dei suoni è sovente di
tipo metaforico e rimanda al complesso di simboli di cui la cultura è
costituita e in cui la musica, al pari delle altre attività e arti, è immer-
sa. Le metafore dell'acqua e degli uccelli sono contenute nel lessico e
nella teoria musicale dei Kaluli (Feld, 1990), riferimenti religiosi e complesse relazioni interpersonali si rintracciano nel parlare dei cantori
della settimana santa a Castel Sardo (SS) (Lortat-Jacob, 1996).

17. Derivata dalla differenza, nella lingusitica, tra *phonetics* e *phonemics*, pertinenti rispettivamente alla fonetica e alla fonologia, l'opposizione *emic/etic* (emico ed etico
in italiano) riguarda differenti approcci agli oggetti di studio, in questo caso le musiche: visti attraverso le concezioni e le interpretazioni di coloro che sono interni alla
cultura osservata (approccio emico) oppure attraverso sistemi scientifici tendenzialmente oggettivi e universalizzabili adottati dagli studiosi (come ad esempio l'alfabeto
fonetico e nel nostro caso alcune forme di analisi e trascrizione musicale).

Le parole dei musicisti a proposito della loro esperienza hanno raggiunto un posto di primo piano quando, a partire dagli anni novanta, i metodi della ricerca sono stati segnati dal "dialogo" e la voce di coloro che un tempo erano considerati "informatori" è emersa vivacemente nelle pubblicazioni attraverso le interviste, i racconti autobiografici e i commenti agli eventi musicali [18]. Il discorso diretto, non più o solo parzialmente mediato da quello dello studioso, ha dato a suonatori, cantori, ballerini e ascoltatori un nuovo protagonismo.

Totalmente basata su un paritario rapporto dialogico è l'esperienza condotta da Ignazio Macchiarella con i cantori del Concordu 'e su Rosariu di Santu Lussurgiu (NU). *Cantare a cuncordu* (Macchiarella, 2009) è il prodotto comune di un progetto anch'esso comune. Questo lavoro, reso possibile anche dal profondo rapporto di amicizia che lega ormai lo studioso e i cantori, non è solo la ricostruzione fedele della storia del gruppo, del suo repertorio, della sua relazione con la comunità del paese e di quella più estesa dell'attuale palcoscenico globale, ma mette in evidenza le differenze di competenza e le divergenze di opinione tra i musicisti e l'etnomusicologo.

La nuova consapevolezza dei musicisti è frutto di una ormai lunga frequentazione tra studiosi e studiati. Nel corso del XX secolo molti repertori hanno partecipato a profondi cambiamenti causati anche dall'interesse manifestato dagli etnomusicologi. Non sono rari i casi in cui musicisti in crisi, che vedevano agonizzare le loro musiche, hanno tratto nuovo entusiasmo e capacità di proselitismo successivamente alle ricerche e alle pubblicazioni che li vedevano protagonisti. L'impossibile neutralità dell'operato dei ricercatori è stata una delle acquisizioni autocritiche più rilevanti dell'antropologia culturale dopo gli anni ottanta. Nello specifico musicale l'influenza degli studi sull'evoluzione delle musiche osservate ha avuto particolari risvolti anche sul piano della commercializzazione. I musicisti, a volte proprio grazie al rapporto di conoscenza stretto con gli etnomusicologi, sono entrati in circuiti di spettacolo o discografici, mentre le registrazioni fatte a fini scientifici, quando pubblicate, sono diventate musica da vendere, riutilizzabile a vari scopi da altri musicisti.

Il problema dei diritti d'autore nella musica di tradizione orale è diventato dunque pressante negli ultimi decenni. Un caso molto noto

---

18. Per un esempio si veda il numero 11 dei "Cahiers d'Ethnomusicologie", rivista monografica pubblicata dal Musée d'Ethnographie di Ginevra, intitolato *Paroles des musiciens*, pubblicato nel 1998.

di sostanziale rapina ai danni della musica tradizionale fu denunciato da Feld (2000). Tra i ricercatori esiste ormai un codice etico in base al quale è impossibile pubblicare una sola registrazione senza che questa operazione sia il risultato di un progetto o comunque di un accordo con i musicisti (cosa che non avveniva in passato).

D'altro canto l'organizzazione di spettacoli di musiche "tradizionali" vede spesso coinvolti gli etnomusicologi in politiche culturali nelle quali è difficile tenere il giusto equilibrio tra le esigenze della divulgazione scientifica e quelle del mercato (Aubert, 2004). È tuttora aperto il dibattito tra chi ha un atteggiamento interventista, avvertendo la responsabilità di garantire almeno un livello di rispetto scientifico e umano nei confronti delle culture musicali un tempo studiate e ora rappresentate nel palcoscenico globale, e chi invece sostiene che il compito dello studioso sia, anche in questa situazione, quello di osservare e comprendere i modi con cui le musiche si adattano a nuove situazioni, senza partecipare attivamente a nessuna operazione di spettacolarizzazione [19].

6.9
Dalla bimusicalità all'esperire la musica: la riflessività nella ricerca etnomusicologica

Nel 1960 Mantle Hood, studioso di musica giavanese, pubblicò su "Ethnomusicology" un articolo dal titolo *The Challenge of Bi-Musicality*. L'autore, che aveva corredato i suoi studi sulla musica giavanese con la pratica diretta nelle orchestre gamelan, criticò l'opinione abbastanza diffusa per la quale le musiche di altre culture avessero caratteristiche differenziali tali da non poter essere apprese, nonché l'atteggiamento degli studiosi che avevano condotto le loro ricerche come "osservazioni passive". Sostenne invece la necessità di imparare a suonare, cantare o danzare, come forma di conoscenza più profonda e in-mediata delle culture musicali. Attraverso l'apprendimento e la pratica, infatti, l'etnomusicologo avrebbe avuto accesso più facilmente non solo alla prassi e alla teoria musicale, ma anche alla lingua, alla religione, alle altre arti. Nel suo dipartimento, nell'Università di Los Angeles, UCLA, rese obbligatorio per gli studenti frequentare

---

19. Gli argomenti sono stati vivacemente trattati nell'ottobre 2009 nel convegno *Sessant'anni di etnomusicologia italiana* organizzato a Roma dall'Accademia nazionale di Santa Cecilia, i cui atti a cura di Giorgio Adamo e Francesco Giannattasio sono in corso di pubblicazione.

uno dei numerosi corsi di strumenti africani o asiatici. Il modello inaugurato da Hood si estese notevolmente, soprattutto negli Stati Uniti, e la bimusicalità divenne parte sia del curriculum formativo di molti etnomusicologi, sia del corredo metodologico da usare nella ricerca sul campo.

Hood ottenne dai suoi maestri giavanesi il titolo di Ki (maestro), in riconoscimento proprio del livello di competenza raggiunto nella conoscenza di quella cultura musicale. Analoghi livelli di competenza sono stati raggiunti da altri studiosi, a tutti gli effetti riconosciuti dalle comunità un tempo oggetto di studio come musicisti "integrati": Jean During, profondo esperto e interprete di musica persiana, Gerhard Kubik, che attualmente suona con un gruppo di musica *kwela* del Malawi, Timoty Rice studioso e suonatore di *gaida* bulgara, invitato a suonare anche nelle feste locali, Giovanni Giuriati che alterna la pratica di strumenti del Sud-Est asiatico con l'accompagnamento alla fisarmonica della tarantella durante il Carnevale di Montemarano (AV), ambedue oggetti delle sue ricerche in anni passati.

Per raggiungere questi livelli di competenza è necessario talvolta un lungo lavoro su sé stessi oltre che sul campo. Timoty Rice spiega come per raggiungere la padronanza nell'eseguire un particolare abbellimento con la *gaida* bulgara non bastarono gli insegnamenti, omertosi o vaghi, del suo maestro, ma fu necessario un lavoro etnomusicologico di riflessione e analisi su un'intervista registrata precedentemente. Lo studioso metaforizza questo suo processo di conoscenza come un "arco ermeneutico", che, partito dall'esperienza viva con il musicista, passava successivamente per una mediazione interpretativa per poi reimmergersi nuovamente nell'esperienza. L'aver imparato a eseguire quell'abbellimento, che aveva solleticato la sua sensibilità musicale, gli procurò infine il riconoscimento di essere diventato un vero suonatore di *gaida* da parte del suo maestro e di altri autoctoni (Rice, 2008).

Anche chi, come la sottoscritta, non è arrivata ad alti livelli di competenza musicale si è giovata comunque della pratica e dell'apprendimento anche embrionale come strumento di ricerca. Del resto questo è il modo più semplice per essere capiti dai musicisti ai quali ci si rivolge. Ricordo che nel 1986, durante i primi giorni della ricerca tra i Banande dello Zaire (oggi Repubblica Democratica del Congo), Katoka, un suonatore di lamellofono *kasayi* presso il quale mi ero recata per un'intervista e per fare delle registrazioni, dopo aver ascoltato dall'interprete chi ero e quali erano gli scopi della mia ricerca, semplicemente mi disse che era stupito dalle mie motivazioni, in quanto lui pensava invece che fossi lì per imparare a suonare il suo strumento. Questo ci avrebbe portato sicuramente su un piano in cui il dialogo e i ruoli sarebbero stati più chiari e condivisi. Bruno Nettl sottolinea terminologicamente il differente rapporto che l'apprendimento musicale instaura sul campo tra lo studioso divenuto studente e l'informatore passato a essere consulente e maestro (Nettl, 2005).

Purtroppo i miei deficit personali nella pratica strumentale (sia essa con strumenti occidentali come il pianoforte o la chitarra, sia essa con strumenti africani) costituirono un serio limite in questo processo. Con Katoka diventammo buoni amici e lui mise a mia disposizione tutto il suo repertorio e le sue conoscenze di altri musicisti per aiutarmi, ma io non imparai mai a suonare il *kasayi*, rafforzando probabilmente l'opinione radicatissima tra i Banande che le donne non sono in grado di suonare. Ciò non toglie che quel breve ciclo di lezioni, deprimente per le mie ambizioni di musicista, fu invece utilissimo per capire ad esempio l'uso dei due ordini di lamelle o la relazione tra lo strumento e le linee melodiche cantate. La mia esperienza e formazione di cantante, invece, mi è stata utile in diverse occasioni. Devo però ammettere che, un po' per necessità un po' per interesse, non ho mai superato la soglia di un approccio dilettantesco alle pratiche musicali e mi collocherei più nel gruppo dei fruitori competenti che in quello dei musicisti.

La bimusicalità è, come si vede, pienamente interna alle questioni della "riflessività" e del ruolo del soggetto osservante nella ricerca. Un testo curato da Ted Solis offre un'ampia panoramica di saggi che affrontano il problema degli ensemble misti (ovvero che vedono la partecipazione di studiosi-studenti e informatori-maestri) di musiche di varia parte del mondo, con un occhio in particolare volto proprio ai gruppi che si formano nelle accademie a scopi didattici, nei quali a volte sono proprio gli studiosi-studenti, divenuti a loro volta informatori-maestri, a insegnare nelle università o nei conservatori le ex "altre" musiche (Solis, 2004).

Anche molti musicisti, per ragioni strettamente professionali, diventano bimusicali o ricercano il confronto con colleghi che provengono da altre culture per arricchire il loro bagaglio di competenza, avere nuove sollecitazioni creative e infine ampliare le loro opportunità di lavoro. In cosa si differenziano dagli etnomusicologi? Esiste un punto critico nel quale l'identità di uno studioso scivola in quella del musicista e viceversa? Nella storia della musica ci sono stati diversi casi di musicisti "nativi", sovente però esterni alle culture folkloriche rurali, che hanno effettuato raccolte di musiche sul campo per motivi nazional-identitari, quali la creazione di musiche nazionali, come fece

Béla Bartók, e/o di metodi didattici, come nel caso dei folkloristi britannici di fine Ottocento. Molti etnomusicologi-musicisti africani attivi sia in periodo coloniale che postcoloniale hanno operato per motivi simili (Nketia, 1998). Attualmente molti giovani musicisti "interni" diventano etnomusicologi, ad esempio studiando all'università. In tutti questi casi l'acquisizione di un punto di vista etnomusicologico porta i musicisti a ridefinire l'idea che essi hanno della propria cultura musicale, ma anche l'identità della loro professione, dei loro strumenti, dei colleghi, dei fruitori, e la propria identità [20].

Come si vede, anche la figura del ricercatore è modulare. Si va dagli estremi dell'etnomusicologo "esterno fruitore" a quella dell'"interno musicista", passando per copiosi stadi intermedi (interno fruitore, esterno musicista, interno o esterno dilettante, nativo ma esterno musicista ecc.).

Il discorso va anche oltre la specifica questione della bimusicalità. Sempre più la musica è vista non tanto come un oggetto da studiare e spiegare, ma come un'esperienza da comprendere, attraverso modalità differenti: da musicisti, musicanti o musicati, per usare la felice distinzione applicata da Gilbert Rouget ai suoi lavori sulla trance (Rouget, 1980).

L'"esperire la musica" (Barz, 2008) è alla base infatti non solo della bimusicalità di cui abbiamo parlato, ma anche di tutti gli studi sulla performance che si richiamano più o meno al pensiero fenomenologico. Ruth Stone (2007a), Harris Berger (1999) e Jeff Titon (2008) fanno riferimento alle riflessioni sull'"esperienza" di Husserl e alla percezione del "tempo momentaneo" (ovvero strettamente legato al presente) di Schutz nel ricostruire l'effetto di unità esperienziale offerto dalla performance, mescolanza inscindibile di stimoli sonori, visivi, emozionali, gestuali e verbali, nel quale l'etnomusicologo, al pari degli altri protagonisti, è immerso durante la ricerca.

La ricerca è il risultato di un incontro, un'esperienza umana circoscritta e condizionata da coloro che vi partecipano, perciò i risultati sono prodotti "intersoggettivi" piuttosto che oggettivi.

Le questioni della riflessività hanno modificato la ricerca sul campo, ma l'acquisizione della rilevanza del soggetto nelle procedure ha prodotto anche in etnomusicologia non tanto l'abbandono delle prassi della ricerca (la documentazione, l'analisi musicale ecc.), quan-

---

20. Il seminario *L'etnomusicologia vista dai musicisti*, tenutosi presso la Fondazione Cini di Venezia nel gennaio 2010, ha visto un serrato dibattito tra musicisti e studiosi che ha fatto emergere anche questa serie di problemi.

to una maggiore attenzione ai modi con cui la ricerca si svolge e coinvolge coloro che vi partecipano e la collocazione dei risultati (testi e non fatti) in un flusso più che in un costrutto di significati:

La nuova ricerca sul campo non abbandona il suono e le strutture musicali, solamente li riposiziona in quanto "testi" (oggetti di interpretazione) in un circolo ermeneutico (Ricouer, 1981). Il suono musicale è ancora documentato, e se la struttura musicale è un aspetto importante dell'esperienza musicale, come spesso è, allora è analizzata e interpretata come parte della matrice del significato. Nemmeno il nuovo ricercatore sul campo abbandona la documentazione; se non altro, la documentazione aumenta. Ma anche la documentazione è riposizionata ed è ora considerata in modo riflessivo, come un prodotto inter-soggettivo, piuttosto che come il resoconto, l'analisi di un testimone (Titon, 2008, p. 30) [21].

Riferimenti bibliografici

ADAMO G. (2010), *Vedere la musica: film e video nello studio dei comportamenti musicali*, Libreria Musicale Italiana, Lucca.

ADLER G. (1885), *Umfang, Methode und Ziel der Musikwissenschaft*, in "Vierteljahrschrift für Musikwissenschaft", 1, pp. 5-20.

AGAMENNONE M. (2006), *Musiche tradizionali del Salento. Le raccolte di Diego Carpitella e Ernesto De Martino (1959-1960)*, Squilibri, Roma.

AGAWU K. (2003), *Representing African Music. Postcolonial Notes, Queries, Positions*, Routledge, New York-London.

AROM S. (1976), *The Use of Play-Back Techniques in the Study of Polyphonies*, in "Ethnomusicology", 20, 3, pp. 483-519.

ID. (2009), *La fanfare de Bangui. Itinéraire encanté d'un ethnomusicologue*, La Découverte, Paris.

AUBERT L. (2004), *Les passeurs de musiques. Flux et reflux d'une éthique musicale transculturelle*, in *Etnomusicologia applicata: prospettive e problemi*, in http://www.cini.it/index.php/it/publication/detail/5/id/31.

BARKER H., TAYLOR Y. (2007), *Faking It. The Quest for Authenticity in Popular Music*, Faber&Faber, London (trad. it. *Musica di plastica. La ricerca dell'autenticità nella musica pop*, Isbn Edizioni, Milano 2008).

21. «The new fieldwork does not abandon musical sound and structures, it just repositions them as "text" (subjects of interpretation) in a hermeneutic circle (Ricouer, 1981). Musical sound is still documented, and if musical structure is an important aspect of the musical experience, as it so often is, then it is analyzed and interpreted as part of the matrix of meaning. Nor does the new fieldworker abandon documentation; if anything, documentation increases. But documentation, too, is repositioned, and is now considered reflexively, as an inter-subjective product, rather then as the report and analysis of a witness».

BARZ G., COOLEY T. J. (eds.) (2008), *Shadows in the Field. New Perspectives for Fieldwork in Ethnomusicology*, Oxford University Press, Oxford-New York.

ID. (2008), *Casting Shadows: Fieldwork Is Dead! New Live Fieldwork*, in Barz, Cooley (2008), pp. 3-24.

BORN G. (1995), *Rationalizing Culture: IRCAM, Boulez and the Institutionalization of the Musical Avant-Garde*, University of California Press, Berkeley-Los Angeles.

BULL M., BACK L. (eds.) (2003), *The Auditory Culture Reader*, Berg, Oxford (trad. it. *Paesaggi sonori. Musica, voci, rumori: l'universo dell'ascolto*, il Saggiatore, Milano 2008).

BERGER H. M. (1999), *Metal, Rock and Jazz. Perception and the Phenomenology of Musical Experience*, Wesleyan University Press, Middletown (CT).

BLACKING J. (1973), *How Musical Is Man?*, University of Washington Press, Seattle (trad. it. *Come è musicale l'uomo?*, Ricordi, Milano 1986).

BOHLMAN P. V. (2008), *Returning to the Ethnomusicological Past*, in Barz, Cooley (2008), pp. 246-70.

CARPITELLA D. (1991), *Conversazioni sulla musica*, Ponte alle Grazie, Firenze.

CLAYTON M. (2005), *Communication in Indian Raga Performance*, in D. Miell, D. Hargreaves, R. MacDonald (eds.), *Musical Communication*, Oxford University Press, Oxford, pp. 361-81.

COOLEY T., MEIZEL K., SYED N. (2008), *Virtual Fieldwork: Three Case Studies*, in Barz, Cooley (2008), pp. 90-107.

DE NORA T. (2000), *Music in Everyday Life*, Cambridge University Press, Cambridge-New York.

FACCI S. (1996), *Akazehe del Burundi. Saluti a incastro polifonico e cerimonialità femminile*, in M. Agamennone (a cura di), *Polifonie. Procedimenti, tassonomie e forme: una riflessione a più voci*, Il Cardo, Venezia, pp. 123-61.

ID. (2005), *Musicalizzazioni: "le suonerie"*, in "AAA.TAC", 2, pp. 179-94.

ID. (2009), *"Funziona?". Valori e usi della musica nella contemporaneità*, in F. Giannatasio, S. Facci (a cura di), *L'etnomusicologia e le musiche contemporanee*, pubblicazione online, Fondazione Cini, Venezia, http://www.cini.it/it/pubblication/page/101.

FELD S. (1990), *Sound and Sentiment. Birds, Weeping, Poetics, and Song in Kaluli Expression*, 2nd ed., University of Pennsylvania Press, Philadelphia (trad. it. *Suono e sentimento. Uccelli, lamento, poetica e canzone nell'espressione dei Kaluli*, il Saggiatore, Milano 2009).

ID. (2000), *A Sweet Lullaby for World Music*, in "Public Culture", 12, 1, pp. 145-71.

ID. (2005), *Note sulla documentazione sonora*, in N. Scaldaferri (a cura di), *Santi animali e suoni. Feste dei campanacci a Tricarico e San Mauro Forte*, Nota, Udine, pp. 60-3.

FRITH S. (1978), *The Sociology of Rock*, Constable, London (trad. it. *Sociologia del Rock*, Feltrinelli, Milano 1982).

GARDA M. (2007), *L'estetica musicale del Novecento*, Carocci, Roma.

GIANNATTASIO F. (1992), *Il concetto di musica: contributi e prospettive della ricerca etnomusicologica*, Carocci, Roma.

ID. (2002), *Parole (...nostre) e musiche (...degli altri): i canti sacri e profani dei "Somàli" secondo Gustavo Pesenti (1929)*, in S. La Via, R. Parker (a cura di), *Pensieri per un maestro: studi in onore di Pierluigi Petrobelli*, EDT, Torino, pp. 387-405.

ID. (2003), *Il concetto di musica in una prospettiva interculturale*, in J. J. Nattiez (a cura di), *Enciclopedia della musica*, vol. 3, *Musica e culture*, Einaudi, Torino, pp. 978-1004.

ID. (2005), *Dal parlato al cantato*, in J. J. Nattiez (a cura di), *Enciclopedia della musica*, vol. 5, *L'unità della musica*, Torino, Einaudi, pp. 1003-36.

GIURIATI G. (2004), *L'etnomusicologo e il suo molteplice campo d'azione: dalle consulenze alla formazione, dagli archivi sonori alla pratica musicale diretta*, in *Etnomusicologia applicata: prospettive e problemi*, pubblicazione online, Fondazione Cini, Venezia, http://www.cini.it/index.php/it/pubblication page/91.

ID. (2007), *Sui limiti del concetto di folklore musicale: la musica per i Gigli di Nola*, in *Etnomusicologia e studi di popular music: quale possibile convergenza?*, pubblicazione online, Fondazione Giorgio Cini, Venezia, http://www.cini.it/it/pubblication/page/81.

GUIZZI F. (2005), *Campanacci a festa*, in N. Scaldaferri (a cura di), *Santi animali e suoni. Feste dei campanacci a Tricarico e San Mauro Forte*, Nota, Udine, pp. 20-37.

HOOD M. (1960), *The Challenge of Bi-Musicality*, in "Ethnomusicology", 4, 2, pp. 55-9.

ID. (1981), *The Ethnomusicologist*, 2nd ed., Kent State University Press, Kent.

HORNBOSTEL VON E. (1928), *African Negro Music*, in "Africa", 1, 1, pp. 30-62.

KUBIK G. (1972), *Transcription of African Music from Silent Film: Theory and Methods*, in "African Music", 5, 2, pp. 28-39.

KUNST J. (1955), *Ethno-Musicology: A Study of Its Nature, Its Problems, Methods and Representative Personalities*, Nijhoff, The Hague.

LEYDI R. (2008), *L'altra musica. Etnomusicologia*, seconda edizione a cura di Febo Guizzi, LIM-Ricordi, Lucca.

LEYDI R., GUIZZI F. (1985), *Strumenti musicali e tradizioni popolari in Italia*, Bulzoni, Roma.

LEVITIN J. D. (2007), *This Is Your Brain on Music: The Science of a Human Obsession*, Plume-Penguin, London (trad. it. *Fatti di musica. La scienza di un'ossessione umana*, Codice Edizioni, Torino 2008).

LORTAT-JACOB B. (1996), *Canti di passione*, Libreria musicale italiana, Lucca.

LUNDBERG D. (2009), *Swedish World Music*, in *L'etnomusicologia e le musiche contemporanee*, pubblicazione online, Fondazione Cini, Venezia, http://www.cini.it/it/pubblication/page/97.

MACCHIARELLA I. (a cura di) (2009), *Cantare a cuncordu. Uno studio a più voci*, Nota, Udine.

MAGRINI T. (a cura di) (2002), *Universi sonori. Introduzione all'etnomusicologia*, Einaudi, Torino.

MANUEL P. (1993), *Cassette Culture: Popular Music and Technology in North India*, Chicago University Press, Chicago.

MERRIAM A. P. (1964), *The Anthropology of Music*, Northwestern University Press, Evanston (trad. it. *Antropologia della musica*, Sellerio, Palermo 1990).

MCCLARY S. (1991), *Feminine Endings: Music, Gender, and Sexuality*, University of Minnesota Press, Minneapolis.

MIDDLETON R. (2002), *Lo studio della popular music*, in J. J. Nattiez (a cura di), *Enciclopedia della Musica*, vol. 2, *Il sapere musicale*, Einaudi, Torino, pp. 718-37.

MITHEN S. (2006), *The Singing Neanderthals: The Origins of Music, Language, Mind, and Body*, Harvard University Press, Harvard (trad. it. *Il canto degli antenati*, Codice Edizioni, Torino 2007).

MYERS H. (ed.) (1992), *Ethnomusicology: An Introduction*, Norton, New York.

NETTL B. (2005), *The Study of Ethnomusicology: Thirty-One Issues and Concept*, 2nd ed., University of Illinois Press, Urbana.

NKETIA J. H. KWABENA (1998), *The Scholarly Study of African Music*, in R. Stone (ed.), *The Garland Encyclopedia of World Music*, vol. 1, *Africa*, Garland, New York-London, pp. 13-73.

Paroles des musiciens, "Cahiers d'Ethnomusicologie", 2, 1998.

PENNACINI C. (1998), *Kubandwa. La possessione spiritica nell'Africa dei Grandi Laghi*, Il Segnalibro, Torino.

PERETZ I. (2002), *La musica e il cervello*, in J. J. Nattiez (a cura di), *Enciclopedia della musica*, vol. 2, *Il sapere musicale*, Einaudi, Torino, pp. 241-70.

REYES A. (1999), *Songs of the Caged, Songs of the Free. Music and the Vietnamese Refugee Experience*, Temple University Press, Philadelphia.

RICE T. (2008), *Toward a Mediation of Field Method and Field Experience*, in Barz, Cooley (2008), pp. 42-61.

RICOUEUR P. (1981), *Hermeneutics and the Human Sciences*, Cambridge University Press, Cambridge.

ROUGET G. (1980), *La musique et la trance: esquisse d'une théorie générale des relations de la musique et de la possession*, Gallimard, Paris (trad. it. *Musica e trance: i rapporti tra la musica e i fenomeni di possessione*, Einaudi, Torino 1980).

ROUSSEAU J.-J. (1771), *Dictionnaire de Musique*, tomo 1, Marc Michel Rey, Amsterdam.

SACHS C. (1933), *Eine Weltgeschichte des Tanzes*, Dietrich Reimer, Berlin (trad. it. *Storia della danza*, il Saggiatore, Milano 1966).

SCHAFER R. M. (1969), *The New Soundscape: A Handbook for a Modern Music Teacher*, BMI, Toronto-New York-London.

SHELEMAY K. K. (2008), *The Ethnomusicologist Ethnographic Method, and the Trsmission of Tradition*, in Barz, Cooley (2008), pp. 141-56.

SLOBODA J. A. (1985), *The Musical Mind. The Cognitive Psychology of Music*, Oxford University Press, Oxford (trad. it. *La mente musicale. Psicologia cognitivista della musica*, il Mulino, Bologna 1988).

SOLIS T. (ed.) (2004), *Performing Ethnomusicology. Teaching and Representation in World Music Ensemble*, University of California Press, Barkley-Los Angeles-London.

STONE R. (2007a), *Shaping Time and Rhythm in African Music: Continuing Concerns and Emergent Isssues in Motion and Motor Action*, in "Revista Transcultural de Música", 11, http://www.sibetrans.com/trans/trans11/art04.htm.

ID. (2007b), *Theory for Ethnomusicology*, Prentice Hall, Upper Saddle River (NJ).

STUMPF C. (1901), *Tonysistem und der Musik der Siamesen*, in "Beiträge zur Acustik und Musikwissenschaft", 3, pp. 69-138.

TIERSOT J. (1905), *Notes d'ethnographie musicale*, Fischbacher, Paris.

TITON J. T. (2008), *Knowing Fieldwork*, in Barz, Cooley (2008), pp. 25-41.

ZEMP H. (1971), *Musique Dan. La musique dans la pensée et la vie sociale d'une societé africaine*, Mouton, Paris-La Haye.

7

Emozioni

di *Chiara Pussetti*

7.1
Raccogliere emozioni: un'etnografia nella nebbia

La più importante caratteristica della ricerca etnografica sulle emozioni è la sua eterogeneità: prive di una consistenza empirica direttamente osservabile e quindi registrabile, le emozioni costituiscono una sfida per il ricercatore, che si trova a dover ricorrere a metodologie d'indagine molteplici e a dialogare con discipline limitrofe, tre le quali ad esempio la psicologia o le neuroscienze affettive. Tale eterogeneità di prospettive di indagine è stata posta in relazione alla questione dell'ambiguità epistemologica e della scarsa validità scientifica del concetto di emozione. Le emozioni sono infatti una di quelle nozioni considerate come scontate sia a livello di senso comune, sia dalla conoscenza specialistica. Sembra infatti che, come affermano ironicamente Fehr e Russell (1984, p. 464), tutti sappiano che cosa sia un'emozione, finché non viene chiesto di definirla. L'esperienza emozionale, in altre parole, pare immediata e concreta, ma, al di là delle apparenze, ci si trova ad avere a che fare con una nebbia concettuale (Knapp, 1958, p. 55).

Nonostante si sia avuta, in differenti campi del sapere, una grande fioritura di risposte circa la natura, gli elementi costitutivi e la classificazione delle emozioni, di fatto non è ancora stato raggiunto un accordo sulla loro definizione. In tempi recenti si è cercato di definire l'emozione in una forma più ampia e articolata, descrivendola cioè come un'esperienza pluricomponenziale caratterizzata da aspetti cognitivi, fisiologici, espressivi e comportamentali. Ma la genericità di questa definizione non ha consentito di individuare le caratteristiche necessarie e sufficienti a definire l'emozione come categoria concettuale. Affrontando, in un'ottica interdisciplinare, la letteratura disponibile sulle emozioni, risulta evidente che questo termine viene impiegato per individuare una così ampia costellazione di fenomeni che l'impresa di stabilire una definizione univoca si rivela ardua. Uno degli elementi distintivi delle emozioni, infatti, è il loro essere un aggregato di stati psicofisici con caratteristiche diverse, difficili quindi da individuare e definire concettualmente. La stessa idea di emozione potrebbe rivelarsi inutile come categoria scientifica, in quanto non è in grado di costituire quello che i filosofi della scienza chiamano una classe naturale, ossia un insieme omogeneo di elementi tramite il quale si possano compiere generalizzazioni esplicative e predittive. L'imprecisione, la mancanza di rigidità, l'apertura e quindi anche l'ambiguità del concetto di emozione sorgono forse dal fatto che non è tanto un concetto scientifico, quanto una nozione d'uso quotidiano, la quale prende il suo significato dalle concezioni locali che i soggetti impiegano per dare un senso alla loro esistenza.

Proprio per queste difficoltà, per quanto in alcuni resoconti etnografici classici si trovino vaghi riferimenti agli stati emozionali degli "indigeni", le emozioni sono state un oggetto di studio piuttosto trascurato dalla comunità antropologica. Le emozioni sono state infatti considerate dagli antropologi come eventi privati, ineffabili e innati; se non senza valore, comunque indipendenti dalla cultura e quindi al di fuori delle possibilità di comprensione dello scienziato sociale. Questa marginalizzazione delle emozioni nel campo degli studi sociali è legata a molteplici fattori. In primo luogo, sicuramente può ricondursi a una concezione filosofica che le ha considerate sopravvivenze dell'animale nell'umano (Darwin, 1872) o comunque fenomeni naturali e biologici di carattere non cognitivo, universali, innati e quindi non interessanti né accessibili ai metodi dell'analisi culturale. In secondo luogo, non possiamo dimenticare che l'opposizione ragione/emozione – una dicotomia che ha profonde radici storiche nella tradizione culturale di quelle stesse società occidentali dalle quali provengono o nelle quali si sono formati molti scienziati sociali – non solo ha banalizzato la natura complessa delle emozioni ma, contrapponendo conoscenza oggettiva e sfera privata soggettiva, ha originato una serie di problemi metodologici che hanno escluso le emozioni dal campo delle problematiche delle scienze sociali. Il mondo delle emozioni apparterrebbe, in quest'ottica, da un lato alla sfera della biologia, che si occupa della struttura genetica dell'uomo, dall'altro alle discipline psicologiche: a esse è stato delegato il compito di studiare «il lato oscuro dell'uomo» (Lévi-Strauss, 1962, trad. it. p. 99). I metodi classici della ricerca antropologica sarebbero quindi non sufficienti e soprattutto non adeguati.

Ma la questione è indubbiamente più complessa e, senza addentrarci in discussioni che apparterrebbero più propriamente alla sociologia della conoscenza, di certo il fatto che le emozioni «presentino formidabili ostacoli per un'indagine sistematica» (Epstein, 1992, p. 2) e che «la relazione tra corpo, mente ed emozione sia uno dei cespugli più spinosi della nostra foresta concettuale» (Lutz, 1988, p. 9) ha avuto la sua importanza nello scoraggiare i ricercatori. Un buon esempio della riluttanza antropologica nell'affrontare questo tema è il commento di Abner Cohen (1974, p. x), che ascrive le emozioni alla sfera della soggettività individuale, intesa come «notoriamente caotica, bizzarra, vaga, ambigua e in larga parte inconscia». Le emozioni, in altre parole, rappresentano una zona di sabbie mobili dalle quali l'antropologo è avvisato di stare alla larga: ciò che sociologicamente è rilevante è ciò che le persone fanno, non ciò che soggettivamente pensano o sentono. Associate ai luoghi simbolici dell'interiorità e pensate come dotate di realtà effettiva per il fatto di essere localizzate nel corpo naturale, le emozioni rappresentano dunque l'aspetto dell'esperienza umana meno costruito o appreso (e quindi più universale), meno pubblico, e di conseguenza meno accessibile all'analisi socioculturale.

Esistono inoltre difficoltà metodologiche di altra origine, che trovano la loro radice nel tentativo di Durkheim (1895) di definire interessi e metodi della sociologia quale disciplina capace di differenziarsi dalle scienze naturali e da altre discipline già affermate, come la psicologia. Per fare questo, Durkheim tracciò una netta divisione tra il sociale, oggettivo e determinato da cause esterne, e lo psichico, appartenente alla soggettività, al corpo, legato al vissuto individuale e quindi imprevedibile. Questa posizione, che è stata sostenuta da diversi studiosi per quanto spesso da prospettive differenti e in termini diversi, ha avuto indubbiamente serie implicazioni per la ricerca. Nonostante Franz Boas (1888, pp. 635-6) avesse già affermato nel 1888 che «le reazioni emotive che noi percepiamo come naturali sono in realtà determinate culturalmente e che [...] le nostre emozioni sono il risultato della forma della nostra vita sociale e della storia del gruppo cui apparteniamo», le emozioni cominciano a essere considerate come oggetto possibile di ricerca antropologica solo a partire dagli anni settanta. In questi lavori, le emozioni sono interpretate come modelli di esperienza acquisiti, costituiti da prescrizioni e apprendimenti socioculturali, storicamente situati e strutturati sulla base del sistema di credenze, dell'ordine morale, delle norme sociali e del linguaggio, propri di una particolare comunità. In accordo con le celebri affermazioni di Clifford Geertz (1973, trad. it. p. 132), secondo il quale «non solo le idee, ma anche le emozioni dell'uomo sono manufatti culturali» e «le passioni sono culturali quanto gli stratagemmi» (Geertz, 1980, p. 124), gli autori che aderirono a questa prospettiva di ricerca considerarono le emozioni come interpretazioni che si alimentano di norme collettive implicite, intima conseguenza di un apprendimento sociale, espresso poi a livello corporeo in base al modo di fare e alla storia personale di ciascun individuo. Secondo questo punto di vista, quindi, ogni concetto di emozione è una costruzione fondamentalmente ideologica, specifica e non universalizzabile, legata a teorie locali e a un'epistemologia propria di uno specifico panorama storico-culturale. Nonostante la natura ambigua, polisemica e poco nitida della nozione di emozione, la raccolta di "emozioni" cominciò allora, per quanto lentamente e con molte riserve, ad assumere rilevanza e specificità proprie nel campo della ricerca antropologica. Ripercorriamo dunque, rapidamente, le tappe di questo lento riconoscimento delle emozioni come oggetto di indagine, cominciando a delineare i diversi approcci metodologici impiegati nella raccolta dei dati.

7.2
Le emozioni come costruzioni sociali

A partire dagli anni settanta comincia ad affermarsi l'interpretazione costruttivista dell'esperienza emozionale: l'emozione, secondo questa prospettiva, deriva dall'interpretazione e dalla valutazione di uno stimolo, ossia da un processo di attribuzione di senso e valore. Lo sviluppo emozionale viene considerato come risultante dall'apprendimento individuale e dall'assunzione di modelli di comportamento socialmente acquisiti e condivisi. In questo senso le emozioni sono considerate costruzioni sociali, variabili come qualsiasi altro fenomeno culturale: per un verso quindi non ha senso parlare di emozioni innate e universali, identiche attraverso le culture e attraverso il tempo; per l'altro non è possibile comprendere le emozioni rivolgendo lo sguardo esclusivamente all'organismo fisico o al singolo individuo decontestualizzato. Occorre quindi guardare all'emozione essenzialmente come a un "processo relazionale", attraverso il quale abbiamo attivamente esperienza del mondo e comunichiamo con gli altri. Le emozioni sono interpretazioni che si alimentano di norme collettive implicite, intima conseguenza di un apprendimento sociale, espresse poi a livello corporeo, in base al modo di fare e alla storia personale di ciascun individuo. Questo apprendimento differisce dall'educazione formale, costituendosi piuttosto come una vera e propria educazione dei sensi, la quale avviene attraverso l'interazione quotidiana con il mondo fisico e sociale. Le emozioni, nel palesare la loro natura di costrutti culturali, non perdono la loro dimensione corporea, rivelando un'essenza contemporaneamente biologica e sociale. Un contributo importante a questa prospettiva che stiamo cercando di chiarire giunge da Michelle Rosaldo, la quale ben sintetizza il senso della complessità e ambivalenza costitutiva delle emozioni, coniando la felice definizione di "pensieri incorporati" (Rosaldo, 1984, trad. it. p. 162).

Se l'emozione sentita traduce il significato particolare dato dall'individuo alle circostanze che gli accadono, allora le emozioni possono essere considerate veicolo privilegiato per comprendere le teorie locali sulla morale e per cogliere le norme e i valori fondamentali sui quali si basa una determinata società. A partire dagli anni ottanta le emozioni vengono quindi interpretate dagli antropologi come fenomeni sociali consistenti in una serie di risposte apprese che servono a regolare l'interazione sociale tra gli individui. Diversi lavori etnografici sono quindi stati dedicati all'analisi delle esperienze emozionali, intese non solo come veicoli espressivi, ma piuttosto come atti pragmatici. In queste ricerche le emozioni sono state considerate come un linguaggio primario per definire, negoziare, riflettere e strutturare relazioni sociali e per costruire una condotta sociale, indagando modelli locali di persona, raccogliendo commenti e giudizi sui comportamenti propri e altrui, analizzando attività istituzionalizzate come la caccia alle teste oppure osservando rituali come modelli esemplari "cristallizzati" di stili emozionali. Mentre molti ricercatori si sono dedicati a interpretare le emozioni in relazione al contesto culturale come forma di discorso sociale, altri hanno posto l'attenzione sugli aspetti estetici della cultura e sulla relazione tra arte e sentimenti, trattando racconti, performance, poesie e suoni non solo come testi per un'analisi culturale, ma come pratiche sociali con effetti reali. L'accento sui discorsi locali è cruciale per comprendere come siano costituite le emozioni, e ci porta a considerarle quali pratiche o modalità di azione che partecipano di uno specifico sistema di senso e valore, del quale al contempo confermano la legittimità, diventando una componente attiva del sistema che contribuiscono a foggiare. Cominciamo pertanto a presentare le principali strategie che sono state utilizzate per affrontare lo studio antropologico delle emozioni: relativizzare, storicizzare e contestualizzare il discorso sulle emozioni. La prima strategia è fare ciò che gli antropologi in una certa misura hanno sempre fatto: mettere in discussione la certezza e la validità universale dei modi in cui pensiamo e parliamo di cose come le emozioni, verificando se è così anche altrove. Una seconda strategia per coloro che siano interessati alle emozioni come fenomeni socioculturali è storicizzarle. Questo significa analizzare i discorsi sull'emozione, la soggettività e il sé esaminandoli attraverso il tempo, osservandoli in contesti locali e momenti storici particolari, e vedendo se e come sono cambiati. La terza strategia consiste nel concentrarsi sul discorso sociale, basandosi meno sulla propensione antropologica alla comparazione o sul più ampio inquadramento storico del problema che sull'impegno a un'analisi accurata della ricchezza delle specifiche situazioni sociali. È una strategia seguita dagli autori che partono dall'assunto che l'emozione è un costrutto socioculturale e che si dedicano a esplorare, attraverso un'attenta osservazione dei casi etnografici, i molti modi in cui le emozioni acquisiscono forza e significato attraverso la loro collocazione e la loro performance nel dominio pubblico del discorso. Valutare la natura e il valore di queste strategie di ricerca richiede in primo luogo attenzione al termine che ne è il punto focale: il termine "discorso".

Il discorso, in questa prospettiva, non si riferisce semplicemente a una forma linguistica, ma viene impiegato per indicare tutte le modalità attraverso le quali viene costituita una conoscenza, includendo in questa definizione le pratiche sociali, le forme specifiche di soggettività e le relazioni di potere che ineriscono a tali conoscenze, tanto quanto le loro reciproche connessioni. La dimensione del discorso non è perciò né una struttura, né un sistema, ma una *pratica* nella quale vengono a formarsi sia gli "oggetti" di cui esso parla, sia i "soggetti" che in esso parlano. Il "discorso" sulle emozioni non propone quindi delle norme cui gli individui dovrebbero attenersi e che vengono incorporate nel corso di un processo di socializzazione; piuttosto il "discorso" crea gli individui come esseri emozionali di un certo tipo. Secondo questo approccio, parlare di emozioni significa discutere questioni che hanno a che fare con il potere, la politica, la parentela, i cambiamenti storici, i concetti di normalità e di devianza, le differenze di status e le caratterizzazioni di genere. Il compito interpretativo non è quindi cogliere cosa le altre persone "sentono dentro", ma piuttosto tradurre da un contesto a un altro il significato dei termini usati nelle conversazioni quotidiane per parlare delle emozioni. Comprendere il significato di un'emozione significa, secondo questa prospettiva, riuscire a cogliere e a partecipare di quei momenti complessi in cui azioni, relazioni sociali, norme, giudizi e concezioni morali vengono strategicamente messi in gioco. Sul campo si impara che, proprio quando si ha l'impressione di aver compreso di cosa si sta parlando, le emozioni narrate assumono sfumature inattese, dalle quali si possono trarre significati molteplici, in base al contesto, alla situazione specifica e agli attori coinvolti.

Prendiamo ad esempio il caso dell'emozione bijagó *edík*, da me analizzata durante una ricerca nell'isola di Bubaque (Pussetti, 2006). Mi era stata descritta come l'emozione tipica degli adolescenti, giovani, impetuosi, irrispettosi dell'autorità degli anziani. Il suo significato si colloca tra volere, desiderare, vincere, essere forti, competere, battersi fisicamente. Al contempo i giovani me ne parlavano come della disposizione necessaria per tutte le attività che richiedono vigore, come danzare, conquistare le donne, generare figli, combattere i nemici, proteggere il villaggio. Nelle conversazioni questa emozione veniva spesso associata a termini che esprimevano un'idea di potenza, energia e intensità. *Edík* è quindi un sentimento fondamentalmente ambiguo, in quanto connette sentimenti positivi come la determinazione, la fierezza, l'energia, il coraggio, la temerarietà alla capacità di esercitare violenza, di provare collera o rancore e a disposizioni considerate negativamente, quali la cupidigia, la concupiscenza, l'avarizia. *Edík* è infatti energia diretta alla soddisfazione di interessi individuali, e pertanto potenzialmente distruttiva: chi prova questo sentimento non si adegua alle norme del gruppo, ma impone le proprie regole. Tra le diverse forme in cui si declina l'*edík*, incontriamo ad esempio la stregoneria, o comunque l'impiego di forze occulte per l'accumulazione di potere e ricchezza o il soddisfacimento di desideri impropri. *Edík* è in altri discorsi la passione amorosa, la malattia di chi si consuma per un amore non corrisposto o un desiderio inappagato, è la gelosia, ma anche la bramosia e la cupidigia. Ed è l'emozione messa in gioco quando si vuole suscitare pietà o compassione nell'interlocutore, quando si richiede supporto o aiuto, dichiarando la propria resa. "Aiutami, *edík* ha avuto ragione di me", significa confessare pubblicamente il proprio fallimento nel seguire le norme della morale condivisa, dichiarare la propria debolezza. Un ambito di significati così ampio che da forza ed energia siamo finiti a parlare di debolezza e resa. La graduale comprensione, e traduzione, di questo complesso di significati deriva da un lento processo di apprendimento della lingua, da un'attenzione puntuale ai contenuti dell'interazione verbale e da una costante condivisione della quotidianità. Potremmo comunque considerare l'apprendimento della lingua come la prima tappa per una analisi *thick and thin* delle emozioni. L'analisi linguistica delle interazioni verbali è una delle chiavi principali per cogliere i modelli locali di comportamento emozionale. Districare la densa stratificazione delle formazioni discorsive, prodotte dai molteplici soggetti coinvolti sul campo, e analizzare le strategie sintattiche da un punto di vista pragmatico permettono dunque di rivelare modelli di relazione emozionale, altrimenti non esplicitati.

Secondo questa prospettiva, pertanto, la ricerca sulle emozioni avviene – come qualsiasi etnografia – sulla base di una "immersione partecipante". La ricerca si rivolge ai modi in cui gli interlocutori concettualizzano, orientano e discutono i comportamenti propri e altrui, partecipando della loro quotidianità. Considerare infatti il campo delle emozioni come un ambito di ricerca particolarmente inaccessibile che necessiti di una metodologia capace di misurare alterazioni "biologico-corporee" significa in qualche modo riaffermare, all'interno della discussione disciplinare, lo stesso stereotipo che l'antropologia ha cercato di decostruire: un'immagine cioè delle emozioni come intimi stati mentali, biologici e naturali, indipendenti dal contesto sociale e non accessibili ai metodi dell'analisi culturale. Le etnografie classiche sulle emozioni ci mostrano come non si tratti tanto di indagare sensazioni inconsce e irriflettute, quanto piuttosto di cogliere riflessioni e concezioni legate all'esperienza emotiva. Il primo passo può essere l'analisi dei modelli locali di umanità e dei processi di antropopoiesi (costruzione della persona). Già altrove, analizzando le prospettive dell'antropologia cognitiva in relazione ai contributi delle neuroscienze affettive, ho parlato di pratiche "pato-poietiche" (Pussetti, 2006). Lo sviluppo emotivo risulta infatti dall'acquisizione di schemi interpretativi, culturalmente specifici, del significato delle situazioni: sono proprio questi processi di valutazione che, attribuendo a uno stimolo un valore, lo rendono significativo per l'individuo e che allo stesso tempo rendono l'individuo "emotivo". Questo processo di plasmazione si insinua nelle forme silenziose della quotidianità, nei simboli, nei valori, nell'autorità non dichiarata dell'abitudine e della convenzione. Il rapporto privilegiato con i caregiver nei primi anni di vita è la base sul quale la convenzione sociale acquista la sua naturalità e la sua immediatezza e le pratiche del potere, profondamente inscritte nelle azioni del quotidiano, cessano di essere percepite o rimarcate come forme di controllo. Questo processo di socializzazione, inoltre, non è meccanico né monolitico, siccome si tratta di una combinazione dinamica e originale di influenza reciproca tra le esperienze sociali di uno specifico caregiver e quelle del bambino. I modelli attraverso i quali i soggetti riducono la complessità di ciò che provano, pensano e percepiscono in ogni istante, organizzando dinamicamente la propria architettura neuronale e modificando le connessioni sinaptiche, si acquisiscono non attraverso generalizzazioni esplicite, ma attraverso esperienze e partecipazioni ripetute. Caratteristica della socializzazione emozionale primaria è pertanto l'incorporazione di elementi ambigui e ambivalenti.

A lato di questi processi di costruzione delle emozioni che si svolgono in maniera progressiva e continua, si stagliano processi che al contrario interrompono la normalità, foggiando drammaticamente la personalità degli individui affinché corrisponda a uno specifico ideale di umanità. Mi riferisco a tutti quei processi che, introducendo violenza, paura, dolore, sofferenza fisica e psicologica, determinano l'attivazione del sistema neuroendocrino, il quale reagisce con la messa in circolo di alcuni ormoni prodotti nelle ghiandole surrenali: in particolare, l'adrenalina, che interagisce con i recettori presenti nell'amigdala, punto chiave del circuito emozionale del cervello e centro della memoria emozionale, e il cortisolo, che stimola l'ippocampo potenziando l'apprendimento e accrescendo la ritenzione dei ricordi. I lavori di Harvey Whitehouse su emozioni, ormoni dello stress e memoria nei rituali di iniziazione sono a questo proposito esemplari. Appartengono a questo tipo di interventi tutte le pratiche o tecniche, farmacologiche e comportamentali, destinate a dare una particolare forma o a trasformare le emozioni affinché corrispondano alle aspettative sociali. Diverse etnografie sottolineano come esistano momenti di passaggio destinati a formare, disciplinare e guidare l'emotività in una direzione ideale, coerente e funzionale al mantenimento di un preciso ordine morale e sociale e alla costruzione di un certo tipo di adulti. Queste pratiche non propongono tanto norme cui gli individui dovrebbero attenersi, quanto costruiscono gli individui come esseri emozionali di un certo tipo.

Ancora, sono considerabili come pratiche antropopoietiche tutti i discorsi pubblici sulle emozioni, che indicano e orientano il tono emotivo delle relazioni, offrendo modelli di comportamento percepiti in quello specifico contesto come "adeguati", e che aiutano gli individui a tradurre le proprie sensazioni in espressioni socialmente accettabili. Le discussioni sulle possibili reazioni e relazioni affettive costituiscono infatti al contempo giudizi, valutazioni, interpretazioni, e stabiliscono così cosa apparirà come "razionale", "normale", "giusto": qui si apre una questione che ha importanti implicazioni etiche e politiche. Le pratiche pato-poietiche possono essere lette come pratiche che dipendono e che al contempo generano potere, consentendo il mantenimento e la riproduzione di relazioni diseguali: in questo senso, comprendere chi conosce cosa, chi crea e definisce significati culturali e con quale fine, diviene una questione molto seria. Raccogliere dati sulle norme morali e sociali che regolano il comportamento emozionale ci permette di mostrare come anche aspetti che possono essere ritenuti intimi e naturali riflettono in realtà dinamiche di potere: in questo senso l'antropologia delle emozioni si presenta anche come una prospettiva critica, volta a ricondurre ogni aspetto individuale e culturale al più ampio contesto storico, politico e sociale in cui esso è inserito. In quest'ottica l'antropologia delle emozioni può assumere un'importante funzione di critica sociale anche al di fuori del mondo accademico, nella misura in cui è in grado di illuminarci sulla relatività e sulla natura socioculturale del nostro sapere più indubitabile, del senso comune, addirittura delle nostre emozioni e sensazioni corporee, svelandone la natura politica e sociale.

Le emozioni, infatti, rivelano un'essenza contemporaneamente biologica e sociale, collocandosi in quella zona opaca e difficile da definire nella quale percezioni, sensazioni, valutazioni, apprendimento, orientazioni cognitive, moralità pubblica e ideologia culturale si congiungono. In virtù di queste loro caratteristiche – sottolineano Lock e Scheper-Hughes (1987, p. 69) – le emozioni svolgono un importante ruolo di mediazione e connessione fra tre corpi diversi e insieme coesistenti: quello *individuale*, quello *sociale* e quello *politico*. Esaminare come le emozioni siano immaginate, definite e interpretate significa dunque riflettere su relazioni sociali, rapporti fra gruppi dominanti e gruppi oppressi, differenze di status e caratterizzazioni di genere. Seguendo questa strada può essere un'utile strategia identificare le pratiche culturali atte a definire e a correggere le emozioni ritenute trasgressive o pericolose, per salvaguardare il benessere del gruppo e dei singoli individui. Diversi autori hanno lavorato in questo senso, cercando di rintracciare, da un punto di vista empirico e concettuale, la genealogia dei regimi correnti delle emozioni e del *self*, ossia le condizioni e i processi che hanno plasmato l'ideale normativo del comportamento emotivo e gli orizzonti di possibilità della nostra esperienza.

Questa costruzione – potremmo parlare di tecnologie del *self*, usando un'espressione foucaultiana – è chiaramente intesa come un processo storico piuttosto che come un fenomeno individuale. Lo scopo è destabilizzare e denaturalizzare i regimi del *self* che sembrano dati nella loro naturale autenticità, elucidando i limiti imposti, le illusioni create, gli atti di dominazione e incorporazione del potere con i quali qualsiasi sforzo di *agency* e libertà deve venire a patti. Parlare di invenzione del sé non significa affermare che noi siamo vittime di un'illusione collettiva. Sostenere che la nostra relazione con noi stessi e le nostre sensazione ed emozioni è storica e non ontologica significa affermare che la soggettività è la conseguenza di performance ripetute, e che anche l'autenticità altro non è che una particolare costruzione: «L'idea di un io autentico o di un nucleo di irrazionalità "nascosto" o protetto è una versione dell'emozione che coltiviamo da tempo nella nostra tradizione» (Despret, 2001, trad. it. p. 83).

7.3
La dimensione carnale delle emozioni

Aderendo a questa forma di costruzionismo estremo, diversi scienziati sociali hanno pronunciato affermazioni piuttosto discutibili. I filosofi Robert Solomon e Claire Armon-Jones affermano ad esempio che l'emozione non è una sensazione ma è essenzialmente un'interpretazione (Solomon, 1984, p. 248) e che l'emozione è un irriducibile prodotto socioculturale (Armon-Jones, 1986, p. 37). L'antropologa Benedicte Grima (1992, p. 6) sostiene che l'emozione è cultura, le antropologhe Lila Abu-Lughod e Catherine Lutz (1990, pp. 10, 12) arrivano ad affermare che lungi dall'essere entità psicobiologiche interne, le emozioni sono piuttosto costrutti socioculturali, pratiche discorsive, performance sociali. Le due autrici propongono addirittura di considerare le emozioni come qualcosa che appartiene alla vita sociale piuttosto che a stati interiori, suggerendo di lavorare per liberarle dalla psicobiologia (ivi, p. 2). Abu-Lughod e Lutz (ivi, p. 12) riconoscono tuttavia il rischio di perdere completamente di vista la dimensione della corporeità: «Un approccio centrato sul discorso potrebbe essere interpretato come un rifiuto o un oscuramento del corpo, mentre noi non intendiamo negare la forza dell'emozione e dell'esperienza soggettiva». Diversi autori hanno sostenuto che il paradigma discorsivo rischia di trascurare la dimensione carnale e incorporata delle emozioni, privilegiando le rappresentazioni e le idee sulle emozioni, piuttosto che le emozioni in sé, come vengono vissute corporalmente e soggettivamente. Esemplare al riguardo il famoso testo di Renato Rosaldo (1989) sulla forza culturale delle emozioni, spesso non riconosciuta dagli antropologi, in quanto così impegnati a esplorare ragnatele simboliche di significato da non riuscire a cogliere «quel tipo di esperienze o sentimenti che proviamo apprendendo che il bambino appena investito da un'auto è uno di noi, non un estraneo» (Rosaldo, 1984, trad. it. p. 37). Come sostiene Arnold Epstein (1992, p. 280), nell'antropologia discorsiva sulle emozioni «si parla molto di cuore, ma si tratta di un cuore nel quale sembra non pompare il sangue». Hollan in particolare, nei suoi celebri contributi sul controllo emozionale tra i Toraja (Hollan, 1988, 1992, 1997), che si inseriscono nella tradizione di studi sul dominio delle emozioni nel Sud-Est asiatico, si è esplicitamente posto in contrapposizione alla prospettiva discorsiva, proponendo come metodologia più adeguata allo studio delle emozioni l'approccio *person-centered*, in quanto capace di rendere conto dell'esperienza soggettiva, dell'eterogeneità dei significati, delle prospettive, delle passioni e del vissuto carnale degli individui. Secondo l'autore, infatti, l'approccio all'emozione proposto da Abu-Lughod e Lutz, che parte da una concezione dell'emozione come qualcosa che pertiene alla vita sociale piuttosto che a stati interiori e invita gli antropologi a considerare le emozioni *nella* e *riguardo alla* vita sociale, piuttosto che esclusivamente in riferimento a stati interni, silenzia l'aspetto corporeo e materiale delle emozioni, chiudendo drasticamente le porte alla possibilità e all'interesse di occuparsi di questi "stati interiori". Margot Lyon (1995), in modo diverso, pone una critica simile agli approcci che considerano le emozioni come unicamente derivanti da costruzioni culturali. Secondo Lyon (1995, p. 247), le analisi culturali delle emozioni presentano severe lacune, in quanto «l'emozione è più che un dominio della concezione culturale, più che mera costruzione». Lyon auspica un tipo di etnografia che possa rendere conto della dimensione corporea e sensuale delle emozioni, rivolgendo così la sua attenzione al corpo come luogo primario dell'esperienza umana. Questa posizione di Lyon risuona di suggestioni fenomenologiche della filosofia dell'ultimo Merleau-Ponty (1964) basata sulla nozione di "carne".

Attraverso questo ampio percorso teorico siamo giunti a una visione delle emozioni come modi di essere nel mondo, ossia modi di dare un senso e agire nel mondo. Alcuni autori hanno pertanto tentato, pur sposando la prospettiva discorsiva, di analizzare le emozioni come esperienze che coinvolgono l'intera persona, includendo il corpo (Appadurai, 1990). Il pensiero di Bourdieu sull'*habitus* corporeo, storicamente costruito, interiorizzato come una seconda natura, si è rivelato in questo senso suggestivo perché offre un modo di pensare l'emozione come incorporata senza dover per forza concedere che debba essere esclusivamente una esperienza naturale e quindi preculturale. L'analisi delle posture corporee, considerate come *habitus* appresi o disposizioni profondamente incorporate che riflettono e riproducono le relazioni sociali che le costituiscono e nelle quali si situano, si è quindi configurata come una delle possibili tecniche di raccolta dei dati. Il bambino, ad esempio, apprende *habitus* emozionali leggendo, attraverso il corpo piuttosto che attraverso gli occhi della mente, i testi culturali degli spazi e degli altri corpi. Tutti questi atteggiamenti – condizionati dalle nostre relazioni con gli altri e rinforzati dalla ripetizione – ai quali si viene educati fin da ragazzini costituiscono un codice emozionale tacito che viene incorporato visceralmente. Imparare come, quando, dove e da chi le emozioni possono essere manifestate significa imparare un insieme di tecniche corporee che includono espressione facciale, gestualità e posture.

Reintrodurre l'individuo e la sua corporeità tra le preoccupazioni dell'antropologia delle emozioni non significa "de-socializzare" le emozioni, quanto piuttosto spostare l'attenzione dalle emozioni come discorso alle categorie emozionali come strumenti, come pratiche sociali con effetti reali, *attraverso* le quali l'*agency* individuale può manifestarsi (Reddy, 1997, 1999, 2001). Questa prospettiva si discosta dalla concezione discorsivo-centrica, in cui gli individui sono *creati* in quanto soggetti emotivi dal discorso locale sulle emozioni. In altre parole, i mondi locali forniscono all'individuo modelli, regimi, norme culturali (non necessariamente coerenti tra loro), che permettono di affrontare il processo di costruzione della propria soggettività. Attraverso questi dispositivi – utili, per quanto non sempre efficaci, per dirimere la complessità del vissuto quotidiano – i soggetti si esplorano e "riconoscono" (identificano, interpretano, dicono) come sentimenti o pensieri o quant'altro, certi aspetti della loro esperienza di sé-stessi-viventi, che è precedente a questo atto linguistico/ermeneutico e non riducibile a esso. Come scrive Vinciane Despret (2001, trad. it. p. 20), «così come costruiamo i miti per inventarci attraverso di loro, nello stesso modo fabbrichiamo le nostre emozioni affinché esse ci fabbrichino». I contesti culturali forniscono all'individuo strumenti per costruir-si, ma non costruiscono l'individuo. Hollan e Wellenkamp (1994, p. 215) hanno sottolineato l'importanza di considerare «i soggetti antropologici come attori attivamente e creativamente impegnati nella costruzione del significato, piuttosto che come recipienti passivi di una tradizione culturale».

I discorsi sulle "emozioni", quindi, sono considerati come atti linguistici specifici (*emotives*, Reddy, 2001, p. 32) che i soggetti utilizzano per costruire, interpretare e trasformare la propria esperienza emozionale – William Reddy parla di *emotives* al contempo *self-making*, *self-exploring* e *self-altering*, che influiscono sulla percezione individuale del sé, lasciando al contempo gli individui con un margine di indeterminatezza, di scelta, di decisione. E con il compito faticoso, sofferto e contraddittorio di costruir-*si* come esseri sociali.

7.4
Learning how to feel e l'immersione partecipante

Mitchell (1997) sostiene che la soluzione migliore per oltrepassare questi problemi metodologici sia immergersi nella pratica dei soggetti osservati. L'osservazione partecipante di Malinowski diventa in Mitchell immersione partecipante. Solo l'esperienza di sentire, l'empatia o la risonanza con coloro che stiamo osservando possono permettere di approfondire conoscenze e interpretazioni relative alle emozioni. Si è quindi recentemente considerato più efficace interpretare le emozioni attraverso un approccio che si vuole bioculturale e che si avvale dei contributi dell'antropologia, ma anche delle neuroscienze affettive e del posizionamento fenomenologico proposto, tra gli altri, da Michael Jackson e da Paul Stoller, una metodologia di indagine empatica e partecipativa. Stoller (1989a, 1989b) ha in particolare parlato di *embodied learning* e di *sensuous scholarship* in ambito antropologico e, sebbene altri teorici abbiano esplorato e sviluppato l'*embodiment theory*, è tuttavia probabilmente Stoller che, nel suo lavoro tra i Songhay del Niger, ha riportato questo insieme di concetti alla pratica. Parlando di *sensorial landscape* e *sensual biases* e di come l'esperienza sensuale ed emozionale del mondo condiziona e compenetra la conoscenza che produciamo, Stoller consiglia di immergerci completamente nel *total ethnosensorium* della cultura che vogliamo investigare, attraverso un approccio sensuale, sensoriale e sensibile.

Le emozioni sono qualcosa da sentire oltre che da sapere, attraverso una conoscenza che è corporea oltre che verbale. In quanto antropologi, dobbiamo sentire il campo anche attraverso i nostri sensi e la nostra corporeità, e permettere ai nostri informatori di interpretare le loro realtà attraverso strumenti corporei e sensuali. Con le parole di Desjarlais (1992, p. 18), «partecipando alla vita quotidiana di una società diversa dalla propria, l'etnografo si deve confrontare e lentamente apprende (e in genere in modo tacito e parziale) modelli di comportamento che non gli sono familiari a livello corporeo; nuovi modi di muoversi, di parlare, di interagire contribuiscono a una comprensione viscerale delle forze che conducono queste azioni». Ci sono poche cose importanti in un processo di comprensione culturale quanto le relazioni interpersonali – emotivamente cariche – che si stabiliscono tra l'antropologo e i suoi ospiti. Il modo più appropriato, infatti, di apprendere le regole sociali e le competenze emozionali fondamentali è entrare in una relazione intima e privilegiata con alcuni interlocutori, che si impegnino a guidare le tue azioni in una direzione approvata. Al di là di quanto viene trasmesso implicitamente (attraverso ad esempio i trattamenti di pulizia del corpo, i tempi dello svezzamento, l'utilizzo dello spazio, le dinamiche di genere, la preparazione e la distribuzione del cibo o le posture corporee), l'apprendimento della lingua permette di cogliere non solo la classificazione dei termini emozionali, di ascoltarli in pratica nelle discussioni del quotidiano, in contesti emotivi specifici, quanto anche di seguire l'educazione emozionale dei bambini – discorsi pedagogici formali e informali, rimproveri, lodi, spiegazioni di come ci si sarebbe dovuti comportare in base all'identità di genere e all'età nelle più svariate situazioni ecc.

Gran parte di quanto si comprende delle norme che informano il comportamento dei propri ospiti deriva dunque da un lento processo di "risocializzazione" emozionale che è un passaggio indispensabile per *abituarsi* a valutare e ad agire appropriatamente nelle varie situazioni nelle quali ci si viene ogni giorno a trovare: una socializzazione evidentemente più critica e problematica di quella primaria in quanto, a differenza di un bambino, l'antropologo possiede già disposizioni e paradigmi comportamentali di riferimento. Comunque sul campo si impara e si cambia, anche quando non si presta una particolare attenzione, in virtù della semplice partecipazione alle attività quotidiane: si acquiscono infatti disposizioni non solo attraverso una conoscenza verbale o concettuale, ma anche in modo sensuale, corporeo e mimetico, mediante una attenzione e un contatto continuo e intimo con i locali. Per quanto parlare la lingua dei propri interlocutori permetta di accedere ai modi con cui le persone riflettono e discutono sulle emozioni proprie e altrui, spesso si rivela altrettanto significativo immergersi in eventi emotivamente coinvolgenti, adeguando il proprio comportamento e i propri atteggiamenti corporei a quelli degli altri. In questo modo, per mimesi o per contrasto, cominciano a emergere le eventuali differenze nell'espressione e nell'esperienza emozionale. Si tratta ovviamente di prestare attenzione alle sfumature, al giusto tono della voce, alle prassi corporee, alle regole molteplici di controllo e di espressione dei sentimenti – in base al contesto e agli interlocutori particolari.

Possono esserci, come nel caso da me studiato presso i Bijagó dell'isola di Bubaque (Pussetti, 2006) modalità, tempi e luoghi specifici per piangere o per lamentarsi. Se il pianto dei neonati è considerato localmente un verso, come quello degli animali, dipendente da necessità fisiologiche, da fame, sete o disagio fisico, il bambino viene educato a piangere emettendo un suono considerato tipicamente "umano". Sono necessari anni al bambino prima che il suo corpo si adatti completamente alle norme estetiche che modellano l'ambito sensoriale ed emozionale della sofferenza, e in ogni caso si tratta di un apprendimento progressivo, modellato a seconda dell'appartenenza di genere e dei differenti ruoli che l'attore dovrà assumere nel corso della sua esistenza. Il pianto umano segue un modello ben preciso e assolutamente culturale, modulato su due note di base raggiunte attraverso un glissato di un tono e separate da un intervallo di quinta aumentata (in genere do# e la). Il pianto umano opportunamente modulato è inoltre associato a un altro "pianto" considerato armonioso ed esteticamente appagante: quello degli uccelli. Il canto degli uccelli non è infatti considerato un pianto che evoca in modo particolarmente appropriato sentimenti che hanno a che vedere con la perdita, l'abbandono, la partenza. È questo il pianto degli adulti, una manifestazione di dolore appropriata, controllata, appresa e quindi, in qualche modo, performativa. Se abbiamo definito questo tipo di pianto come un'espressione emozionale "appresa" o "performativa", è importante sottolineare che, se anche le persone esprimono il proprio dolore in modalità culturalmente definite, ciò non significa che chi è colpito da un evento tragico si limiti a comportarsi in modo conforme alle convenzioni. "Appreso" e "culturale" non significano "falso" e "simulato": al contrario, si tratta di un pianto legato all'espressione immediata di sentimenti intensi e reali, intima conseguenza di un apprendimento sociale incorporato. Può rivelarsi in questo senso una strategia proficua prestare attenzione alle norme estetiche di espressione emozionale. L'esempio riportato mostra come il dolore, nel contesto analizzato, necessiti di una particolare elaborazione estetica per essere metabolizzato ed espresso, ma, qualora convenientemente esternato, venga considerato apprezzabile, bello come il canto degli uccelli. Anche l'espressione verbale della sofferenza ricorre a un linguaggio particolarmente ridondante, metaforico, astratto e poetico, che costituisce un elemento di separazione rispetto alle interazioni linguistiche comuni. Il discorso del sé in generale, nel contesto da me analizzato, avviene attraverso un linguaggio particolarmente codificato, proprio dell'espressione poetica, piuttosto che del parlato quotidiano.

Hollan (1997) suggerisce che un'etnografia *person-centered*, attraverso la raccolta delle storie di vita e le narrazioni del sé, rappresenti una metodologia utile per cogliere il tono emotivo delle relazioni senza appiattire eccessivamente la vita degli individui in classificazioni, essenzialismi e definizioni astratte, rendendo invece conto dell'eterogeneità dei significati, delle prospettive e delle passioni individuali. È nel racconto soggettivo che possiamo cogliere gli orientamenti morali che condizionano l'esperienza e l'espressione emozionale non tanto come

norme quanto piuttosto come valori. Questi valori, profondamente assi-
milati dalle persone (attraverso, ad esempio, strategie discorsive quali
complimenti, elogi, condanne, biasimi, rimproveri) e associati a particolari sentimenti, si traducono a livello individuale in motivazioni personali: i *cultural models* diventano quindi *human motives* (D'Andrade,
Strauss, 1992), una questione di sensibilità, onore e dignità personale.
Tuttavia, è ragionevole supporre che i membri di qualsiasi società siano
inseriti in una molteplicità di modelli morali, criteri locali di espressione o stili emozionali, che forniscono visioni del sé che si possono eventualmente trovare in aperto contrasto. Come ha affermato Mary Beth
Mills, in un suo lavoro su giovani donne immigrate a Bangkok, le rappresentazioni, così come gli sforzi di costruzione del sé, non comportano necessariamente una scelta esplicita e consapevole tra identità
chiare e distinte: «L'esperienza vissuta dell'identità individuale è un
processo in atto di negoziazione e contestazione tra e con le posizioni
del soggetto disponibili, costituite dai molteplici discorsi che esistono
in ogni società» (Mills, 1997, p. 38). Il sé è concettualizzato come internamente differenziato, incompleto e frammentario, composto di molteplici sfaccettature in relazione ai diversi discorsi che abita, o meglio
alle molte possibili realtà che coesistono nello stesso spazio sociale.
Non c'è da stupirsi, quindi, della possibilità di mutare e vacillare, di
cedere alla vanità e di tradire, di essere arrendevoli e volubili, di rimanere bloccati in mezzo a emozioni e sensazioni contrastanti, senza sapere come agire. Riuscire a cogliere i contrasti, le anomalie, gli spazi vuoti,
le contraddizioni e le sovrapposizioni di valori, che costituiscono i
mondi interiori degli individui, significa prendere lentamente coscienza della pluralità dei valori e delle norme, talvolta in contrasto tra loro.
Cogliere i codici centrali di riferimento al punto da sentirne a livello
personale la forza, l'impatto e il valore significa raggiungere una comprensione non solo intellettuale, ma carnale e sensuale di quello specifico mondo emotivo. In questo modo, «catturare stile, stati d'animo,
emozioni» (Clifford, Marcus, 1986, trad. it. p. 141) attraverso un'immersione partecipante diventa un'impresa personale e intellettuale appassionata, coinvolgente ed emotivamente carica.

7.5
L'empatia come metodo e il contagio delle emozioni

Alcuni anni fa, nel suo *The Rise of Anthropological Theory. A History
of Theories of Culture*, Marvin Harris (1969, trad. it. pp. 550-1) espri-
meva sorpresa e disgusto professionale per la "terrificante fiducia"

mostrata dalla sua collega Margaret Mead nell'identificare le emozioni dei soggetti samoani. Una decina di anni dopo, il filosofo Robert
Solomon, riprendendo l'ironica affermazione di Harris sull'ingenua
fiducia di Mead, rivolge alla comunità antropologica, poco sensibile a
queste problematiche epistemologiche, un imbarazzante quesito: «Ma
se l'antropologo mette da parte l'empatia in quanto strumento conoscitivo, che cosa resta?» (Solomon, 1984, trad. it. p. 283).

Questo breve accenno alle pratiche, ai metodi e alle sfide della
ricerca sul campo sulle emozioni invita allo spinoso confronto con
uno strumento di lavoro etnografico spesso delegittimato, ridicoliz-
zato o considerato con un certo fastidio dagli antropologi: l'empatia.
Sulla recente storia del termine "empatia" e sulle sue diverse acce-
zioni hanno pubblicato un interessante volume tre psicologhe italiane, Bonino, Lo Coco e Tani (1998), le quali propongono un discorso articolato sui diversi tipi di condivisione empatica che si
sviluppano nel corso dell'età in base al grado di mediazione cognitiva. Sul ruolo dell'empatia nella costruzione del sapere etnografico ha
scritto pagine illuminanti Leonardo Piasere (2002, pp. 142-66), introducendo il concetto di "perduzione", che rimanda a «una conoscenza acquisita per interazione, per iterazione, per approssimazione [...]
per risonanza impregnante quando si attua intenzionalmente e
coscientemente una curvatura dell'esperienza» (ivi, p. 164). Secondo
il metodo perduttivo di cui parla Piasere, collegato a quello che Jean-
Pierre Olivier de Sardan (1995) chiama *imprégnation*, si impara essenzialmente attraverso processi di ripetizione, empatia, attenzione flut-
tuante, abduzione e mimesi, o meglio «si impara ripetendo, si impara
osservando e riosservando scene simili tra loro, si impara facendo allo
stesso modo, o quasi. Si impara ottenendo il consenso, da parte di
coloro che si imita, che quello che si fa va bene, o quasi» (Piasere,
2002, p. 165).

Questi schemi cognitivo-esperienziali, acquisiti tramite un'interazione continuata con i propri ospiti, entrano in risonanza con gli schemi o i saperi già incorporati dall'etnografo in quanto membro della
propria società. Non si tratta di "diventare come" l'altro o di attribuire ad altri il proprio stato emotivo, ma di apprendere o comprendere il non noto attraverso analogia o risonanza con il proprio vissuto, in una continua tensione o rimando tra il sé e l'altro, tramite il
quale l'antropologo e il suo interlocutore svelano, illuminano e trasformano la propria identità personale, nel tentativo di creare un universo referenziale comune. In mancanza di accessi diretti o privilegiati, diviene quindi necessario costruire ponti: in questo senso, «gli

antropologi hanno fatto di una caratteristica degli oggetti che si proponevano di conoscere, le emozioni, un ingrediente attivo e regolatore della loro pratica: la negoziazione di mondi comuni» (Despret, 2001, trad. it. p. 169). Questo processo ci consente di cogliere un «nuovo punto di vista» che non subentra, tuttavia, «al posto di quello vecchio perché li trattengo entrambi nello stesso tempo» (Stein, 1992, p. 134).

Un'interpretazione dell'empatia come condivisione esperienziale per analogia, processo associativo molto flessibile legato alla storia del soggetto e alle sue vicende, è stata proposta da diversi autori, secondo i quali l'etnografo interpreta sempre le esperienze altrui in risonanza (o tramite una *associazione per fisionomia di esperienza*, direbbe Piasere) con le proprie esperienze, ossia riconoscendole per via analogica. Tra questi, non possiamo dimenticare Renato Rosaldo, le cui pagine sulla comprensione "intuitiva" o "empatica" della rabbia causata dal dolore presso i cacciatori di teste Ilongot delle Filippine, avvenuta in seguito all'improvvisa e tragica scomparsa della moglie Michelle, sono diventate celebri. Pur consapevole della diversità di tonalità, aspetto culturale e conseguenze sul piano umano tra la sua "rabbia" e la "rabbia" ilongot, la sua personale esperienza del dolore si rivela nelle intenzioni dell'autore lo strumento più efficace per comprendere e rianalizzare la connessione ilongot tra dolore, rabbia e caccia alle teste, e per trasmetterne ai lettori la forza emotiva. In questo senso, un'emozione dell'antropologo (il dolore per la morte della moglie) autorizzando un tipo privilegiato di traduzione, diviene vettore di sapere.

Sulla stessa linea è l'argomentazione proposta dall'antropologa norvegese Unni Wikan, che dai suoi ospiti a Bali apprende l'importanza di creare *keneh*, nozione che traduce con *risonanza*, con la gente e con i loro problemi, così come in un secondo momento con il testo che scriverà e i suoi lettori. Si tratta di un *"feeling*-pensiero", un'applicazione simultanea cioè di sentimento e pensiero, uno strumento di comprensione non esclusivamente verbale, che consente di superare il senso di alterità, favorendo una de-esotizzazione di coloro con i quali lavoriamo. Con le sue parole, la risonanza è «l'orientamento cruciale che ci permette di andare al di là delle parole per afferrare le forze motivazionali degli individui; la risonanza assomiglia ad attitudini che noi potremmo definire simpatia, empatia o *Verstehen*» (Wikan, 1992, pp. 463, 455). Questo concetto viene suggerito a Wikan da un informatore, professore e poeta balinese, nel corso di una discussione sulle possibilità di comprensione tra persone di culture differenti. «Senza risonanza – con le parole del poeta – non ci può essere alcuna comprensione»; al contempo non si tratta di uno sforzo unilaterale, ma da parte di entrambi gli interlocutori è necessaria «la volontà di instaurare un rapporto con un altro mondo, vita o idea; un'abilità a usare la propria esperienza [...] per cercare di afferrare, o comunicare, i significati che non risiedono né in parole, né in fatti, né in testi, ma che vengono evocati nell'incontro di un soggetto che sta facendo esperienza di un'altra persona o di un testo» (ivi, p. 463). L'autrice cerca quindi in primo luogo di creare risonanza con i suoi interlocutori balinesi lasciandosi coinvolgere intimamente nella loro vita, instaurando un rapporto di amicizia e scambio, partecipando alle attività quotidiane, in modo da divenire, giorno dopo giorno, sempre più familiare con il loro modo di esperire la vita, con «i concetti con i quali essi sentono, pensano e manipolano i fatti e le tribolazioni delle loro esistenze individuali» (Wikan, 1990, p. XVI). Il secondo passaggio è quello tra l'antropologa come autrice, il testo e il lettore. Ancora un tentativo di creare risonanza, non intesa dunque come identificazione o condivisione di un'identica esperienza, ma come tentativo di cercare nel fondo di noi stessi un ponte verso gli altri, poiché «dove le culture separano, la risonanza getta ponti» (Wikan, 1992, p. 476).

Ha molti punti in contatto con il pensiero di Unni Wikan la riflessione proposta da John Leavitt (1996), il quale, in un saggio dedicato all'analisi antropologica delle emozioni, ci parla di un processo di comprensione antropologica per analogia che coinvolge pensiero e sentimento, mente e corpo. La critica che questo autore rivolge ai suoi colleghi è che spesso nella quotidianità del lavoro sul campo si dipende da processi di comprensione empatica che non vengono però mai riconosciuti e dichiarati nelle etnografie. Se infatti è assolutamente ingenuo presumere l'universalità delle risposte affettive, sostiene Leavitt, è anche certamente vero che un etnografo *immerso* nella vita dei suoi ospiti riuscirà, grazie alla lunga frequentazione e nonostante le immancabili perdite di ogni processo di traduzione, a comprendere le loro emozioni. Ma questa comprensione, secondo Leavitt, è solo l'inizio della ricerca. Il problema dell'empatia non dipende dal fatto che coinvolge il vissuto dell'antropologo, ma che – nascondendo del tutto il carattere problematico della traduzione – spesso porta a considerare come giusta la prima impressione, quando invece questa dovrebbe essere riesaminata e rielaborata alla luce di una maggiore conoscenza e familiarità con la cultura studiata. Secondo Vinciane Despret, un utilizzo semplicistico dell'empatia, nel quale l'antropologo mette il proprio corpo e la propria storia a disposizione di un negoziato di cui egli è l'unico sito, si ricollega all'autenticità della passione e dei suoi accessi: la mia passione mi dà un accesso autentico a quella dell'altro. Con le parole dell'autrice (Despret, 2001, trad. it. p. 83):

L'idea di un io autentico o di un nucleo di irrazionalità "nascosto" o protetto è una versione dell'emozione che coltiviamo da tempo nella nostra tradizione. Si noterà che questa singolare articolazione tra l'interiorità, la passività e l'autenticità dell'emozione presuppone una certa definizione dell'autenticità: l'emozione è vera, naturalmente vera, ma soprattutto spontaneamente vera. Questa definizione dell'autenticità esprime la separazione tra natura e cultura.

Un ricorso ingenuo all'empatia porta infatti al malinteso, in quanto non considera né il punto di vista dei locali né il più ampio contesto politico, storico e sociale, e colloca acriticamente l'esperienza degli altri all'interno di concetti di persona ed emozione propri dell'antropologo, rischiando di dare luogo «a una forma di imperialismo occidentale sulle emozioni degli altri» (Lynch, 1990, p. 17). Se un'empatia aproblematica ed etnocentrica, o ancora ingenua ed egocentrica, porta al "fraintendimento empatico" o alla "trappola empatica" (Bonino, Lo Coco, Tani, 1998, p. 59), alla «misrisonanza implicita nella parzialità delle propriospettive» (Piasere, 2002, p. 155), a un falso *keneh* causato da una «troppo facile attribuzione agli altri di ciò che uno sente-pensa» (Wikan, 1992, p. 479), l'empatia "analogica e riflessiva" o *simpatia* – attraverso la costante riformulazione del proprio vissuto e delle proprie categorie, il coinvolgimento attivo, la continua apertura e la paziente disponibilità – consente di attenuare i rischi di incomprensione. La *simpatia* di Leavitt si avvicina molto all'empatia "etnografica" di cui ci parla Jackson (1998, p. 97) e che si basa su un'intensa e durevole relazione con gli altri, sulla coesistenza, sulla permeabilità. Nella prospettiva fenomenologica di Jackson la possibilità dell'empatia etnografica è strettamente connessa con la capacità di apprendimento. La strategia metodologica che propone consiste nell'acquisizione di pratiche corporee e di abilità sociali, secondo un apprendimento che nelle società preletterate è spesso materia di osservazione e imitazione diretta: «Si tratta di desistere dal prendere appunti per guardare, ascoltare, annusare, toccare, danzare, imparare a cucinare, tessere tappeti, accendere un fuoco, coltivare la terra» (Jackson, 1989, p. 9), «prendendo parte alla vita quotidiana senza altre motivazioni: consiste nell'abitare il loro mondo» (Jackson, 1983, p. 340). In questo senso, seguendo il suggerimento di James Clifford, il campo può essere pensato come un *habitus* piuttosto che come un luogo, intendendo per *habitus* un gruppo di disposizioni d'animo e pratiche fatte proprie, *incarnate* (Clifford, 1997, trad. it. p. 93). La comprensione viene quindi a coincidere con un processo, imperfetto e mai definitivamente concluso, di *knowing how* sociale, ossia con l'abilità a orientarsi in un determinato contesto e a parlare un altro linguaggio. Che la maggior parte della conoscenza e comprensione culturale non sia solo espressa in forme linguistiche quanto piuttosto agita nelle pratiche del quotidiano è stato affermato da molti filosofi e antropologi. Tra questi vorrei però riportare un passo di Piasere (2002, pp. 160-1), per la sua chiarezza e ironia:

L'etnografo, quasi come una spugna, si impregna di esperienze altrui, di schemi altrui, di analogie altrui, di emozioni altrui, di posture altrui. In Veneto c'è un termine molto adatto a questa metafora: *imbombegà*. Ogni oggetto che si impregna di una sostanza non cambia di per sé natura (a prescindere dal fatto che, come la spugna, possa essere o meno spremuto), resta "segnato" perché *imbombegà* [...]. L'impregnazione-*imbombegamento*-sedimentazione-incorporazione-*internalization* è un feeling-pensiero incorporato, un fenomeno psicosomatico che facilmente possiamo riferire all'acquisizione, parziale ma felice, di *habitus* altrui, alla Bourdieu.

L'"imbombegamento" di Piasere (2002) è un concetto simile all'*imprégnation* di Olivier de Sardan (1995), al "vivere con" di Jackson (1989), al "saper fare" di Stoller (1989b) e Jean Lave (1988), al *knowing how* di Ryle (1949), alla "sedimetazione" e all'"immersione sociale totale" di Hastrup e Hervik (1994), al lasciarsi condurre dalla vita degli altri di Devereux (1967). Una condizione di reciproca permeabilità e recettività cui i miei interlocutori sul terreno si riferivano parlando di "contagio di emozioni". Come verrà esplicitato più avanti, secondo la psicologia implicita bijagó le emozioni, alla pari delle malattie, possono passare da una persona all'altra, specialmente qualora queste condividano una relazione di prossimità, penetrando facilmente i permeabili confini corporei. Questa trasmissione avviene in modo involontario e quotidiano, senza necessità di prendere appunti o accendere il registratore, semplicemente partecipando delle stesse situazioni, in particolar modo quando queste siano di particolare intensità emotiva, come nel caso di conflitti o crisi.

7.6
Un'antropologia che spezza il cuore: le emozioni sul campo e nelle monografie etnografiche

Le emozioni sono inestricabilmente legate alla nostra ricerca antropologica così come al momento della scrittura, dal momento dell'apprensione e dell'attesa che precedono il campo, alle fasi di adattamento, impotenza, stanchezza, fino all'instaurarsi di relazioni significative e alla fase complessa della scrittura. Tuttavia, le emozioni sono generalmente omesse dai resoconti finali degli antropologi: eventualmente relegate a momenti di scambio informali tra colleghi, come lezioni e seminari, o confinate con un certo imbarazzo nelle note private del diario di campo. Questo è uno dei vari risultati della divisione dicotomica, di antiche origini, tra ragione ed emozione, per cui l'ambito accademico decide di privilegiare il sapere e nascondere il sentire, considerando l'ambito emozionale come il pericoloso "altro" della conoscenza. Anche se le emozioni in gioco nell'esperienza di campo sono state generalmente eliminate dai testi di antropologia, non possiamo tuttavia non considerarne le molteplici funzioni, per quanto silenziose o silenziate, propriamente nei processi che condizionano la forma in cui si produce la conoscenza etnografica, come il modo in cui negoziamo la costruzione del sapere sul campo, il modo in cui l'altro diventa o meno effettivamente l'Altro, e il modo in cui un'esperienza profondamente soggettiva come quella etnografica passa al lettore della monografia.

Nonostante il crescente accento sulla riflessività nella ricerca qualitativa in generale e nella ricerca etnografica in particolare (cfr. ad es. Alvesson, Sköldberg, 2000; Fonow, Cook, 1991), pochi autori – escludendo forse una certa linea di ricerca femminista concentrata sulle questioni di genere – hanno cercato di esplorare l'influenza delle proprie risposte emotive, così come della propria corporeità, nel processo di ricerca in un modo capace di condurre a una più profonda comprensione di ciò che accade durante l'esperienza sul campo. Le emozioni dei ricercatori sono sempre state trascurate come una fonte di dati in sé stesse. Le emozioni rimangono insomma nascoste perché questo tipo di etnografia è direttamente correlata alla sfera della conoscenza non verbale, pratica, empatica e incorporata, che difficilmente passa nello scritto.

L'interesse attuale per le emozioni nel lavoro sul campo è il risultato di un dibattito che fin dal 1980 discute questioni riguardanti riflessività e rappresentazione, e il rapporto del ricercatore con il proprio oggetto di studio. Nonostante l'enfasi crescente sulla riflessività nella ricerca qualitativa in generale e nell'etnografia in particolare (Alvesson, Sköldberg, 2000; Fonow, Cook 1991; Rose, 1997), fino a esperienze di ricerca quali l'autoetnografia o la narrativa personale (Davies, 1999; Ellis, Bochner, 2000; Hedican, 2001; Macbeth, 2001; Reed-Danahay, 1997), pochi autori hanno tuttavia esplorato le loro stesse risposte emotive nel processo della ricerca, con le conseguenze che questo tipo di introspezione potrebbe avere.

Le emozioni dei ricercatori non sono considerate dati rilevanti in sé stesse, in quanto condizionanti il processo di ricerca e i suoi risultati. Coffey (1999, p. 8) afferma la mancanza di una effettiva riflessione critica sulle modalità attraverso le quali l'antropologo entra in connessione con il campo. Nella sua opinione, sia nelle monografie che nella maggior parte dei testi sulla metodologia della ricerca qualitativa in generale o etnografica in particolare manca «una riflessione sulle o una analisi delle relazioni molteplici che si instaurano tra il ricercatore, il campo e gli interlocutori locali». In altre parole, continua Coffey (ivi, p. 7), si parla di come svolgere la ricerca, ma mai di come ci si sente emotivamente o di come il campo si vive come esperienza al contempo personale, emozionale e identitaria. Le emozioni in gioco durante la ricerca fanno profondamente parte del prodotto finale, possono addirittura alterare l'intero corso del lavoro di campo, e quindi non possono essere trascurate come elementi marginali. Le emozioni andrebbero anzi discusse dal punto di vista epistemologico, sollevando interrogativi su come influenzano l'intera ricerca, dalla raccolta dei dati alla scelta delle informazioni considerate rilevanti, all'analisi fino alle conclusioni, per non parlare della fase della scrittura.

Un punto di questo dibattito è dunque che i dati degli studi antropologici non sono solo informazioni preesistenti alla relazione dell'antropologo con i soggetti della sua ricerca, qualcosa in altre parole di dato e di esterno, che viene semplicemente documentato durante il lavoro di campo. I dati si creano nella e dalla relazione tra l'intervistatore e l'intervistato. In questo senso le emozioni sul campo dovrebbero essere considerate come elementi fondamentali (o punti di partenza) della ricerca, piuttosto che come problemi da oltrepassare o fenomeni da ignorare (Kleinmann, Copp, 1993; Bondi, 2005). L'espressione emotiva non è estranea al contenuto fattuale di ciò che una persona dice. Piuttosto essa contribuisce al significato della storia che si dispiega nel corso del dialogo.

L'enfasi di Sara Ahmed (2004) sulla performatività rappresenta un altro tentativo di oltrepassare i limiti degli approcci alle emozioni individualizzanti e psicologizzanti. Invece di chiedersi che tipo di stati le emozioni siano, si interroga su quale tipo di effetti abbiano le emozioni, quale tipo di pratiche siano in atto. Le emozioni sorgono dalle nostre relazioni con il mondo intorno a noi e al contempo danno forma, alterano, costituiscono queste relazioni. Se l'accento sulla performatività risolve la questione sulla collocazione delle emozioni (dentro o fuori dal soggetto), al contempo rischia di produrre l'impressione che le emozioni siano strumenti che i soggetti utilizzano consapevolmente e strategicamente. Confrontando la letteratura sull'argomento, potremmo affermare che ciò che accomuna tutte le posizioni metodologiche sulla questione delle emozioni nel campo sono l'ambiguità e la potenziale contraddizione delle affermazioni. Ad esempio, Seidman (1998) descrive la relazione tra intervistatore e intervistato esplicitamente in termini di un rapporto intimo io/tu. Ciò implica reciprocità, valorizzazione di ciò che l'interlocutore dice, rispetto e attenzione per i dettagli, costruzione di una crescente intimità. Tuttavia, nello stesso passo Seidman sostiene che questo stretto rapporto di intimità costituisce un limite o un elemento di disturbo per la ricerca. Le interferenze nel dialogo, così come il coinvolgimento emotivo personale o l'immedesimazione con la situazione dell'altro che turba e commuove devono essere evitate in quanto inappropriate. Secondo Seidman, pertanto, è necessario creare una relazione emotivamente intima senza che diventi intensa e inappropriata al fine di evitare un "rapporto terapeutico". Allo stesso modo critica l'immagine del ricercatore come osservatore obiettivo di fenomeni preesistenti alla sua presenza, ma al contempo mette in guardia dal "pericolo" che rapporti troppo stretti rendano impossibile comprendere dal punto di vista di chi l'esperienza e il suo significato sono descritti. Per cui è auspicabile una relazione al contempo prossima ma capace di distanziarsi, un'immersione nella quale non si perde tuttavia la propria individualità. L'immersione partecipante, la relazione intima e coinvolgente con il campo e i suoi partecipanti trasformano comunque l'etnografo nel corso della ricerca. La relazione del ricercatore con il suo terreno non appartiene quindi al regno dell'essere quanto a quello del divenire.

Hastrup suggerisce che «non si è mai completamente assorbiti, ma non si è con certezza mai più gli stessi di prima» (Hastrup, 1995, p. 19). Ma questa trasformazione tuttavia non viene narrata, rimanendo a fare parte di quella sfera fenomenologica, cui appartiene la conoscenza corporea non verbale, mnemonica e mimetica, sensuale, che di solito non appare nei diari di campo. In questo senso, la conoscenza antropologica dipende da relazioni particolari, corporee, intense, emozionali con particolari persone in un contesto specifico. Una condizione di estrema vulnerabilità, per dirla con le parole di Ruth Behar (1996), che solo può dare origine a un'antropologia umanistica, un'antropologia vissuta e scritta in modo intenso e personale. Un'antropologia capace di rappresentare le dimensioni soggettive dell'"essere nel mondo" in un determinato contesto locale riportando il punto di vista dei soggetti coinvolti, e quindi anche del ricercatore, esplicitando le sue scelte, i sentimenti, le dimensioni generalmente taciute. Occuparsi di emozioni significa anche presentare una visione più intensa e vicina ai lettori sia di noi che dei nostri interlocutori, preferendo all'immagine impersonale di attori sociali quella di persone che si confrontano con la possibilità della morte di un membro della loro famiglia, non riducendo quindi i singoli protagonisti a mere incorporazioni di una cultura astratta, ma evocando soggetti pieni di speranze, paure, desideri e progetti (Lutz, 1986; Wikan, 1990). Riportare i racconti, le biografie, le riflessioni e le parole di persone reali, sottolineando ciò che gli stessi interlocutori indicano come significativo, si rivela dunque un'importante strategia per meglio considerare e apprezzare le sfumature di significato dei vissuti emozionali. Per quanto infatti sia certamente possibile riscontrare tra di essi delle somiglianze di famiglia, tali contenuti emotivi perderebbero indubbiamente la loro particolarità, le loro caratteristiche uniche, qualora astratti dallo specifico contesto e situazione. Un'etnografia *person-centered* ed emotivamente carica rappresenta inoltre una metodologia utile per non appiattire eccessivamente la vita degli individui in tipificazioni, essenzialismi e definizioni astratte, rendendo invece conto dell'eterogeneità dei significati, delle prospettive e delle passioni individuali. Questa antropologia che tenta di «catturare stile, stati d'animo, emozioni» (Clifford, Marcus, 1986, trad. it. p. 141) è a sua volta un'impresa personale e intellettuale appassionata, coinvolgente ed emotivamente carica. La speranza è riuscire a trasmettere al lettore *a taste of ethnographic things* (Stoller, 1989a), rendendolo vulnerabile alla forza delle esperienze del campo, in quanto, con le parole di Ruth Behar (1996, p. 177), «un'antropologia che non spezzi i cuori non ha più alcuna ragione d'essere».

Riferimenti bibliografici

ABU-LUGHOD L. (1986), *Veiled Sentiments: Honour and Poetry in a Bedouin Society*, University of California Press, Berkeley-Los Angeles.
ABU-LUGHOD L., LUTZ C. (eds.) (1990), *Language and the Politics of Emotion*,

Maison des Sciences de l'Homme and Cambridge University Press, Cambridge.

AHMED S. (2004), *Cultural Politics of Emotion*, Edinburgh University Press, Edinburgh.

ALVESSON M., SKÖLDBERG K. (2000), *Reflexive Methodology. New Vistas for Qualitative Research*, Sage, London.

APPADURAI A. (1990), *Topographies of the Self: Praise and Emotion in Hindu India*, in Abu-Lughod, Lutz (1990), pp. 92-112.

ARMON-JONES C. (1986), *The Thesis of Constructionism*, in R. Harré (ed.), *The Social Constructionism of Emotions*, Basic Blackwell, Oxford, pp. 32-56.

BEHAR R. (1996), *The Vulnerable Observer. Anthropology That Breaks Your Heart*, Beacon Press, Boston.

BOAS F. (1888), *The Aims of Ethnology*, in Id. (1940), *Race, Language and Culture*, Free Press, New York, pp. 626-38.

BONDI L. (2005), *The Place of Emotions in Research*, in J. Davidson *et al.* (eds.), *Emotional Geographies*, Hampshire & Burlington, Ashgate.

BONINO S., LO COCO A., TANI F. (1998), *Empatia: i processi di condivisione delle emozioni*, Giunti, Firenze.

BOURDIEU P. (1980), *Le sens pratique*, Minuit, Paris.

ID. (1977), *Outline of a Theory of Practice*, Cambridge University Press, Cambridge (trad. it. *Per una teoria della pratica*, Raffaello Cortina, Milano 2003).

CLIFFORD J. (1997), *Routes. Travel and Translation in the Late Twentieth Century*, Harvard University Press, Cambridge (trad. it. *Strade. Viaggio e traduzione alla fine del secolo xx*, Bollati Boringhieri, Torino 1999).

CLIFFORD J., MARCUS G. (eds.) (1986), *Writing Culture: The Poetics and Politics of Ethnography*, University of California Press, Berkeley (trad. it. *Scrivere le culture*, Meltemi, Roma 1998).

COFFEY A. (1999), *The Ethnographic Self*, Sage, London.

COHEN A. (1974), *The Lesson of Ethnicity*, in Id. (ed.), *Urban Ethnicity*, Tavistock, London, pp. IX-XXIII.

D'ANDRADE R., STRAUSS C. (eds.) (1992), *Human Motives and Cultural Models*, Cambridge University Press, Cambridge.

DARWIN C. (1872), *The Expression of the Emotions in Man and Animals*, Murray, London (trad. it. *L'espressione delle emozioni nell'uomo e negli animali*, Bollati Boringhieri, Torino 1999).

DAVIES C. (1999), *Reflexive Ethnography: A Guide to Researching Selves and Others*, Routledge, London.

DESJARLAIS R. (1992), *Body and Emotion. The Aesthetics of Illness and Healing in the Nepal Himalayas*, University of Pennsylvania Press, Philadelphia.

DESPRET V. (2001), *Ces Émotions qui nous fabriquent, ethnopsychologie de l'authenticité*, Les Empêcheurs de penser en rond, Seuil (trad. it. *Le emozioni. Etnopsicologia dell'autenticità*, Elèuthera, Milano 2002).

DEVEREUX G. (1967), *From Anxiety to Method in the Behavioral Sciences*, Mouton,

The Hague (trad. it. *Dall'angoscia al metodo nelle scienze del comportamento*, Istituto della Enciclopedia Italiana, Roma 1984).

DURKHEIM E. (1895), *Les règles de la méthode sociologique*, Paris, Alcan.

ELLIS C., BOCHNER A. P. (2000), *Autoethnography, Personal Narrative, Reflexivity: Researcher as Subject*, N. K. Denzen, Y. S Lincoln (eds.), *Handbook of Qualitative Research*, Sage, Thousand Oaks (CA), pp. 733-68.

EPSTEIN A. L. (1992), *In the Midst of Life. Affect and Ideation in the World of the Tolai*, University of California Press, Berkeley.

FEHR F. S., RUSSELL J. A. (1984), *Concept of Emotion Viewed from a Prototype Perspective*, in "Journal of Experimental Psychology", 113, pp. 464-86.

FONOW M., COOK J. (1991), *Beyond Methodology*, Indiana University Press, Bloomington-Indianapolis.

GEERTZ C. (1973), *The Interpretations of Cultures*, Basic Books, New York (trad. it. *Interpretazione di culture*, il Mulino, Bologna 1987).

ID. (1980), *Negara: The Theatre State in Nineteenth-Century Bali*, Princeton University Press, Princeton.

GRIMA B. (1992), *The Performance of Emotion among Paxtun Women: "The Misfortunes which Have Befallen Me"*, University of Texas Press, Austin.

HARRIS M. (1969), *The Rise of Anthropological Theory. A History of Theories of Culture*, Thomas Y. Crowell, New York (trad. it. *L'evoluzione del pensiero antropologico*, il Mulino, Bologna 1971).

HASTRUP K. (1995), *A Passage to Anthropology: Between Experience and Theory*, Routledge, London.

HASTRUP K., HERVICK P. (eds.) (1994), *Social Experience and Anthropological Knowledge*, Routledge, New York-London.

HEDICAN E. J. (2001), *Up in Nipigon Country: Anthropology as a Personal Experience*, Fernwood, Halifax.

HOLLAN D. W. (1992), *Emotion Work and the Value of Emotional Equanimity among the Toraja*, in "Ethnology", 31, 1, pp. 45-57.

ID. (1988), *Staying "Cool" in Toraja: Informal Strategies for the Management of Anger and Hostility in a Nonviolent Society*, in "Ethos", 16, pp. 52-72.

ID. (1997), *The Relevance of Person-Centered Ethnography to Cross-Cultural Psychiatry*, in "Transcultural Psychiatry", 34, 2, pp. 219-34.

HOLLAN D. W., WELLENKAMP J. C. (1994), *Contentment and Suffering. Culture and Experience in Toraja*, Columbia University Press, New York.

JACKSON M. (1983), *Knowledge of the Body*, in "Man", 18, 3, pp. 327-45.

ID. (1989), *Path towards a Clearing. Radical Empiricism and Ethnographic Inquiry*, Indiana University Press, Bloomington-Indianapolis.

ID. (1998), *Minima Ethnographica. Intersubjectivity and the Anthropological Project*, University of Chicago Press, Chicago-London.

KLEINMANN S., COPP M. (1993), *Emotions and Fieldwork*, Sage, Newbury Park.

KNAPP P. H. (1958), *Conscious and Unconscious Affects*, in "Psychiatric Research Reports", 8, pp. 55-74.

LAVE J. (1988), *Cognition in Practice: Mind, Mathematics and Culture in Everyday Life*, Cambridge University Press, New York.

LEAVITT J. (1996), *Meaning and Feeling in the Anthropology of Emotions*, in "American Ethnologist", 23, 3, pp. 514-39.

LÉVI-STRAUSS C. (1962), *Le Totémisme aujourd'hui*, PUF, Paris (trad. it. *Il totemismo oggi*, Feltrinelli, Milano 1972).

LOCK M., SCHEPER-HUGHES N. (1987), *The Mindful Body: A Prolegomenon to Future Work in Medical Anthropology*, in "Medical Anthropology Quarterly", n.s., I, I, pp. 6-41.

LUTZ C. (1986), *Emotion, Thought, and Estrangement: Emotion as a Cultural Category*, in "Cultural Anthropology", I, 3, pp. 287-309.

ID. (1988), *Unnatural Emotions: Everyday Sentiments on a Micronesian Atoll and Their Challenge to Western Theory*, University of Chicago Press, Chicago.

ID. (1990), *Engendered Emotion: Gender, Power, and the Rhetoric of Emotional Control in American Discourse*, in Abu-Lughod, Lutz (1990), pp. 69-91.

LUTZ C., WHITE M. G. (1986), *The Anthropology of Emotions*, in "Annual Review of Anthropology", 15, pp. 405-36.

LYNCH M. O. (ed.) (1990), *Divine Passions. The Social Construction of Emotion in India*, University of California Press, Berkeley.

ID. (1995), *Missing Emotion: The Limitations of Cultural Constructionism in the Study of Emotion*, in "Cultural Anthropology", 10, pp. 244-63.

LYON M. (1995), *Missing Emotion: The Limitation of Cultural Construction in the Study of Emotion*, in "Cultural Anthropology", 10, 2, pp. 244-63.

MACBETH D. (2001), *On "Reflexivity" in Qualitative Research: Two Readings and a Third*, in "Qualitative Inquiry", 7, I, pp. 35-68.

MERLEAU-PONTY M. (1964), *Le Visible et l'invisible*, Gallimard, Paris (trad. it. *Il visibile e l'invisibile*, Bompiani, Milano 2007).

MILLS M. B. (1997), *Contesting the Margins of Thai Modernity*, in "American Ethnologist", 24, I, pp. 37-61

MITCHELL J. (1997), *A Moment with Christ: The Importance of Feelings in the Analysis of Belief*, in "Journal of the Royal Anthropological Institute", 3, I, pp. 79-94.

OLIVIER DE SARDAN J.-P. (1995), *Anthropologie et développement. Essai en socio-anthropologie du changement social*, APAD-Karthala, Paris.

PIASERE L. (2002), *L'etnografo imperfetto. Esperienza e cognizione in antropologia*, Laterza, Roma-Bari.

PUSSETTI C. (2006), *Poetica delle emozioni: i Bijagó della Guinea Bissau*, Laterza, Roma-Bari.

REDDY W. (1997), *Against Constructionism. The Historical Ethnography of Emotions*, in "Current Anthropology", 38, 3, pp. 327-51.

ID. (1999), *Emotional Liberty: Politics and History in the Anthropology of Emotion*, in "Cultural Anthropology", 14, 2, pp. 256-88.

ID. (2001), *The Navigation of Feeling. A Framework for the History of Emotions*, Cambridge University Press, Cambridge.

REED-DANAHAY D. (1997), *Auto/Ethnography: Rewriting the Self and the Social*, Berg, Oxford.

REMOTTI F. (1990), *Noi, primitivi. Lo specchio dell'antropologia*, Bollati Boringhieri, Torino.

ROSALDO M. (1984), *Verso un'antropologia del Sé e dei sentimenti*, in A. R. LeVine, A. R. Shweder (a cura di) (1997), *Mente, sé, emozioni. Per una teoria della cultura*, Argo, Lecce, pp. 161-82.

ID. (1989), *Culture and Truth. The Remaking of Social Analysis*, Routledge, London (trad. it. *Cultura e verità. Rifare l'analisi sociale*, Meltemi, Roma 2001).

ROSE G. (1997), *Situating Knowledges: Positionality, Reflexivities and Other Tactics*, in "Program in Human geography", 21, 3, pp. 305-20.

RYLE G. (1949), *The Concept of Mind*, Hutchinson, London (trad. it. *Lo spirito come comportamento*, Laterza, Roma-Bari 1982).

SEIDMAN I. (1998), *Interviewing as Qualitative Research*, Teachers College Press, New York.

SOLOMON C. R. (1984), *Andare in collera. La teoria jamesiana delle emozioni in antropologia*, in A. R. LeVine, A. R. Shweder (a cura di) (1997), *Mente, sé, emozioni. Per una teoria della cultura*, Argo, Lecce, pp. 273-92.

STEIN E. (1992), *L'empatia*, FrancoAngeli, Milano.

STOLLER P. (1989a), *The Taste of Ethnographic Things: The Senses in Anthropology*, University of Pennsylvania Press, Philadelphia.

ID. (1989b), *Fusion of the Worlds*, University of Chicago Press, Chicago-London.

WHITEHOUSE H. (2005), *Emotion, Memory, and Religious Rituals: An Assessment of Two Theories*, in K. Milton, M. Svasek (ed.), *Mixed Emotions Anthropological Studies of Feeling*, Berg, Oxford.

WHITEHOUSE H., LAIDLAW J. A. (eds.) (2004), *Ritual and Memory: Towards a Comparative Anthropology of Religion*, AltaMira Press, Walnut Creek (CA).

WIERZBICKA A. (1972), *Semantic Primitives*, "Linguistische Forschungen", 22, Athenäum, Frankfurt am Main.

ID. (1994), *Conceptual Issues in the Study of Emotions (a Semantic Perspective)*, in J. Russell (ed.), *Everyday Conceptions of Emotion: An Introduction to the Psychology, Anthropology and Linguistics of Emotion*, Kluwer, Dordrecht, pp. 17-47.

ID. (1999), *Emotions across Languages and Cultures: Diversity and Universals*, Cambridge University Press, Cambridge.

WIKAN U. (1990), *Managing Turbulent Hearts. A Balinese Formula for Living*, University of Chicago Press, Chicago.

ID. (1992), *Beyond the Words: The Power of Resonance*, in "American Ethnologist", 19, pp. 460-82.

8

Idee

di *Francesco Remotti*

8.1
Cos'è un'idea?

Quando un etnografo si reca sul campo, molti aspetti della realtà in cui è immerso lo colpiscono attraverso i sensi. Ovviamente, si può anche rovesciare l'affermazione e sostenere che attraverso i sensi egli va alla ricerca dei suoi oggetti di studio. Le cose fisiche – siano esse prodotti naturali (come un albero) o prodotti artificiali (come una casa) – possono essere toccate, persino annusate, oltre che guardate. A loro volta, le azioni non potranno certo essere afferrate con le mani, e pur tuttavia vista e udito intervengono per consentirci di cogliere il loro svolgimento: come iniziano, come si sviluppano, come terminano. Quanto alle idee occorre invece ammettere che i sensi corporei non ci sono di grande aiuto. Per cogliere le idee occorre spostarsi su un altro piano, anche se l'etnografo dovrà fare ricorso a tutte le risorse (mezzi di comunicazione, indizi, informazioni) fornite dai sensi. Le idee passano attraverso l'apparato sensoriale, cioè si fanno intravedere sia nei suoni e nelle parole, sia nei gesti e nelle azioni, sia nelle cose e negli oggetti, ma per cogliere le idee, che sono prodotti mentali per eccellenza, occorre disporre di un'attrezzatura peculiare, di strumenti appositi: ci vorrebbe – per così dire – un senso a parte, simile ai sensi del corpo, un senso mentale però, non corporeo.

Platone chiamava questo senso a parte «l'occhio della mente» (*to tes psyches omma*): è questo – per Platone – l'organo adatto ad afferrare le idee (*Repubblica* 533 d). Ma esiste davvero un organo siffatto, un senso spirituale paragonabile ai sensi corporei? Il filosofo Gilbert Ryle (1949), uno dei critici più radicali della distinzione mente/corpo intesi come due sostanze separate, ci ha messo in guardia dal rischio di trasformare la metafora dell'occhio spirituale in un organo vero e proprio. Se davvero esistesse questo occhio della mente, predisposto a cogliere le idee, dovremmo allora liberarlo – come in effetti sostiene Platone – dalle scorie sensoriali corporee, dalla «barbarica melma» in cui risulta «impantanato» (*Repubblica* 533 d), affinché, così mondato, esplichi tutta la sua capacità di percezione. Se davvero disponessimo di questo organo, anche l'etnografo – proteso a cogliere le idee – dovrebbe seguire le orme del filosofo, il quale, secondo Platone, «cerca di liberare quanto più può l'anima da ogni comunanza con il corpo» (*Fedone* 65 a).

L'etnografo non ha però da compiere questo cammino ascetico per almeno due ragioni. In primo luogo, l'espressione "occhio della mente" – se proprio decidessimo di utilizzarla – non dovrebbe indicare altro, in antropologia, che un *insieme di tecniche e di procedimenti* mediante cui l'etnografo cercherà di scovare le idee che i suoi interlocutori elaborano in questo o quel contesto, in relazione a questo o a quel tema, in questo o in quell'ambito dell'esperienza, ben sapendo che le idee non hanno la stessa consistenza oggettiva delle cose materiali o la stessa evidenza fisica delle azioni. A confronto con questi altri aspetti della realtà culturale, le idee appaiono decisamente più sfuggenti, inafferrabili, proteiformi, spesso evanescenti, nonostante che siano tremendamente importanti. In secondo luogo, l'etnografo – a differenza del filosofo platonico – non è interessato a cogliere le idee come essenze delle cose, ma a cogliere le idee che *altri* hanno elaborato nei loro specifici mondi culturali. Sono le idee altrui, le idee che innervano questa o quella cultura, a rappresentare uno dei più importanti obiettivi dell'etnografo: per Platone si tratta di andare alla ricerca delle idee come nervatura della realtà; per l'etnografo si tratta di andare alla ricerca delle idee come *nervatura di una data cultura*. E questa è ovviamente una differenza capitale.

È ora però che proviamo a dare una qualche definizione di idea, anche se in maniera provvisoria e preliminare. Intanto, diciamo che "idea" è termine greco, il quale come il termine *eidos* ("forma, aspetto"), così ricorrente in Platone, deriva da una radice verbale che significa "vedere". Avere un'idea – come diciamo anche nel linguaggio quotidiano – significa possedere, ottenere o formarsi un'immagine, uno sguardo di insieme. Anche se abbiamo da subito preso le distanze da Platone, il filosofo di Atene può esserci utile per la nostra definizione iniziale: *idea è ciò che, sul piano mentale, unifica in qualche modo un molteplice*. Nel *Menone*, ad esempio, dove si discute di virtù, Platone fa dire a Socrate: «Ti ho chiesto quale sia l'idea [*eidos*] della virtù, non uno sciame di virtù» (*Menone* 72 a-b). Ma l'idea che unifica non annulla la molteplicità, bensì la trasforma da sciame o pulviscolo in qualcosa di ordinato, in un ordine articolato. L'etnografo farebbe bene a seguire Platone su questo punto, cioè sul tema dell'articolazione, perché esso trova molte applicazioni sul piano culturale. Nel *Fedro* (266 b) egli sostiene che la mente fa ricorso a due procedimenti, opposti, ma entrambi fondamentali: quello delle «unificazioni» e quello delle «divisioni». Il primo procedimento «consiste nel ricondurre [il molteplice] a un'unica idea, cogliendo con uno sguardo d'insieme le cose disperse in molteplici modi» (*Fedro* 265 d). Il secondo procedimento «consiste, in senso opposto, nel saper dividere secondo le idee, in base alle articolazioni che hanno per natura, e cercare di non spezzare nessuna parte, come invece suole fare un cattivo scalco» (*Fedro* 265 e). Questi due movimenti, quello dell'*unificare* e quello del *dividere*, sono alla base della teoria platonica delle idee, e noi li possiamo assumere entrambi come elementi fondamentali della nostra definizione di idea anche in ambito culturale. Detto in altri termini, gli esseri umani si fanno culturalmente delle idee, procedendo sia nel senso dell'unificazione (primo movimento) sia nel senso della divisione (secondo movimento), per cui possiamo riprendere la nostra definizione iniziale offrendone una formulazione più completa: *idea è ciò che, sul piano mentale e in uno specifico ambito culturale, unifica e articola in qualche modo un molteplice.*

L'etnografia potrà quindi essere concepita come assimilabile all'arte dello scalco, di cui parla Platone, nel senso che l'etnografo per un verso dovrà capire come un molteplice viene culturalmente unificato e per l'altro verso dovrà riprodurre fedelmente le articolazioni mediante cui quel molteplice (quel settore o ambito culturale) è stato organizzato. Facciamo subito un esempio, tratto da uno dei primi campi di ricerca dell'etnografia, ossia la terminologia di parentela. L'americano Lewis H. Morgan (1818-1881), fondatore di questo tipo di studi in antropologia, ha esplicitamente inteso la terminologia di parentela come «un piano per la descrizione e la classificazione della parentela, l'elaborazione del quale ha coinciso con un atto di intelligenza e di conoscenza» (Morgan, 1871, p. VI). Ovvero, la terminologia di parentela è, per Morgan, un'attività intellettuale che consiste nell'unificare e organizzare quel "molteplice" sociale che sono le relazioni di parentela; ed è significativo che egli in diverse occasioni sottolinei come la terminologia di parentela consista in un insieme di «idee» e che anzi queste diano luogo a un sistema: «Ogni schema di consanguineità e di affinità poggia su idee ben definite» (ivi, p. 11). L'etnografo ha da scovare le idee che sono «incorporate» nei sistemi di terminologia, cercando di riprodurle nella loro estensione e nella loro articolazione (ivi, p. 471). Ad esempio, Morgan avverte che non possiamo utilizzare il nostro concetto di "padre" come coincidente con il termine irochese *hä-nih'*, in quanto *hä-nih'* è un'idea che comprende sia il "padre" di Ego, sia il "fratello del padre" di Ego (ivi, p. 13). Allo stesso modo, il nostro concetto di "zio", che si riferisce tanto allo zio paterno quanto allo zio materno, non può essere utilizzato senza modifica alcuna per rendere le corrispondenti idee irochesi. Infatti, nella tribù irochese dei Seneca, mentre il "fratello del padre" è assimilato al "padre", il "fratello della madre" viene distinto con un termine a parte, *Hoc-no'-seh*, che non possiamo rendere senza modifica alcuna con il nostro "zio". Se l'etnografo utilizzasse "padre" e "zio" come concetti universali, applicabili tanto al nostro sistema, quanto a quello degli Irochesi, si comporterebbe come lo scalco maldestro di cui ci parla Platone. L'etnografia è invece arte dello scalco, in quanto segue e riproduce le articolazioni – le idee – mediante cui una determinata società "unifica" uno specifico ambito culturale (quello della parentela, nell'esempio ora proposto).

Nella definizione di idea elaborata sopra vi sono però due punti che vanno segnalati in totale disaccordo con Platone. Il primo (*a*) è l'inciso "in uno specifico ambito culturale", con il che intendiamo sottolineare che i procedimenti di unificazione e di divisione avvengono sia in un dato universo culturale, sia in un settore determinato di una singola cultura. Per Platone, invece, cogliere le idee – criteri di unificazione e di divisione nello stesso tempo – significa seguire e riprodurre le articolazioni della realtà, e questo si verificherebbe "fuori dalla caverna", fuori dai condizionamenti culturali [1]. Il secondo punto (*b*) coincide con l'espressione avverbiale "in qualche modo": ovvero un determinato molteplice (un qualsiasi ambito di esperienza) viene unificato e articolato soltanto in modo parziale, arbitrario, variabile. Con ciò intendiamo dire che gli esseri umani, con le loro culture, non sono in grado di unificare e articolare un molteplice in maniera totale, necessaria e definitiva: le loro idee – prodotti mentali e culturali – non riproducono in maniera esaustiva (come invece pretendeva Platone) le strutture dell'essere o della realtà, ma sono modalità diver-

---

1. Si potrebbe dire che la caverna, in cui gli esseri umani si trovano legati, è simbolo per Platone (*Repubblica*, VII, 514b-520a) dei condizionamenti a cui solo il filosofo sa e deve sottrarsi. Come vedremo nei PARR. 8.5 e 8.6) l'etnografo scopre che anche gli individui normali possono svincolarsi dai lacci della loro cultura e – senza accedere alla verità assoluta – proporre nuove idee e imprimere svolte più o meno radicali alla cultura in cui vivono.

se di conferire un ordine, sempre provvisorio – ancorché condivisibile e credibile – a certi aspetti del mondo, naturale, sociale o invisibile che sia. L'etnografo ha il compito di perlustrare questi modi diversi di unificare e articolare il mondo, anche quando singole culture avanzano la pretesa di dare luogo a una visione totale, naturale, necessaria, indiscutibile. Questa eventuale pretesa, riscontrabile in particolari culture (ma non in tutte), si configura essa stessa come un tema di osservazione e di analisi da parte dell'etnografo. Detto in altri termini, quando un etnografo si dispone allo studio delle idee e delle visioni del mondo di questa o quella cultura, è opportuno che indaghi anche se questa visione sia corredata dal convincimento (dall'idea) della propria indiscutibilità o se invece sia accompagnata dal riconoscimento della propria parzialità e provvisorietà, perché questo pone differenze significative tra società e società e apre la strada per più approfondite indagini sui loro temi, sui loro valori, sui loro presupposti e sui loro orientamenti.

8.2
Tipi di idee

Dalle argomentazioni precedenti è facile dedurre che le idee di cui l'etnografo andrà alla ricerca si dispongono su livelli diversi e avranno dimensioni diverse. Vi potranno essere idee molto ampie e generali, come quelle che caratterizzano le cosmologie o visioni del mondo, e vi saranno idee assai più minute, che si riferiscono ad aspetti circoscritti dell'esperienza. Facciamo un esempio tratto dai Banande del Nord Kivu (Repubblica Democratica del Congo). Nell'organizzazione concettuale dello spazio nande è abbastanza agevole reperire l'idea generale di *ekihugo*: essa è fattore di unificazione di un molteplice (nel senso che *ekihugo* significa un qualunque "territorio", di non importa quali dimensioni) e nello stesso tempo è fattore di suddivisione e di articolazione. *Ekihugo* può essere infatti il mondo, la terra, una regione, il dominio di un capo, come pure un terreno dato in concessione a un capofamiglia (Remotti, 1994, p. 44). *Ekihugo* è quindi un'idea che unifica molti aspetti del reale facenti parte dell'organizzazione dello spazio in questa etnia dell'Africa equatoriale. *Ekihugo* prevede anche, però, una divisione assai significativa, quella tra *eka* e *omoli*, esprimendo *eka* l'idea del "proprio" villaggio, del proprio luogo di abitazione (non un villaggio in generale, ma, per dirla in francese, il *chez-soi*) e designando *omoli* tutto ciò che si trova al di là dell'*eka*, e dunque il bananeto (*esyomboko*), i campi (*amarima*), la boscaglia

FIGURA 8.1
Organizzazione concettuale dello spazio nande

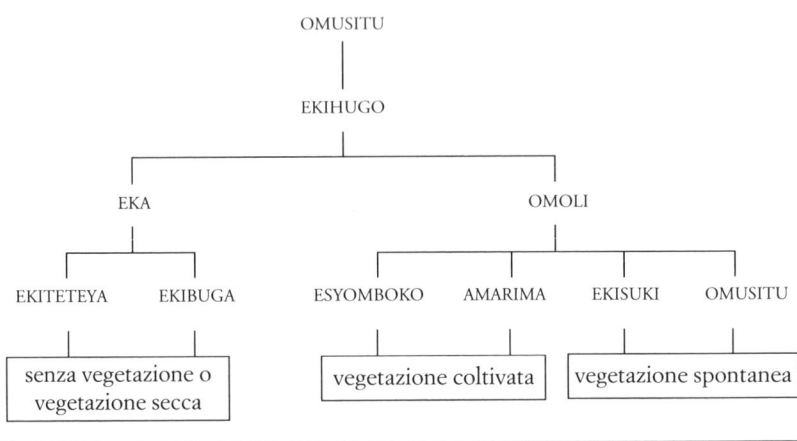

(*ekisuki*), la foresta (*omusitu*) (ivi, p. 52). A sua volta, *eka* – là dove uno abita – si suddivide in elementi importanti dello spazio interno al villaggio, tra cui soprattutto l'*ekiteteya*, cioè la capanna di abitazione a forma circolare e costruita solo con materiali vegetali secchi, e l'*ekibuga*, lo spazio sgombro dalla vegetazione, di terra battuta, attorno al quale si dispongono le abitazioni e su cui si mettono a seccare i prodotti vegetali (manioca, banane, fagioli) (ivi, p. 158). Per convincersi che unificazione per un verso e divisione per l'altro possano avere un'applicazione etnografica, è sufficiente "far vedere" con uno schema grafico l'*idea* complessiva, la "visione di insieme" che i Banande hanno a proposito del loro mondo, cioè di *ekihugo* (ivi, p. 157; FIG. 8.1).

Potremmo dire che qui l'etnografo si fa "ideografo", ovvero trascrittore e visualizzatore di idee proprie e altrui. I Banande – secondo quanto presume l'etnografo – "vedono" così il loro mondo, hanno del loro mondo questa "idea" articolata, composta almeno dagli elementi che abbiamo elencato. L'etnografo, a sua volta, si fa "un'idea di questa idea" che si intitola a *ekihugo* e che tuttavia non si riduce a *ekihugo*, e prova a farla "vedere" aiutandosi – come in questo caso – con uno schema. Anche l'etnografo unifica *in qualche modo* un molteplice, giacché mette insieme gli elementi sparsi che avrà raccolto sul campo mediante osservazioni, interrogazioni, informazioni, esperienze vissute [2]. La distinzione, ad esempio, tra *eka* (il villaggio dove uno abita) e *omoli* (tutto lo spazio circostante) diventa ben percepibile, allorché egli si sarà sufficientemente reso conto che *eka* è il luogo del secco e del pulito, mentre *omoli* è il luogo della vegetazione viva, sia di quella coltivata (bananeto e campi), sia di quella spontanea (boscaglia e foresta). Secco e pulito da una parte (*eka*) e vegetazione dall'altra (*omoli*) sono senza dubbio idee che suggerirebbero all'etnografo ulteriori approfondimenti. Ma il suggerimento che noi ricaviamo a questo punto è un altro, un suggerimento di natura metodologica.

Possiamo infatti sostenere che c'è l'idea *ekihugo* dei Banande e c'è l'idea *ekihugo* dell'etnografo: tipi di idee un po' diverse tra loro, che si collocano su piani diversi e che hanno funzioni differenti. Tanto per cominciare, l'idea *ekihugo* dell'etnografo andrà verificata sull'idea *ekihugo* dei Banande: l'etnografo dovrà fare attenzione affinché ci sia un'accettabile corrispondenza tra la propria idea e quella dei Banande, e un minimo di esperienza sul campo mette in guardia l'etnografo sia su errori e deviazioni rispetto al modello originale, sia su effetti di riduzione che la sua idea inevitabilmente comporta. È probabile infatti che l'idea nande di *ekihugo* contenga una quantità di aspetti e di implicazioni che gli schemi, le categorie, persino i tempi dell'etnografo si lasciano sfuggire (quante volte, ritornato a casa, egli si renderà conto di non aver approfondito questo o quell'aspetto, di non aver seguito questo o quel percorso che le idee inizialmente scovate gli avevano suggerito). A questo rischio di eccessiva riduzione dei dati culturali nella rappresentazione fornita dall'etnografo (un'idea impoverita rispetto all'originale) si accompagna un rischio opposto e complementare, quello di attribuire ai propri interlocutori idee aggiuntive, che sono loro estranee. Del resto, le due cose sono reciprocamente funzionali e si implicano a vicenda: quanto più l'idea dell'etnografo è povera di elementi indigeni, tanto più l'etnografo è portato a irrobustirla con elementi tratti dal suo sapere (dalla sua cultura di appartenenza, ad esempio, tanto quanto dai suoi studi, compresi quelli di antropologia). E viceversa: quanto più egli è imbottito di idee proprie, tanto più tende a scaricarle nella mente e nella cultura altrui. Su questo punto dell'interazione tra l'etnografo e le persone che egli stu-

---

2. Claude Lévi-Strauss (1955, trad. it. p. 208) descrive con efficacia il suo modo di procedere nell'analisi del villaggio bororo: «Passavamo la giornata a girare di casa in casa, recensendo gli abitanti, stabilendo il loro stato civile, e tracciando con dei bastoncini sul suolo della radura le linee ideali» della struttura con cui il villaggio era organizzato.

dia (normalmente appartenenti a un'altra cultura) avremo modo di ritornare nei paragrafi successivi. Per ora è sufficiente mettere in guardia l'etnografo sulla differenza tra le sue idee e quelle degli altri, sulla necessità che la sua analisi non impoverisca troppo la cultura altrui, sui rischi che il suo eccessivo "sapere" potrebbe fargli correre e sulle virtù della sua "sprovvedutezza" e della sua "indigenza" [3].

Non c'è però differenza soltanto tra le idee dell'etnografo e quelle altrui. È bene, è anzi indispensabile tenere presente che all'interno di una medesima cultura vi sono tanti tipi diversi di idee. Quello che abbiamo fatto vedere finora sono certi tipi di idee, che troviamo in molte culture (per non dire in tutte) e a cui gli etnografi più facilmente si rivolgono. Si tratta di:

a) idee gerarchizzate (da idee più generali a idee più particolari e viceversa: ad esempio, da *ekihugo* a *ekibuga*);

b) idee che si prestano a essere suddivise, soprattutto con procedimenti dicotomici (*ekihugo* che si articola in *eka* e *omoli*, e *omoli* che a sua volta si suddivide nel settore culturale, quello della coltivazione, rappresentato dal bananeto e dai campi, e nel settore naturale, quello della vegetazione spontanea, rappresentato dalla boscaglia e dalla foresta). Portiamo qui un altro esempio di come *ekihugo* si lasci scindere in categorie opposte, secondo un processo di dicotomizzazione dal sapore platonico: vi è infatti *amali w'ekihugo*, che è «la destra del territorio», e *amalembe w'ekihugo*, «la sinistra del territorio» (Remotti, 1994, p. 60). Secondo alcuni informatori la prima indica il nord e la seconda il sud, e questo si giustifica allorché si considera il senso della conquista del territorio da parte dei Banande, i quali dal lago Edoardo (a est) si sono spinti verso *obulengya*, «là dove tramonta il sole». L'articolazione dicotomica è del resto diffusissima, come aveva dimostrato Claude Lévi-Strauss in un importante lavoro sulle organizzazioni dualistiche, di cui il villaggio dei Bororo del Mato Grosso con la sua divisione in due metà esogamiche e matrilineari (Cera a nord e Tugaré a sud) è un esempio tra i più famosi in etnologia [4].

Sarebbe però molto limitativo ricercare soltanto questi due tipi di idee, *gerarchiche* e *dicotomiche*: per quanto fondamentali e persino irri-

---

3. Sulla "sprovvedutezza" e sull'"indigenza" dell'antropologo, e non solo dell'etnografo, cfr. Remotti (1993a, 2009, pp. 167 ss.).

4. Il riferimento è a un articolo dedicato a un esame delle organizzazioni dualistiche (Lévi-Strauss, 1956), mentre la descrizione più completa della struttura del villaggio bororo è in *Tristes Tropiques* (Lévi-Strauss, 1955, cap. 22).

nunciabili possano essere i procedimenti dicotomici, come lo stesso Platone – sempre lui – aveva argomentato (*Fedro* 266 a), una cultura non riduce il suo apparato di idee a divisioni di questo genere. Per ritornare al nostro esempio di prima, l'idea *ekihugo* non dà luogo soltanto a quella sorta di albero rovesciato, quale abbiamo raffigurato nello schema precedente. Parlando con i propri interlocutori, provando egli stesso a utilizzare il concetto di *ekihugo*, l'etnografo si accorgerà abbastanza presto di una connessione ricorrente, quella che lega *ekihugo* (mondo, terra, regione, territorio, appezzamento di terreno) al verbo *eritwa*, che vuol dire "tagliare". L'idea *ekihugo* non si articola soltanto nelle categorie più particolari esaminate prima, ma si connette anche al senso del "tagliare". L'espressione che rende questa idea complessiva è *eritw'ekihugo*, che letteralmente significa "tagliare un territorio" e che potremmo tradurre con "conquistare, organizzare un territorio". Che cos'è infatti un territorio conquistato, se non un territorio strappato alla foresta, dove si è provveduto a "tagliare" e abbattere gli alberi, dove si è inoltre provveduto a produrre altri "tagli", come quello che separa nettamente il proprio villaggio *eka*, assolutamente sgombro dalla vegetazione, da *omoli*, dal mondo della vegetazione culturale, coltivata, e da quello della vegetazione naturale o spontanea? Arricchita di questa connessione (*eritwa*), l'idea *ekihugo* si viene a collegare ad altre idee, come quella di *eros*, concepito appunto anch'esso come un'attività in cui prevale, sotto il profilo maschile, l'idea del "tagliare", o come quella del modello di umanità maschile, espresso dal concetto di *abakondi*, «abbattitori di alberi», in cui gli uomini adulti per lo più si identificano (Remotti, 1994, pp. 101-46).

Con questi fuggevoli accenni si vuole fare intravedere un altro tipo di idee (*c*), quelle che potremmo chiamare *idee-connessione*. I criteri dell'unificazione e dell'articolazione di un molteplice non vengono meno, ma anziché dar luogo a un ordine gerarchico disposto in senso verticale (dal generale al particolare e viceversa), essi si esprimono prevalentemente in *fasci di connessione* che coinvolgono settori molto diversi dell'esperienza (dalla conquista del territorio all'attività erotico-sessuale, nell'esempio citato). Sotto questo profilo, le idee dimostrano una capacità di reciproca implicazione, in cui l'unificazione e l'opposizione scattano insieme. Platone ha riconosciuto anche questa dimensione delle idee, quando ha utilizzato il concetto di "connessione", *symploché* (*Sofista*; *Politico* 281 a; 306 a), che in greco significa "intrecciamento", "congiungimento", "avvinghiamento" (unione sessuale, ma anche zuffa, conflitto). Possiamo dire che le idee che innervano una cultura si intrecciano tra loro, e ciò giustifica l'immagine della cultura come quella di una rete o di un tessuto (Remotti, 2005a). Qui non è questione di gerarchia, di un rapporto di sovraordinazione, per cui la categoria più generale comprende quella più particolare; è questione invece di reciproco coinvolgimento (attrazione e contrasto nello stesso tempo). Non si tratta neppure di dicotomie (destra/sinistra; natura/cultura; metà Cera/metà Tugaré ecc.), ma di una pluralità di connessioni. In questa prospettiva, le idee sono i nodi degli intrecci o forse, in maniera più appropriata, possono essere paragonate ai gangli, come punti di connessione tra cellule nervose, o ai neuroni da cui si diparte una molteplicità di dendriti in tutte le direzioni.

Cogliere le idee-connessione è molto più difficile e insidioso dell'afferrare le idee gerarchiche e dicotomiche, ma è un'operazione assai produttiva dal punto di vista antropologico. Difficoltà e rischi derivano in primo luogo dal fatto che su questo piano non ci sono rapporti gerarchici e biforcazioni dicotomiche a guidarci. Le direzioni da scegliere sono molte e non c'è un limite oggettivo a cui arrestarsi, una linea che come un perimetro insuperabile delimiti uno spazio entro cui muoversi. Abbiamo visto, ad esempio, che l'idea *ekihugo*, trattata sotto il profilo gerarchico e dicotomico, appartiene a un ambito delimitato della cultura nande, a uno specifico "campo semantico", quello dell'organizzazione concettuale dello spazio, e che *ekihugo*, come categoria generale, racchiude in sé le categorie più particolari di *eka* e *omoli* [5]. La stessa idea *ekihugo*, considerata invece come idea-connessione, ci porta fuori dal suo perimetro e ci trascina in un intreccio di altre idee, in cui si connettono, ad esempio, l'abbattimento della foresta e il fare l'amore (appartenenti a campi semantici ovviamente molto diversi).

Questi intrecci però sono tutt'altro che amorfi, vaghi, disordinati: vi sono cioè dei fili che collegano i diversi ambiti di esperienza, e dipende dalla sagacia dell'etnografo cogliere questi elementi connettivi. I fili che connettono possono essere fatti coincidere con idee ulteriori (*d*), che chiameremo *idee tematiche*, in quanto consistono in temi

---

5. È importante ricordare che per "campo semantico" si intende un ambito di realtà organizzato con specifiche categorie culturali. Campi semantici indagati spesso dagli etnografi sono quello dei parenti (terminologia di parentela) e quello dei colori (Cardona, 1985, cap. IX). Per loro natura, le idee-connessione non operano soltanto all'interno dei campi semantici, ma li attraversano collegando contesti e situazioni molto differenti. Le idee-connessione hanno infatti la stessa struttura delle metafore. Per quanto riguarda l'importanza fondamentale della metafora nella strutturazione del pensiero umano, rinviamo a un testo classico, quello del linguista George Lakoff e del filosofo Mark Johnson (Lakoff, Johnson, 1992).

o motivi ricorrenti, i quali tendono a presentarsi in una molteplicità di circostanze e di situazioni. Sono dunque quattro i tipi di idee che finora abbiamo individuato e che qui riassumiamo:

a) idee gerarchiche;
b) idee dicotomiche;
c) idee-connessione;
d) idee tematiche.

Per riprendere e concludere l'esempio tratto dai Banande, potremmo dire che un'idea tematica fondamentale è data per l'appunto dal "tagliare". Si dice infatti "tagliare" un territorio (come abbiamo già visto), ma si dice anche "tagliare" un villaggio, non nel senso di distruggerlo, ma al contrario di costruirlo, e si dice pure *eritw'obwira*, non nel senso di interrompere un'amicizia, ma di crearla (Remotti, 1994, p. 46). Beninteso, *eritwa* contiene senza dubbio l'idea dello sfrondare (ad esempio *eritw'emitahi*, "sfrondare i rami di un albero") o dell'interrompere (ad esempio *eritw'obukule*, "abortire", "interrompere una gravidanza") (ivi, p. 45). Ma allora che connessione c'è, che intreccio c'è tra l'interrompere e in qualche modo distruggere da un lato e invece il costruire e l'organizzare dall'altro? L'idea di fondo è probabilmente da rintracciare nell'esperienza che ha dato senso e direzione alla cultura dei Banande: ossia la conquista del territorio e l'impianto della loro cultura (villaggi, bananeti, campi) al posto della foresta, distruggendo la foresta. Il filo *eritwa* ci conduce a questa esperienza storica di fondo, la quale insegna effettivamente che per fondare un villaggio, ad esempio, occorre "tagliare", non solo nel senso del delimitare, ma anche nel senso di abbattere gli alberi della foresta: è "tagliando" che i Banande hanno costruito la loro forma di umanità; ed è per questo che "tagliare" (*eritwa*) può essere assunto come una delle "idee tematiche" della cultura nande, una sorta di "idea guida" – potremmo anche dire – che ci consente di percorrere o di ricostruire certe reti di connessione senza rischiare troppo di disperderci.

8.3
Classificazioni e idee scientifiche

A lungo gli antropologi hanno pensato che raccogliere le idee sul campo da parte dell'etnografo avesse come obiettivo primario, se non esclusivo, determinare i sistemi di classificazione delle culture studiate. In effetti, il mondo – quello naturale, quello sociale o quello invisibile e immaginario – ha da essere ordinato mediante un qualche sistema classificatorio: è forse possibile trovare una cultura che si astenga dal classificare i propri ambienti (Cardona, 1985, pp. 10-2)? E forse che queste classificazioni non danno luogo a sistemi? C'è un testo fondamentale che si colloca agli inizi del pensiero antropologico del Novecento: si tratta di un lungo articolo di Émile Durkheim e Marcel Mauss (*De quelques formes primitives de classification* del 1901-02), in cui i due autori hanno sostenuto che classificare il mondo è un'attività praticamente universale e che tuttavia i modi in cui il mondo viene diviso e articolato ("tagliato", direbbero i Banande) dipendono dai tipi di struttura sociale dei diversi gruppi umani (Durkheim, Mauss, 1901-02). Persino la scienza – la scienza moderna, quella positiva, quella che il positivismo poneva all'apice del progresso umano – e i suoi metodi erano da intendersi come «istituzioni sociali vere e proprie» (ivi, trad. it. p. 51). Tesi, questa, potenzialmente rivoluzionaria, in quanto fin da allora avrebbe potuto aprire all'indagine etnografica (all'antropologia e in generale alle scienze sociali) i modi con cui le scienze organizzano o "tagliano" culturalmente la realtà. Tesi che però Durkheim e Mauss non hanno avuto il coraggio di applicare nel loro saggio: la scienza moderna si sottrae alla presa della ricerca etnografica, perché essa si pone come la riproduzione fedele della struttura della realtà (Remotti, 1986, capp. 3-4). All'etnografo non rimane dunque che studiare quei sistemi di classificazione i quali, lungi dal rispecchiare la natura, rispecchiano la società: sistemi "primitivi", "prescientifici", "premoderni", di cui sarebbe fuori luogo indagare la scientificità; sistemi aventi un significato culturale e sociale, aventi cioè un valore e una dignità scientifica per l'antropologo, non già un valore scientifico intrinseco.

Si trattava, beninteso, di un bel passo avanti rispetto a tutti coloro che invece vedevano nel "pensiero primitivo" (questa era l'espressione usata) non sistemi, e tanto meno sistemi di classificazione, ma un guazzabuglio di idee strane, assurde e senza senso. Occorre attendere però Lévi-Strauss, perché questa ricerca sulle idee delle società altre si liberi dal condizionamento sociologico imposto dal lavoro pionieristico di Durkheim e Mauss (a causa del quale i sistemi di classificazione primitivi dovevano essere riportati alla struttura sociale dei gruppi che li hanno espressi). Con la pubblicazione nel 1962 di *La Pensée sauvage* di Lévi-Strauss si fa strada in maniera consapevole la tesi secondo cui i sistemi di classificazione hanno un intrinseco valore scientifico e vanno quindi studiati nella loro scientificità, nella loro logica interna. Nel suo manuale di etnoscienza Giorgio R. Cardona giunge ad affermare che «tutte le forme di classificazione che l'uomo ha escogitato per dare ordine» al mondo «sono sostanzialmente scientifiche» (Cardona, 1985, p. 10).

Sulla base di questo presupposto – la scientificità dei sistemi di classificazione "altri" –, non solo il teorico, ma anche e forse soprattutto il ricercatore sul campo dovrà ben guardarsi dal considerare il sapere della propria società come l'unico vero e autentico sapere scientifico (quindi universale) e quello delle classificazioni indigene come avente un mero valore culturale (dunque variabile e locale). Nel primo capitolo de *La Pensée sauvage* Lévi-Strauss ha precisato assai bene questo punto, ponendo in luce l'interesse autenticamente scientifico che ispira i sistemi di classificazione rinvenibili nelle società indagate dagli etnografi. Come spiegare, se non sulla base di un vero e proprio interesse scientifico, il fatto che gli Hanunóo delle Filippine dispongono di 75 categorie di uccelli, 12 tipi di serpenti, 60 tipi di pesci, 108 categorie di insetti, 4 tipi di sanguisughe e così via, fino ad arrivare a un totale – secondo il computo di Harold Conklin – di 461 tipi zoologici (Lévi-Strauss, 1962, trad. it. p. 16)? Come valutare la strabiliante conoscenza dei regni vegetale e animale dimostrata dai pigmei delle Filippine, studiati da Robert B. Fox, i quali non si limitano all'osservazione morfologica di ogni specie, ma ne osservano e memorizzano anche gli aspetti relativi ad abitudini e comportamento? Questa popolazione – sostiene lo stesso Fox – «non si stanca mai di indagare il mondo che lo circonda» (*ibid.*).

È sulla base di questi rilevamenti che Lévi-Strauss prende le distanze dalla prospettiva senza dubbio ristretta di Bronislaw Malinowski, secondo il quale i principi ispiratori delle classificazioni indigene sarebbero di natura prettamente utilitaristica e soprattutto alimentare (ivi, p. 15). Dopo avere riportato una molteplicità di altri esempi, Lévi-Strauss sostiene che «un sapere sviluppatosi in modo così sistematico non può essere in funzione della sola utilità pratica» e che «le specie animali e vegetali […] vengono definite utili o interessanti perché sono prima conosciute» (ivi, pp. 21-2). Qui è bene rendersi conto che si tratta di opzioni di natura teorica, le quali hanno però un'immediata ricaduta sul piano della ricerca empirica: l'etnografo che opta per la prospettiva di Lévi-Strauss sarà indubbiamente più portato a seguire le ramificazioni del sapere indigeno anche al di là dei criteri utilitaristici (alimentari o di altro genere), mentre l'etnografo che predilige la prospettiva di Malinowski restringe automaticamente il suo campo di indagine alle classificazioni che dimostrino un rilievo di tipo utilitario. Detto in altri termini, la prospettiva utilitaristica determina preventivamente i limiti entro cui l'indagine dovrà svolgersi, mentre la prospettiva che fa leva sulla priorità dell'interesse scientifico lascia all'etnografo il compito di indagare – se ne avrà le competenze – in quali direzioni tale interesse si svolge, quali forme assume e fin dove si spinge il sapere scientifico di una determinata comunità. È perfettamente plausibile attendersi infatti che non tutte le società sviluppino allo stesso modo e nello stesso grado le loro conoscenze scientifiche, e anche di queste differenze occorre tenere conto.

Abbiamo detto che indagare le direzioni in cui si sviluppa l'interesse scientifico di questa o quella società dipende sostanzialmente da due condizioni: *a*) l'effettivo interesse di un determinato gruppo per certi tipi di fenomeni (dall'astronomia all'ittiologia, dalla mineralogia alla meteorologia, dalla nautica all'etologia animale, dalla sociologia alla psicologia ecc.); *b*) le competenze scientifiche del ricercatore. È la combinazione di questi due fattori (un fattore culturale proprio del gruppo indagato e un fattore soggettivo inerente la preparazione dell'etnografo in un determinato ambito disciplinare) che rende possibile esplorare le idee scientifiche elaborate in una data cultura. In altri termini, l'etnografo che si accinge a indagare (scovare e raccogliere) le idee di una cultura dovrà dotarsi fin dall'inizio della consapevolezza che molte idee "indigene" – e non di secondaria importanza – potranno sfuggirgli, nella misura in cui le sue "incompetenze" scientifiche (la sua "sprovvedutezza", la sua "indigenza") non gli consentono di affrontare adeguatamente, e forse nemmeno di riconoscere, campi, interessi, obiettivi, modalità di uno specifico sapere scientifico, elaborato da quella stessa cultura.

Uno dei più importanti testi di studio etnografico rivolto alle idee di una popolazione, *Witchcraft, Oracles and Magic among the Azande* pubblicato da Edward E. Evans-Pritchard nel 1937 – studio molto dettagliato sulle credenze relative a "stregoneria" (ingl. *witchcraft*, zande *mangu*), "magia" (ingl. *magic*, zande *ngua*), "fattucchieria" (ingl. *sorcery*, zande *gbegbere ngua*) – lascia del tutto inesplorate ad esempio le idee scientifiche che gli Azande hanno sviluppato in campo botanico. Eppure, come più volte sottolinea lo stesso Evans-Pritchard, il titolo professionale di antistregone viene acquisito mediante la «conoscenza di certe medicine» fatte di piante e di erbe, conoscenza che viene trasferita molto lentamente dal maestro all'allievo: «A un giovane possono occorrere interi anni prima che il suo maestro esaurisca l'intero suo cumulo di informazioni relative alle erbe e agli alberi» (Evans-Pritchard, 1937, trad. it. 1976, pp. 267, 278, 294). Questo sapere che richiede anni di apprendimento sarà fatto tutto di idee più o meno assurde e fantasiose, o non conterrà invece osservazioni e analisi approfondite? Le 558 pagine dell'edizione originale non sciolgono questo dubbio. Del resto, non dimentichiamo la prospettiva generale entro cui si svolge la ricerca di Evans-Pritchard. Per un verso, a proposito dei «concetti scientifici», egli infatti afferma che «gli Azande non ne hanno, o ne hanno molto pochi» e che la natura «non costituisce per loro alcuna attrazione scientifica», eccezion fatta per quegli aspetti che riguardano direttamente il loro benessere materiale, per i quali sviluppano una conoscenza empirica, ma frammentata (ivi, pp. 44, 118). Per un altro verso, e soprattutto, egli sostiene che il pensiero zande a proposito degli oracoli, della magia e della stregoneria è paragonabile a «una trama di credenze» in cui «ciascun filo dipende da ogni altro» (ivi, p. 258), una trama talmente coerente da rendere il sistema refrattario alle variazioni dell'esperienza.

Tutto questo per dire che non sono soltanto le competenze e le incompetenze scientifiche dell'etnografo a selezionare i filoni di ricerca lungo i quali andare a studiare le idee scientifiche dei gruppi indagati. In gioco, vi sono anche le prospettive o le impostazioni generali, quali quelle che abbiamo visto affiorare nel lavoro classico di Evans-Pritchard, prospettive o impostazioni che finiscono con l'essere «il tessuto» di cui è fatto il pensiero dell'etnografo e dalle cui maglie egli, come lo Zande descritto da Evans-Pritchard, «non può sfuggire» (ivi, p. 259) [6]. Allora, prima o durante ogni ricerca dell'etnografo, tesa a scovare idee in una cultura, possono essere opportune alcune domande: quali filoni di idee, quali ambiti o settori le "mie" competenze scientifiche e le "mie" prospettive generali mi consentono di cogliere ed esplorare? Quali invece le "mie" incompetenze e le "mie" impostazioni di base (oltre che i miei interessi e i miei obiettivi) tendono a oscurare? E infine, quale relazione e quale proporzione ci sarà tra a) ciò che riesco a esplorare, b) ciò che riesco soltanto a intravedere, ma non a indagare, c) ciò che invece sfugge del tutto alla mia percezione, all'occhio della mia mente?

Queste domande non hanno affatto lo scopo di bloccare l'etnografo sulla soglia della sua ricerca, ma di indurlo a organizzare con maggiore consapevolezza la propria strategia, selezionando i propri interessi, curando e approfondendo le proprie competenze, mettendo

---

6. Abbiamo dunque attribuito anche all'etnografo ciò che Evans-Pritchard addebita all'indigeno, con la differenza che riteniamo che tanto l'etnografo quanto l'indigeno possano "sfuggire" alle maglie del loro pensiero: è il saltar fuori dalla caverna platonica, senza con ciò pensare di accedere alla verità assoluta (cfr. nota 1).

maggiormente a fuoco le proprie prospettive, ben sapendo che ci sono molte più cose nelle culture umane di quanto non solo la nostra filosofia, ma la nostra stessa antropologia, ci facciano supporre [7]. Ad esempio, per quanto proprio all'inizio dell'antropologia culturale l'interesse per la matematica di società senza scrittura o "primitive" – come allora si usava dire – sia stato ben rappresentato da *Primitive Culture* di Edward B. Tylor, con un importante capitolo dedicato all'"arte del contare" (Tylor, 1871, cap. 7), non si può certo dire che gli etnologi o antropologi sul campo abbiano poi sviluppato lo studio delle idee matematiche nelle varie culture umane. Il termine "etnomatematica" non compare nell'elenco delle specializzazioni dell'etnoscienza, redatto da Giorgio R. Cardona: dall'etnobotanica proposta nel 1896 all'etnomineralogia del 1971 (Cardona, 1985, p. 15). Occorre attendere la metà degli anni ottanta del Novecento per vedere affiorare questo termine. Il primo a proporlo fu – a quanto pare – Ubiratan D'Ambrosio (1985), professore emerito di matematica dell'Università di Campinas (Brasile), di cui è possibile consultare anche in italiano un testo introduttivo (D'Ambrosio, 1990). Pochi anni dopo, anche da noi in Italia l'etnolinguista Maurizio Gnerre (1987, p. 81) ha proposto esplicitamente questa categoria. E oggi l'etnografo che voglia accingersi a studiare le idee matematiche di culture prive di scrittura può ispirarsi alle ricerche di Paulus Gerdes, il quale fa emergere le idee geometriche presenti in molti disegni e intrecci nelle culture dell'Africa subsahariana (Gerdes, 1999), o a quelle di Marcia Ascher, la quale interpreta sotto il profilo matematico il sistema di divinazione *ifa* degli Yoruba, le *stick charts* (mappe nautiche costruite con semplici listelli di legno) delle isole Marshall o il sistema di classi di età *gada* dei Borana dell'Etiopia (Ascher, 2002).

Riconoscere un'attività scientifica persino in società prive di scrittura ha poi un'implicazione di cui l'etnografo dovrà tenere conto: nella stessa misura in cui si individuano settori di scientificità nelle culture umane (a cominciare – come si è visto – dalle classificazioni indigene), è inevitabile che il corrispondente sapere scientifico della nostra società venga ad assumere un peculiare significato culturale. Si realizza insomma uno scambio e un avvicinamento tra cultura e scientificità: riconoscimento di scientificità a certi ambiti di culture finora considerate tradizionali (per non dire primitive) e riconoscimento di

---

7. «There are more things in heaven and earth, Horatio, / Than are dreamt of in our philosophy» (Shakespeare, *Hamlet*, atto I, scena V [1975, p. 88]).

carattere culturale alle nostre imprese e categorie scientifiche [8]. Perché questa conseguenza è rilevante per l'antropologo? In primo luogo, l'attribuire un significato culturale al nostro sapere scientifico apre ulteriori campi di indagine: l'etnografo – se saprà dotarsi di adeguate competenze – potrà studiare i nostri sistemi di classificazione e determinati settori della nostra scienza come veri e propri prodotti culturali (vere e proprie istituzioni sociali, secondo Durkheim e Mauss), indagandone cioè i presupposti e le scelte che ne stanno alla base. In fondo, era l'invito e nel contempo la sfida che Paul Feyerabend proponeva a Evans-Pritchard e a Lévi-Strauss, allorché li sollecitava a studiare – da etnografi – non solo i Nuer o i Bororo, ma anche la «tribù dei teorici quantistici» (Feyerabend, 1975, trad. it. pp. 209-10). In secondo luogo, il lavoro etnografico – esercitato in un villaggio della foresta amazzonica o in un laboratorio asettico di una città europea – si troverà inserito in un contesto più ampio, dove sono venute meno le separazioni tra le società premoderne, con le loro "culture" prescientifiche, e le società moderne, con il loro sapere scientifico esclusivo e aculturale (Remotti, 1993b; Allovio, 2010).

Qualcosa del genere in effetti si è verificato nel campo della medicina, allorché tutti i sistemi medici sono stati considerati come «sistemi culturali» [9]. L'antropologia della medicina ha infatti saputo trasformare il sapere biomedico, tipico della nostra società, in un oggetto di indagine culturale: non dunque un sapere necessario e inevitabile, bensì un sapere che, per ragioni e con modalità tipicamente culturali, ha assunto determinate forme e ha sviluppato determinate idee di fondo (le idee tematiche di cui abbiamo parlato nel PAR. 8.2). Ma non si tratta soltanto di comparare a distanza modi diversi di classificare malattie e affrontarne la cura. È abbastanza facile che l'etnografo interessato a questa problematica si trovi in situazioni in cui diverse tradizioni scientifico-culturali si affiancano, collaborano o, al contrario, entrano in conflitto. L'etnografo si renderà allora conto che non potrà limitarsi a dichiarare "culturale" anche il sapere bio-medico (oltre a quello del guaritore tradizionale): compiuto tale passo, egli dovrà

---

8. Maurizio Gnerre (1987, pp. 80-2) chiarisce molto bene questo punto a proposito della matematica occidentale, riferendosi in particolare al lavoro del matematico Raymond L. Wilder (1981).

9. L'espressione compare nell'articolo di Arthur Kleinman (1978) con cui Ivo Quaranta fa iniziare la sua raccolta di testi fondamentali dell'antropologia medica (Quaranta, 2006). Sull'antropologia medica importante è pure il contributo di Giovanni Pizza (2005).

addentrarsi in questo sapere con la strumentazione culturale della sua disciplina, ma non potrà esimersi dall'apprendere in gran parte gli aspetti tecnici di questo sapere, esattamente come per conoscere una cultura altra egli dovrà acquisire nozioni, idee, principi che ne determinano la specificità. L'etnografo ha sempre da confrontarsi con concetti e prospettive di qualche altra cultura, non esclusa la cultura specialistica del proprio medico curante o dell'ospedale di zona.

8.4
Il senso della complessità

Per diverso tempo gli antropologi hanno pensato che le società proiettano sul mondo i loro diversi sistemi di classificazione, presupponendo quasi una sorta di inerzia da parte del mondo stesso. Il mondo però non lascia le culture del tutto libere di imprimere i loro marchi e i loro tagli, le loro categorie e le loro connessioni. Una svolta nello studio delle idee sul mondo, sulla società o sullo stesso essere umano si è avuta, allorché ci si è resi conto che ogni sistema di classificazione presenta *anomalie*, se non vere e proprie contraddizioni, e questo non perché alcuni sistemi siano più difettosi, mentre altri sarebbero perfetti e completi, ma perché il mondo è sempre più variegato, articolato e complesso di qualunque sistema di classificazione. L'etnografo, che si accinge a indagare le idee – o i sistemi di idee – mediante cui una determinata cultura pone ordine nel mondo, farà bene dunque ad aprire un capitolo intitolato "anomalie". Mary Douglas è forse l'antropologa che con maggiore efficacia ha imposto questa svolta a partire dalla sua ricerca sul campo tra i Lele del Kasai (Repubblica Democratica del Congo). L'anomalia per i Lele è il pangolino, il quale, rivestito di scaglie come i pesci, vive però arrampicandosi sugli alberi della foresta; a differenza di molte altre specie, partorisce come gli esseri umani, cioè mette al mondo un solo esemplare per volta; infine, invece di svignarsela come gli altri animali quando vengono cacciati dagli uomini, si appallottola per terra, offrendosi così al cacciatore (Douglas, 1985, pp. 55-9). Tuttavia Mary Douglas non si è limitata a far vedere il «carattere anomalo» del pangolino dal punto di vista dell'«ordine» classificatorio dei Lele: ha scoperto invece come il pangolino, proprio in virtù delle sue anomalie – ovvero per questo suo trovarsi *tra* le «categorie» con cui essi organizzano il mondo – acquisisce un carattere fortemente simbolico (ivi, pp. 51, 56). Associato all'idea della fertilità, il pangolino diviene il centro di un culto, il quale a sua volta si inserisce in un contesto di interazioni simboliche tra gli esseri umani, gli animali e gli spiriti (ivi, p. 58).

A questo punto, occorre soffermarsi un istante sulla nozione di *simbolo*, strumento assolutamente imprescindibile per l'etnografo che voglia esplorare le idee che innervano una determinata cultura. Anche i simboli sono idee, proprio nel senso della definizione che abbiamo proposto nel PAR. 8.1. Anche i simboli, cioè, sono idee che unificano in qualche modo un molteplice. Rispetto a qualsiasi altra idea, nei simboli però vi è qualcosa di più: vi è cioè l'attribuzione di un significato ulteriore. Nella cultura lele il pangolino diviene un simbolo non semplicemente perché è un'anomalia (uno scarto logico o concettuale), ma perché i Lele attribuiscono a questa anomalia un'importanza tutta particolare: o meglio, trasformano l'anomalia in una capacità di connettere ciò che le loro categorie tendono a separare [10].

Per comprendere bene questo punto, conviene tenere presente la separazione categoriale (l'«opposizione») tra mondo umano e mondo animale, che sta molto a cuore ai Lele (Douglas, 1985, p. 32). In che cosa si distinguono uomini e animali? Sono diversi i criteri di distinzione, ma uno in particolare coincide con il senso di vergogna, timidezza, modestia (*buhonyi*): in generale, gli animali non provano vergogna, non hanno *buhonyi* (orinano quando e dove vogliono, mangiano senza chiedere permesso, si accoppiano incestuosamente ecc.); il *buhonyi* è invece una caratteristica tipicamente umana, e per giunta non è una «virtù naturale», bensì è un «prodotto della cultura», che si acquisisce attraverso l'educazione. Ora, il pangolino che, cadendo dall'albero, si raggomitola timidamente a terra offrendosi così al cacciatore, è come se avesse *buhonyi*; agisce «con una certa quantità di *buhonyi*» (ivi, p. 32). Ovviamente, sono i Lele che, avendo inventato l'idea di *buhonyi* (idea fortemente "tematica" nella cultura lele, cfr. PAR. 8.2), attribuiscono questa caratteristica non soltanto agli esseri umani, ma anche a quegli animali che un po' si comportano come gli uomini e che proprio per questo vengono associati agli spiriti.

Una riprova di come i Lele attribuiscano un significato simbolico

---

10. È opportuno sottolineare che i simboli, rispetto alle idee di cui sono impregnati, hanno spesso la caratteristica di essere osservabili e percepibili dagli attori sociali e dagli etnografi nella ricerca sul campo. Essi infatti possono essere oggetti (ad esempio una bandiera), azioni o gesti (si pensi, nella cultura cristiana, al segno della croce), eventi (ad esempio una stella cadente), rapporti (ad esempio i rapporti di parentela scherzosa o, al contrario, di evitamento in molte società africane), oltre che parole. Un elenco di questo genere è rintracciabile in Turner (1967, trad. it. p. 43). Del resto, più avanti in questo capitolo il lettore si imbatterà nell'attività culturale che abbiamo chiamato "depositare" le idee (PAR. 8.5), che è un modo di ancorare le idee ad aspetti di realtà naturale e sociale, i quali proprio per questo vengono ad assumere una certa loro autonomia.

a quegli esseri che in qualche modo "trasgrediscono" i confini delle categorie e che, dunque, connettono, invece che separare, è data dal loro modo di considerare i gemelli. Se il pangolino si comporta un po' come gli uomini anche perché mette al mondo un solo essere, i genitori di gemelli trasgrediscono i criteri dell'umanità, in quanto «generano i loro piccoli alla maniera degli animali» (ivi, p. 56). Ma non è l'anomalia in quanto tale, è invece questa capacità di superare le divisioni, ovvero di connettere mondi normalmente separati, ciò che induce i Lele ad attribuire un valore simbolico tanto ai pangolini, quanto ai gemelli e ai loro genitori, trattati come spiriti (i gemelli) o considerati come se fossero onorati dagli spiriti (i genitori) (ivi, p. 57). Del resto, sarà bene ricordare che simbolo deriva dal verbo greco *symballo*, che significa "unire", "mettere insieme", superando così tagli e divisioni: qualcosa di molto simile all'idea-connessione (*symploché*) che abbiamo individuato nel PAR. 8.2.

Mary Douglas riprende il tema dell'anomalia in un libro di carattere generale, *Purity and Danger* del 1966, un classico non solo per il teorico dell'antropologia delle religioni, ma anche per l'etnografo che si accinge a esplorare le idee in questa o quella cultura. In modo convincente, Mary Douglas ci fa capire che ogni anomalia è tale non in assoluto, ma sempre in riferimento a un determinato sistema di classificazione: sono i sistemi, con le loro idee di "ordine", a generare scarti, disordine, eccezioni, errori; e non v'è sistema che non produca degli scarti. *Purity and Danger* è anche una guida per studiare come, nelle singole società, ci si atteggi nei confronti delle anomalie. Non in tutte le società africane, ad esempio, ci si comporta come i Lele verso i gemelli e i loro genitori: i Banande ad esempio adottano un atteggiamento opposto, provocando la morte di uno dei gemelli, ovvero abolendo l'anomalia e ripristinando l'ordine "umano". In generale, Mary Douglas illustra diverse modalità di trattamento culturale delle anomalie, che vanno dalla loro abolizione a tentativi di circoscriverle e di spostarle su altri piani di esperienza, dal loro evitamento e dalla loro etichettatura in termini di pericolosità al loro uso simbolico e rituale per «arricchire il significato» dell'esperienza culturale (Douglas, 1966, trad. it. pp. 70-1).

Ma perché le anomalie? Perché ogni sistema produce anomalie, ponendosi quindi nella necessità di doverle fronteggiare? Su questo punto Mary Douglas non ci è molto di aiuto, se non quando ci fa capire che, se da un lato il desiderio della rigidità, della nettezza dei confini, della purezza delle categorie è proprio della condizione umana, dall'altro un sistema troppo rigido e ordinato è votato alla sterilità e alla morte (ivi, pp. 245-6). In altri termini, se «i fatti della vita formano un caos indescrivibile», le culture e i sistemi che essi elaborano hanno da fare i conti con questo caos. Quando Mary Douglas scriveva queste parole, non aveva a disposizione una teoria del "caos" della vita. Nei decenni successivi, varie teorie della complessità (della vita, del mondo, della natura) si sono affacciate e ci hanno resi consapevoli che le culture – a parte qualsiasi loro complessità interna – vivono attorniate dalla complessità e che, a ben vedere, la complessità è sempre «in agguato» (Lansing, 2003, p. 183). Come l'antropologia ha impiegato un bel po' di tempo a rendersi conto che il mondo non si lascia "ordinare" (tagliare, classificare) dalle culture senza opporvi una qualche resistenza, così l'antropologia stenta tuttora a riconoscere che le culture hanno sempre da fronteggiare la complessità del reale, ovvero un grado assai elevato di caos, di imprevedibilità, persino di creatività del mondo che ci circonda. Le anomalie di cui ci ha parlato Mary Douglas sono dovute non soltanto a una disparità quantitativa tra la limitatezza di idee e di categorie che le culture possono mettere all'opera e la numerosità di aspetti e di fenomeni presenti nel mondo. La disparità è più profonda ed è dovuta al fatto che il mondo e gli stessi esseri umani che vivono nel mondo sono decisamente più "complessi" di quanto una qualsiasi cultura sia in grado di concepire e di controllare.

Acquisire questa consapevolezza da parte degli antropologi (Remotti, 2007) significa, anche per chi si reca sul campo e intende indagare i tipi di idee di una determinata cultura, adottare due prospettive di indagine entrambe significative e promettenti. Se complessità significa un certo grado di disordine e di imprevedibilità, oltre che intrecci, legami, relazioni, è inevitabile che ogni cultura ponga in essere strategie di *decomplessificazione* (è il desiderio di rigidità e di nettezza dei confini di cui parlava Mary Douglas). In fondo, ogni cultura contiene programmi di *riduzione della complessità*, e l'etnografo ricercherà allora le idee e le categorie mediante cui la complessità viene, per così dire, addomesticata, posta sotto controllo, incanalata o anche nascosta, celata. Non v'è dubbio che i sistemi di classificazione, di cui a lungo gli antropologi si sono occupati, sono modi per superare e persino negare la complessità. Questi tentativi di riduzione della complessità adottano preferibilmente una logica delle "categorie", una logica cioè che tende a separare: e quindi saranno soprattutto le idee gerarchiche e le idee dicotomiche che balzeranno agli occhi. Ad esempio, per ritornare ai Lele del Kasai, il taglio da essi operato tra gli animali da una parte (privi di *buhonyi*, di "vergogna" e di "pudore") e gli esseri umani dall'altra (caratterizzati da *buhonyi*), è senza dubbio un'operazione di riduzione della complessità, un modo per tentare di recidere i legami che connettono – nonostante tutti i tentativi di separazione dei Lele – animalità e umanità.

Sarebbe però riduttivo e unilaterale ricercare soltanto le idee mediante cui si tenta di ridurre la complessità. Oltre al fatto dell'insorgenza insopprimibile delle anomalie (che a questo punto possiamo interpretare come un'insorgenza della complessità o di certi suoi aspetti, proprio là dove si è cercato di negarla), l'etnografo farebbe bene a chiedersi se, a quali livelli e in quale misura, la cultura indagata si dispone a riconoscere la complessità ed eventualmente a farvi ricorso. Sotto questo profilo, tutta una serie di idee – e soprattutto quelle che abbiamo chiamato le "idee-connessione" – cominceranno ad affiorare. Come Enrico Comba ha ampiamente dimostrato, diversi aspetti del pensiero religioso possono in effetti essere interpretati come una vera e propria esplorazione della complessità (Comba, 2008, pp. 45-8). Reti di connessioni, legami, intrecci, corrispondenze, parentele diventano i mezzi mediante cui il pensiero di questa o quella società immagina il mondo come un sistema interconnesso. I Bororo che affermano «noi siamo arara» (o pappagalli rossi) – la famosa frase su cui molti antropologi si sono soffermati – intravedono connessioni profonde tra il mondo degli uomini e parti del mondo naturale (ivi, pp. 54-65). In modo analogo, in numerose culture amerindiane la dilatazione del concetto di persona al di là del mondo umano consente di stabilire legami e corrispondenze facenti parte di un sistema complesso, a tal punto da indurre alcuni antropologi a riabilitare nozioni che sembravano ormai scomparse dalla loro cassetta degli attrezzi, come quelle di animismo e di totemismo (Descola, 1986, 2005; Viveiros de Castro, 1998). In quali direzioni, ovvero verso quali tipi di realtà, vengano stabilite connessioni; quali siano i tipi di legami riconosciuti, mediante ad esempio ricostruzioni mitiche, o ricercati mediante appositi rituali; sulla base di quali idee guida, o idee tematiche, le reciproche implicazioni siano affermate: tutto ciò, com'è evidente, sarà appunto l'etnografo a chiarire con la sua ricerca sul campo.

8.5
Come si presentano le idee

Che si tratti di idee dicotomiche o di idee-connessione, di idee gerarchiche o di idee tematiche, le domande che ancora dobbiamo porci sono le seguenti: *a*) in quali situazioni esse sono rinvenibili? *b*) con quali modalità e approcci possono essere colte? Proveremo a rispondere alla domanda *a* in questo paragrafo, riservando le risposte alla domanda *b* nel paragrafo successivo.

Per rispondere alla prima domanda, riteniamo che sia importante distinguere tra le idee "depositate", le idee "impiegate", le idee "illustrate" e le idee "in divenire".

a1) Le idee possono essere "depositate" in molti modi. Quando, ad esempio, abbiamo discusso l'organizzazione dello spazio tra i Banande – anche mediante un'illustrazione grafica – abbiamo visto che l'idea dicotomica *eka/omoli* (il villaggio in cui si abita e lo spazio circostante) può essere colta fisicamente attraverso il secco, il pulito e l'ordinato dell'*eka* da una parte e, invece, il fitto della vegetazione del bananeto dall'altra. Pure Meyer Fortes, intento allo studio della persona tra i Tallensi del Ghana, ha in qualche modo privilegiato la ricerca delle idee "depositate", che nel suo caso erano rinvenibili non nell'organizzazione dello spazio, bensì nei rituali e in generale nel comportamento. Ad esempio, l'idea secondo cui anche certi coccodrilli siano da considerarsi persone è "osservabile" sia nella proibizione di ucciderli, sia nel rituale funebre che viene accordato al coccodrillo morto (Fortes, 1993, p. 292).

C'è però, in parecchi casi, un deposito di idee assolutamente particolare, e questa è la scrittura, sia di tipo ideografico (come quella cinese) sia di tipo alfabetico. Là dove esiste – e ormai esiste in una molteplicità di contesti – questa modalità di deposito di idee cambia in modo radicale il campo di indagine. Anche qui, non possiamo evitare di rivolgerci a Platone, dal momento che il filosofo ateniese aveva compreso molto bene la differenza tra le idee in qualche modo bloccate nel testo scritto e le idee che invece fluiscono, si scontrano e si intrecciano in maniera creativa in un dialogo tra una o più persone [11]. È ovvio che l'etnografo dovrà tenere conto delle implicazioni che la presenza di testi scritti nel suo campo d'indagine, o comunque riferitisi al suo campo, determina: dovrà cioè appurare se la società indagata è di tipo "letterato", nel senso che la scrittura è un appannaggio tradizionale (e in questo caso, vi sarà molto probabilmente una distinzione, concepita come una spaccatura, tra una cultura "alta", che ha accesso alla scrittura, e

---

11. È soprattutto nel *Fedro* (274 b-279 b) che Platone espone la tesi della priorità e della superiorità del discorso orale («discorso vivente e animato») rispetto alla scrittura, considerata nulla più che un'immagine muta, incapace di reagire alle domande, ovvero non un «farmaco della memoria», bensì un «farmaco per richiamare alla memoria».

una cultura "bassa", che non ne fa uso) o se invece la scrittura è un evento più recente, probabilmente meno elitario. In tutti questi casi, l'etnografo non potrà esimersi dal consultare questi testi (anche quelli lasciati dallo studioso locale o dal missionario), ben sapendo che essi andranno contestualizzati, comparati e confrontati con le idee che egli ricaverà dal vivo della conversazione. In questo frangente, Platone incoraggerebbe l'etnografo a non lasciarsi troppo condizionare dalle idee depositate nei testi scritti, ricercando le idee nella loro sede propria e originaria, quella del dialogo e della conversazione.

a2) Passiamo così alle idee "impiegate", quelle cioè che, pur non esplicitamente dichiarate, vengono comunque usate nei discorsi della gente o degli interlocutori dell'etnografo. In questo caso, noi parliamo delle idee che possono essere colte attraverso il loro uso o impiego, e così l'etnografo potrà meglio rendersi conto delle ramificazioni semantiche di un'idea, giacché – come sostiene Wittgenstein (1953, trad. it. p. 33) – «il significato di una parola è il suo uso nel linguaggio».

a3) L'etnografo sul campo – per quanto bravo e rapido possa essere stato nell'apprendimento della lingua – non potrà mai fare a meno di sfruttare il momento dell'"illustrazione" delle idee attraverso i suoi collaboratori e interlocutori. Sono essi che, specialmente nei momenti iniziali e di maggiore difficoltà, lo condurranno a cogliere, anche visivamente, la struttura di certe idee e, in modo più raffinato, certe sfumature, che se all'inizio appariranno di scarso rilievo, potranno poi rivelarsi molto significative. Per chi scrive, l'apprendimento dei toni in kinande (la lingua dei Banande) ha avuto il significato di aprire percorsi di ricerca sulle idee nande del tutto imprevedibili (Remotti, 1994). In questo ambito, possiamo collocare ciò che Fortes aveva ipotizzato e auspicato per la sua ricerca sulla persona tra i Tallensi, ovvero l'esistenza di uomini un po' particolari (sacerdoti, guaritori, insegnanti), specializzati in certi tipi di sapere, circostanza però che non si era verificata presso la società studiata (Fortes, 1993, p. 284).

a4) Le idee – proprio come voleva Platone – sono per natura dinamiche, viventi, animate (*Fedro* 276 a): sono ciò che abbiamo deciso di

---

12. Si tratta dello sganciamento dai condizionamenti culturali (la caverna platonica), ipotizzato nella nota 1 e nella nota 6.

chiamare idee "in divenire". Questo però è il livello di indagine più difficile da raggiungere e più insidioso per l'etnografo. È il momento più creativo, ossia quello della riformulazione delle idee tradizionali o addirittura della produzione di idee nuove [12]. Evans-Pritchard, che abbiamo incontrato come etnografo delle idee sulla stregoneria tra gli Azande, riteneva che il loro sistema di pensiero fosse dotato della «massima coerenza», a tal punto da determinare un «tessuto di connessioni logiche», nella cui «trama» gli Azande finiscono per rimanere «impigliati», impedendo loro di «operare al di là di questi limiti» o di «ragionare al di fuori o contro queste credenze» (Evans-Pritchard, 1937, trad. it. 1976, pp. 396, 415-6).

Questa visione di una cultura come di un sistema internamente coerente e proprio per questo chiuso all'esterno è generalizzabile o è dovuta a un pregiudizio epistemologico (anzi, antropologico) di Evans-Pritchard? In definitiva, è l'etnografo sul campo che dovrà decidere di volta in volta, in quanto è certamente ipotizzabile una situazione come quella descritta da Evans-Pritchard, una situazione in cui i soggetti (gli Azande nel suo caso) «non possono spingersi oltre i limiti posti dalla loro cultura, né inventare nuovi concetti» (ivi, p. 429). Si tratterebbe di una situazione di «involuzione» culturale, grosso modo simile a quella descritta da Clifford Geertz a proposito dell'agricoltura a Giava (Geertz, 1963), situazione in cui l'attività intellettuale consisterebbe in una ripetizione di concetti tradizionali, o al massimo in un loro raffinamento e approfondimento, senza avere la possibilità di andare oltre i confini mentali della propria cultura. In altri termini, l'etnografo dovrà porsi il compito di controllare se: a) la produzione di idee sia soltanto una riproduzione più o meno stanca e fedele, se non addirittura impoverita; b) la produzione di idee nuove si combini con il mantenimento di certi presupposti e idee guida, che lungi dall'essere scardinati, vengono semmai confermati; c) la produzione inventiva di idee sia tale da determinare un mutamento più profondo, così da intaccare il piano dei presupposti di base. Tutte e tre le situazioni si possono verificare. Se la situazione a) può essere intravista tra gli Ik dell'Uganda, quali erano stati studiati da Colin Turnbull (1972) nel momento della loro massima depressione culturale, la situazione c) può essere colta, ad esempio, in alcuni processi creativi che caratterizzano la cosiddetta "renaissance" oceaniana, un periodo in cui gli stimoli che provengono dall'esterno sono sapientemente dosati e reinterpretati con le risorse attinte alle tradizioni, così da produrre schemi, progetti e idee innovative (Favole, 2009, 2010).

8.6
Raccogliere le idee

Dopo avere descritto le modalità con cui le idee si presentano (*a*), dobbiamo ora considerare le modalità con cui l'etnografo affronta il compito di "raccogliere" le idee presso i suoi interlocutori (*b*). Ne proponiamo sei, o meglio cinque, perché sull'ultimo approccio – quello "creativo" – poniamo un punto interrogativo, avanzando riserve di natura epistemologica.

b1) Approccio "sistematico". È l'approccio più adeguato per cogliere le idee gerarchiche e le idee dicotomiche. Determinare le categorie classificatorie di una società, cercando anche di capire la logica mediante cui vengono sistematizzate, richiede una specifica preparazione scientifica. L'etnografo che intenda studiare le idee astronomiche dei Dogon non potrà certo esimersi dall'acquisire egli stesso competenze astronomiche, esattamente come soltanto con competenze linguistiche si potranno affrontare le idee insite nella morfologia e nella sintassi delle lingue in cui l'etnografo si imbatte, e soltanto con competenze musicologiche l'etnografo saprà cogliere le idee musicali che caratterizzano le strutture polifoniche dei canti dei Pigmei. Harold C. Conklin (1966, p. 171), l'etnobotanico che ha lavorato presso gli Hanunóo delle Filippine, descrive così un momento del suo lavoro di raccolta:

Ore 15 [del 18 luglio 1953]. Alcuni degli adulti ritornano ai campi, ma Badu' e Ayakan restano a Parina per aiutarmi a catalogare e pressare una collezione di centocinquanta esemplari e trenta specie di erbe medicinali e piante commestibili che Tigulang ha portato or ora. Tigulang è un vecchio, che però gode ottima salute e, nonostante la pioggia, si è portato questo carico avvolto in foglie di banana dall'altro versante del monte Hipi' a qui. In quattro, ci mettiamo due ore a tagliare, pressare, mettere le etichette, identificare e discutere brevemente le qualità particolari e il significato medico, religioso o sociologico di ciascun tipo di pianta. Tigulang è un grande erborista; viene raramente a farci visita ma, quando viene, porta quasi sempre un bel carico di roba.

Alcune indicazioni possono essere tratte da questo brano. In primo luogo, al metodo e alla passione di Conklin, dotato di competenze botaniche e linguistiche, sembra che si possa far corrispondere la passione e il sapere di Tigulang, un vecchio «grande erborista». Non tutti in una società dispongono di un medesimo sapere: Tigulang è evidentemente una persona che sa fornire a Conklin ciò di cui va alla ricerca, non semplicemente nomi di erbe, piante ecc., ma campioni (*specimens* o *specimina*) da catalogare. Come chiarisce Giorgio R. Cardona nel suo manuale di etnoscienza, il metodo non consiste nel richiedere in astratto ai propri interlocutori elenchi di categorie (Cardona, 1985, pp. 25-7): persino un grande erborista come Tigulang si sarebbe arrestato dopo avere fornito 10-15 nomi. Si tratta invece di far emergere le categorie "indigene" dall'esame diretto degli aspetti di realtà che interessano (piante, animali o astri che siano). La competenza scientifica di base (botanica, zoologica o astronomica) è ovviamente indispensabile per meglio intendere i principi culturali che ispirano la classificazione indigena e così capire, insieme alle differenze rispetto al nostro sapere, le peculiarità dei sistemi che si intendono indagare. Chiamiamo questo approccio "sistematico" per una serie di motivi: esso infatti presuppone almeno in parte l'esistenza di sistemi di idee (classificatorie o meno) nei settori culturali interessati (botanica, astronomia, parentela ecc.); si avvale di un corrispondente sistema di sapere, vigente nelle tradizioni scientifiche di appartenenza dell'etnografo; esige che l'etnografo svolga una ricerca sistematica e metodica, come quella esemplificata da Conklin.

b2) Approccio "empatico". In un certo senso, le idee a cui si rivolge l'approccio sistematico sono lì, incastonate probabilmente in qualche sistema, depositate nel sapere sufficientemente consolidato di cui dispongono alcuni individui in una data società (come l'erborista Tigulang tra gli Hanunóo). Sarà sufficiente farsi aprire il libro (come direbbe Allovio, 2010) del sapere indigeno e leggervi con i mezzi linguistici e concettuali sia della loro tradizione sia di quella dell'etnografo. La ricerca riveste, per così dire, un carattere tecnico. Ma ci sono idee indubbiamente più nascoste, per raggiungere le quali non è sufficiente un sapere "tecnico" o specialistico. Queste idee tendono a emergere in determinati momenti critici dell'esistenza e possono prendere forma in contesti rituali. Come raggiungere queste idee? Non è sufficiente una mera cognizione intellettuale, un "occhio della mente" astratto e formale; qui ci vuole un "occhio dell'anima", più che della mente, se per anima si intende anche una sede o un organo affettivo ed emozionale. Ciò che si richiede è una partecipazione emotiva, un coinvolgimento esistenziale e personale dell'etnografo, una vera e propria esperienza vissuta mediante cui l'etnografo entra in "risonanza" con le idee altrui. In effetti, è ciò che alcuni intellettuali balinesi hanno richiesto a Unni Wikan, quando hanno spiegato che per cogliere certe loro idee c'era bisogno di *keneb*, che l'antropologa norvegese ha tradotto appunto con "risonanza", ovvero una disposizione ad apprendere che non è soltanto intellettuale, ma anche emotiva e partecipativa (Wikan, 1992). Un approccio di questo tipo potrà allora essere chiamato *empatico*, perché è soltanto attraverso l'empatia che si possono afferrare e far risuonare entro di noi le idee che danno senso a determinati momenti dell'esistenza dei propri interlocutori [13].

b3) Approccio "erratico" [14]. La scelta dell'aggettivo va subito spiegata. Si tratta infatti di un approccio dovuto a una notevole casualità: qualcosa di non progettato, né programmato, e che però sfrutta abilmente episodi "strani" che – come i massi erratici lasciati in fondovalle da un ghiacciaio – costellano l'esperienza dell'etnografo. Gli episodi strani coincidono molto spesso con le *gaffes* che l'etnografo inevitabilmente compie sul campo e di cui dolorosamente viene a conoscenza.

Nella sua ricerca nelle isole Trobriand (Melanesia), Malinowski aveva commesso la *gaffe* – come egli stesso ammette – di sottolineare vigorosamente la somiglianza fisica tra due fratelli, suscitando l'imbarazzo e lo sdegno generale: egli non sapeva che rimarcare la somiglianza fisica tra due parenti appartenenti allo stesso lignaggio matrilineare è uno degli insulti più gravi (Malinowski, 1929, trad. it. p. 187). E come mai, visto che nella società matrilineare delle Trobriand tutti i parenti in linea materna vengono considerati come «appartenenti allo "stesso corpo"» (ivi, p. 186)? Interrogando i suoi interlocutori, finalmente Malinowski riesce a comprendere il motivo di tanto sdegno: dire che due parenti matrilineari si somigliano significa sopravvalutare la loro comunanza in linea materna e nel contempo misconoscere del tutto il ruolo del *tama*, il marito della madre, che non è un ruolo di *genitor*, ma di "plasmatore" dei figli di sua moglie (ivi, p. 189).

Malinowski non approfondisce particolarmente questo punto. Ma l'importante è mettere in luce come la *gaffe* l'abbia costretto a orientare la propria analisi verso questioni – e verso idee – impreviste. Nella fattispecie è la *gaffe* della somiglianza fisica tra due fratelli a far capire a Malinowski la figura del *tama*, il quale non avendo alcun ruolo

13. Per una discussione assai approfondita di questo tipo di approccio, rinviamo a Piasere (2002, pp. 146-55).

14. Corrisponde, per certi versi, alla "serendipità" di cui parla Piasere (2002, pp. 156-8).

nel concepimento, acquisisce invece una funzione importantissima e insostituibile nella "formazione" dei figli di sua moglie, e a far intuire a tutti noi un'idea di fondo (un'idea tematica) delle isole Trobriand, quella secondo cui i lignaggi matrilineari generano in autonomia i propri figli, ma poi li consegnano a un "estraneo" (il *tama*), affinché li plasmi, li educhi, li porti a essere "persone" con il loro volto individuale e irripetibile, da riconoscere e rispettare nella società (Remotti, 2005b). L'atteggiamento che forse meglio corrisponde a questo approccio è una predisposizione all'*esplorazione*, a partire da elementi non sistematici e a cui inizialmente non si dà molto peso: non solo le *gaffes*, ma persino il pettegolezzo e gli insulti [15].

b4) Approccio a "ritroso". Le idee non sono soltanto quelle che gli interlocutori "impiegano" nelle loro attività o "producono" più o meno liberamente: vi sono anche idee di fondo (idee guida o idee tematiche) che funzionano come presupposti dei loro pensieri, delle loro immaginazioni e delle loro azioni, e i presupposti sono di solito impliciti, spesso inconsapevoli, anzi, tanto più funzionano come presupposti quanto più sono inconsapevoli. Come fare a raggiungere queste idee? Si tratta di sfruttare al meglio la condizione di marginalità dell'etnografo rispetto alla cultura che egli studia, il suo essere in bilico tra una cultura e l'altra.

Un esempio per illustrare questo approccio può essere ricavato dalla ricerca di chi scrive presso i Banande del Nord Kivu. Essere estranei a una cultura è ovviamente fonte di una quantità inverosimile di errori (e di *gaffes*). Tra i numerosi errori compiuti da chi scrive vi fu anche quello di confondere, nei suoi tentativi di conversazione, due termini: *ekihánda* (ceppo, radicato nel terreno, del tronco di banano, una volta tagliato) ed *ekíhanda* (famiglia) [16]. L'etnografo alle prese con la lingua tonale dei Banande faceva indubbiamente confusione, ma i suoi interlocutori – fruitori diretti della lingua come strumento di comunicazione – insistevano sulla sola distinzione. L'esercizio dell'etnografo è consistito nel provare a trasformare quella sua indubbia

15. Malinowski ha insistito sulla necessità per l'etnografo di badare ai «pettegolezzi» e ai «piccoli avvenimenti del villaggio», ai «litigi», agli «scherzi» e in generale a ciò che ha chiamato «gli imponderabili della vita reale» (Malinowski, 1922, trad. it. pp. 16-7, 27). Douglas – oltre che lo stesso Malinowski, come già si è visto – fornisce agli insulti un particolare valore euristico: «In ogni cultura i termini per insultare sono l'indicazione più illuminante dei valori comunemente accettati» (Douglas, 1985, p. 35).
16. Per un'analisi più approfondita rinviamo a Remotti (1994, pp. 13-25).

confusione in una ipotesi di "connessione": *ekihánda* ed *ekíhanda* non sono parole del tutto diverse, in quanto si differenziano soltanto per una variazione di tono (come si vede dagli accenti che indicano i toni alti), mentre condividono altri aspetti morfologici (prefisso, radicale, desinenza). L'ipotesi di ricerca fu che la distinzione, indubbiamente operativa e funzionale, tra "ceppo di banano" e "famiglia" poggiasse sul presupposto di una connessione tra i due concetti.

In altri termini, è del tutto plausibile sostenere che in una determinata cultura vi siano *a*) differenze tra concetti del tutto irrelati e *b*) differenze tra concetti in qualche modo correlati. Per noi, "famiglia" e "ceppo di banano" sono del tutto irrelati, ma per la cultura nande questi due concetti, pur diversi e inconfondibili, non presentano forse una certa correlazione? Chi scrive ritiene che la connessione tra "famiglia" e "ceppo di banano" sia un'idea che fa da sfondo e da presupposto implicito alla loro differenza, ovvero che la loro differenza non sia una differenza muta e inerte, ma divenga significativa proprio in virtù della connessione che sottendono. A questo punto, l'ipotesi va ovviamente corroborata, oltre che sul piano linguistico, anche sul piano culturale, dimostrando come in effetti il bananeto (l'*omoli* direttamente attiguo all'*eka*, cfr. PAR. 8.2) sia una sorta di rappresentazione dell'essere umano e, nello stesso tempo, di condizione ecologica della famiglia. Chi scrive ritiene che gli elementi raccolti abbiano convalidato l'ipotesi. Ma ritiene pure che questo risalire dalle distinzioni operative alle connessioni di sfondo sia un approccio che va "contro" al senso di ovvietà che l'uso delle distinzioni tende a generare. Si tratta di un cammino *à rebours*, che non è affatto vietato ai fruitori di una determinata cultura e che tuttavia è forse più agevole per l'etnografo in virtù della sua indubbia marginalità.

b5) Approccio "dialettico". L'etnografo però non fa tutto da solo: in questo approccio a ritroso chiede la compagnia e l'aiuto dei suoi interlocutori "indigeni". Nel 1960 Joseph Casagrande aveva curato un volume dal titolo *In the Company of Man*, dove venivano tratteggiati venti profili di collaboratori indigeni da parte di altrettanti antropologi (Casagrande, 1960). Tra questi vi era Muchona "il calabrone", il collaboratore ndembu di Victor Turner, una figura marginale rispetto alla sua società, figlio di una schiava, «condannato a un vagabondare senza radici fin dalla fanciullezza» (Turner, 1967, trad. it. p. 166) e proprio per questo capace di proporre connessioni tra elementi diversi della propria cultura. Uno degli aspetti più interessanti della collaborazione tra Turner e Muchona è la produttività del loro dialogo, allorché, sollecitati da Windson Kashinakaji, l'altro collaboratore di Turner, «ci volgevamo all'Antico Testamento per confrontare le pratiche religiose degli Ndembu con quelle ebraiche»: Muchona era «affascinato» nello scoprire che «il simbolismo del sangue rappresentava un tema fondamentale di entrambi i sistemi» (ivi, p. 167). Chi scrive può confermare che si assiste a un salto di qualità nel rapporto di collaborazione nel momento in cui i collaboratori indigeni vengono resi partecipi dell'impresa antropologica, ponendo chiaramente a confronto sistemi di idee diverse, quelle "indigene" da un lato e quelle della società di provenienza dell'etnografo dall'altro. Il livello di collaborazione più elevato si ottiene allorquando l'etnografo non si limita a porre domande ai suoi interlocutori, ma trasforma il dialogo in una conversazione e in un confronto fra antropologi tutti "indigeni".

b6) Approccio "creativo"? A leggere il resoconto di Turner, viene spontaneo riferirsi alla tesi di Roy Wagner, secondo cui la ricerca antropologica, e in particolare la ricerca sul campo, dà luogo a una "invenzione" della cultura, alla quale partecipano a pari titolo l'etnografo e i suoi collaboratori (Wagner, 1975, trad. it. p. 25): che cosa fanno Turner e Muchona, insieme a Windson, in quei loro «otto mesi di discorsi fitti ed eccitanti [...] sul rituale ndembu» (Turner, 1967, trad. it. p. 167), se non "inventare" insieme, dialogando, la cultura ndembu, allo stesso modo in cui Griaule e Ogotemmeli propongono una "loro" versione della mitologia dogon (Griaule, 1948)? L'etnografo però a questo punto deve mettere sul conto, come sostiene Wagner (1975, trad. it. p. 25), la «creatività» propria e dei propri interlocutori, e soprattutto la creatività che scaturisce dai loro rapporti dialogici. L'etnografo diviene consapevole che la sua indagine – specialmente se concepita come un "dialogo" – si propone come una possibile occasione di creatività da parte dei suoi interlocutori. Sotto questo profilo, è inevitabile porsi le domande seguenti. Collaboratori come Muchona quanto si discostano dall'opinione comune, dalla cultura più comunemente partecipata? Quanto innovative sono le loro interpretazioni? Quanto estranee sono le loro idee rispetto alla cultura tradizionale? Le idee trasmesse da Muchona sono idee della cultura ndembu o sono idee di quell'uomo tormentato e marginale quale era appunto Muchona? Il problema era ben presente sia a Muchona sia a Turner: «La gente di questo villaggio» riferisce Muchona «dice che io non ti racconto che bugie. Prima che arrivassi io, dicono, tu avevi saputo soltanto cose vere sulle nostre cerimonie, ma adesso non senti che sciocchezze» (Turner, 1967, trad. it. p. 182).

La faccenda di Muchona si inquadra in una problematica più ampia. Se le idee di una cultura non sono soltanto idee "depositate", ma anche idee "in divenire" (PAR. 8.5), qual è l'atteggiamento dell'etnografo? Consapevole che la sua presenza, e ancor più il suo interrogare, il suo dialogare, il suo confrontare sono occasioni e fattori di innovatività, quale scelta l'etnografo dovrà compiere: quella di "partecipare" attivamente al divenire delle idee o quella di "osservare" questo stesso divenire? Contribuire fattivamente alla produzione di idee all'interno della società che studia o limitarsi a cogliere le idee sia pure in un momento di trasformazione? In un certo senso, si dovrà sciogliere la diade "osservazione partecipante", a cui gli antropologi sono tanto affezionati [17]. Se l'etnografo decide di "partecipare", potrà ancora svolgere la funzione di "osservatore"? A noi pare che la posizione dell'etnografo sia quella di chi si trova in bilico e che tuttavia suo compito irrinunciabile sia provare a "cogliere" le idee e a "depositarle" da qualche parte, garantendo così – come sosteneva Clifford Geertz (1973, trad. it. p. 70) – che esse possano essere consultate, vagliate ed eventualmente rifiutate da qualcun altro. Fattore od occasione di innovatività e di trasformazione, l'etnografo ha da lasciare ad "altri" il compito e l'onore della creatività.

Riferimenti bibliografici

ALLOVIO S. (2010), *Pigmei, europei e altri selvaggi*, Laterza, Roma-Bari.

ASCHER M. (2002), *Mathematics Elsewhere. An Exploration of Ideas across Cultures*, Princeton University Press, Princeton (trad. it. *Etnomatematica. Esplorare concetti in culture diverse*, Bollati Boringhieri, Torino 2007).

CARDONA G. R. (1985), *La foresta di piume. Manuale di etnoscienza*, Laterza, Roma-Bari.

CASAGRANDE J. B. (ed.) (1960), *In the Company of Man: Twenty Portraits by Anthropologists*, Harper & Brothers, New York (trad. it. *La ricerca antropologica. Venti studi sulle società primitive*, Einaudi, Torino 1966).

COMBA E. (2008), *Antropologia delle religioni. Un'introduzione*, Laterza, Roma-Bari.

CONKLIN H. C. (1966), *Un giorno a Parina*, in Casagrande (1966), pp. 167-75.

D'AMBROSIO U. (1985), *Ethnomathematics and Its Place in the History and Pedagogy of Mathematics*, in "For the Learning of Mathematics", 5, 1, pp. 44-8.

ID. (1990), *Etnomatemática*, Editora Ática, São Paulo 1990 (trad. it. *Etnomatematica*, Pitagora, Bologna 2001).

17. L'espressione è stata usata però per la prima volta da un sociologo della scuola di Chicago (Olivier de Sardan, 1995, p. 76; Piasere, 2002, p. 142).

DESCOLA P. (1986), *La nature domestique. Symbolisme et praxis dans l'écologie des Achuar*, Maison des Sciences de l'Homme, Paris.

ID. (2005), *Par-delà nature et culture*, Gallimard, Paris.

DOUGLAS M. (1966), *Purity and Danger*, Penguin Books, Harmondsworth (trad. it. *Purezza e pericolo*, il Mulino, Bologna 1975).

ID. (1985), *Antropologia e simbolismo. Religione, cibo e denaro nella vita sociale*, il Mulino, Bologna (saggi tratti da Id., *Implicit Meanings. Essays in Anthropology*, Routledge & Kegan Paul, London 1975, e Id., *In the Active Voice*, Routledge & Kegan Paul, London 1982).

DURKHEIM É., MAUSS M. (1901-02), *De quelques formes primitives de classification*, in "L'Année sociologique", 6, 1901-02, pp. 1-72 (trad. it. *Alcune forme primitive di classificazione*, in F. Remotti, a cura di, *La mente dei primitivi*, Principato, Milano 1974, pp. 51-115).

EVANS-PRITCHARD E. E. (1937), *Witchcraft, Oracles and Magic among the Azande*, Clarendon Press, Oxford (trad. it. *Stregoneria, oracoli e magia tra gli Azande*, FrancoAngeli, Milano 1976; nuova ed. italiana abbreviata *Stregoneria, oracoli e magia tra gli Azande*, Raffaello Cortina, Milano 2002).

FAVOLE A. (2009), *Creatività culturale*, in "Antropologia museale", 8, 22, pp. 21-3.

ID. (2010), *Oceania. Isole di creatività culturale*, Laterza, Roma-Bari.

FEYERABEND P. (1975), *Against Method*, NLB, London (trad. it. *Contro il metodo*, Feltrinelli, Milano 1979).

FORTES M. (1993), *On the Concept of the Person among the Tallensi*, in G. Dieterlen (éd.), *La notion de personne en Afrique noire*, L'Harmattan, Paris, pp. 283-319 (1ª ed. Centre National de la Recherche Scientifique, Paris 1973).

GEERTZ C. (1963), *Agricultural Involution: The Process of the Economic Change in Indonesia*, University of California Press, Berkeley.

ID. (1973), *The Interpretation of Cultures*, Basic Books, New York (trad. it. *Interpretazione di culture*, il Mulino, Bologna 1987).

GERDES P. (1999), *Geometry from Africa. Mathematical and Educational Explorations*, The Mathematical Association of America, Washington DC.

GNERRE M. (1987), *La matematica come esperienza culturale*, in C. Pignato (a cura di), *Pensare altrimenti. Esperienza del mondo e antropologia della conoscenza*, Laterza, Roma-Bari, pp. 80-115.

GRIAULE M. (1948), *Dieu d'eau. Entretiens avec Ogotemmeli*, Fayard, Paris (trad. it. *Dio d'acqua. Incontri con Ogotemmeli*, Bollati Boringhieri, Torino 2002).

KLEINMAN A. (1978), *Concepts and a Model for the Comparison of Medical Systems as Cultural Systems*, in "Social Science and Medicine", 12, pp. 85-93 (trad. it. *Alcuni concetti e un modello per la comparazione dei sistemi medici intesi come sistemi culturali*, in Quaranta, 2006, pp. 5-29).

LAKOFF G., JOHNSON M. (1980), *Metaphors We Live By*, The University of Chicago Press, Chicago (trad. it. *Metafora e vita quotidiana*, Bompiani, Milano 1992).

LANSING J. S. (2003), *Complex Adaptive Systems*, in "Annual Review of Anthropology", 32, pp. 183-204.

LÉVI-STRAUSS C. (1956), *Les organisations dualistes existent-elles?*, in "Bijdragen tot de Taal-, Land- en Volkenkunde", 112, 2, pp. 99-128 (ripubblicato in Lévi-Strauss, 1966, cap. 8).

ID. (1955), *Tristes Tropiques*, Plon, Paris (trad. it. *Tristi tropici*, il Saggiatore, Milano 1960).

ID. (1958), *Anthropologie structurale*, Plon, Paris (trad. it. *Antropologia strutturale*, il Saggiatore, Milano 1966).

ID. (1962), *La pensée sauvage*, Plon, Paris (trad. it. *Il pensiero selvaggio*, il Saggiatore, Milano 1964).

MALINOWSKI B. (1922), *Argonauts of The Western Pacific. An Account of Native Enterprise and Adventure in the Archipelagoes of Melanesian New Guinea*, Routledge & Kegan Paul, London (trad. it. *Argonauti del Pacifico occidentale. Riti magici e vita quotidiana nella società primitiva*, Bollati Boringhieri, Torino 2004).

ID. (1929), *The Sexual Life of Savages in North-Western Melanesia*, Harcourt, Brace & World, New York (trad. it. *La vita sessuale dei selvaggi nella Melanesia nord-occidentale*, Raffaello Cortina, Milano 2005).

MORGAN L. H. (1871), *Systems of Consanguinity and Affinity of the Human Family*, The Smithsonian Institution Press, Washington DC.

OLIVIER DE SARDAN J.-P. (1995), *La politique du terrain. Sur la production des données en anthropologie*, in "Enquête", 1, pp. 71-112.

PIASERE L. (2002), *L'etnografo imperfetto. Esperienza e cognizione in antropologia*, Laterza, Roma-Bari.

PIZZA G. (2005), *Antropologia medica. Saperi, pratiche e politiche del corpo*, Carocci, Roma.

PLATONE (2008), *Opere complete*, con CD-ROM, a cura di G. Giannantoni, Laterza, Roma-Bari.

QUARANTA I. (a cura di) (2006), *Antropologia medica. I testi fondamentali*, Raffaello Cortina, Milano.

REMOTTI F. (1986), *Antenati e antagonisti. Consensi e dissensi in antropologia culturale*, il Mulino, Bologna.

ID. (1993a), *Antropologia, eros e modernità*, in U. Fabietti (a cura di), *Il sapere dell'antropologia. Pensare, comprendere, descrivere l'Altro*, Mursia, Milano, pp. 41-55.

ID. (1993b), *A ritroso, verso la modernità*, in "Etnoantropologia", 1, 1, pp. 13-32.

ID. (1994), *Etnografia nande II. Ecologia, cultura, simbolismo*, Il Segnalibro, Torino.

ID. (2005a), *Riflessioni sulla densità culturale*, in "Passaggi. Rivista italiana di scienze transculturali", 10, 5, pp. 18-40.

ID. (2005b), *Plasmare volti. Una lettura antropo-poietica di The Sexual Life of Savages*, in Malinowski (2005), pp. IX-XXX.

ID. (2007), *Perché gli antropologi non possono fare a meno della complessità*, in S. Borutti (a cura di), *Modelli per le scienze umane: antropologia, scienze cogni-*

tive, sistemi complessi, Le pubblicazioni del CREAM, Trauben, Torino, pp. 37-69.

ID. (2009), *Noi, primitivi. Lo specchio dell'antropologia*, Bollati Boringhieri, Torino (1ª ed. 1990).

RYLE G. (1949), *The Concept of Mind*, The University of Chicago Press, Chicago, n.e. 2002 (trad. it. *Il concetto di mente*, Laterza, Roma-Bari 2007).

SHAKESPEARE W. (1603), *Amleto*, Rizzoli, Milano 1975.

TURNBULL C. (1972), *The Mountain People*, Simon & Schuster, New York (trad. it. *Il popolo della montagna*, Rizzoli, Milano 1977).

TURNER V. (1967), *The Forest of Symbols. Aspects of Ndembu Ritual*, Cornell University Press, Ithaca (trad. it. *La foresta dei simboli. Aspetti del rituale ndembu*, Morcelliana, Brescia 1992).

TYLOR E. B. (1871), *Primitive Culture*, Murray, London (trad. it. *Alle origini della cultura*, Edizioni dell'Ateneo, Roma 1985-88).

VIVEIROS DE CASTRO E. (1998), *Cosmological Deixis and Amerindian Perspectivism*, in "The Journal of the Royal Anthropological Institute", 4, 3, pp. 469-88.

WAGNER R. (1975), *The Invention of Culture*, The University of Chicago Press, Chicago (trad. it. *L'invenzione della cultura*, Mursia, Milano 1992).

WIKAN U. (1992), *Beyond the Words: The Power of Resonance*, in "American Ethnologist", 19, 3, pp. 460-82.

WILDER R. L. (1981), *Mathematics as a Cultural System*, Pergamon Press, Oxford.

WITTGENSTEIN L. (1953), *Philosophische Untersuchungen*, Blackwell, Oxford (trad. it. *Ricerche filosofiche*, Einaudi, Torino 1980).

9

Documenti

di *Barbara Sorgoni* e *Pier Paolo Viazzo* [1]

9.1
Antropologia, storia e documenti

Nel corso del XX secolo le relazioni tra antropologia e storia hanno conosciuto un andamento assai altalenante. Fino alla Prima guerra mondiale gli scambi tra le due discipline erano stati assidui e fruttuosi: in un primo momento erano stati gli storici, soprattutto del mondo antico, a offrire agli antropologi schemi interpretativi per giungere a una ricostruzione della società primitiva e alla scoperta di leggi di evoluzione; successivamente erano invece stati gli antropologi a proporre una documentazione etnografica sempre più copiosa da utilizzare comparativamente per gettar luce sugli stadi iniziali della storia greca e romana. Subito dopo la fine della guerra, tuttavia, i rapporti si raffreddarono bruscamente. A questo rapido mutamento contribuì certamente l'improvvisa diffidenza degli storici del mondo antico nei confronti di un metodo comparativo che attenuava, fino quasi a farlo scomparire, il confine tra le società dei "selvaggi" e le civiltà classiche. Ma anche da parte degli antropologi il connubio con la storia non era più visto di buon occhio, in particolare per due ragioni che si colgono con nitidezza, agli inizi degli anni venti, negli scritti dei due padri fondatori dell'antropologia sociale britannica, Alfred R. Radcliffe-Brown e Bronislaw Malinowski.

La prima ragione è la mancanza di documentazione storica lamentata dagli antropologi a proposito delle popolazioni da loro studiate: «In assenza di qualsiasi documentazione storica», affermava Radcliffe-

---

1. In questo capitolo abbiamo cercato di far confluire, amalgamandole attraverso un comune lavoro di riflessione, competenze diverse e complementari. La stesura è da attribuirsi a Pier Paolo Viazzo per i PARR. 9.1 e 9.3, a Barbara Sorgoni per i PARR. 9.2 e 9.4, a entrambi gli autori per il PAR. 9.5.

Brown (1922, p. 229), «il massimo che potremmo fare sarebbe tentare di giungere a una ricostruzione ipotetica del passato, la quale, nello stato attuale della scienza etnologica, sarebbe cosa di dubbia utilità». Ben più promettente gli sembrava studiare sul campo il contributo che un costume o una credenza portavano al funzionamento dell'organismo sociale. La seconda ragione va in effetti ricercata nella centralità acquisita in quegli anni dalla ricerca etnografica sul terreno (grazie soprattutto alla pubblicazione di *Argonauti del Pacifico occidentale* di Malinowski nel 1922) e nella corrispondente svalutazione di ogni forma di antropologia "da tavolino". Particolarmente rivelatore è un passo degli *Argonauti* in cui Malinowski – pur incitando i suoi colleghi a emulare la serietà degli storici, che sottoponevano le proprie fonti a una accurata critica – sottolineava con forza la differenza tra le due discipline affermando che «in etnografia l'autore è cronista e storico nello stesso tempo» e che «le sue fonti sono indubbiamente di facile accesso ma anche estremamente ambigue e complesse, perché non sono fissate in immutabili documenti materiali ma incarnate nel comportamento e nella memoria di uomini viventi» (Malinowski, 1922, trad. it. p. 11). In seguito Malinowski avrebbe manifestato un atteggiamento sempre più ostile all'uso di metodi storici in antropologia, arrivando nei suoi ultimi lavori a decretare l'inutilità delle fonti d'archivio per l'antropologo.

Di questo mutamento di prospettiva prendeva atto Edward E. Evans-Pritchard in un volume di introduzione all'antropologia sociale apparso agli inizi degli anni cinquanta: «In altri tempi l'antropologo, come lo storico, considerava i documenti come la materia prima delle sue ricerche. Oggi tale materia prima è costituita dalla vita sociale in sé stessa» (Evans-Pritchard, 1951, trad. it. p. 93). E tuttavia, pur non mettendo in dubbio l'importanza fondamentale dell'indagine etnografica, proprio in quegli anni lo stesso Evans-Pritchard aveva preso fermamente le distanze sia da Malinowski sia da Radcliffe-Brown criticando in primo luogo il loro atteggiamento verso la storia. In una famosa conferenza del 1950 aveva osservato che i funzionalisti erano giunti ad asserire che «anche quando la storia di una società è documentata, essa è irrilevante per un suo studio funzionale»: questa posizione, «proclamata in modo particolarmente fragoroso da Malinowski», gli sembrava assurda e inaccettabile (Evans-Pritchard, 1950, p. 121). Sostenendo che una società non poteva essere adeguatamente compresa senza studiarne e conoscerne il passato, Evans-Pritchard dava avvio a un processo di riavvicinamento alla storia da parte dell'antropologia sociale britannica che sarebbe divenuto palese un paio di decenni più tardi.

Quasi contemporaneamente, anche sull'altra sponda dell'Atlantico si registra una svolta, segnata dalla rapida crescita della cosiddetta "etnostoria". A usare per primo questo termine era stato l'etnologo statunitense Clark Wissler, che nel 1909 aveva organizzato una mostra sulle culture indiane della regione inferiore del corso del fiume Hudson. Nell'introduzione al volume che illustrava i criteri che avevano guidato la raccolta dei materiali per la mostra, Wissler (1909, p. XIII) aveva suggerito che era possibile ricostruire il passato delle società studiate dagli etnologi «attraverso la saldatura di dati etnostorici e archeologici», intendendo per dati etnostorici le informazioni di carattere etnologico che potevano essere rinvenute nella documentazione prodotta dai bianchi. Per quanto espresso in forma ancora embrionale, questo suggerimento lasciava intravedere che l'etnologia, pur occupandosi in prevalenza di popolazioni senza scrittura, non era condannata a utilizzare esclusivamente quei metodi indiretti di indagine e ricostruzione storica, basati principalmente sull'analisi di evidenza linguistica e archeologica, la cui legittimità sarebbe stata disputata da Radcliffe-Brown: gli etnologi potevano valersi anche di metodi diretti, setacciando la documentazione archivistica creata nelle varie fasi di contatto con le tribù indiane dalle autorità governative, dagli ordini missionari e dalle compagnie commerciali. Per alcuni decenni il progresso fu lento e in sordina, ma dopo la fine della Seconda guerra mondiale l'etnostoria acquistò contorni definiti e una più matura metodologia anche grazie a una serie di vicende che portarono all'attenzione di un buon numero di antropologi, rivelandone compiutamente le potenzialità, gli estesi fondi archivistici accumulati dal governo federale e dai vari Stati. Esperienze e interessi comuni spinsero questi antropologi ad associarsi nel 1954 nella American Indian Ethnohistoric Conference e a fondare in quello stesso anno la rivista "Ethnohistory".

È però un decennio più tardi, come si è detto, che il riavvicinamento tra antropologia e storia comincia a essere pienamente visibile. Verso la metà degli anni sessanta, nel mondo antropologico – soprattutto britannico – si respirava un'aria di crisi dovuta in parte a cause esogene (lo sgretolamento dell'impero, i contraccolpi della decolonizzazione) e in parte a cause endogene, prima fra tutte la stagnazione teorica del funzionalismo. Uno degli elementi di debolezza più frequentemente diagnosticati tra i fattori responsabili della crisi era l'indifferenza verso la storia che aveva caratterizzato il funzionalismo, e da più parti venivano denunciati i limiti di indagini etnografiche puramente sincroniche. Nell'intento di aggiungere una dimensione diacronica alle proprie ricerche, gli antropologi si rivolsero inizialmente alla letteratura storiografica di carattere generale o locale, dunque a fonti storiche "secondarie", ma già negli anni sessanta alcuni cominciavano ad avventurarsi in più o meno estese ricerche d'archivio. Può essere interessante notare che anche antropologi favorevoli all'uso della storia avevano seri dubbi sull'opportunità di entrare in archivio per attingere informazioni da "fonti primarie". Secondo John Davis (1980, p. 535), un ostacolo difficilmente sormontabile era rappresentato dal fatto che «gli antropologi sono antropologi, e il loro primo dovere è quello di condurre una ricerca sul terreno; ci vorrebbe troppo tempo per diventare autentici storici d'archivio». Questo pessimismo doveva però essere immediatamente smentito: soltanto in lingua inglese, nel corso degli anni ottanta furono più di trecento i libri e gli articoli di chiaro orientamento storico pubblicati da antropologi che si fondavano quasi tutti su documentazione d'archivio (Kellogg, 1991). Da allora, non solo si è consolidato un nuovo campo di ricerca a cavallo tra le due discipline di solito designato come antropologia storica (Viazzo, 2000), ma è diventato quasi un luogo comune che la ricerca etnografica di campo debba essere integrata o sostenuta dal reperimento e dall'analisi di documenti d'archivio. Ma cosa significa esattamente fare ricerca d'archivio per un antropologo? Cosa implica? E cosa sono, prima di tutto, gli archivi?

9.2
Cosa sono gli archivi?

> Se qualcosa non è registrato nei nostri schedari, vuol dire che non esiste.
>
> *Star Wars 2 – L'attacco dei cloni*

In un recente volume sul potere degli archivi, Stefano Vitali (2007, p. 71) utilizza le parole dell'archivista jedi Jocasta Nu per mostrare, con alcuni esempi letterari e cinematografici, diverse modalità di rappresentazione e di percezione sociale degli archivi. A seconda dei vari generi e registri, questi possono rivestire una funzione negativa – come labirinto che occulta o emblema della moderna burocrazia che accumula inutili masse di carte – o al contrario positiva, come nei film e romanzi di spionaggio dove gli archivi custodiscono (e consentono di risolvere) misteri. Fino alla frase in epigrafe, dove la capacità degli archivi di documentare fedelmente la storia è estremizzata al punto da rovesciare il rapporto tra documenti e realtà, con un primato dei primi sulla seconda.

Un archivio può essere definito come «un complesso organico di documenti che implica un soggetto produttore, una finalità pratica svolta dal soggetto stesso e legami fra i documenti man mano che si vanno formando» (Bertini, 2008, p. 18) e che può essere utilizzato come fonte storica. Come si vedrà più oltre, esistono diverse tipologie di archivi, e questi mutano in relazione al periodo storico e alla loro collocazione geografica. Nonostante tale disomogeneità, gli archivi sono però accomunati dal fatto che conservano documentazione per lo più «di natura pratica (politica, giuridica, amministrativa, economica, fiscale, giudiziaria ecc.) [...] connessa ad attività svolte dai vari soggetti che l'hanno posta in essere al fine di soddisfare proprie specifiche esigenze» (Zanni Rosiello, 1996, p. 12).

Proprio la natura pratica e istituzionale degli archivi fa sì che questi siano sempre in qualche modo connessi con i diversi tipi di potere presenti nelle società, variando in articolazione interna, funzione e collocamento al variare delle forme di dominio. In questo senso, il periodo tra XVIII e XIX secolo è centrale per l'organizzazione delle istituzioni archivistiche, poiché il consolidamento dei moderni Stati-nazione si accompagna a processi di selezione, organizzazione, trasmissione e recupero della propria storia e delle proprie tradizioni come momento centrale per il riconoscimento degli Stati stessi. In questo periodo sono soprattutto gli archivi di Stato a configurarsi come vero e proprio monumento celebrativo dei nascenti Stati nazionali, dove la Storia – intesa prevalentemente come storia della nazione – viene prodotta e conservata. Ma contemporaneamente emergono e si affermano anche i moderni imperi coloniali; in questo caso, gli archivi coloniali riflettono i diversi progetti di governo e i mutamenti di interessi nei vari domini, divenendo deposito di raccolte di "usi e costumi" premoderni. Se da un lato lo Stato nazionale conserva e celebra la propria storia negli archivi di Stato, lo "Stato coloniale" raccoglie nei nuovi archivi informazioni antropologiche a testimonianza della necessità del proprio dominio (Dirks, 2001).

In contesto europeo, accanto agli archivi di Stato esistono diversi tipi di archivi non statali: quelli di enti locali (enti pubblici territoriali come Regioni, Province, Comuni), di enti e fondazioni pubbliche e private (associazioni e istituzioni, partiti, sindacati, imprese, istituti di credito, giornali), di famiglie o persone fisiche. Esistono infine diversi tipi di archivi ecclesiastici, che comprendono grandi archivi "centrali" quali l'archivio Vaticano (incluso l'archivio segreto) e gli archivi diocesani, così come archivi "locali" spesso di modeste dimensioni (quelli di parrocchie e confraternite), oltre agli archivi dei vari ordini religiosi, monastici e missionari. Soprattutto in contesto extraeuropeo gli archivi possono trovarsi dislocati in vari luoghi, anche molto lontani dalla zona in cui si svolge la ricerca etnografica o in cui risiede la comunità che si è scelto di studiare. I vari archivi nazionali di molti Stati europei – così come l'archivio Vaticano e quelli che hanno sede presso le case madri degli ordini missionari – conservano gran parte della documentazione raccolta o prodotta durante il periodo coloniale relativa alle popolazioni soggette al proprio dominio o alla propria attività di conversione. La stessa documentazione può essere anche stata sottoposta a spartizioni e smembramenti, ed essere quindi conservata in parte nei principali archivi dell'ex potenza coloniale e in parte in quelli dell'ex dominio; nel caso di territori passati sotto il controllo di diverse potenze, poi, tale ulteriore frazionamento può rendere il reperimento dei documenti particolarmente difficile.

Come mostra la letteratura, per chi conduce ricerche in campo in ambito europeo l'archivio è soprattutto l'archivio locale, mentre per l'etnografo che lavora in contesti "esotici" l'archivio è spesso situato anche lontanissimo dalla comunità in cui si fa o si è fatta ricerca intensiva. Anche nei paesi extraeuropei si trovano tuttavia archivi locali di municipalità, prefetture o parrocchie, così come archivi che raccolgono la documentazione di organismi tradizionali di potere (consigli di villaggio o capi tradizionali), dove «è possibile reperire i verbali dei processi celebrati dalle cosiddette "corti native" di vario ordine e grado», oppure archivi privati di persone con incarichi ufficiali, contenenti documenti molto vari come resoconti di riunioni di consigli, o addirittura «appunti trasmessi anche per generazioni concernenti storie e genealogie di gruppi familiari, o storie di città e villaggi [...] conservati sia per esigenze di memoria familiare, sia più spesso per esigenze di tutela dei diritti fondiari, o di altro tipo, del gruppo familiare» (Pavanello, 2009, p. 163).

Ma cosa contengono, più in generale, gli archivi? In base a una diffusa concezione "miracolistica" si tende a pensare che siano stati creati magari secoli fa per consentirci oggi di fare ricerca, oppure a immaginare che tutto sia stato archiviato. In primo luogo però, gli archivi «non nascono per essere consultati nelle sale di studio, ma per finalità giuridiche e amministrative» e solo nel tempo acquisiscono valore storico [2]. In secondo luogo, se conservazione e trasmissione della

---

[2]. Così, almeno, in una visione tradizionale dell'archivio (Bertini, 2008, p. 15), mentre più recentemente si è riconosciuta la coesistenza del valore sia amministrativo che storico dei documenti, nel momento stesso della loro creazione (Zanni Rosiello, 2005, p. 13).

memoria sono bisogni condivisi in tutte le società, tali processi non passano necessariamente attraverso la produzione di documenti, né tutto ciò che accade viene documentato e conservato. Come scrive Jacques Le Goff (1982), ogni documento è il frutto del lavoro della società che lo produce, lo preserva o lo manipola, è cioè «il risultato dello sforzo compiuto dalle società storiche per imporre al futuro – volenti o nolenti – quella data immagine di se stesse»: in questo senso «non esiste un documento-verità. Ogni documento è menzogna» (ivi, p. 454). Infine, proprio per la natura pratica di cui si è detto, i documenti d'archivio sono solitamente organizzati per autodocumentazione più che come fonte storica in vista delle esigenze degli studiosi. Per poterli utilizzare è quindi necessario sapere da chi, quando e perché sono stati prodotti, e come si sono formati e trasformati nel tempo. Tale processo non è semplice, e altrettanto difficoltosa può risultare l'identificazione dell'istituzione più rilevante ai fini della propria ricerca o la localizzazione del suo archivio: occorre perciò prevedere «passo lento e tempi lunghi» (Zanni Rosiello, 1996, p. 35). In tali condizioni, è normale che una volta di fronte alla documentazione tanto attesa si possano provare sensazioni contrastanti: sgomento o delusione a seconda della mole, stupore se il documento è antico e intatto, soggezione se poco usato o disappunto in caso contrario, smarrimento se incomprensibile o privo di segni di riconoscimento ecc. (ivi, pp. 188-9).

Le scienze sociali, e l'antropologia in particolare, hanno contribuito all'affermarsi di quella nuova storia che, a partire dagli anni trenta del Novecento, tenta di "far parlare le cose mute", sia dilatando la nozione di documento fino a comprendere altre fonti oltre ai testi scritti, sia considerando diversi tipi di carte d'archivio in modo da includere nella storia soggetti fino ad allora ignorati, sia infine ponendo ai documenti nuove domande, assumendo gli archivi in cui sono custoditi come "campi di forze" (Stoler, 2009). In questo senso l'etnografia ha sicuramente arricchito la ricerca d'archivio. Nei prossimi paragrafi proveremo al contrario a vedere in quali modi l'archivio possa essere d'aiuto alla ricerca etnografica.

9.3
Scoperte d'archivio

Per comprendere quale aiuto possa venire a un etnografo da documenti d'archivio può essere utile iniziare ricordando la curiosa vicenda di un "rituale contestato" osservato sul campo dall'antropologo tedesco Thomas Hauschild in un paese della Basilicata. Affascinato dalla lettura dei libri di Ernesto De Martino e Carlo Levi, Hauschild era giunto in paese nell'autunno del 1982 con l'intenzione di studiarne soprattutto la vita religiosa, e la sua attenzione fu inevitabilmente catturata dal ciclo rituale incentrato sulla festa del santo patrono, san Donato, che la gente del luogo non aveva dubbi a definire «una festa antichissima» (Hauschild, 1992, p. 30). Il punto culminante di questa festività era il momento in cui tanto i locali quanto i pellegrini venuti da fuori facevano dono di banconote al Santo fissandole alle sua effigie con delle spille da balia. Questo costume era fortemente osteggiato dalla Chiesa, che lo stigmatizzava come sopravvivenza di un antico rito pagano, e difeso invece strenuamente dai locali come tradizione ancestrale e irrinunciabile: un anno prima dell'arrivo di Hauschild, per impedire che il rito avesse luogo era addirittura intervenuto il vescovo in persona, che era stato clamorosamente schiaffeggiato da una devota del santo suscitando non poco scalpore.

Hauschild si era formato su una letteratura antropologica che gli aveva insegnato «un approccio armonizzante, funzionalista e astorico alla credenza popolare». Ma in quegli anni, come si è detto, gli antropologi cominciavano a sospettare che nel corso delle loro ricerche in campo fosse giusto fare almeno qualche visita agli archivi locali. In questo caso gli esiti furono quanto mai sorprendenti: «La mia ricerca negli archivi», racconta infatti Hauschild, «mi portò alla scoperta che il costume che veniva oggi così tenacemente difeso era emerso solo negli anni intorno al 1910» e che altre tradizioni legate a san Donato – della cui antichità né la popolazione locale né la curia dubitavano – erano di origine ancor più recente (ivi, p. 33). Insieme ad altre che documentavano l'oblio di costumi invece genuinamente di vecchia data, queste inattese scoperte d'archivio – riconosce l'antropologo tedesco – gli consentirono di comprendere che «la storia di questi rituali apparentemente immodificabili e arcaici rifletteva chiaramente la transizione a un'economia monetaria» (ivi, p. 34) e di differenziare tra la realtà storica dei costumi che circondavano il culto di san Donato, la loro trasformazione nel tempo, la reazione della gente del posto a questi mutamenti e l'influenza che la retorica nostalgica intorno al passato esercitava sulla ritualità e sulla vita politica del presente.

Se le scoperte d'archivio possono – come nel caso di Hauschild – rivelarsi di estrema utilità per affinare la percezione etnografica dell'antropologo, permettendogli di «distinguere il discorso dalla realtà sociale e storica» (ivi, p. 31), in altri casi la documentazione d'archivio può in misura ancora maggiore contribuire a mettere in discussione o persino a ribaltare convinzioni fortemente radicate in ambito antropologico e imporre di conseguenza interpretazioni assai diverse tanto della situazione direttamente osservata dall'etnografo sul campo quanto del mutamento socioculturale sperimentato dalla località dove viene condotta la ricerca sul terreno. Un esempio per molti versi emblematico è offerto dall'indagine allora assai innovativa condotta dall'antropologa canadese Harriet Rosenberg, che tra il 1972 e il 1974 intrecciò abilmente la sua ricerca etnografica ad Abriès, un villaggio delle Alpi francesi, con un esteso lavoro storico negli archivi locali e negli archivi centrali parigini.

È bene notare che in quegli anni era opinione comune, anche tra gli specialisti, che solo la modernizzazione seguita alla Seconda guerra mondiale avesse finalmente iniziato a emancipare il mondo alpino da una storia millenaria fatta di isolamento, di povertà, di chiusura mentale non meno che economica. Come ricorda Rosenberg (1988, trad. it. p. 4), nelle vivaci pagine che aprono il volume basato sulla sua ricerca, l'autista che nel 1972 la accompagnò con il suo furgone nella prima visita ad Abriès le confidò che era in pensiero per lei e la avvertì che «sarebbe stato terribile vivere da sola in mezzo a simili "selvaggi"». Da uomo di pianura era convinto che quei montanari così taciturni e diffidenti non le avrebbero mai parlato o in qualche modo dato aiuto. Per gli antropologi che stavano iniziando a esplorare etnograficamente le società del Vecchio Mondo, anziché dirigersi più canonicamente verso paesi extraeuropei, le comunità di montagna esercitavano tuttavia un'attrazione particolare poiché si dava come scontato che nelle remote valli delle Alpi o dei Pirenei il mutamento fosse più lento che in pianura e che le tradizioni contadine vi persistessero più tenacemente e potessero quindi essere ancora osservate e studiate (Anderson, 1973, p. 69). Erano queste le ragioni che sul finire degli anni cinquanta avevano convito l'antropologo americano Robert Burns a scegliere per la sua ricerca in campo Saint-Véran, il villaggio più alto delle Alpi francesi, «una remota comunità alpina con un piede nel Medioevo e uno nel XX secolo rimasta fedele a modi di vita consacrati dal tempo» (Burns, 1959, p. 571). Ed erano in parte le ragioni che, su consiglio dello stesso Burns, avevano portato una quindicina d'anni più tardi Harriet Rosenberg a indirizzare la propria ricerca verso un altro villaggio della stessa regione, il Queyras. A spingerla verso le Alpi francesi era stato però anche il desiderio di mettere alla prova l'attendibilità delle concezioni allora dominanti intorno alle cosiddette "società contadine", che nella letteratura antropologica erano scomodamente sospese tra "primitivi" e "civilizzati" e nella letteratura storica erano viste come masse passive, rese inerti dalla loro povertà e arretratezza economica e culturale. Le comunità alpine, in particolare, erano viste come l'apice della povertà, della passività, della chiusura economica e sociale, di una arretratezza culturale compendiata da livelli elevatissimi di analfabetismo.

Quando iniziò la sua ricerca, Abriès contava meno di duecento abitanti e i funzionari governativi consideravano il villaggio e la sua valle, il Queyras, come un *pays mort* abitato da una popolazione numericamente in declino e da sempre condannata, da un ambiente duro e ostile all'isolamento, all'arretratezza e ad una stentata economia di sussistenza. Entrando in archivio, agli occhi dell'etnografa si schiuse gradualmente una storia del tutto inattesa, che imponeva interpretazioni radicalmente diverse delle cause della marginalità in cui Abriès viveva nei primi anni settanta. Come scrive con verve la stessa Rosenberg (1988, trad. it. p. 9), i turisti che visitavano Abriès sarebbero stati sorpresi se fossero venuti a sapere che due secoli prima nel villaggio abitavano quasi duemila persone; e sarebbero stati ancor più sorpresi nello scoprire che nel XVII e XVIII secolo Abriès era stato un attivo centro di commerci legato a importanti fiere locali e regionali, e che all'esterno i suoi abitanti erano considerati commercianti-contadini ben istruiti e intraprendenti. Durante i lunghi inverni alpini i contadini del posto assumevano maestri che insegnassero ai loro figli il francese, il latino e l'aritmetica, e l'intera popolazione del Queyras poteva vantare sin da tempi lontani un alto grado di alfabetizzazione. «Se per "tradizionale" si intende analfabeta, passivo, isolato e povero», scrive Rosenberg sintetizzando i risultati della sua ricerca storico-antropologica, «allora Abriès non ha nulla della comunità contadina tradizionale» (ivi, p. 11). A rendere questo paese di montagna isolato, a impoverirlo e ad abbassare il suo livello di scolarizzazione rispetto alla pianura era stata – paradossalmente – la recente modernizzazione.

Sin dal 1874, quando furono pubblicate le *Notes and Queries on Anthropology*, i manuali consigliano all'etnografo di iniziare la propria ricerca in campo da un censimento delle famiglie (Kertzer, Frikke, 1997, p. 3). Non stupisce pertanto che molti antropologi entrino negli archivi innanzitutto per cercare documenti capaci di fornire, per un passato più o meno remoto, informazioni analoghe a quelle che l'antropologo può raccogliere direttamente sulla composizione delle famiglie della località che sta studiando, sull'età e sullo stato civile dei componenti, sulle loro professioni. In gran parte dell'Europa cattolica le fonti più ricche e di maggiore profondità cronologica sono i cosiddetti "stati delle anime" (*status animarum*), gli elenchi nominati-

vi degli abitanti di una parrocchia, suddivisi in famiglie, che a partire dall'età della Controriforma il parroco era tenuto a redigere ogni
anno per controllare l'assolvimento dell'obbligo della comunione
pasquale. Quando queste fonti ecclesiastiche mancano, possono spesso supplire fonti civili: nel Meridione italiano, ad esempio, dove gli
stati delle anime sono rari, si ritrovano in abbondanza i *catasti oncia-
ri*, documenti di natura principalmente fiscale la cui redazione perio-
dica per tutte le località del Regno delle Due Sicilie venne disposta
da Carlo III di Borbone nel 1740-41 [3], e la cui utilità per comparare le
strutture familiari e demografiche del passato con quelle del presente, e individuare quindi continuità e mutamenti, è stata dimostrata da
numerosi studi antropologici (Palumbo, 1991; Resta, 1991; Colclough,
2006).

Sarebbe però un errore pensare che gli archivi possano offrire
all'etnografo solo dei censimenti. Ricerche come quelle di Harriet
Rosenberg mostrano che informazioni altrettanto preziose possono
giungere da un'ampia gamma di documentazione: i registri parrocchiali o comunali delle nascite consentono ad esempio di quantifica-
re la distribuzione stagionale dei concepimenti e di misurare così l'intensità dell'emigrazione e le sue variazioni nel tempo, mentre dagli atti
notarili è possibile stimare i livelli di alfabetizzazione o scoprire a
quanto ammontavano doti e corredi, chi ereditava la proprietà, chi la
gestiva. E conviene anche sottolineare che gli archivi – contrariamen-
te a quanto troppo spesso immaginano gli antropologi, come già rile-
vava Davis (1980, p. 534) – non sono soltanto serbatoi a cui attingere
dati quantitativi. Le fonti prettamente qualitative sono non meno
numerose e non meno interessanti. Possono ad esempio risultare estremamente utili gli atti delle visite pastorali che i vescovi compivano
periodicamente alle parrocchie delle loro diocesi, e ad attirare l'attenzione dell'etnografo saranno immediatamente le "note degli abusi",
documenti in cui il vescovo segnalava le irregolarità riscontrate nelle
varie parrocchie: la scarsa devozione dei parrocchiani e l'inosservan-
za delle feste di precetto, ma anche la circolazione in paese di libri
proibiti e infetti di eresia, oppure l'esistenza di costumi strani e sospet-
ti o di rituali "pagani" come quello incontrato da Hauschild nel corso
della sua ricerca in Basilicata.

Questi documenti, per non parlare delle fonti inquisitoriali ana-

---

3. Il catasto è detto "onciario" poiché per valutare i redditi e i patrimoni si usava
l'*oncia*, antica moneta corrispondente a sei *ducati*.

lizzate da studiosi come Carlo Ginzburg (1966), possono ovviamente essere usati a fini di pura ricostruzione storiografica. È però altrettanto legittimo, come ha sostenuto l'antropologo Gian Paolo Gri (2000, p. 78), guardare alle carte d'archivio «in termini retrospettivi, partendo dai documenti attuali che [...] derivano dalla ricerca sul campo», dalle osservazioni, sensazioni e testimonianze raccolte girando per i paesi e per le case. Per un etnografo che abbia avuto modo di assistere direttamente a un rituale o di cogliere una particolare credenza popolare è emozionante ritrovare – «impigliate fra le pagine delle carte inquisitoriali», vecchie di secoli – una descrizione di quello stesso rituale o un'allusione a quella credenza (ivi, p. 76). Ritrovamenti di questo genere fatalmente sollevano delicati interrogativi riguardo alla lunga durata di alcune strutture simboliche e al rapporto tra queste strutture e i processi di trasformazione, ma ci ricordano che se in alcuni casi l'archivio ci riserva la sorpresa di rivelarci che un rituale ritenuto antico è in realtà di origine recente, in altri può sorprenderci attestando un'antichità magari messa in dubbio.

Alcuni archivi possono essere lontani dal luogo in cui l'etnografo conduce la propria ricerca intensiva sul terreno, ma la maggior parte degli antropologi che hanno lavorato in Europa, come si è detto, si sono valsi soprattutto di archivi locali (parrocchiali, comunali, privati). Molto gioca, in questi casi, la lunga permanenza *in loco* che caratterizza l'indagine etnografica e che spesso può favorire un accesso anche privilegiato agli archivi grazie all'instaurarsi di un rapporto di fiducia. Certo, non sempre questo accade: tra gli ostacoli incontrati nella sua ricerca, Hauschild (1992, p. 34) enumera per prima l'ostilità dimostratagli dal parroco, il quale non solo gli chiuse le porte dell'archivio parrocchiale, costringendolo a cercare altri archivi per le sue indagini, ma si diede anche da fare per convincere i parrocchiani più anziani a non rispondere alle sue domande. La presenza di un etnografo "forestiero" può nondimeno generare curiosità e le sue scoperte possono suscitare interesse genuino e diffuso nella popolazione locale: lo stesso Hauschild fu ben presto riconosciuto come un'autorità in materia di rituale, al punto di «essere invitato a far parte del comitato organizzatore delle festività, in qualità di presunto esperto di tradizione religiosa, e di dover così contribuire a modellare la tradizione che mi ero proposto di studiare» (ivi, p. 30). Per certi versi simile l'esperienza di Rosenberg ad Abriès: «A mano a mano che mi inoltravo in questa selva di documenti», scrive l'antropologa canadese, «comunicavo le mie scoperte agli abitanti del villaggio e la mia impressione era che fossero sempre interessati a quello che stavo scoprendo» (Rosenberg, 1988, trad. it. p. 5). Veniva così a instaurarsi un dialogo tra l'etnografa e i locali, che si appassionavano a scoprire aspetti a loro sconosciuti della storia del proprio paese e al tempo stesso colmavano con i loro racconti le lacune della documentazione scritta, facendole anche «rilevare le inesattezze che si potevano riscontrare nei censimenti» e spiegandole perché e su quali richieste governative fosse stato in passato prudente essere vaghi e imprecisi. «Imparai sul campo», confessa Rosenberg, «un principio a cui gli storici spesso si attengono più in teoria che in pratica: non credere a tutto quello che si legge nei documenti» (ivi, p. 6).

9.4
Tracce, voci. E silenzi

In diversi modi, dunque, la ricerca d'archivio può risultare utile per l'etnografia, e nel paragrafo precedente sono stati presentati alcuni esempi di ricerche etnografiche svolte in ambito europeo che mostrano come la documentazione archivistica possa fornire informazioni di tipo quantitativo ma anche qualitativo, come possa integrare o essere corretta dalla parallela ricerca di terreno, e infine come riservi delle "sorprese" consentendo di mettere in discussione convinzioni radicate tanto presso le comunità che si è scelto di studiare quanto all'interno della comunità degli antropologi. E proprio rispetto a quest'ultima, lo studio dei documenti d'archivio può dimostrarsi essenziale anche per chi voglia ricostruire il contesto storico nel quale è emersa la scrittura etnografica.

A questo proposito è impossibile non citare il lungo impegno che George W. Stocking ha dedicato alla ricostruzione della storia del pensiero antropologico attraverso un lavoro di contestualizzazione delle idee e delle prospettive antropologiche dei padri fondatori della disciplina, concretizzatosi nella serie di monografie "History of Anthropology"[4], di cui è stato ideatore, coordinatore e curatore per oltre un decennio. Stocking si muove al confine tra storia e antropologia: storico di formazione ma antropologo di adozione, dal 1968 è professore nel Dipartimento di Antropologia dell'Università di Chicago definendo sé stesso a tratti come un outsider rispetto alla "tribù" degli antropologi che studia, a tratti invece come un etnografo degli antro-

4. Pubblicata dalla University of Wisconsin Press e successivamente curata da Richard Handler.

pologi. Proprio grazie allo studio dei documenti di archivio – e in particolare di quelle fonti prodotte dagli etnografi stessi durante l'esperienza sul campo, non destinate alla pubblicazione e conservate solitamente in archivi personali – le sue indagini hanno consentito il ripensamento di alcuni paradigmi disciplinari. Nel suo caso, gli archivi personali non sono utilizzati al fine di documentare la funzione pubblica della personalità cui si riferiscono, né come mezzo per indagarne la sola realtà introspettiva, ma come strumento per comprendere le idee manifestate dai diversi autori all'interno di più ampi «circoli di contesto» (Stocking, 1992, p. 115). Le note di campo prodotte dai ricercatori di ieri nel corso della ricerca etnografica divengono i documenti grazie ai quali oggi è possibile ricostruire le condizioni di produzione della scrittura etnografica e del sapere antropologico per delineare una storia della pratica etnografica.

Questo uso della documentazione d'archivio emerge non a caso all'indomani di quella «rivoluzione documentaria», o «esplosione del documento» (Le Goff, 1982, p. 449) in senso sia qualitativo che quantitativo, iniziata negli anni trenta e culminata negli anni sessanta del Novecento. È in questo arco di tempo che i documenti – che con il Positivismo avevano raggiunto il massimo trionfo in forma di testi scritti, fino ad assumere il significato di "prova" oggettiva – iniziano a essere messi in discussione: non più, come nel passato, al solo fine di accertarne l'autenticità, ma proprio chiamando in causa la loro presunta oggettività o innocuità. La riflessione si sposta quindi sul lavoro della storia, sulle operazioni di produzione, selezione e manipolazione dei documenti stessi, sulla preservazione e sull'archiviazione di alcuni e sull'oblio o sulla scomparsa di altri, sui rapporti di forze in base ai quali, nelle varie società attraverso le diverse epoche, i documenti sono stati rimaneggiati da vari attori e processi, e «magari dal silenzio» (ivi, p. 455). Come ha infatti osservato più recentemente l'antropologo Michel-Rolph Trouillot, il silenzio interviene nella produzione della storia nei quattro momenti cruciali della sua formazione: al livello della selezione di determinati eventi e della loro trasformazione in fatti e quindi in fonti; in quello del loro assemblaggio attraverso la creazione di archivi; nella produzione di narrative; infine nella costruzione della storia stessa intesa come «significazione retrospettiva» (Trouillot, 1995, p. 26).

Se in una tale prospettiva la creazione degli archivi implica una serie di operazioni selettive, è anche vero che, per lo stesso motivo, gli archivi possono servire a dissotterrare silenzi e recuperare le esili tracce di eventi non ritenuti degni di essere considerati come *fatti* e per questo non archiviati o utilizzati come fonti. È con questo intento, ad esempio, che Bronwen Douglas utilizza i documenti d'archivio e i testi prodotti dai missionari in Melanesia durante il periodo coloniale. Sebbene l'etnografia del Pacifico fosse letteralmente una «riserva missionaria» (Douglas, 2001, p. 40), gli antropologi hanno a lungo ignorato gli archivi principalmente evangelici disponibili sul posto, perché in cerca di forme autentiche e pure di tradizione locale, necessariamente precedenti il contatto con gli europei e la correlata acquisizione della "vernice" cristiana da questi imposta [5]. I pochi che affrontavano l'archivio lo facevano con l'intento di ricostruire semmai la storia delle missioni e dell'impresa europea di conversione, con l'effetto di creare l'illusione che fosse possibile trattare separatamente la storia del colonialismo europeo e l'antropologia delle popolazioni native. Quando a partire dagli anni ottanta gli antropologi iniziano al contrario a entrare in numero sempre maggiore negli archivi, resta sovente nel loro approccio un residuo di fattualità nell'analisi del documento, immaginato capace di restituire un resoconto fedele della società locale prima del contatto e della colonizzazione, e da aggiungersi ad altri strumenti quali la raccolta di fonti orali e la ricerca etnografica.

L'approccio proposto da Douglas intende utilizzare la documentazione contenuta negli archivi missionari piuttosto come complemento, o meglio completamento dell'osservazione etnografica, rintracciando il valore insostituibile delle fonti scritte prodotte dai missionari nella loro relativa coevità con il passato coloniale delle popolazioni locali. L'importanza irrinunciabile dei documenti emerge proprio nel momento in cui si mette in discussione un approccio fattuale alle carte d'archivio e vi si riconosce piuttosto quell'ambivalenza necessariamente intrinseca al discorso coloniale che Homi Bhabha (1994) chiama il *non-sense* coloniale. È nelle pieghe di tale disomogeneità e ambiguità discorsiva che si possono reperire tracce di voci dissonanti e, come si diceva, provare a dissotterrare silenzi. Azioni, aspirazioni e forme di relazioni sociali sono infatti inintenzionalmente trattenute come codici cifrati nei testi coloniali; per farle emergere e decodificarle occorre, sostiene Douglas (2001, p. 43), andare in qualche misura contro lo spirito stesso degli archivi e leggere tale documentazione *against the grain*, "in contropelo" [6].

---

5. Sono queste le parole con cui si esprime ad esempio Marshall Sahlins riferendosi alla sua visione giovanile e ingenua in una intervista alla stessa autrice (Douglas, 2001, p. 38).

6. Attestata forse per la prima volta nel *Coriolano* di William Shakespeare, la locuzione è tradotta solitamente «contro la naturale tendenza o inclinazione» (*grain* richia-

Uno dei tropi centrali nella letteratura evangelica missionaria della Melanesia tra Ottocento e inizio Novecento è quello del *degrado*, utilizzato essenzialmente per descrivere in modo uniformante le donne pagane; eppure, le connotazioni del termine potevano variare in modo radicale a seconda del contesto sociogeografico al quale erano applicate. Nel caso delle popolazioni patrilineari dell'isola di Aneityum (Repubblica di Vanuatu), con tale termine si intendeva veicolare una immagine delle donne native come vittime inerti sottomesse ai soprusi dei propri mariti, loro schiave o bestie da soma; al contrario, tra i matrilineari dell'isola di Dobu (Nuova Guinea) il degrado femminile era semmai associato a una condizione percepita dai missionari come paritaria, dove donne in grado di tenere testa ai propri mariti detenevano anche il controllo sulle proprie coltivazioni di ignami. Analizzando esempi e aneddoti minuziosamente riportati nei documenti missionari (peraltro ricchi di informazioni etnografiche) nei quali ricorre con frequenza l'uso del tropo del degrado, Douglas conferma da un lato come in entrambi i contesti fosse in atto un progetto di "addomesticamento" e trasformazione radicale delle relazioni sociali, economiche e di genere, ugualmente percepite dai missionari – nelle loro forme locali – come inferiori e incivili, ancorché per motivi differenti. Dall'altro, l'antropologa fa emergere in controluce quelle tracce di dissonanze capaci di indicare la natura costruita e fittizia della presunta omogeneità veicolata dai tropi coloniali, restituendo complessità alle relazioni sociali locali e capacità di *agency* alle donne native. Rintraccia, infine, alcuni elementi di resistenza ai progetti di "civilizzazione", il cui successo è peraltro avvalorato da ricerche etnografiche recenti che provano come il controllo femminile sulla produzione degli ignami a Dobu sia ancora saldo e rappresenti un importante fattore di parità nelle relazioni di genere. In questo ultimo caso la "scoperta d'archivio" consiste nel reperire l'eco di quelle tracce di resistenza che segnalano un parziale fallimento del progetto missionario, confermando il suggerimento che il processo coloniale non sia stato in alcun luogo così compiuto o coerente nei suoi programmi come al contrario ha tentato di rappresentarsi (Thomas, 1994).

Proprio in linea con la suggestione postcoloniale su frammentarietà, ambivalenza e incoerenza del progetto coloniale, il caso dell'ar-

---

mando le venature del legno che, se non seguite secondo il loro verso, lasciano la superficie ruvida). Vedremo nel prossimo paragrafo che Stoler (2009) propone ora di ritornare, seppure con diversa consapevolezza, a leggere la documentazione d'archivio *along the grain*, dunque "assecondandone la venatura".

chivio Mackenzie studiato da Nicholas Dirks consente di proporre ulteriori riflessioni sull'utilità dell'analisi dei documenti scritti per la ricerca etnografica. Il colonnello Colin Mackenzie si recò in India all'età di 29 anni nel 1783 per proseguire la carriera militare; anche grazie alle sue riconosciute doti di cartografo nel 1815 divenne primo ispettore generale dell'India, mantenendo questa carica fino alla sua morte nel 1821. Durante la lunga carriera coloniale Mackenzie aveva raccolto praticamente ogni oggetto, testo, tradizione o documento storico, etnografico o religioso che aveva potuto trovare (incluse centinaia di storie familiari), così che alla sua morte la collezione conteneva «il più ampio insieme di fonti per uno studio di antropologia storica dell'India meridionale nella prima età moderna» (Dirks, 2001, p. 82), rappresentando tutt'oggi l'esempio più consistente di quell'interesse storico della Gran Bretagna verso l'India coloniale che avrebbe di lì a poco lasciato il posto a preoccupazioni più strettamente pratiche di governo. Eppure, l'archivio non raggiunse mai la notorietà o l'importanza che ci si aspetterebbe; quanto vi era raccolto – soprattutto il metodo adottato (pura collezione, solitamente non accompagnata né da traduzione né da interpretazione) e l'avere utilizzato esclusivamente assistenti e informatori indiani – non rispettava infatti né i canoni orientalisti di classicismo e antichità, né quelli richiesti da una successiva sociologia coloniale, rispetto alla quale i documenti assemblati risultavano «troppo strani, troppo imbrattati da mito e fantasia, troppo localistici e "orientali"» (*ibid.*). Alla morte di Mackenzie l'archivio cadde rapidamente nell'oblio e venne utilizzato successivamente a fini molto diversi da quelli originari: piegato a testimoniare semmai di una presunta assenza di storia nel subcontinente indiano, dirottato dal missionario William Taylor al fine di autoassegnarsi la qualifica di orientalista o infine inghiottito e lasciato ammuffire in più ampi archivi coloniali.

La storia dell'archivio racconta quindi dei cambiamenti nei diversi progetti di conoscenza e governo dell'India coloniale, mostrando tensioni e ambivalenze nelle forme di governo. Ma esso contiene anche una ricchissima corrispondenza con gli agenti e gli assistenti indiani responsabili dell'effettiva raccolta dei documenti. Che questi fossero essenzialmente Bramini a sua volta condiziona – in modo non intenzionale né previsto da Mackenzie stesso – il tipo di testi e di informazioni collezionato e la scelta dei soggetti interpellati come informatori, così da accogliere voci altrimenti raramente ascoltate. Proprio questa grande varietà di voci, agenti e autori viene lentamente soffocata e poi definitivamente perduta a ogni trasformazione, sistemazione e ricollocazione dell'archivio, attraverso il tempo e fin da subito: alla morte di Mackenzie il suo principale assistente fece domanda per proseguire il lavoro di raccolta che già da anni stava magistralmente compiendo, ma la sua richiesta fu rifiutata sulla base che «nessun nativo potrebbe neanche lontanamente essere considerato all'altezza di tale compito, per quanto utile possa dimostrarsi come ausiliario» [7]. In questo senso, osserva incisivamente Dirks riprendendo il tema dei silenzi, «colonized voices have been written over» [le voci dei colonizzatori si sono sovrapposte a quelle dei colonizzati, cancellandole] (Dirks, 2001, p. 104).

Lo studio dei documenti scritti porta però, anche in questo caso, a scoperte impreviste che consentono di mettere in discussione non solo l'antichità ma la stessa autenticità del sistema delle caste. Come si diceva, il progetto alla base dell'immensa collezione Mackenzie appartiene al periodo iniziale dello Stato coloniale, la cui affermazione nel tardo Ottocento si accompagna, sul piano governativo, alla politica vittoriana di non intervento fondata sul mantenimento dell'ordine ottenuto soprattutto attraverso una "protezione illuminata" della tradizione nativa. Sul piano disciplinare, si traduce invece in una divisione dei compiti per la quale la storiografia coloniale si trasforma in storia antiquaria, mentre l'antropologia diviene «letteralmente la storia dei colonizzati» (ivi, p. 194). Per un uso amministrativo di questo sapere, i censimenti si rivelano di centrale importanza e sono, dall'inizio, organizzati attorno agli istituti della religione e delle caste, entrambi ritenuti necessari per una classificazione scientifica e omogenea della popolazione. Un confronto tra il primo censimento generale del 1871 e quelli successivi, che dal 1881 avranno cadenza decennale, mostra tuttavia i diversi contenuti e usi assegnati di volta in volta alla casta. I funzionari responsabili della prima raccolta dei dati menzionano l'enorme confusione che circondava tale concetto e la conseguente difficoltà di includere all'interno di una categoria rigida e poco chiara «ramificazioni minute e infinite» (ivi, p. 202) – soprattutto perché la classificazione era basata sul sistema *varna* della religione induista, non applicabile a tutte le popolazioni. Appena vent'anni dopo, invece, sotto la direzione di Herbert H. Risley – nominato per l'occasione direttore dell'etnografia in India – il censimento del 1901 si afferma come documento di grande valore etnografico perché in grado di

---

7. *Rapporto della Commissione sulle carte riguardanti la proposta di Cavelly Venkata Lachmia per la ripresa delle ricerche del Colonnello Mackenzie*, 1836, citato in Dirks (2001, p. 105). Sul ruolo degli esperti nativi si veda anche Pels (1999).

esprimere quella chiarezza classificatoria necessaria a ogni buona amministrazione coloniale. Ma la chiarezza così apprezzata dal governo centrale doveva molto a un processo di razzializzazione delle caste che, a partire dal censimento seguente, diede origine a una serie interminabile di petizioni e disordini da parte degli appartenenti ai vari gruppi, volti a contestare la classificazione gerarchica loro imposta e a chiedere un diverso (e nuovo) riconoscimento. Ancora nel 1931, il commissario John Hutton – poi professore di antropologia sociale a Cambridge – commentava: «Tutti i funzionari successivamente impiegati nei censimenti in India devono avere maledetto il giorno in cui a Sir Herbert Risley venne in mente [...] di stendere una lista delle caste in relazione al loro rango nella società» [8].

9.5
Campo e archivio

Come hanno cercato di mostrare i paragrafi precedenti, i documenti d'archivio possono essere di grande aiuto all'etnografo per le sorprese che riservano, per le verifiche che consentono, per i silenzi che sono in grado di svelare. Sebbene gli esempi di cui ci siamo serviti riguardino prevalentemente comunità rurali, va sottolineato che anche gli antropologi che in numero sempre maggiore dirigono le proprie ricerche verso le città non possono spesso esimersi, pur non rinunciando a metodi più canonicamente etnografici, dal ricorrere a documentazione archivistica per seguire le trasformazioni degli spazi urbani, cogliere i mutamenti nella composizione etnica e sociale della popolazione, comprendere la sorprendente vitalità di tradizioni urbane non di rado cruciali nell'influenzare l'inserimento degli immigrati (Rodriguez, Baber, 2002; Black, 2005). Proprio le sfide che lo studio delle città e, più in generale, delle "società complesse" sta ponendo ai capisaldi metodologici dell'antropologia – dall'osservazione partecipante all'approccio olistico (Scarduelli, 2002, pp. 7-10) – impongono anzi sempre più di concepire l'etnografia come una "metodologia integrata", un *mixed method* in cui, a fianco dell'osservazione partecipante e dell'intervista, vi sia spazio per un'ampia gamma di strategie di raccolta di dati tra le quali non può non trovare posto la ricerca d'archivio (Axinn, Pearce, 2007, pp. 9-10).
Precedenti di metodologie integrate che hanno assegnato un ruolo

8. *Census of India*, 1931, citato in Dirks (2001, p. 224).

fondamentale alla documentazione d'archivio non mancano nella storia dell'antropologia: basti pensare all'etnostoria, che prevedeva una "triangolazione" tra campo, archivio e museo (Cohn, 1968, p. 442) e più recentemente all'antropologia storica. Tutti questi metodi e strategie di ricerca sono imperniati su una relazione tra campo e archivio visti come ambiti complementari ma distinti. Si può tuttavia pensare anche a un'altra relazione, in cui la ricerca in archivio (o qualche particolare forma di ricerca d'archivio) rientri all'interno della ricerca sul campo. A questa seconda opzione è possibile ricondurre la proposta di vedere l'archivio come *field* in sé e cimentarsi quindi con un'"etnografia dei documenti". È il caso dell'archivio Mackenzie visto nel PAR. 9.4, che Dirks (2001, p. 196) indica come il campo nel quale ha condotto la propria ricerca, oppure, in contesto europeo, dell'archivio della Lega delle Nazioni di Ginevra, di cui Jane Cowan (2003) analizza particolari documenti – le richieste di protezione delle minoranze macedoni in Europa sud-orientale – proponendo una etnografia in grado di porre alle fonti scritte domande differenti rispetto ad altre discipline quali la storia, la giurisprudenza, le relazioni internazionali e le scienze politiche.

«L'archivio lavora sempre e *a priori* contro se stesso», scrive Jaques Derrida (1995, trad. it. p. 19), e aggiunge che esso non è solo luogo di conservazione «di un contenuto archiviabile *passato* che esisterebbe a ogni modo», poiché anche la struttura tecnica ne determina il contenuto (ivi, p. 25). In linea con questa suggestione – e riprendendo la definizione di archivio come prodotto culturale organizzato in base a sistemi di codici da interpretare, già avanzata da Bernard Cohn (1980) – Ann Stoler (2009) propone un'etnografia dell'archivio che presti attenzione *anche* alle differenti modalità di archiviazione, restituendo significato a quegli insiemi di segni apposti nel (e dal) tempo sulla superficie dei suoi documenti. Se le tecniche archivistiche producono genealogie, precedenze e gerarchie di rilevanza tra le fonti, nell'esplorare gli archivi occorre leggerne contenuti, convenzioni e pratiche seguendo il loro stesso verso, dunque *along the grain*. Infatti, mentre una lettura "in contropelo" degli archivi coloniali ha consentito di fare emergere (spesso in frammenti) voci di sudditi altrimenti consegnate al silenzio, essa ha comportato anche, come corollario, che lo Stato coloniale non fosse sottoposto a un'analisi altrettanto critica e minuziosa, poiché il suo progetto – inscritto nel contenuto dei suoi documenti e nelle tecniche per la loro preservazione – è stato assunto come noto. Condividendo la convinzione di Marilyn Strathern, per la quale fare etnografia non significa andare dove nessuno è mai stato prima, ma semmai tornare «precisamente dove siamo già stati» (Strathern,

1999, p. 25) – cioè nei campi di conoscenze e attività dalle quali abbiamo creato la nostra attuale visione del mondo alla ricerca di scoperte impreviste – Stoler invita a intraprendere una etnografia delle modalità di archiviazione come processi che riflettono principi, bisogni e pratiche di governo. In tale prospettiva, lo spazio etnografico dell'archivio risiede nella disgiuntura tra prescrizioni e pratiche che questo è in grado di rivelare, e nelle relazioni di potere che sono alla base dei loro stessi processi di creazione, collocamento e riorganizzazione. Soprattutto, risiede nel contrasto tra gli appunti incerti delle note manoscritte e la nitidezza definitiva della copia ufficiale: nel processo che conduce dalla prima all'ultima versione sta la densità etnografica che porta alla formulazione di quei saperi alla base delle nostre visioni del mondo; sta, in altre parole, il "battito" dell'archivio.

Riferimenti bibliografici

ANDERSON R. T. (1973), *Modern Europe: An Anthropological Perspective*, Goodyear, Pacific Palisades (CA).

AXINN W., PEARCE L. D. (2007), *Mixed Method Data Collection Strategies*, Cambridge University Press, Cambridge.

BERTINI M. B. (2008), *Che cos'è un archivio*, Carocci, Roma.

BHABHA H. K. (1994), *The Location of Culture*, Routledge, London-New York (trad. it. *I luoghi della cultura*, Meltemi, Roma 2001).

BLACK R. E. (2005), *Feeding the City: Social Welfare, Food Supply and Urban Markets in Lyon, France*, in "Journal of the Oxford University Historical Society", 2, 3, pp. 57-70.

BURNS R. K. (1959), *France's Highest Village: Saint Véran*, in "National Geographic", 115, pp. 571-88.

COHN B. S. (1968), *Ethnohistory*, in D. L. Sills, R. K. Merton (eds.), *International Encyclopedia of the Social Sciences*, Macmillan, London-New York, vol. 6, pp. 440-8.

ID. (1980), *History and Anthropology. The State of Play*, in "Comparative Studies in Society and History", 22, pp. 198-221.

COLCLOUGH N. (2006), *Famiglie catastali: la dinamica delle relazioni di parentela e dell'organizzazione familiare nella Ascoli dell'ancien régime*, in A. Ventura (a cura di), *Onciario della città di Ascoli 1753*, Claudio Grenzi, Foggia, pp. 46-54.

COWAN J. (2003), *Who's Afraid of Violent Language? Honour, Sovereignty and Claims-Making in the League of Nations*, in "Anthropological Theory", 3, pp. 271-91.

DAVIS J. (1980), *Social Anthropology and the Consumption of History*, in "Theory and Society", 9, pp. 519-37.

DERRIDA J. (1995), *Mal d'archive, une impression freudienne*, Éditions Galilée, Paris (trad. it. *Mal d'archivio. Un'impressione freudiana*, Filema, Napoli 1996).

DIRKS N. B. (2001), *Castes of Mind. Colonialism and the Making of Modern India*, Princeton University Press, Princeton-Oxford.

DOUGLAS B. (2001), *Encounters with the Enemy? Academic Readings of Missionary Narratives on Melanesians*, in "Comparative Study of Society and History", 43, pp. 37-64.

EVANS-PRITCHARD E. E. (1950), *Social Anthropology: Past and Present*, in "Man", 50, pp. 118-24.

ID. (1951), *Social Anthropology*, Cohen & West, London (trad. it. *Introduzione all'antropologia sociale*, Laterza, Bari 1971).

GINZBURG C. (1966), *I benandanti. Stregoneria e culti agrari tra Cinquecento e Seicento*, Einaudi, Torino.

GRI G. P. (2000), *L'uso delle fonti inquisitoriali in ambito demo-antropologico*, in A. Del Col, G. Paolin (a cura di), *L'Inquisizione romana: metodologia delle fonti e storia istituzionale*, Edizioni Università di Trieste, Trieste, pp. 73-89.

HAUSCHILD T. (1992), *Making History in Southern Italy*, in K. Hastrup (ed.), *Other Histories*, Routledge, London-New York, pp. 29-44.

KELLOGG S. (1991), *Histories for Anthropology: Ten Years of Historical Research and Writing by Anthropologists, 1980-1990*, in "Social Science History", 15, pp. 417-55.

KERTZER D. I., FRIKKE T. (1997), *Toward an Anthropological Demography*, in Idd. (eds.), *Anthropological Demography*, The University of Chicago Press, Chicago, pp. 1-35.

LE GOFF J. (1982), *Storia e memoria*, Einaudi, Torino.

MALINOWSKI B. (1922), *Argonauts of the Western Pacific. An Account of Native Enterprise and Adventure in the Archipelagoes of Melanesian New Guinea*, Routledge & Kegan Paul, London (trad. it. *Argonauti del Pacifico occidentale. Riti magici e vita quotidiana nella società primitiva*, Bollati Boringhieri, Torino 2004).

PALUMBO B. (1991), *Madre madrina. Rituale, parentela e identità in un paese del Sannio (San Marco dei Cavoti)*, FrancoAngeli, Milano.

PAVANELLO M. (2009), *Fare antropologia. Metodi per la ricerca etnografica*, Zanichelli, Bologna.

PELS P. (1999), *The Rise and Fall of the Indian Aborigines: Orientalism, Anglicism, and the Emergence of an Ethnology of India, 1833-1869*, in P. Pels, O. Salemink (eds.), *Colonial Subjects. Essays on the Practical History of Anthropology*, The University of Michigan Press, Ann Arbor, pp. 82-116.

RADCLIFFE-BROWN A. R. (1922), *The Andaman Islanders*, Cambridge University Press, Cambridge.

RESTA P. (1991), *Parentela e identità etnica. Consanguineità e scambi matrimoniali in una comunità italo-albanese*, FrancoAngeli, Milano.

RODRIGUEZ C. R., BABER Y. (2002), *Reconstructing a Community through Archival Research*, in M. Angrosino (ed.), *Doing Cultural Anthropology. Projects in Ethnographic Data Collection*, Waveland Press, Prospect Heights (IL), pp. 63-70.

ROSENBERG H. G. (1988), *A Negotiated World. Three Centuries of Change in a French Alpine Community*, University of Toronto Press, Toronto (trad. it. *Un mondo negoziato*, Carocci, Roma 2000).

SCARDUELLI P. (2002), *Antropologia degli Stati Uniti e altri saggi*, Il Segnalibro, Torino.

STOCKING W. G. JR. (1992), *The Ethnographer's Magic and Other Essays in the History of Anthropology*, University of Wisconsin Press, Madison.

STOLER A. L. (2009), *Along the Archival Grain. Epistemic Anxieties and Colonial Common Sense*, Princeton University Press, Princeton-Oxford.

STRATHERN M. (1999), *Property, Substance and Effect*, The Athlone Press, London-New Brunswick (NJ).

THOMAS N. (1994), *Colonialism's Culture. Anthropology, Travel and Government*, Melbourne University Press, Melbourne.

TROUILLOT M.-R. (1995), *Silencing the Past. Power and the Production of History*, Beacon Press, Boston.

VIAZZO P. P. (2000), *Introduzione all'antropologia storica*, Laterza, Roma-Bari.

VITALI S. (2007), *Memorie, genealogie, identità*, in L. Giuva, S. Vitali, I. Zanni Rosiello, *Il potere degli archivi. Usi del passato e difesa dei diritti nella società contemporanea*, Bruno Mondadori, Milano, pp. 67-134.

WISSLER C. (1909), *Introduction*, in Id. (ed.), *The Indians of Greater New York and the Lower Hudson*, American Museum of Natural History, New York, vol. 3, pp. XIII-XV.

ZANNI ROSIELLO I. (1996), *Andare in archivio*, il Mulino, Bologna.

ID. (2005), *Gli archivi tra passato e presente*, il Mulino, Bologna.

Indice analitico*

---

    * Le etnie africane di lingua bantu sono state indicate tutte con il prefisso "Ba-" (prefisso del plurale), eliminato nel testo allorché il termine è in posizione aggettivale (ad es. la lingua haya).

Indice dei nomi

Gli autori

ANTONINO COLAJANNI Professore ordinario, Facoltà di Scienze Umanistiche della "Sapienza", Università di Roma, insegna Antropologia sociale e Antropologia visuale. Ha svolto ricerche sul campo in Ecuador, Perù, Colombia e pubblicato saggi sulla storia dell'antropologia sociale, sull'antropologia dello sviluppo e le organizzazioni indigene in America Latina. Lavora a uno studio di antropologia storica sui rapporti tra il sistema coloniale spagnolo e le autorità indigene in Perù, nel XVI secolo.

FLAVIA CUTURI È impegnata in ricerche antropologiche ed etnolinguistiche in Messico, in particolar modo fra gli Huave/Ikoots di San Mateo del Mar (Messico), e nella regione amazzonica della Bolivia. Si sta occupando di storia coloniale e dell'evangelizzazione (specie dei domenicani e dei gesuiti) anche attraverso ricerche d'archivio. È professore associato di Antropologia culturale presso l'Università di Napoli "L'Orientale". È autrice di numerosi saggi e volumi, tra cui *Etnografie degli eventi comunicativi* (a cura di, CISU, 1997), *Juan Olivares* (2003), *In nome di Dio* (a cura di, Meltemi, 2004), *Nüeteran ikoots naw San Mateo del Mar. Comida ikoots de San Mateo del Mar* (INALI, 2009).

SERENA FACCI Insegna Etnomusicologia e Studi di popular music presso l'Università di Roma "Tor Vergata". Dopo le prime ricerche sulla polifonia contadina italiana, ha condotto indagini sulla musica tradizionale in Africa centro-orientale, nell'ambito della Missione etnologica italiana in Africa centrale, di cui è membro dal 1986. Sulle musiche di questa zona ha pubblicato numerosi saggi. Altri suoi ambiti di ricerca sono l'educazione musicale interculturale (*Capre, flauti e re. Musica e confronto culturale a scuola*, EDT, 1997) e le funzioni della musica nella contemporaneità.

SILVIA FORNI È Associate Curator di Antropologia presso il Royal Ontario Museum di Toronto (Canada) e insegna Antropologia dell'arte e Antropologia della cultura materiale presso la University of Toronto. Ha condotto ricerche sul campo in diversi paesi africani. È autrice di numerosi saggi e della monografia *Il Ventre e la Pentola. Ceramiche genere e società nei Grassfields del*

357

Cameroon (Il Segnalibro, 2007). Per Carocci ha curato insieme a Cecilia Pennacini e Chiara Pussetti il volume *Antropologia, genere, riproduzione. La costruzione culturale della femminilità* (2006).

ALESSANDRO GUSMAN Dottore di ricerca in Scienze antropologiche (Università di Torino), dal 2004 svolge ricerche (Tanzania e Uganda) nell'ambito della Missione etnologica italiana in Africa equatoriale, occupandosi in prevalenza dell'impatto sociale e politico delle chiese pentecostali, e della relazione tra religione ed epidemia di AIDS nel paese. È autore di *Antropologia dell'olfatto* (Laterza, 2004) e di articoli apparsi su libri e riviste nazionali e internazionali.

CHIARA PUSSETTI Senior Associate Researcher del Centre for Research in Anthropology – CRIA/ISCTE/IUL (Portugal), insegna presso l'Università di Lisbona e attualmente coordina un Master di Antropologia della salute pubblica presso l'ISCTE/IUL. È ricercatrice responsabile di diversi progetti nazionali ed europei. È autrice di numerosi saggi e della monografia *Poetica delle emozioni. I Bijagó di Bubaque (Guinea Bissau)* (Laterza, 2005). Per Carocci ha curato insieme a Cecilia Pennacini e Silvia Forni il volume *Antropologia, genere, riproduzione. La costruzione culturale della femminilità* (2006).

FRANCESCO REMOTTI Professore ordinario di Antropologia culturale all'Università di Torino, ha compiuto ricerche etnografiche presso i Banande del Nord Kivu (Repubblica Democratica del Congo) e ricerche etnostoriche sui regni pre-coloniali dell'Africa equatoriale. Ha sviluppato inoltre diversi interessi teorici, occupandosi del significato della ricerca antropologica (*Noi, primitivi. Lo specchio dell'antropologia*, Bollati Boringhieri, 1990, n.e., 2009), della prospettiva dell'antropoiesi (*Prima lezione di antropologia*, Laterza, 2000; *Forme di umanità*, a cura di, Bruno Mondadori, 2002), della critica del concetto di identità (*Contro l'identità*, Laterza 1996; *L'ossessione identitaria*, Laterza, 2010).

BARBARA SORGONI Docente di Antropologia culturale all'Università di Bologna, si è occupata di antropologia e colonialismo italiano e sul tema ha pubblicato *Parole e corpi: antropologia, colonialismo e politiche sessuali interrazziali nella colonia Eritrea* (Liguori, 1997) ed *Etnografia e colonialismo. L'Eritrea e l'Etiopia di Alberto Pollera* (Bollati Boringhieri, 2001). Attualmente si occupa di antropologia delle politiche d'asilo e dei rifugiati.

PIER PAOLO VIAZZO Insegna Antropologia sociale presso la Facoltà di Lettere e Filosofia dell'Università di Torino. Ha condotto ricerche etnografiche e storico-demografiche soprattutto in area alpina. Tra i suoi lavori: *Comunità alpine. Ambiente, popolazione, struttura sociale nelle Alpi dal XVI secolo a oggi* (il Mulino, 1990; 2ª ed. Carocci, 2001) e *Introduzione all'antropologia storica* (Laterza, 2000).